인공지능(AI) 경영과 ESG

AI 전환(AX) 시대의 경영과 ESG
& 지속가능한 비즈니스 모델

김승욱

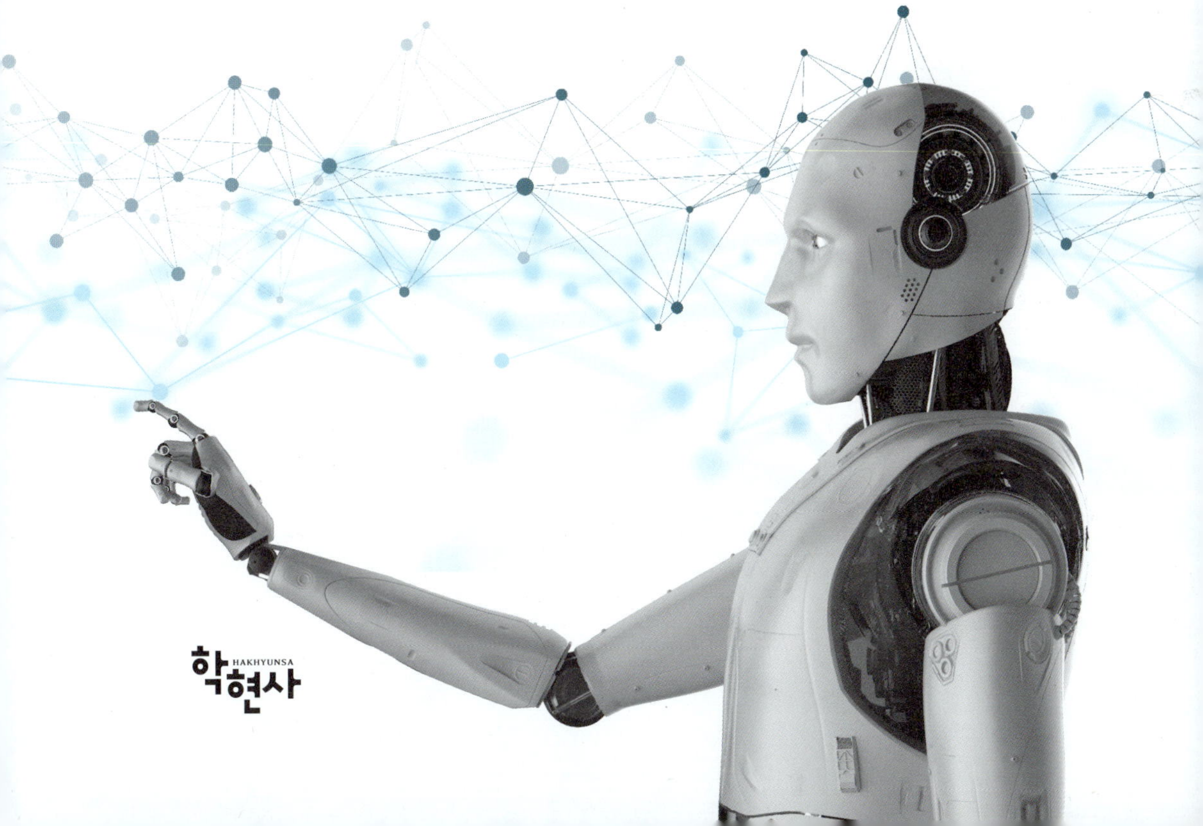

학현사 HAKHYUNSA

저자소개

김승욱 교수

글로벌 비즈니스 현장에서 학계로의 여정

김승욱 교수의 이야기는 글로벌 컨설팅 현장에서 시작됩니다. 안진회계법인(Deloitte Korea)과 삼일회계법인(PWC)의 치열한 경영컨설팅 현장에서 기업들의 생생한 고민과 해결 과정을 직접 목격하며, 이론과 실무 사이의 차이를 몸소 체험했습니다. 이후 독일 기업 SAP Korea에서 정보기술 컨설팅 전문가로 활동하며 디지털 혁신의 최전선에서 기업들의 변화를 이끌어왔습니다.

연세대학교 산업경영연구소에서의 연구 경험을 통해 학문적 토대를 다진 그는, 현장에서 얻은 귀중한 경험을 다음 세대에 전하고자 교육의 길로 접어들었습니다. 현재 평택대학교 경영학과 정교수이자 한성대학교 대학원에서 인공지능(AI)과 ESG 경영이라는 시대의 화두를 학생들과 함께 탐구하고 있습니다.

교육 혁신가로서의 도전

김 교수는 단순히 지식을 전달하는 것을 넘어, 교육 자체를 혁신하는 데 앞장서고 있습니다. 교육부 주관 한국형 온라인 공개강좌(K-MOOC)에 2년 연속 선정되며 전 세계 학습자들과 만나고 있습니다. 2021년 「빅데이터와 고객관계관리」, 2022년 「메타버스와 서비스경영」 강좌를 통해 국경을 넘나드는 지식 나눔을 실현하고 있습니다.

펜으로 그려가는 미래 경영의 지도

그의 저작 활동은 마치 미래 경영의 지도를 그려가는 과정과 같습니다. 「인공지능시대의 경영정보시스템」에서 시작하여 「ESG 경영과 지속가능 전략」, 「메타버스와 고객관계관리」, 「디자인씽킹과 서비스경영」, 「디지털 콘텐츠 비즈니스」, 「디지털 트랜스포메이션을 위한 경영학 길잡이」까지, 각 저서는 급변하는 비즈니스 환경에서 길을 잃지 않도록 돕는 나침반 역할을 하고 있습니다. 최근 이코노미스트 경제지에 연재하고 있는 「메타버스와 웹3.0 경영」 칼럼을 통해서는 생생한 현장의 목소리를 독자들에게 전하며, 이론과 실무를 잇는 가교 역할을 계속하고 있습니다.

끊임없는 학습자, 미래를 준비하는 연구자

기술의 진화 속도가 가속화되는 시대, 김 교수는 여전히 배움을 멈추지 않는 연구자입니다. 인공지능 에이전트 분야의 최신 기술인 RAG(검색증강생성)와 MCP(모델 컨텍스트 프로토콜)를 깊이 연구하며, Cursor AI와 GitHub Copilot을 활용한 Vibe Coding이라는 새로운 개발 패러다임에 주목하고 있습니다.

그에게 있어 연구는 단순한 학문적 호기심을 넘어, 다가올 미래를 준비하고 학생들에게 더 나은 교육을 제공하기 위한 끊임없는 여정입니다. 글로벌 컨설팅 현장에서 시작된 그의 이야기는 오늘도 교실과 연구실에서, 그리고 한 편 한 편의 글과 책을 통해 계속 이어지고 있습니다.

연락처: ai.sunykim@gmail.com

머리말

AI 전환(AX) 시대의 새로운 경영 패러다임을 향하여

인공지능(AI)의 출현은 경영학 전반에 걸쳐 근본적인 변화를 가져오고 있다. 마케팅, 재무, 생산관리, 인사조직 등 경영의 모든 영역에서 AI는 기존의 관행과 프로세스를 재정의하며 새로운 기회의 장을 창출하고 있다. 이러한 변화는 단순한 기술 도입을 넘어서, 경영진과 실무진 모두에게 새로운 사고방식과 접근법을 요구한다.

21세기 들어 전 세계는 두 개의 거대한 변화의 물결을 경험했다. 하나는 인공지능으로 대표되는 디지털 기술의 혁신이고, 다른 하나는 지속가능성을 중시하는 ESG(Environmental, Social, Governance) 경영의 확산이다. 이 두 흐름은 각각 독립적으로 발전해온 것처럼 보이지만, 오늘날에는 서로 깊이 얽혀 있으며 상호작용하면서 새로운 경영 패러다임을 만들어가고 있다.

급변하는 AI 시대에 인간은 어떻게 사고하고 적응하며 AI와 공존해야 하는가? 이는 현재 모든 조직과 개인이 직면한 핵심 과제다. AI를 단순한 도구를 넘어선 '지적 동반자'로 바라볼 때, 새로운 가능성이 열린다. AI를 인간의 강점을 보완하는 도구로 활용하며, 인간의 직관적 사고와 AI의 논리적 사고를 조화롭게 결합하는 '공동 지능'을 통해 생산성과 혁신을 극대화할 수 있다.

AI 전환(AX) 시대의 가장 중요한 특징은 인간이 더 이상 혼자서 모든 문제를 해결하려 하지 않는다는 점이다. 대신 AI라는 강력한 파트너와 함께 협력하여 각자의 고유한 능력을 최대한 발휘하는 새로운 형태의 '하이브리드 지능'을 창조하고 있다. 이는 경영 현장에서 의사결정의 질을 혁신적으로 향상시키고, 복잡한 비즈니스 문제에 대한 창조적 해결책을 제시하며, 지속가능한 성장의 새로운 동력을 제공하고 있다.

인공지능 기술의 발전은 단순히 자동화나 효율성 향상에 그치지 않는다. 기업이 환경적 책임을 다하고, 사회적 가치를 창출하며, 투명하고 윤리적인 지배구조를 구축하는 방식을 근본적으로 변화시키고 있다. 동시에 ESG 경영의 요구는 인공지능 기술의 개발과 활용에 새로운 기준과 방향성을 제시한다.

왜 지금 인공지능과 ESG인가?

기후변화, 사회적 불평등, 기업 거버넌스에 대한 신뢰 위기 등 현대 사회가 직면한 복합적 문제들은 전통적인 접근 방식만으로는 해결하기 어렵다. 한편, ChatGPT로 촉발된 생성형 AI의 폭발적 확산은 모든 산업 영역에서 기존의 비즈니스 모델과 운영 방식을 재정의하고 있다. 이러한 시점에서 인공지능과 ESG의 융합은 선택이 아닌 필수가 되었다.

인공지능은 ESG 목표 달성을 위한 강력한 도구가 될 수 있다. 환경 분야에서는 에너지 효율성 최적화, 탄소 배출량 예측 및 관리, 순환경제 모델 구축 등에 활용된다. 사회 분야에서는 개인화된 교육 서비스, 의료 접근성 향상, 포용적 금융 서비스 등을 통해 사회적 가치를 창출한다. 지배구조 측면에서는 투명한 의사결정 프로세스, 리스크 관리, 이해관계자와의 소통 등에 기여한다.

그러나 동시에 인공지능 자체가 ESG 관점에서 새로운 도전과제를 제기하기도 한다. AI 알고리즘의 편향성, 프라이버시 침해, 일자리 대체, 환경 영향 등은 신중한 고려가 필요한 영역이다. 따라서 인공지능과 ESG의 관계는 단순한 도구적 활용을 넘어서, 책임감 있는 AI 개발과 운영이라는 새로운 차원으로 확장되어야 한다.

본서의 구성과 특징

본서는 크게 네 개의 파트로 구성된다.

Part 1: ESG 경영과 인공지능(AI)에서는 ESG 경영의 기본 개념부터 인공지능과의 융합까지 포괄적으로 다룬다. 특히 트윈 트랜스포메이션이라는 새로운 관점을 제시하여 디지털 전환과 ESG 전환이 어떻게 상호작용하며 시너지를 창출하는지 분석한다.

Part 2: 인공지능(AI) 최신 기술 및 향후 전망에서는 생성형 AI를 중심으로 한 최신 기술 트렌드와 주요 기업들의 전략을 살펴본다. OpenAI, Nvidia, xAI 등 글로벌 선도 기업들의 동향과 함께, AI 에이전트, 커서 AI 등 실무에 직접 적용 가능한 최신 기술들을 소개한다.

Part 3: AI 전환(AX) 시대의 경영학은 본서의 핵심 파트로서, 인공지능이 경영학의 각 분야와 어떻게 융합되어 혁신적인 비즈니스 모델을 창출하는지 체계적으로 분석한다. 이 파트에서는 마케팅, 생산운영관리, 재무관리, 인사조직, MIS, 회계, 물류 등 경영학의 주요 분야별로 인공지능의 적용 현황과 미래 전망을 심도 있게 탐구한다.

특히 주목할 점은 하나의 인공지능 기술이 여러 경영학 분야와 동시에 융합되었을 때 나타나는 시너지 효과와 새로운 비즈니스 모델의 등장이다. 예를 들어, 생성형 AI는 마케팅 분야에서 개인화된 콘텐츠 생성과 고객 세분화를 담당하면서, 동시에 인사 분야에서는 맞춤형 교육 프로그램과 인재 평가 시스템을 제공하고, 재무 분야에서는 리스크 분석과 투자 포트폴리오 최적화를 지원한다. 이러한 통합적 활용을 통해 기업은 부서 간 칸막이를 허물고 전사적 차원에서 AI 기반의 새로운 가치 창출 모델을 구축할 수 있다.

AI 전환(AX) 시대의 경영학은 더 이상 개별 기능 영역의 최적화에만 머물지 않는다. 대신 AI를 매개로 한 통합적 접근을 통해 조직 전체의 지능적 역량을 극대화하는 것을 목표로 한다. 각 장에서는 해당 분야에서 AI 기술이 어떻게 활용되고 있으며, 실무적으로 어떤 변화를 가져오고 있는지 구체적인 사례와 함께 제시한다. 더 나아가 AI와 경영학의 융합이 만들어내는 혁신적인 비즈니스 모델들을 분석하여, 독자들이 자신의 조직에서 응용할 수 있는 실용적 인사이트를 제공한다. 또한 각 분야별 AI 도입 시 고려해야 할 윤리적 이슈와 ESG 관점에서의 책임감 있는 활용 방안도 함께 다룬다.

Part 4: AI 전환(AX) 시대의 서비스 산업 트렌드에서는 문화콘텐츠, K-컬처, 외식 및 관광여행 등 특정 산업 분야에서의 AI 활용 사례를 깊이 있게 탐구한다.

Part 5: 인공지능(AI) 오픈 이노베이션과 소버린 AI에서는 오픈 이노베이션, 그리고 소버린 AI를 중심으로 다룬다. 첫째, 오픈 이노베이션은 외부 아이디어와 기술을 수용하여 기업과 스타트업이 협력하는 혁신 전략으로, AI가 이를 가속화하는 촉매 역할을 한다. 즉, 삼성전자 C-Lab, 현대건설, NASA, P&G, LEGO 등 다양한 성공 사례가 오픈 이노베이션의 실효성을 입증하고 있다. 마지막으로 소버린 AI는 각 국가가 자국의 언어, 문화, 가치관이 반영된 AI를 보유하여 데이터 주권과 기술 독립성을 확보하기 위해 필요하다. 이를 통해 외국 AI 기업에 대한 의존도를 줄이고 국가 안보와 경제적 자립을 동시에 달성할 수 있다.

본서의 가장 큰 특징은 이론과 실무의 균형이다. 최신 연구 동향과 학술적 통찰을 제공하면서도, 실제 기업 현장에서 바로 적용할 수 있는 실용적인 가이드라인을 제공하고자 했다. 또한 단순히 기술 소개에 그치지 않고, ESG라는 가치 지향적 관점에서 인공지능의 의미와 방향성을 제시하고자 했다.

AI 전환(AX), 장벽을 허물다

이 책은 다양한 배경을 가진 독자들을 염두에 두고 작성되었다. 인공지능(AI)과 ESG 경영에 관심이 있는 경영진과 실무진, 인공지능 기술의 비즈니스 적용을 고민하는 실무진, 미래 경영 트렌드를 이해하고자 하는 학생과 연구자, 그리고 지속가능한 기술 발전에 관심이 있는 모든 분들에게 도움이 되기를 바란다.

급변하는 기술 환경 속에서 방향감을 잃기 쉬운 시대다. 그러나 기술 자체보다 중요한 것은 그 기술을 어떤 가치와 목적을 위해 사용하느냐다. 인공지능이라는 강력한 도구를 ESG라는 나침반과 함께 활용할 때, 우리는 더 나은 미래를 만들어갈 수 있을 것이다.

AI 전환(AX) 시대로의 변화는 선택이 아닌 필연이다. 이제 우리에게 남은 과제는 이러한 변화를 지혜롭게 받아들이고, 인간의 고유한 가치를 보존하면서도 AI와의 협력을 통해 새로운 가능성을 창출하는 것이다. 본서가 독자 여러분의 인공지능과 ESG에 대한 이해를 높이고, 실무에 적용할 수 있는 통찰을 제공하며, 더 나아가 지속가능한 미래를 만들어가는 데 작은 보탬이 되기를 진심으로 기원한다.

2025년 7월

AI 전환(AX) 시대, 다양한 유니콘 기업의 출현을 꿈꾸며,

김승욱 교수 드림

차 례

PART 2

인공지능(AI) 최신 기술 및 향후 전망

PART 3

AI 전환(AX) 시대의 경영학

PART 4

AI 전환(AX) 시대의 서비스 산업 트렌드

PART 5

인공지능(AI) 오픈 이노베이션과 소버린 AI

PART 1

ESG 경영과 인공지능(AI)

인공지능 기술의 급속한 발전은 기업의 환경 · 사회 · 지배구조(ESG) 경영에 혁명적인 변화를 가져오고 있다. 최근 기후변화, 사회적 불평등, 기업 투명성에 대한 글로벌 관심이 높아지면서 ESG는 단순한 규제 준수를 넘어 기업의 핵심 전략으로 자리매김하고 있다. 인공지능 기술은 이러한 ESG 경영의 도전과제를 해결하고 전환을 가속화하는 강력한 도구로 부상하고 있다. 인공지능은 방대한 데이터 처리 능력, 예측 분석, 최적화 알고리즘을 통해 기업이 환경 영향을 최소화하고, 사회적 책임을 강화하며, 거버넌스 프레임워크를 개선할 수 있도록 지원한다.

환경(E) 측면에서 인공지능은 에너지 사용 최적화, 탄소 배출량 모니터링, 자원 효율성 향상 등 다양한 영역에서 혁신적인 솔루션을 제공한다. 스마트 빌딩 시스템에 적용된 인공지능은 실시간 데이터를 분석하여 에너지 소비를 최적화하고, 불필요한 에너지 낭비를 방지한다. 또한 기계학습 알고리즘은 기상 패턴을 예측하여 재생에너지 생산을 최적화하고, 전력망의 안정성을 향상시킨다. 인공지능 기반 공급망 관리 시스템은 물류 경로를 최적화하여 운송 과정에서 발생하는 탄소 배출을 줄이고, 재고 관리의 효율성을 높인다. 이러한 인공지능 기술은 기업의 환경 목표 달성을 위한 핵심 요소로 자리 잡고 있다.

사회(S) 영역에서도 인공지능은 다양성과 포용성 증진, 공정한 인사 관리, 고객 만족도 향상 등에 기여한다. 인공지능 기반 채용 시스템은 편향을 줄이고 더 다양한 인재 풀을 확보하는 데 도움을 주며, 직원 교육 및 개발 프로그램을 개인화하여 인적 자원의 가치를 극대화한다. 또한 인공지능 챗봇과 가상 비서는 고객 서비스를 개선하고, 취약계층의 접근성을 높이는 데 활용된다. 의료 분야에서는 인공지능 진단 시스템이 의료 서비스의 품질을 향상시키고, 의료 격차를 줄이는 데 기여한다. 이처럼 인공지능은 기업의 사회적 책임 이행과 지역사회 기여에 있어 중요한 역할을 수행한다.

지배구조(G) 측면에서 인공지능은 기업의 투명성과 책임성을 강화하는 다양한 솔루션을 제공한다. 인공지능 기반 감사 시스템은 재무 데이터를 분석하여 부정행위를 감지하고, 규제 준수를 모니터링한다. 또한 자연어 처리 기술을 활용한 인공지능은 기업 보고서와 공시 자료의 일관성과 완전성을 검증하여 투자자와 이해관계자에게 신뢰할 수 있는 정보를 제공한다. 블록체인과 결합된 인공지능 시스템은 공급망의 투명성을 높이고, 제품의 원산지와 생산 과정을 추적할 수 있게 한다. 이러한 기술적 혁신은 기업 지배구조의 효율성과 신뢰성을 향상시키는 데 핵심적인 역할을 한다.

CHAPTER 1

ESG 경영 생태계

1 ESG 경영의 중요성과 배경

21세기 들어 기업 경영에서 ESG(Environmental, Social, Governance)의 중요성이 크게 부각되었다. ESG는 환경, 사회, 지배구조라는 3가지 축을 통해 기업의 지속가능성과 사회적 책임을 종합적으로 평가하는 개념이다. 과거에는 이윤 추구가 기업의 유일한 목표라는 인식이 강했지만, 이제는 기후변화 위기와 사회적 불평등, 기업 비리와 같은 문제가 대두한다. 기업도 장기적인 관점에서 환경과 사회에 기여하고 투명한 경영을 실천해야 한다는 요구가 커졌다.

ESG 경영이라는 용어는 2000년대 중반부터 본격적으로 사용되기 시작했다. 특히 2004년 유엔의 'Who Cares Wins' 보고서를 통해 ESG 개념이 국제 금융사회에 소개된 이후, 투자자들과 기업들은 재무적 성과뿐 아니라 비재무적 요소까지 고려하는 새로운 패러다임을 받아들이게 되었다. 그 결과 최근 수년간 ESG는 단순한 기업의 사회적 책임활동을 넘어, 투자 결정과 경영 전략의 주류로 자리 잡았다. 실제로 글로벌 자산운용사들은 ESG 요소를 투자 의사결정에 반영하고 있으며, 2020년대 들어 ESG 관련 자산 규모는 폭발적으로 성장하고 있다. 한 연구에 따르면 2020년 기준으로 전 세계에서 운용되는 자산 중 약 3분의 1이 ESG와 연관되어 있으며, 2025년까지 ESG 연계 자산은 50조 달러를 넘어설 것으로 전망된다. 이는 전 세계 자산의 3분의 1 이상이 될 정도로 막대한 규모다.

투자자들의 인식 변화도 ESG 부상을 이끌고 있다. 모닝스타의 2023년 조사에서 글로벌 기관투자자의 67%가 지난 5년간 ESG의 중요성이 크게 높아졌다고 응답했다. 특히 기후변화 대응 등 환경(E) 분야가 투자 결정의 주요 동인이 되고 있다. 이러한 변화로 인해 지속가능하고 윤리적인 운영은 더 이상 선택이 아닌 기업의 장기적 생존과 직결된 필수 요소로 인식되고 있다.

기업 경영진과 이사회 역시 ESG를 핵심 과제로 다루기 시작했다. 단기 실적 위주의 경영에서 벗어나, 이해관계자 자본주의(stakeholder capitalism)를 강조하며 주주뿐 아니라 직원, 고객, 지역사회, 공급망 파트너 등 다양한 이해관계자의 가치를 중시하는 경영 철학이 확산되고 있다. 이를 통해 기업은 평판 리스크를 관리하고, 규제 변화에 선제적으로 대응하며, 새로운 사업 기회를 창출할 수 있다. 실제로 친환경 혁신을 통해 비용 절감과 효율 향상을 이루거나, 다양성과 포용을 통해 인재를 확보하고 혁신 역량을 높이는 기업 사례가 늘고 있다. 다시 말해 ESG 경영은 단순한 도덕적 책무를 넘어 경제적 성과와 지속가능성을 동시에 추구하는 경영 전략으로 자리 잡았다.

한국에서도 ESG 경영에 대한 관심과 요구가 빠르게 증가하였다. 2020년대 초반 정부와 금융당국은 기업의 ESG 정보공개를 장려하고 관련 정책을 마련하기 시작했다. 2021년에는 탄소중립을 2050년까지 달성하기 위한 「기후위기 대응을 위한 탄소중립 · 녹색성장 기본법」이 제정되어 국가 차원의 장기목표가 수립되었고, 주요 대기업들은 일제히 탄소중립 선언과 ESG 위원회 설치 등의 움직임을 보였다. 국내 최대 기관투자가인 국민연금도 2018년 스튜어드십 코드를 도입해 투자기업의 ESG 활동에 적극적으로 의결권을 행사하면서 기업들의 변화를 촉진하고 있다.

이 책은 이러한 변화 속에서 ESG 경영의 개념과 중요성을 살펴보고, 환경 · 사회 · 지배구조 각 영역별 최신 동향을 정리하며, 나아가 인공지능 시대에 ESG와 기술의 융합이 어떤 영향을 미치는지를 논의한다. 또한 글로벌 및 국내의 선도 사례들을 통해 ESG 경영이 실제로 어떻게 구현되고 있는지 분석하고, 기업이 지속가능한 ESG 경영을 실천하기 위한 전략과 미래 전망을 제시하고자 한다. 이를 통해 일반 독자와 대학생들이 ESG에 대한 포괄적인 이해를 얻고, 지속가능한 미래를 위한 비전과 실천 방향을 모색하는 데 도움이 되고자 한다.

2 ESG의 구성 요소별 설명 및 최신 동향

2.1 환경(Environmental)

ESG의 첫 번째 축인 환경(E)은 기업이 기후변화와 자원 고갈, 오염 등 환경 문제에 어떻게 대응하는지를 다룬다. 현재 전 세계는 산업화 이후 상승한 온실가스로 인해 기후위기를 맞이하고 있으며, 이상기후 현상과 자연재해가 빈번해지고 있다. 2015년 파리기후협정 이후 각국 정부와 기업들은 지구 평균기온 상승을 1.5℃ 이

내로 억제하기 위해 탄소 배출을 감축하는 노력을 기울이고 있다. 2020년대에 들어 약 100여 개가 넘는 국가가 2050년 또는 2060년을 목표로 탄소중립(net zero)을 공식 선언하며, 기후변화 대응은 국제사회 공통의 과제가 되었다. 한국 역시 2050 탄소중립을 법제화하고 2030년까지 2018년 대비 40%의 온실가스 감축 목표를 발표하는 등 적극적인 감축 로드맵을 추진 중이다. 이러한 흐름 속에서 기업들은 자체적으로 탄소중립 경영을 선언하고 과학적 기반 감축 목표(SBTi)를 설정하거나, RE100(재생에너지 100% 사용) 캠페인에 동참하여 사업장에서 사용하는 전력을 단계적으로 재생에너지로 전환하고 있다.

환경 분야의 ESG 경영은 탄소 배출 저감 외에도 자원 효율성 제고와 오염 감소를 포괄한다. 예를 들어 제조기업은 생산 공정에서 에너지 효율을 높이고 폐기물 발생을 줄이기 위한 순환경제 전략을 도입하고 있다. 제품 설계 단계부터 재활용이 용이한 소재를 사용하거나, 공급망에서 친환경 원자재를 조달하는 노력이 이루어지고 있다. 플라스틱 폐기물 문제에 대응하여 일회용 포장재를 줄이고 재사용 가능한 제품을 개발하는 기업들도 증가하고 있다. 이러한 노력은 환경 보호에 기여할 뿐 아니라 장기적으로 원가 절감과 혁신 기회 창출로 이어져 기업 가치에 긍정적인 영향을 준다.

생물다양성 보전 역시 환경 영역의 중요한 이슈로 부상하고 있다. 2022년 채택된 글로벌 생물다양성 프레임워크에서는 2030년까지 전 세계 육지와 해양의 30%를 보호구역으로 지정하는 목표가 설정되었고, 기업들도 산림 파괴를 막고 자연 생태계를 복원하는 활동에 동참하도록 요구받고 있다. 특히 농업, 식품, 패션 등의 산업에서는 공급망에서 벌채나 서식지 파괴를 예방하고 지속가능한 소싱을 채택하는 것이 ESG 평가의 중요한 요소가 되고 있다.

이와 함께, 각국 정부와 규제 당국은 환경 정보공개를 강화하고 있다. 유럽연합(EU)은 기업지속가능성보고지침(CSRD)을 도입하여 대기업의 환경·사회 정보 공시를 의무화했고, 온실가스 배출이 많은 산업에 대해 탄소국경조정제도(CBAM)를 시행하여 수입 제품에도 탄소비용을 부과하는 방안을 추진하고 있다. 이러한 규제는 기업으로 하여금 보다 투명하게 환경 영향을 공개하고 저탄소 기술 혁신을 가속화하도록 압박한다. 국제금융시장에서 투자자들은 TCFD(기후 관련 재무정보공개 태스크포스)

권고안에 따라 기업들의 기후변화 리스크와 기회 요인을 공시하도록 요구하고 있으며, 앞으로 회계기준도 ISSB(국제지속가능기준위원회)를 통해 기후공시 기준이 통합될 전망이다.

요약하면, 환경 분야의 ESG 경영 최신 동향은 탄소중립과 기후위기 대응, 자원 순환과 오염 저감, 생태계 보호로 집약된다. 기업들은 온실가스 감축 목표를 수립하고 친환경 투자를 확대하는 한편, 기후변화로 인한 물리적 · 재무적 리스크를 관리 전략에 통합하고 있다. 지속가능한 환경경영을 선도하는 기업은 규제 변화에 앞서 경쟁우위를 확보하고, 친환경 이미지로 소비자의 신뢰를 얻어 시장에서 차별화에 성공하고 있다. 반대로 환경적 책임을 소홀히 하는 기업은 소비자의 외면을 받거나 법적 제재, 비용 부담에 직면하는 등 더 큰 경영 위험에 노출되고 있다.

2.2 사회(Social)

ESG 중 사회(S) 부문은 기업이 사람과 사회 공동체에 미치는 영향을 살펴본다. 여기에는 노동환경과 인권, 고객 및 지역사회에 대한 책임, 공급망의 사회적 영향 등 폭넓은 주제가 포함된다. 기업 내부적으로는 직원들의 근무환경과 복지, 안전이 중요한 요소이다. 예를 들어 작업장 안전사고를 예방하기 위한 엄격한 기준 준수, 적절한 근로시간 관리와 공정한 보상 체계 구축, 비정규직을 포함한 모든 직원에 대한 인권 존중 등이 사회적 책임 경영의 기본이다. 한편 외부적으로는 제품과 서비스가 소비자에게 안전하고 유익한지, 사업 운영이 지역사회에 긍정적으로 기여하는지 등이 평가된다. 만약 소비자 안전을 소홀히 하거나 지역사회에 피해를 준다면 기업은 불매운동이나 법적 제재 등 심각한 대가를 치를 수 있다. 실제로 과거에 유해한 제품을 판매했다가 큰 사회적 물의를 일으킨 기업의 사례들은 사회적 책임 소홀의 위험성을 잘 보여준다.

다양성(Diversity)과 포용(Inclusion)은 사회 부문의 핵심 이슈로 부상하였다. 기업 구성원의 성별, 인종, 연령, 장애, 성소수자 등에 대한 차별 없이 동등한 기회를 제공하고 포용적인 조직 문화를 형성하는 것이 현대 기업의 중요한 책무로 여겨진다. 이는 윤리적 차원을 넘어 기업 성과와도 연결된다. 글로벌 컨설팅사 맥킨지의 연구에 따르면, 경영진의 성별 다양성이 높은 기업은 그렇지 않은 기업보다 재무성과가 뛰어날 확률이 25% 이상 높고, 인종 및 민족적 다양성이 높은 기업은 그 격차가 30%를 넘는 것으로 나타났다. 다양한 배경을 지닌 인재들이 공존할 때 혁신과 문제 해결 능력이 향상되고, 빠르게 변하는 시장에서 고객의 다양한 요구에 대응할 수 있기 때문이다. 이러한 이유로 많은 글로벌 기업들이 여성 임원 비율 목표를 설정하거나, 소수집단의 채용을 확대하고, 임직원 대상 다양성 교육을 실시하는 등 적극적인 다양성 전략을 채택하고 있다.

노동권과 인권 경영도 사회 영역의 중요한 축이다. 다국적 기업의 공급망이 전 세계에 퍼지면서 하청 공장이나 원자재 채굴 현장에서 아동노동이나 열악한 노동조건 문제가 불거져왔다. 이러한 문제를 해결하기 위해 기업들은 공급망 실사(due diligence)를 통해 협력업체의 노동환경을 점검하고, 국제 노동 기준을 준수하도록 요구하고 있다. 예를 들어 글로벌 의류업계는 방글라데시 공장 붕괴 사고 이후 공급망 안전 점검을 대폭 강화했고, IT기업들은 분쟁광물이나 아동착취 노동이 개입된 원자재 사용을 배제하기 위한 조치를 취하고 있다. 한국에서도 대기업들이 협력사 동반성장 프로그램을 운영하며 중소 공급업체의 안전설비 투자를 지원하거나, 공정거래 협약을 맺어 상생을 도모하는 사례가 늘고 있다.

사회 부문에는 이처럼 직원, 고객, 공급망, 지역사회를 아우르는 다양한 주제가 포함되지만, 공통된 목표는 인간 존중과 사회적 가치 창출이라 할 수 있다. 기업이 안전하고 행복한 일터를 만들면 직원들의 충성도와 생산성이 높아지고 우수 인재를 끌어들이기 쉬워진다. 또한 정직하고 고객을 배려하는 경영은 소비자들의 신뢰와 브랜드 충성도를 높여 장기적인 매출 증대로 이어진다. 지역사회에 대한 투자와 사회공헌 활동도 기업의 평판을 높이고 안정적인 사업 환경을 조성하는 데 기여한다. 예컨대 어떤 기업이 공장 주변 지역의 교육 및 복지 향상에 기여하면 지역주민들의 지지가 커져 기업 운영이 한층 원활해질 수 있다.

사회적 가치를 경영 성과로 계량화하려는 시도도 최근 나타나고 있다. 일부 선도기업들은 매년 자사가 창출한 사회적 가치를 금전적으로 환산하여 공개함으로써, 기업 활동이 얼마나 긍정적인 영향을 미쳤는지 투명하게 소통한다. 이는 기업이 단순한 이윤 창출을 넘어 사회문제 해결의 주체로서 역할을 할 것을 요구받는 시대적

흐름에 부응하는 노력이라 볼 수 있다. 반대로 직장 내 괴롭힘이나 소비자 기만, 지역사회와의 갈등 같은 사회적 논란이 발생하면 기업 평판은 급격히 추락하고 재무적 손실로 직결될 수 있다. 요컨대 사회 부문의 ESG 경영에서는 사람 중심의 지속가능경영을 통해 이해관계자의 신뢰를 얻고, 기업과 사회가 함께 발전하는 길을 모색하는 것이 핵심이라고 하겠다.

2.3 지배구조(Governance)

마지막으로 지배구조(G)는 기업 경영의 의사결정 구조와 투명성, 윤리의식을 다룬다. 이는 효과적인 기업 통제 메커니즘을 구축하여 경영진이 회사를 책임감 있게 운영하도록 하는 영역이다. 주요 요소로는 이사회의 구성과 독립성, 감사 및 내부통제 시스템, 주주권익 보호, 윤리경영과 법규 준수가 포함된다. 지배구조는 ESG의 다른 두 요소(환경, 사회)를 뒷받침하는 기반이라고 할 수 있다. 아무리 훌륭한 친환경 정책이나 사회공헌 활동도, 이를 지속하고 발전시키려면 튼튼한 지배구조가 필수적이기 때문이다.

과거 수십 년간 발생한 대형 기업 스캔들은 모두 취약한 지배구조와 관련이 있었다. 예를 들어 미국의 에너지 회사 엔론(Enron)은 회계부정 사건으로 2001년 파산했는데, 이는 경영진의 부정행위를 견제할 이사회와 감사 기능이 제 역할을 못한 대표적 사례였다. 또한 독일의 폭스바겐(VW)은 2015년 배출가스 저감장치 조작이 드러나 수백억 달러의 벌금과 평판 추락을 겪었는데, 이는 윤리경영의 실패이자 내부 통제 부실로 인한 지배구조 문제로 지적된다. 이러한 사례들은 투명하고 책임 있는 지배구조 확립이 얼마나 중요한지 일깨워 주었다.

이사회는 지배구조의 핵심이다. 최근 전 세계적으로 이사회의 독립성과 전문성을 강화하려는 움직임이 뚜렷하다. 과거에는 창업주나 경영진의 측근으로 구성된 이사회가 거수기 역할에 머무르는 경우가 있었지만, 이제는 사외이사 비중을 높이고 다양한 배경과 전문성을 가진 인물을 이사회에 포함시켜 견제와 균형을 도모한다. 특히 금융위기 이후 많은 나라에서 기업지배구조 모범규준을 제정하여 이사회 내 위원회의 설치(감사위원회, 보상위원회 등), 이사회 의장과 CEO직 분리 권장, 이사회의 성별 다양성 확보 등을 촉구하고 있다. 한국에서도 2020년대에 이르러 자산 규모가 큰 상장사들은 여성 이사를 1명 이상 선임하도록 의무화되었고, 대기업 집단을 중심으로 이사회 내 ESG 위원회 신설이 확산되는 등 거버넌스 개선 노력이 이루어지고 있다.

주주 권익 보호와 투명한 의사결정 역시 지배구조의 중요한 측면이다. 과거 한국 재벌 기업들에서 나타났던 총수 일가의 전횡이나 오너 리스크에 대한 비판이 높아지면서, 소액주주와 외부 투자자의 목소리를 반영하려는 제도들이 도입되었다. 예를 들어 집중투표제와 전자투표제 도입, 국민연금 등 기관투자자의 적극적 의결권 행사로 스튜어드십 코드가 정착되면서, 이사회가 대주주의 입장만 대변해서는 안 된다는 인식이 자리 잡았다. 또한 기업들은 경영 의사결정과 재무정보를 투명하게 공시하기 위해 노력하고 있으며, 연차보고서나 지속가능경영보고서를 통해 주주와 이해관계자들에게 회사의 거버넌스 구조와 리스크 관리 체계를 설명하고 있다.

윤리경영과 컴플라이언스(준법 경영)도 거버넌스의 필수 요소다. 글로벌 기업들은 뇌물 방지와 부패 방지를 위해 엄격한 윤리강령을 도입하고 교육을 시행하고 있다. 부정행위를 신고할 수 있는 내부고발 제도를 마련하고, 위법 행위 적발 시 단호한 처벌을 내리는 등의 조치를 통해 조직 내 윤리 의식을 강화한다. 특히 금융기업이나 해외 사업 비중이 높은 기업의 경우 각국의 반부패법(FCPA 등)을 준수하기 위한 컴플라이언스 부서의 역할이 중요하다. 사이버보안과 데이터 보호처럼 새로운 시대의 윤리 이슈에 대해서도 이사회의 관심이 높아지고 있다.

최근 경향으로는 경영진의 보상 체계에 ESG 성과를 연계하는 움직임도 눈에 띈다. 단순히 단기 주가나 이익에 따른 보너스만 지급하는 것이 아니라, 온실가스 감축 목표 달성 여부나 직원 만족도 향상 등 장기적 가치 창출 지표를 임원 성과평가에 반영함으로써, 경영진이 자연스럽게 ESG 경영에 책임을 지도록 유도하는 것이다. 이러한 방식은 기업의 지속가능성을 높이고 이해관계자들과의 신뢰 구축에 도움이 된다는 평가를 받고 있다.

정리하면, 지배구조 영역의 최신 동향은 이사회의 독립성과 전문성 강화, 주주 및 이해관계자 의견 반영을 통한 투명경영, 윤리·준법 경영의 확립으로 요약된다. 견고한 지배구조를 갖춘 기업은 내부적으로 리스크를 효과적으로 관리하고 전략적 의사결정을 합리적으로 내릴 수 있으며, 외부적으로 투자자와 시장의 신뢰를 얻어 더 낮은 자본비용과 안정적인 성장을 누린다. 반면 지배구조가 취약한 기업은 경영진의 잘못된 판단을 견제하지 못해 큰 실패를 겪거나, 부정행위로 인한 법적 처벌과 평판 손상으로 치명타를 입을 수 있다. 결국 투명하고 책임 있는 거버넌스는 지속가능한 ESG 경영을 구현하기 위한 필수 토대라 할 것이다.

3 인공지능과 ESG의 융합

21세기 들어 인공지능(AI) 기술의 발전은 기업 경영 전반에 혁신을 가져오고 있다. 방대한 데이터를 학습하여 인간과 유사한 판단을 내리는 AI는 의사결정의 효율을 높이고 새로운 비즈니스 기회를 창출하는 동력으로 주목받는다. 이러한 AI 시대에 ESG 경영도 예외가 아니어서, 인공지능과 ESG의 융합이 새로운 화두로 떠오르고 있다. AI를 어떻게 활용하느냐에 따라 ESG 목표 달성에 큰 도움을 줄 수도 있고, 반대로 새로운 위험을 초래할 수도 있기 때문이다.

먼저 환경(E) 측면에서 AI는 기후변화 대응과 자원 효율화에 기여할 수 있다. 예를 들어 기계학습 알고리즘을 통해 에너지 수요를 예측하고 스마트 그리드를 운영하면 전력 생산과 소비의 균형을 최적화하여 에너지 낭비를 줄일 수 있다. 제조업에서는 AI 기반 공정 관리로 불량률을 낮추고 자재 사용을 최소화함으로써 폐기물을 감축하고 효율을 높이고 있다. 또한 위성영상과 딥러닝을 결합해 산림 파괴나 해양오염을 모니터링하고, IoT 센서 데이터를 AI가 분석해 공장이나 건물의 온실가스 배출과 에너지 사용을 실시간으로 최적화하는 사례도 늘고 있다. 한편으로 AI는 기후 변화 예측 모델의 정확도를 높여 기상이변의 영향을 사전에 파악하고 대응전략을 세우는 데 활용되고 있다. 이처럼 AI 기술은 환경 데이터 분석과 솔루션 도출을 가속화함으로써 기업과 정부의 환경문제 해결 역량을 강화한다.

그러나 아이러니하게도 AI 자체가 환경에 부담을 줄 수 있다는 점도 고려해야 한다. 거대한 딥러닝 모델을 학습시키는 데는 막대한 전력 소비가 필요하며, 그에 따른 탄소 배출이 발생한다. 연구에 따르면 최신 자연어 처리 AI 모델 하나를 학습시키는 과정에서 발생하는 탄소 배출량이 자동차 다섯 대가 평생 동안 배출하는 양에 육박할 수 있다고 한다. 데이터센터의 전력 수요 증가와 냉각을 위한 물 사용 등 AI 기술 확산이 초래하는 환경 발자국도 무시하기 어렵다. 따라서 기업들은 그린 AI(Green AI), 즉 에너지 효율이 높은 알고리즘 개발과 재생에너지 기반 데이터센터 운영 등을 통해 AI 운용의 환경 영향을 최소화하려는 노력을 기울이고 있다.

다음으로 사회(S) 영역에서 AI는 긍정적 효과와 우려를 모두 갖는다. 긍정적으로는 AI가 의료, 교육, 금융 등 분야에서 서비스 접근성을 높이고 맞춤형 지원을 제공함으로써 사회적 포용을 증진할 수 있다. 예를 들어 의료 AI는 대량의 의료데이터를 분석하여 질병 진단 정확도를 높이고, 부족한 의료진을 보완하여 더 많은 환자에게 진료 기회를 제공한다. 교육 분야에서도 AI 튜터와 학습 플랫폼이 학생 개개인의 수준에 맞춘 학습을 도와 교육 격차를 줄이는 데 기여하고 있다. 기업 내부적으로는 AI 챗봇을 활용한 직원 상담이나 AI 기반 채용 시스템 등을 통해 업무 효율을 높이고 직원 만족도를 향상시키는 시도가 이루어지고 있다.

그러나 AI의 부정적 영향에 대한 우려도 크다. AI 알고리즘의 편향(Bias) 문제는 사회적 논란의 중심에 있다. AI는 과거의 데이터로부터 학습하기 때문에, 데이터에 내재된 인종적 · 성별 편견이 시정되지 않으면 그 편향을 증폭시키는 결정으로 이어질 수 있다. 실제로 일부 기업의 AI 채용 시스템이 여성 지원자를 일률적으로 불리하게 평가하거나, 얼굴 인식 AI가 유색인종의 얼굴을 정확히 인식하지 못해 문제가 된 사례들이 보고되었다. 이처럼 AI 오남용은 차별과 불평등을 초래하여 사회적 신뢰를 훼손할 위험이 있다. 또한 AI 자동화로 인한 일자리 대체 우려도 사회적 화두다. 반복적이고 기계적인 업무를 AI와 로봇이 대체하면서 일부 노동자들은 일자리를 잃거나 직무 전환을 해야 하는 상황에 놓이고 있다. 이는 기업이 책임지고 대비해야 할 사회적 과제다.

AI의 확산에 따라 프라이버시와 보안 이슈도 사회 영역에서 중요하다. 대규모 데이터 수집과 분석이 가능해지면서 개인의 행동 및 소비정보가 AI에 활용되고 있는데, 이는 데이터 프라이버시 침해 우려를 낳고 있다. 무분별한 개인정보 활용이나 감시 기술의 오용은 사회적 반발을 일으킬 수 있으므로, 기업은 AI 활용 시 데이터 윤리를 준수하고 개인정보 보호 규정을 엄격히 따를 필요가 있다.

마지막으로 지배구조(G) 측면에서 AI는 의사결정 지원과 리스크 관리도구로서 유용하다. 방대한 재무 데이터와 문서를 분석하는 AI는 인간이 놓칠 수 있는 패턴을 찾아내어 부정 회계나 내부 부패 징후를 조기에 발견할 수 있다. 예컨대 금융기관에서는 AI를 활용해 이상 거래를 탐지함으로써 자금세탁이나 사기 사건을 예방하고, 제조기업에서는 공급망 데이터를 분석해 잠재적 리스크 요인을 식별하는 등 AI 기반 내부감사준법감시시스템을 구축하고 있다. 또한 경영진은 AI의 예측 모델을 참고하여 미래 시나리오를 시뮬레이션함으로써 보다 근거에 입각한 전략 결정을 내릴 수 있다. 이런 방식으로 AI는 기업 거버넌스의 효율성과 정확성을 향상시키는 도구가 될 수 있다.

하지만 AI의 도입은 새로운 거버넌스 딜레마도 야기한다. 결정과정에 AI의 역할이 커질수록 책임 소재와 투명성 문제가 부각된다. 만약 AI의 판단에 따라 이루어진 결정이 잘못되었을 때 그 책임은 누구에게 있는가? AI 모델의 복잡한 작동원리는 일반 이해관계자들이 이해하기 어려워 설명가능한 AI(XAI)에 대한 요구가 높아지고 있다. 기업 지배구조는 이제 AI 시스템의 윤리적 설계와 활용에 대한 감독 기능까지 포함하게 되었다. 이에 따라 여러 글로벌 기업들이 AI 윤리 원칙을 선포하고 윤리위원회를 운영하며, AI 알고리즘에 대한 외부검증을 도입하는 등 스스로 규제를 마련하고 있다. 예를 들어 마이크로소프트, 구글 등은 AI의 공정성 · 안전성 · 투명성을 위한 가이드라인을 수립하고 개발 단계부터 이를 적용하고 있다. 또한 2020년대 중반 유럽연합을 중심으로 AI 규제법안 제정 움직임이 활발하여, 고위험 AI의 사용을 엄격히 통제하고 책임성을 부여하려는 정책들이 등장하고 있다.

전반적으로 AI와 ESG의 융합은 양날의 검과 같다. 잘 활용하면 AI는 ESG 목표 달성의 강력한 도구가 된다. 예컨대 ESG 데이터 분석에 AI를 활용하면 기업의 환경 · 사회 성과를 정확히 측정하고 향상시킬 영역을 찾아낼 수 있으며, 투자자들은 AI를 통해 수많은 기업의 ESG 정보를 신속히 비교하여 책임투자를 강화할 수 있다. 그러나 준비 없이 AI에 의존하면 예기치 못한 윤리적 위험과 사회적 부작용을 초래할 수 있다. 실제로 2023년 한 조사에서 CEO들의 65%가 AI가 제기하는 사회적 · 윤리적 위험에 주목해야 한다고 지적한 바 있다. 이는 기업 최고경영진도 AI 시대의 ESG 과제를 심각하게 인식하고 있음을 보여준다.

결국 중요한 것은 균형 잡힌 접근이다. 기업은 AI 도입 시 ESG 관점을 통합하여, AI를 활용해 지속가능성 목표를 촉진하는 한편 AI로 인해 발생할 수 있는 윤리적 문제를 선제적으로 관리해야 한다. 이를 위해 '책임 있는 AI' 프레임워크를 구축하고, 관련 내부 지침과 교육을 시행하며, 이해관계자들과 소통하여 우려를 해소하는 노력이 필요하다. 인공지능 기술과 ESG 경영이 조화를 이루는 기업은 4차 산업혁명 시대의 경쟁력을 확보함과 동시에 사회로부터 신뢰받는 지속가능 기업으로 자리매김할 수 있을 것이다.

4 주요 사례 분석

4.1 글로벌 사례

ESG 경영을 선도하거나 흥미로운 변화를 보인 글로벌 기업 사례를 살펴보면, 지속가능성과 기업 성공이 어떻게 맞물려 있는지 알 수 있다.

한 대표적 사례로 영국-네덜란드계 소비재 기업 유니레버(Unilever)를 들 수 있다. 유니레버는 비교적 이른 2010년에 '지속가능한 생활 계획(Unilever Sustainable Living Plan)'을 발표하며 ESG를 경영 전략의 중심에 놓았다. 이 계획을 통해 유니레버는 10년간 자사 제품의 환경 발자국을 절반으로 줄이고, 원재료의 100%를 지속가능한 방식으로 조달하며, 전 세계 10억 명 이상의 사람들의 보건·위생을 향상시키겠다는 목표를 세웠다. 이를 달성하기 위해 유니레버는 포장재의 재활용 소재 사용을 늘리고, 물 사용량이 적은 세제를 개발하며, 개발도상국에서 위생교육 캠페인을 펼치는 등 다양한 노력을 전개했다. 그 결과 유니레버는 여러 국제 ESG 평가에서 높은 점수를 받았고, 몇 년 연속 다우존스 지속가능경영지수(DJSI)에서 업계 최상위에 이름을 올렸다. 유니레버의 여러 브랜드 중 특히 지속가능성을 강조한 제품들은 매출 성장률이 평균을 상회하며 ESG 전략이 비즈니스 성과에도 기여할 수 있음을 보여주었다. 물론 모든 목표를 완벽히 달성한 것은 아니고, 재무 성과에 집중하라는 일부 투자자들의 압박으로 2019년 이후 전략 조정이 있었지만, 유니레버의 사례는 대규모 다국적 기업이 ESG 경영을 통합적으로 추진한 선구적 사례로 평가된다.

파타고니아(Patagonia)는 ESG와 기업 철학의 결합을 극대화한 사례로 자주 언급된다. 미국의 아웃도어 의류기업 파타고니아는 창립자 이본 슈이나드(Yvon Chouinard)의 신념에 따라 환경 보호를 기업의 최우선 가치로 삼아왔다. 이 회사는 매출의 1%를 환경단체에 기부하고, 오래 입을 수 있는 품질 좋은 제품을 만들어 소비와 폐기를 줄이는 것을 강조해왔다. 2022년 슈이나드 회장은 더 나아가 회사를 아예 자연보호를 위한 신탁과 비영리재단에 기부하는 결정을 하여 세계적인 주목을 받았다. 그는 "이제 지구가 우리의 유일한 주주"라는 말로 회사의 미래 수익이 온전히 환경보호에 쓰이도록 하겠다고 선언했다. 파타고니아는 또한 광고를 통해 과소비를 경계하는 메시지를 내고, 제품 수선 서비스를 제공하는 등 기존 기업 문법과 차별화된 행보를 보였다. 이러한 급진적인 ESG 경영에도 불구하고 파타고니아는 충성도 높은 고객층을 확보하여 안정적인 성장을 이루었고, 기업의 사회적 책임과 비즈니스 성공이 양립 가능함을 보여준 사례로 평가된다.

대기업 외에도 오르스테드(Ørsted)와 같은 사례는 산업 전환에서 ESG의 역할을 보여준다. 덴마크의 에너지 기업 오르스테드는 한때 석탄과 석유 기반의 사업을 주력으로 했으나, 2010년대 후반 과감한 결단으로 재생에너지 중심 기업으로 탈바꿈했다. 해상풍력 발전에 집중 투자하여 현재는 세계 최대의 해상풍력 기업이 되었고, 화석연료 사업 지분을 대부분 정리했다. 이 같은 대전환을 통해 오르스테드는 기후대응 선도기업으로 평가받으며 높은 수익성과 주가 상승을 동시에 실현했다. 탄소집약적 산업도 ESG 전략을 통해 새로운 성장 기회를 창출할 수 있음을 잘 보여주는 사례다.

투자자의 힘도 ESG 변화에 큰 영향을 미쳤다. 세계 최대 자산운용사인 블랙록(BlackRock)의 사례가 이를 보여준다. 블랙록의 CEO 래리 핑크(Larry Fink)는 2020년 연례 서한에서 "기후 리스크가 곧 투자 리스크"라고 선언하며, 앞으로 기후변화에 적응하지 않는 기업에는 자본이 흐르지 않을 것이라고 경고했다. 그 후 블랙록은 석탄산업 등에 대한 투자를 축소하고, 투자 포트폴리오 전반에 ESG 평가를 통합하였다. 이러한 거대 기관투자자의 움직임은 전 세계 기업들에게 큰 압력으로 작용하여, 많은 기업이 ESG 정보를 공개하고 탄소 감축 계획을 내놓는 계기가 되었다.

물론 글로벌 사례 중에는 ESG의 중요성을 일깨워준 실패 사례도 있다. 앞서 언급한 폭스바겐의 배출가스 조작 스캔들은 환경과 윤리를 등한시한 경영이 가져온 처참한 결과였다. 또한 2010년 BP의 멕시코만 원유시추시설 폭발 사고는 안전관리 소홀과 위기 대응 실패가 초래한 환경 재앙으로, BP에 천문학적 비용 부담과 신뢰 추락을 안겼다. 이러한 사건들은 기업이 ESG를 무시하면 단기간 이익을 얻을지는 몰라도, 장기적으로는 오히려 막대한 손실과 위기를 자초한다는 교훈을 남겼다.

4.2 국내 사례

국내 기업들 역시 글로벌 추세에 발맞춰 ESG 경영을 속속 도입하고 있다. SK그룹은 국내에서 ESG 경영을 가장 적극적으로 추진하는 기업집단 중 하나로 꼽힌다. 최태원 회장의 주도로 SK는 2019년부터 사회적 가치 측정 체계를 마련하여 자사의 경영활동이 경제적 가치뿐 아니라 사회와 환경에 준 기여를 계량화해 발표하고 있다. 예컨대 한 해 동안 창출한 사회적 가치(저탄소 기술 도입으로 감축한 탄소량, 일자리 창출 효과 등)를 돈으로 환산해 공개함으로써 기업의 긍정적 영향력을 투명하게 보여주고 있다. SK는 이러한 노력을 바탕으로 한국기업지배구조원(KCGS) ESG 평가에서 그룹 주요 계열사들이 A 이상의 등급을 획득하고, 글로벌 ESG 평가에서도 높은 점수를 받는 등 성과를 거두고 있다. 또한 SK는 사업적으로도 친환경 분야에 큰 투자를 단행하여, 배터리 소재, 수소 에너지, 재생에너지 등 미래 지속가능 산업을 새로운 성장축으로 삼고 있다. 이러한 행보는 전통 제조업 기반의 기업집단이 ESG를 통해 체질 개선과 미래 준비를 병행하는 사례로 주목받고 있다.

IT 및 전자산업 분야의 삼성전자 역시 ESG 경영을 강화하고 있다. 삼성전자는 그간 글로벌 공급망 관리와 제품 친환경성 측면에서 지속적인 개선을 도모해왔다. 2021년에는 '삼성 글로벌 인권 원칙'을 선포하여 국제 인권 기준 준수를 약속했고, 2022년에는 2050년까지 직·간접 탄소중립을 달성하겠다는 목표를 발표하며 기후변화 대응에 동참했다. 반도체 사업장의 온실가스 배출을 줄이기 위해 신기술을 도입하고, 제품 포장재를 친환경 소재로 전환하는 한편, 사내 다양성 촉진을 위해 여성 임원 비율 확대와 포용적 조직문화 조성 프로그램을 운영하는 등 다각적인 노력을 기울이고 있다. 한편 삼성은 이사회 내 지속가능경영위원회를 통해 ESG 이슈를 최고경영진에서 직접 챙기고 있으며, 2021년에는 이사회 의장을 사외이사가 맡도록 제도를 변경하며 지배구조 투명성도 제고하였다. 과거 경영 비리 사건 등으로 훼손된 신뢰를 회복하고 글로벌 기술기업으로서 책임을 다하기 위한 움직임으로 평가된다.

포스코는 전통적인 중후장대 산업에서도 ESG 경영이 중요함을 보여주는 사례다. 철강업은 많은 탄소를 배출하는 산업 중 하나인데, 포스코는 2050년까지 탄소중립을 달성하겠다는 비전을 세우고 수소환원제철 등 혁신 기술 개발에 투자하고 있다. 또한 안전사고를 줄이기 위해 대대적인 설비 투자를 하고 작업장 문화를 개선하는 노력을 기울이고 있으며, 광양제철소 인근 갯벌 복원사업 등 생물다양성 보호활동도 시작했다. 2022년에는 그룹 차원의 ESG 위원회를 출범시키고, 환경 · 안전 · 윤리를 3대 핵심 이슈로 선정하여 체계적으로 관리하기 시작했다. 한편 포스코는 지주회사 체제로 전환하면서 이사회 중심 경영을 강화하고, 기업시민헌장을 제정하는 등 지배구조와 사회적 책임 면에서도 개선을 이루고 있다. 이처럼 국내의 전통 제조기업들도 ESG를 경쟁력 제고와 리스크 관리의 필수 요소로 인식하고 변화해 가는 중이다.

특히, 포스코의 ESG와 기업시민 정신에 대해서 간략히 살펴보면, 자본주의 하에서 경제활동은 3가지 요소, 재생산(Reproduction), 재분배(Redistribution), 상호 호혜(Reciprocity)인데, 재분배와 호혜가 점점 약화되고 이익 최대화의 재생산(Reproduction for profit maximization)만 남게 되었다. 이 폐단을 극복하기 위해서는 기업의 위치가 바뀌어야 한다. 사회 질서를 유지하는 3대 기능들, 국가(Coercion: 강제), 공동체(Cooperation), 시장(Exchange)에서 기업은 시장에 머물러 왔다. 여기에서 기업이 중앙으로 위치를 옮기는 것이 기업시민의 첫발이다. 3대 기능들을 동시에 활성화한다는 의미이다. 실제 이동은 불가능하지만, 이동한 것처럼 행동하라는 뜻이다. “기업의 ‘현실적’ 본질은 그대로이지만, 기업정신의 ‘이념적’ 본질은 바뀐다.”

‘기업 + 시민’은 기업으로 하여금 시민 역할을 수행할 것을 지시하고, 시민권 증진 기능을 담당할 것을 요청하는 개념이다. 시민이 아니지만 시민이어야 하고, 시민권은 부여받지 못했지만 시민권 증진에 앞장서야 하는 존재다. 일종의 은유

(metaphor)다. 기업시민은 시민이 아니지만 '시민과 같은(like citizens)' 역할을 수행해야 하고, 시민권을 부여 받지는 않았지만 시민권 증진을 위한 사회, 경제 역할을 담당하는 것을 본질로 한다. 시민과 시민권의 본질에 다가가는 역할을 짊어지고 있다는 규범적 · 실천적 함의가 바로 '기업 + 시민', 기업시민의 개념이다. 기업시민의 역할은 공여(Provider), 참여(Participant), 촉진(Promoter) 3가지이다. 공여는 기업의 자원과 역량을 사회적 가치를 높이는 데에 제공하는 공여자의 역할이며, 참여는 사회적 이슈에 대한 자발적 참여를 통하여 문제 해결에 나서는 중재자의 역할이다. 촉진은 시민권의 증진을 통하여 성숙한 시민사회로의 도약을 선도하는 촉진자의 역할이다.[1]

즉, '기업시민'은 최근에 본격화된 기업의 역할에 대한 전 지구적 각성을 기반으로 한 개념으로, 시민사회에서 시민이 고유의 역할을 수행하는 것처럼 기업도 사회에 대해 기여해야 한다는 것으로 요약할 수 있다. 초창기의 기업시민 개념은 단순히 기업의 자선활동을 의미하였으나, 그 이후 이해관계자들이 기업에 부과한 경제적 · 법적 · 윤리적 · 재량적 책임을 수행하는 것으로 폭넓게 정의되었다. 최근에는 한 걸음 더 나아가 '시민'이라는 개념에 좀 더 방점을 찍으면서, 사회가 부과한 책임을 다하는 수동적 존재가 아니라 '사회의 안녕과 복지를 향상시키기 위해 행동하는 적극적 존재'로서 기업의 역할이 더 강조되고 있다.

기업, 왜 시민이 되려 하는가?[2] 경영학계와 산업계를 그동안 풍미했던 많은 용어들과 지속가능경영의 가장 큰 차이점은, "방법" vs. "목표"라고 앞서 언급한 적이 있다. 기업의 목표를 '지속가능경영'으로 결정한 이후에는, 그 목표를 달성하기 위한 방법을 찾아 나서야 한다. 지속가능경영을 미래에도 계속하기 위하여 가장 중요한 방법은 무엇일까? 기업의 존재 이유인 이윤 창출을 계속하는 것이 가장 먼저 떠오르는 대답일 것이다. 하지만 이윤 창출이라는 목표를 달성하는 과정에 주목하여야 한다. NIKE, Enron, Exxon Mobil과 같이 사회적 물의나 환경적 파괴를 초래하는 경우, 그런 기업들의 지속가능성은 절대 낙관할 수 없다. 그렇다면 경제적 가치

---

1 송호근(포스텍인문사회학부 석좌교수), 왜 기업시민인가? '21세기 자본과 이중운동의 前衛', 기업시민리서치1호, 기업시민연구소.

2 이재혁(고려대학교 경영대학 교수), "기업이 시민이 되다": 지속가능성 증진을 위한 전략적 제언, 기업시민리서치 4호, 기업시민연구소.

를 포기하거나, 경제적 가치 창출보다 사회적 가치나 환경적 가치 창출에 더 관심을 두는 기업의 경우는 어떠할까? The Body Shop의 사례가 의미하는 것처럼, '착하기만 한 기업' 역시 지속가능성을 낙관하기는 힘들다. 결국 기업이 지속가능하기 위해서는 그 기업이 수립하고 실행하는 경영활동 그 자체가 경제적 가치뿐만 아니라 사회적 가치와 환경적 가치를 같이 달성해야 한다. 실제로 다우존스 지속가능경영지수(Dow Jones Sustainability Indices: DJSI)에서는 평가대상이 되는 기업의 경제·사회·환경 측면의 가치 창출에 초점을 맞추고 있다. Interface나 Unilever의 경우가 각광받는 이유이다. 이런 맥락에서 등장한 기업시민(Corporate Citizenship)은 주목할 만하다. 다양하게 정의되곤 하지만, 궁극적으로는 기업의 사회적 책임(Corporate Social Responsibility: CSR)과 관련된 정의처럼, '기업이 경제적 가치는 물론 사회 전반의 이익을 위해 환경적·사회적 가치를 함께 추구하여 발전의 지속성을 유지하는 것'으로 이해할 수 있다. '기업시민'은 5단계(Elementary, Engaged, Innovative, Integrated, Transforming)를 거치면서 7개 차원(Citizenship concept, Strategic intent, Leadership, Structural, Issue management, Stakeholder relationship, Transparency)에서 기업경영활동의 변화가 진행되는 과정으로 파악해야 한다. 즉 단계적으로 진화하면서 기존 차원에서 새로운 이슈에 직면하게 되는 동적 개념이다.

기업시민 시대, 도시와 대학 만든 포스코, 시민을 양성할 때[3], 포스코가 기업시민이 되는 일은 포스코 구성원으로부터 명실상부한 시민이 되는 것에서 출발한다. 기업이 시민의 역할을 수행하기 위해서는 CEO나 임직원 모두가 진정한 시민의식과 시민정신으로 무장할 것을 요구한다. 왜냐하면 기업시민을 구체적으로 창조, 학습, 조직, 운영, 전파하는 동력은 궁극적으로 해당 기업의 '구성원'으로부터 나오기 때문이다. 포스코 구성원들이 먼저 시민의 모범이자 전범(典範)으로 거듭난 다음, 그와 같은 시민의 품격과 역량이 비즈니스 파트너, 이해관계자, 지역주민, 그리고 사회 전체로 파급될 때 기업시민 개념은 마침내 꽃을 피우게 될 것이다.

시민의 자격은 한편으로는 선언적이고 법률적이다. 현대 민주주의 사회에서 누

---

3 전상인(서울대 환경대학원 교수), 기업시민 시대: 도시와 대학 만든 포스코, 시민 양성할 때, 기업시민리서치 3호, 기업시민연구소.

구나 출생과 더불어 시민으로서의 법적 지위를 얻기 때문이다. 하지만 시민의 또 다른 자격들은 후천적으로 획득된다. 개체로서 자립할 수 있는 경제적 조건도 그렇지만 특히 시민으로서의 태도와 마음은 오랜 노력과 진화의 산물이다. 진정한 의미의 시민이란 태어나는 것이 아니라 만들어지는 것이며, 주어지는 것이 아니라 노력해 가는 것이다. 근대사회의 시민이 과거 백성이나 신민, 부족, 민족, 국민과 개념적으로 다른 까닭은 시민에게는 시민 특유의 마음이 있기 때문이다.

기업시민 실천을 위한 기업의 역할[4], 진정한 기업시민이 되기 위해 기업은 무엇을 목표로 삼고, 어떻게 실천해야 하는가에 대한 구체적인 계획을 세워야 한다. 이를 통해 기업 스스로 건강한 사회를 위한 역할과 진정성을 부여할 수 있다. 이때 중요한 것은, 기업시민 활동을 위해 '무엇을 할지'에 대한 고민에 앞서, 행위 주체로서 어떤 '역할'을 할 것인지에 대한 명확한 규정이다. 오늘날 우리 사회에서 기업의 역할 중 하나는 국가와 시민 사이에서, 국가가 커버하지 못하는 것, 시민이 하기에 한계가 있는 일을 수행하는 것이다. 정부가 하기 어려운 일을 시민단체가 어느 정도 역할을 하고는 있으나, 시민단체가 할 수 없는 일, 시장이 시민을 위해 해야 하는 일이 분명 존재한다. 기업이 국가를 대체할 수는 없지만, 고용, 지역발전, 교육 등 사회문제를 해결하는 데 필요한 기업의 역할이 도처에 있다.

우리 사회는 국가, 시장, 시민사회 세 영역의 섹터로 구성되어 있으며, 각 섹터는 다른 섹터와 대별되는 특징을 가지고 있다. 시장 및 시민사회와 구분되는 국가의 특징은 권력과 권위를 갖고 있다고 볼 수 있고, 시장이 국가와 시민사회로부터 구분되는 특징은 교환, 거래, 협상에서 발견할 수 있다. 시민사회는 국가의 권위와 시장의 교환과 구분되는 설득, 신뢰 또는 네트워크를 기본 메커니즘으로 갖추고 있다.

한편 금융업권에서도 ESG 경영이 활발하다. KB금융지주, 신한금융지주 등 주요 금융그룹들은 탈석탄 금융을 선언하고 친환경 프로젝트에 대한 금융 지원을 확대하는 등 지속가능금융에 나서고 있다. 예를 들어 KB금융은 자체적으로 'KB 그린웨이 2030' 전략을 세워 2030년까지 500조 원 규모의 ESG 투자를 실행하겠다

4 기업시민연구소, 기업시민 인덱스: 목표와 역할, 기업시민리서치 3호, 기업시민연구소.

는 계획을 발표했고, 신한금융은 기후변화 대응을 위해 아시아 금융사 최초로 이른바 'NZBA(넷제로 금융연합)'에 가입하여 2050 탄소중립 금융을 추진하고 있다. 이들은 ESG 채권(녹색채권, 사회적채권)을 발행하여 자금을 조달하고 친환경 산업이나 스타트업에 투자하는 등 금융의 힘으로 산업 전반의 지속가능성을 높이는 역할을 수행 중이다. 또한 금융권은 기업 대출 심사나 투자 의사결정 과정에 ESG 평가를 반영하여, 기업들이 자연스럽게 ESG 개선 노력을 기울이도록 유도하고 있다.

국내 사례에서도 교훈적인 실패 사례가 존재한다. 2013년 발생한 남양유업 사태는 대리점주에 대한 갑질 행위가 폭로되며 대규모 소비자 불매운동으로 이어진 사건이다. 이로 인해 남양유업은 매출과 브랜드 이미지에 큰 타격을 입었고, 결국 오너 일가가 경영권을 내려놓는 상황까지 몰렸다. 이 사건은 기업 문화와 거래 관행에서 사회적 책임을 저버리면 소비자와 시장의 준엄한 심판을 받는다는 것을 여실히 보여주었다. 또한 2018년 드러난 일부 대기업의 채용 비리, 직장 내 성희롱 은폐 등의 사건도 사회적으로 큰 논란이 되었으며, 기업 내 공정성과 윤리의식 부족이 얼마나 위험한지 환기시켰다. 이러한 사례들은 한국에서도 ESG의 각 요소—특히 사회(S)와 지배구조(G)—를 소홀히 하면 기업 지속성이 위협받음을 보여주며, ESG 경영이 단지 보여주기식이 아니라 기업 내부에 철저히 뿌리 내려야 함을 강조한다.

참고문헌

권현한 · 김병식 · 윤석영(2008). "기후변화의 원인과 영향." **지반환경 9**(3), 31-37.

김국현 대표(2021). 세계는 지금 ESG 혁신 중, 다양한 사례를 통해 알아본 ESG 경영, SK하이닉스 프레스룸.

김승욱(2023). 디지털 공간서도 사람들 간 관계 관리가 중요하다 [김승욱 메타버스 · 웹3.0 경영], 전문가칼럼, 이코노미스트.

딜로이트(2023). 이사회의 이해관계자 신뢰 제고 및 측정 방법, 딜로이트 글로벌 이사회 프로그램 보고서.

조 이와사키 · 코닉스버그 · 윌리엄 투쉬(2023). "이사회의 이해관계자 신뢰 제고 및 측정 방법." 딜로이트 글로벌 이사회 프로그램 보고서, 3-27.

안순일 · 하경자 · 서경환 · 예상욱 · 민승기 · 허창회(2011). "한반도 기후변화의 추세와 원인 고찰." **한국기후변화학회지 2.4**, 237-251.

유한일(2021). ESG 위원회 설치, 기업 규모 따라 온도차...코스피 상장사 15% 불과. (2021년 10월 20일). 투데이코리아, http://www.todaykorea.co.kr/news/articleView.html?idxno=293537

윤경준 · 윤이숙(2016). 국제기후변화레짐과 한국 기후변화정책의 진화. **환경정책 24**(1), 71-107.

이기정(2021). ESG가 바꿔놓은 기업 '전략'..."생존 위해서 변해야 한다" (2021년 2월 3일) 비즈트리뷴, https://www.biztribune.co.kr/news/articleView.html?idxno=257129

전현희(2022). *"SK그룹, 아시아 ESG경영의 모범사례."* 서울경제 – SK의 사회적 가치 측정 등 ESG 선도활동 소개.

한국상장사협의회(2005). 상장회사 표준윤리강령. 상장(2005년 5월호), 53-64.

BlackRock(2020). *"Sustainability as BlackRock's New Standard for Investing"*(Larry Fink's Letter to CEOs) – 기후변화가 투자 리스크이며 자본 재배치를 가속할 것이라고 강조.

EY(2023). "Artificial Intelligence ESG Stakes"(보고서 인용, TechTarget 재인용) – CEO의 65%가 AI의 사회적 · 윤리적 위험에 대한 대응이 필요하다고 응답.

Junho Kim(2023). *"K-ESG Disclosures in South Korea: Overview and Future Outlook."* Glass Lewis – 한국 금융당국의 ESG 공시 의무화 로드맵 (2025년 대기업 시작, 2030년 전면 시행) 및 2026년으로의 시행 연기.

Justin Biel(2024). *"A Guide to Environmental, Social and Governance (ESG) for 2024."* Oracle NetSuite.

Lauren Cohen et al.(2024). *"It's Time to Change How ESG Is Measured."* Harvard Business Review.

Mary K. Pratt(2024). *"AI for ESG: Benefits, challenges and the CIO's role."* TechTarget.

McKinsey & Company(2020). *"Diversity Wins: How Inclusion Matters."* – 경영진 성별 다양성 상위 기업이 하위 기업보다 25% 높은 수익확률, 인종 다양성은 그 격차가 36%로 분석.

Mrinalika Roy(2022). *"Patagonia founder gives away company to help fight climate crisis."* Reuters – 파타고니아 창업주가 회사 소유권을 기후위기 대응을 위해 신탁과 비영리재단에 양도.

United Nations(2024). *"Net Zero Coalition."* UN Climate Change – 2024년 기준 107개국(전세계 배출의 약 82%)이 2050년 탄소중립 목표를 선언.

18°
Weather

CHAPTER 2

ESG와 인공지능(AI)의 비즈니스 모델

ESG 경영은 환경(Environmental), 사회(Social), 그리고 지배구조(Governance)를 고려하여 기업의 지속가능한 발전을 추구하는 경영 방식이며 이는 단기적 이익 추구를 넘어 장기적인 기업가치 창출과 사회적 책임을 균형 있게 달성하는 것을 목표로 한다. 한편, 디지털 트랜스포메이션은 첨단 디지털 기술을 활용하여 기업의 비즈니스 모델, 운영 프로세스, 고객 경험 등을 혁신적으로 재구성하는 전략적 변화 과정을 의미한다. 양희원(2021)은 디지털 트랜스포메이션과 ESG 경영 모두 비즈니스와 경영 방식의 변화를 수반한다는 점에 주목하여 이 2가지를 별도로 접근하는 것은 유사한 업무에 대해 비즈니스 프로세스 리엔지니어링(BPR)을 중복으로 적용하여 비효율성을 초래할 수 있다고 지적했다. 또한 비용 절감 및 효율성 제고를 위해 두 개념을 융합한 비즈니스 모델을 선택하여 운영해야 한다고 주장하였다.

김이혁(2022)은 디지털 트랜스포메이션과 ESG 경영이 가치 창출을 통해 기업성과에 미치는 영향을 검증하였으며 디지털 트랜스포메이션과 ESG 경영은 따로 떼어 놓고 생각할 수는 없다고 강조하였다. 즉 2가지 요소가 가치 창출을 통해 기업성과 제고의 원동력이 되며 디지털 트랜스포메이션을 ESG 경영과 결합하여 추진함으로써 새로운 기회 및 지속가능한 가치가 탄생될 수 있다고 하였다. 이를 위하여 김영옥(2024)은 기업은 ESG 경영을 통한 지속가능한 경영전략을 고도화하기 위해서 기업 경영활동 전반의 관리체계를 ESG 기준에 맞춰 기업의 ESG 전략 및 비즈니스 모델의 변화를 체계화하여야 한다고 하였다. 또한, 전체 비즈니스 가치사슬에서 이해관계자들과의 경제, 윤리, 사회 그리고 환경적 책임을 고려한 ESG 관점의 데이터 및 정보시스템을 재구성하여야 한다고 하였다.

한편, 디지털 트랜스포메이션이 지닌 데이터 중심 접근 방식은 비즈니스 프로세스와 상호협력 방식을 변화시키고 새로운 비즈니스 모델을 창출할 수 있다(Lindgren et al., 2019). 또한, 비즈니스 영역에서 디지털 트랜스포메이션은 새로운 디지털 기술을 활용해 신규 비즈니스 모델을 창출하거나 비즈니스 프로세스를 혁신한다(Nambisan et al., 2019). 원천 데이터로부터 분석 대상의 속성을 추출 및 정제하여 이로부터 추상적 표상을 추론해내는 과정이 심층신경망 모델에 의해 자율적으로 이루어져 더욱 다양한 분야에 딥러닝 기술이 활발히 적용되고 있다(Kolbjørnsrud et al., 2016).

이러한 인공지능 기술은 4차 산업혁명 시대 비즈니스를 추진할 디지털 트랜스포메이션의 핵심 화두로 자리 잡고 있다(Ransbotham et al., 2017). 특히, 탄소중립 실천을 위한 인공지능 기반 ESG 실천 사례를 살펴보면, 인공지능을 활용한 ESG 실천 사례를 통해 배출가스 모니터링이 가능하다. 인공지능을 활용한 ESG 경영으로 배출가스를 예측할 수 있으며(유재연, 2021), 인공지능을 통한 최적화는 생산, 운송 및 기타 분야에서 효율성을 개선하고, 이를 통해 탄소 배출가스를 감축하고 비용 절감에 기여할 수 있다(김성희, 방준성, 2022).

이처럼 지금까지 대부분의 선행연구는 디지털 트랜스포메이션과 ESG 경영을 각각 독립적인 영역으로 다루어왔으나 최근에는 이 두 개념이 상호 보완적인 역할을 할 수 있다는 필요성이 대두되고 있다. 이들 간의 상호 융합적인 연구를 통해 디지털 역량 및 ESG 경영의 성과를 높일 수 있는 추진 방법론 및 발전 모델을 개발하는 연구가 필요한 시점이다. 이에 본 연구는 급변하는 글로벌 비즈니스 환경에서 기업의 장기적 경쟁력 강화와 지속가능성 확보를 위해서 디지털 트랜스포메이션과 ESG 경영을 유기적으로 결합한 통합 추진 모델을 개발하고자 한다. 이를 위하여 K-ESG 가이드라인에서 제시한 각각의 K-ESG 진단항목을 분석하고 성과 점검 및 점검 기준을 달성하는 데 필요한 디지털 트랜스포메이션 기술들을 도출하기 위하여 본 연구는 국내 IT 전문가 30명을 대상으로 심층 인터뷰를 실시하였으며, 각 전문가가 제시한 의견을 바탕으로 ESG 경영목표에 적합한 디지털 기술을 도출하였다. 인터뷰의 주요 내용으로는 ESG 경영목표를 달성하기 위한 디지털 트랜스포메이션의 다양한 디지털 기술 즉, 인공지능, 빅데이터, 사물인터넷 등 주요 기술들을 전문가의 시각에서 제안하도록 하고 각 ESG 경영목표에 적합한 디지털 트랜스포메이션 기술들을 심층 토론 등을 통하여 최종적으로 매칭하였다. 따라서, 본 연구를 통해 학술적으로 디지털 트랜스포메이션과 ESG 경영의 통합 추진 방법에 대한 이론적인 모델을 깊이 있게 제안하고, 실무적으로는 기업들이 급변하는 경영환경에서 디지털 트랜스포메이션 기술을 활용하여 지속가능한 성장을 달성할 수 있는 구체적인 전략과 실행 방안을 제공한다.

1 트윈 트랜스포메이션

최근 디지털 트랜스포메이션과 ESG 경영을 결합하는 트윈 트랜스포메이션(Twin Transformation)이라는 개념이 주목받고 있다. 트윈 트랜스포메이션은 디지털 트랜스포메이션을 활용하여 기업의 정보기술 자원과 프로세스를 표준화하는 등 비즈니스 모델을 개선함과 동시에 ESG 경영을 활용하여 조직의 지속가능성을 높이는 혁신적인 전략이다. 따라서 트윈 트랜스포메이션은 디지털화와 지속가능성 혁신을 하나로 통합하여 추진함으로써, 조직이 여러 프로젝트에 대해 중복 투자를 방지할 수 있다. 이는 조직이 디지털 기술 도입과 지속가능성 목표를 동시에 달성하는 투자가 가능하여 개별 디지털 기술에 대한 중복된 자원 할당을 최소화하며 자원의 통합적인 접근 방식을 취할 수 있게 되어 조직 전체 자원의 효율적인 배분이 가능해진다.

또한, 디지털 트랜스포메이션과 ESG 경영은 목표가 상호 보완적이면서도 밀접하게 연관되어 있다. 두 영역이 공유하는 핵심은 지속가능성을 추구하고 경영자원의 효율성을 높여, 기업의 장기적 가치 창출과 사회적 책임을 동시에 달성하는 것이다. 즉, 디지털 트랜스포메이션 기술이 ESG 목표 달성을 위한 도구로 활용되고 ESG 원칙이 디지털 혁신의 방향성을 제시하는 등 서로 시너지를 창출한다(Marczewska, 2022). 따라서 인공지능(AI), 사물인터넷, 클라우드, 빅데이터 등 혁신적인 디지털 트랜스포메이션 기술을 활용해 새로운 가치를 창출하고 조직의 경쟁력을 높이는 ESG 경영이 바로 트윈 트랜스포메이션의 핵심이다(김재필, 2022).

한편, 디지털 트랜스포메이션은 벤처기업의 혁신을 가속화하는 핵심 동력으로 작용하며, 이는 기술 기반 신생기업의 성장에 필수적인 요소이다. 벤처기업은 본질적으로 혁신을 추구하는 조직이기에 디지털 기술을 활용한 비즈니스 모델 혁신, 운영 프로세스 개선, 고객 경험 향상 등을 통해 시장에서 차별화된 가치를 창출할 수 있다. 특히 클라우드 컴퓨팅, 인공지능 그리고 빅데이터 등 디지털 기술은 자본과 인력이 제한된 벤처기업이 대기업과 경쟁할 수 있는 경쟁 무기의 역할을 하며, 이를 통해 더 낮은 초기 비용으로 혁신적인 제품과 서비스를 개발하고 시장에 빠르게 진입할 수 있다. 또한, ESG 가치를 중심으로 한 혁신적 비즈니스 모델은 새로운 시장

기회를 창출하며, 이는 환경문제 해결, 사회적 가치 창출 그리고 투명한 지배구조 확립을 통해 벤처기업의 차별화된 경쟁력으로 이어질 수 있다(조찬희, 2024).

따라서 트윈 트랜스포메이션은 벤처기업의 지속가능성과 혁신 전략에 이상적인 프레임워크를 제공한다. 이는 기술혁신과 가치 창출의 균형을 추구하며, 벤처기업이 성장하면서도 사회적 책임을 다할 수 있는 방향성을 제시한다. 벤처기업은 트윈 트랜스포메이션을 통해 자원 효율성 증대, 탄소 배출 감소, 사회적 가치 창출 등의 ESG 목표를 디지털 기술을 활용하여 달성할 수 있다. 또한, 트윈 트랜스포메이션은 벤처기업의 제품 개발 과정에서 친환경 소재 활용, 에너지 효율적 설계, 순환 경제 원칙 적용 등의 지속가능한 접근법을 디지털 기술과 결합하여 구현할 수 있게 한다. 또한 공급망 관리에서도 트윈 트랜스포메이션은 디지털 기술을 활용한 투명성 확보와 지속가능한 소싱 관행을 결합하여, 벤처기업이 책임 있는 비즈니스 생태계를 구축하는 데 기여한다.

궁극적으로, 트윈 트랜스포메이션은 벤처기업 및 스타트업들이 디지털 혁신과 지속가능성을 동시에 추구함으로써 경쟁력을 강화하고 장기적인 성장을 달성할 수 있는 전략적 프레임워크를 제공한다. 이는 벤처기업이 기술적 혁신성과 사회적 책임을 조화롭게 추구하며, 단기적인 성과와 장기적인 지속가능성 사이의 균형을 이룰 수 있게 한다. 이러한 접근법은 벤처기업이 현대 사회의 복합적인 도전 과제를 해결하면서도 혁신적인 가치를 창출할 수 있는 길을 제시하며, 경제적 성공과 사회적 기여를 동시에 달성하는 벤처 생태계의 발전에 기여할 것이다(김이혁, 2022).

한편, Boston Consulting Group에서 전 세계 850여 개 기업을 대상으로 진행한 설문조사에 따르면, 이 중 60% 이상의 기업이 ESG 요소를 디지털 이니셔티브로 선택할 정도로 우선순위의 주요 기준으로 삼고 있다. 기업이 디지털화함으로써 효율적인 업무처리와 투명성을 확보할 수 있고, 축적된 데이터를 기반으로 ESG 경영 측면에서 인사이트를 제시하고 구체적인 실행 전략을 논의할 수 있는 근거 마련 또한 가능하다(박수현, 2023). 특히, 세계적인 생활용품 다국적 기업 유니레버는 그린피스와 같은 환경단체들로부터 산림을 파괴하지 않고 팜유를 생산하는 업체에서만 팜유를 구매하라는 압박을 받아왔다. 이에 유니레버는 디지털 트랜스포메이션과

ESG를 융합한 트윈 트랜스포메이션 솔루션을 제시했다. 2020년 8월부터 인공위성과 GPS 기술을 활용하여 수집한 데이터를 기반으로 인공지능(AI) 시스템을 개발해 인도네시아 팜유 생산지 공급망의 실시간 물류량을 모니터링하는 프로그램을 도입하여 인공지능(AI) 기술을 지리 데이터를 분석하고 산림 파괴를 방지하는 데 활용하였고, 공급망의 실시간 물류량을 모니터링하였다. 유니레버의 이러한 시도는 트윈 트랜스포메이션의 대표적 성공 사례로 꼽히고 있다.

2 디지털 트랜스포메이션

2.1 디지털 트랜스포메이션의 특징

디지털 트랜스포메이션(Digital Transformation)은 최근 학계와 산업계에서 주목받는 핵심 주제로 부상하고 있다. 이 개념은 기업의 운영 방식과 가치 창출 과정을 근본적으로 재정의하는 광범위한 변화를 포괄하기 때문에, 연구자들과 실무자들의 관심사는 기술혁신, 조직 문화 변화, 비즈니스 모델 혁신, 고객 경험 개선 등 매우 다양한 영역에 걸쳐 있다. 특히, 인공지능, 빅데이터, 클라우드 컴퓨팅 등 첨단 기술의 발전과 함께 디지털 트랜스포메이션의 중요성과 영향력이 더욱 확대되고 있어, 이에 대한 다양한 분야에서 연구와 실용적 적용 방안에 대한 탐구가 활발히 이루어지고 있다. 특히, 디지털 트랜스포메이션을 디지털 혁신을 위한 경영전략(Kane & Palmer, 2015)이나 기업의 비즈니스 모델로 간주하는 경우도 있다(Henriette & Feki, 2016). 한편, 디지털 기술로 간주하는 연구들은 디지털 기술의 장점을 강조하고 디지털 혁신을 획기적으로 개선하는 데 초점을 두고 있다(Fitzgerald & Kruschwitz, 2014). 또한, 디지털 트랜스포메이션을 새로운 혁신과정으로 보는 연구도 있으며(Wang, Kung & Byrd, 2016), 디지털 트랜스포메이션을 새로운 사업모델과 전략을 연계하는 것으로 인지하는가 하면 프로세스 혁신의 의미로 간주하는 경우도 있다(Berman & Marshall, 2014). 또한, Gong & Ribiere(2021)은 디지털 트랜스포메이션을 비즈니스 모델 혁신 및 기존 가치제안을 재정의하는 것이라고 간주하였다.

한편, Vial은 디지털 트랜스포메이션이 비즈니스와 산업에서 파괴적 혁신을 일으키며, 혁신의 경쟁력을 유지시키기 위해 기존의 가치 창출 방식을 변화시켜야 한다고 주장했다. 또한 디지털 트랜스포메이션은 구조적인 변화를 통해 변화에 대한 저항을 극복함으로써 조직에 긍정적인 영향을 미쳐야 한다고 강조했다. 박재흠(2022)은 디지털 트랜스포메이션을 가치 창출 경로의 주요 변화 중 하나로서 평가하였다. 즉, 가치 창출 경로의 변화는 기업이나 조직이 시장 변화와 소비자의 요구에 적응하면서 가치를 창출하는 새로운 방법을 찾아가는 과정을 의미하며 이는 기업의 지속가능한 성장을 위해 필수적인 과정이라고 보았다. 즉, 가치 창출 경로의 변화는 기업이나 조직이 가치를 창출하는 방식이 시간과 함께 어떻게 변화하는지를 설명하는 개념으로 기술의 발전, 시장의 변화 그리고 소비자의 요구 등 다양한 요인에 의해 영향을 받으며 디지털 트랜스포메이션도 가치 창출 경로의 변화를 불러오는 중요한 요인이라고 판단하였다.

목종수(2021)는 디지털 트랜스포메이션은 기존 정보기술 환경을 바탕으로 디지털 신기술을 융합하는 변환이라고 할 수 있으며 단순히 기술을 결합하는 것이 아니라 기업의 가치제안 방식 즉 프로세스 혁신, 비즈니스 모델 그리고 기업 경영 체질 등을 혁신하는 활동으로 정의하였다. 또한, Warner & Wäger(2019)도 디지털 트랜스포메이션의 과정을 전략적으로 추진하는 과정에서 디지털 트랜스포메이션의 주요 디지털 기술을 사용하여 고객 경험을 향상하거나 새로운 비즈니스 모델을 만들 수 있다고 하였다.

2.2 디지털 트랜스포메이션과 생성형 AI

디지털 트랜스포메이션은 최근 학계와 산업계에서 주목받는 핵심 주제로 부상하고 있다. 이 개념은 기업의 운영 방식과 가치 창출 과정을 근본적으로 재정의하는 광범위한 변화를 포함하기 때문에, 연구자들과 실무자들은 기술 혁신, 조직 문화 변화, 비즈니스 모델 혁신, 고객 경험 개선 등 매우 다양한 영역에 주목하고 있다. 특히, 목종수(2021)는 디지털 트랜스포메이션은 단순히 새로운 기술을 도입하는 데 그치지 않고, 기업의 가치 제안 방식 즉, 프로세스 혁신, 비즈니스 모델, 그리고 기업 경영 체질 등을 근본적으로 혁신하는 활동으로 정의한다. 또한, Warner & Wäger(2019)도 디지털 트랜스포메이션을 전략적으로 추진하는 과정에서, 핵심 디지털 기술을 활용해 고객 경험을 개선하거나 새로운 비즈니스 모델을 창출할 수 있다고 하였다.

한편, 생성형 AI는 텍스트, 이미지, 음성 등 다양한 형태의 콘텐츠를 생성할 수 있는 인공지능 기술로, 대규모 데이터에서 학습한 패턴을 기반으로 사람과 유사한 창의적 결과물을 도출할 수 있는 혁신적 기술이다. 디지털 트랜스포메이션과 생성형 AI는 상호 촉진적 관계에 있으며, 생성형 AI는 디지털 트랜스포메이션의 핵심 가속기로 작용하여 기업의 디지털화를 새로운 차원으로 끌어올리는 역할을 한다. 기업들은 생성형 AI를 활용하여 자동화의 범위를 단순 반복 작업에서 창의적 영역으로 확장함으로써 인적 자원을 보다 전략적 업무에 집중시킬 수 있다. 또한 생성형 AI는 방대한 데이터에서 유의미한 인사이트를 도출하고 개인화된 고객 경험을 제공함으로써 디지털 트랜스포메이션의 핵심 목표인 고객 중심 비즈니스로의 전환을 가속화한다(김지현, 2024).

또한, 생성형 AI 기술은 디지털 트랜스포메이션의 과정에서 점진적으로 그 역할과 영향력을 확대해나가며, 기업의 디지털 역량을 한 단계 높은 수준으로 끌어올리는 데 핵심적인 역할을 한다. 즉, 디지털 트랜스포메이션과 생성형 AI의 결합은 데이터 기반 의사결정, 고객 경험 혁신, 운영 효율성 증대, 새로운 비즈니스 모델 창출 등 다양한 분야에서 시너지를 창출한다. 기업들은 생성형 AI를 통해 경쟁자보다 빠르게 시장 변화에 대응하고, 보다 정교한 전략을 수립할 수 있으며, 이는 궁극적으로 디지털 트랜스포메이션의 성공적 이행과 지속가능한 경쟁 우위 확보로 이어진다. 따라서 생성형 AI는 디지털 트랜스포메이션의 혁신적 도구이자 미래 방향성을 제시하는 나침반으로서, 기업의 디지털 여정에서 필수적인 전략적 자산이라고 할 수 있다(김형택, 이승준, 2024).

한편, 지방정부의 디지털 트랜스포메이션은 인공지능과 같은 핵심 기술을 지방행정서비스 영역에 적용하여 행정운영 방식과 시민에게 제공하는 가치를 근본적으로 혁신하는 과정이다. 지방행정에 아직 낯선 기술인 인공지능(AI)를 공공 서비스에 도입하는 것은 쉬운 일이 아니다. 어떠한 인공지능 기술을 어느 영역에 도입할 것인지 검토, 결정하고 이에 필요한 인적 및 물적 자원을 어떻게 마련할지 고민이 필요하다. 또한 인공지능 도입이 지방정부에 어떤 편익과 혜택으로 돌아올 것인지, 무엇을 기준으로 성과를 평가할 것인지 등 고려사항이 많지만 우선, 행정서비스의 문제와 시민 욕구에 대한 정확한 인식과 이해가 필요하다. 이러한 변화는 시민을 지향해야 한다. 지역의 문제 상황 해결과 시민의 경험을 향상하는 것은 디지털 전환의 중요한 목표이므로 시민에 대한 완전한 이해가 디지털 전환의 출발점이다(한세억, 2022). 그러나 공공부문은 행정 결정의 책임 소재, 인공지능 신뢰성, 제도적 한계 그리고 사회적 수용성 등 다양한 우려로 인해 민간분야보다 상대적으로 보수적으로 인공지능을 도입하는 경향이 있어, 인공지능 활용 속도가 다소 늦을 수 있다. 그러나 행정 효율성 제고와 경제적 이점 등에 대한 기대가 높아지면서, 중앙정부 및 지방정부 등 공공 영역에서도 생성형 AI를 행정업무에 적극 도입하기 위한 노력이 점차 확대되고 있다(김경대, 김석주, 2024).

3 ESG 경영

ESG 경영은 환경(Environmental), 사회(Social) 그리고 지배구조(Governance)를 아우르는 통합적 경영 패러다임으로 기업의 지속가능성과 장기적 가치 창출을 목표로 한다(박문수 외, 2021). ESG 경영에서 환경은 자원 소비, 폐기물 배출 감소, 자원 보존, 친환경 생산 활동 등 환경을 보호하기 위한 기업의 노력을 나타내며, 사회는 인권, 제품에 대한 책임, 지역사회와의 관계 존중을 포함한 기업의 노력 등을 나타내고, 지배구조는 기업의 윤리적 책임, 주주권 보호 및 최고경영자에 대한 감시 시스템 구축과 같은 기업의 노력과 관련이 있다(박윤나 외, 2021). 또한, ESG 경영은 기업성과와 가치 평가의 새로운 패러다임으로, 기존의 재무 중심 경영에서 재무제표를 통해 성과를 공표하던 방식에서 벗어나 환경, 사회 그리고 거버넌스 요소를 포함한 비재무적 성과를 지속가능경영보고서와 ESG 정보공개를 통해 알리는 방식으로 발전해왔으며, 향후에는 이러한 재무 및 비재무 성과가 기업의 경영전략과 공시 보고서에 통합되는 방향으로 진화할 것으로 예상된다(삼정KPMG 경제연구원, 2021).

경영자는 자율 공시에 있어 자신의 사적 이익을 추구하기 위한 기회주의적인 선택으로 정보비대칭을 보다 더 심화시킬 수 있으며(신영직, 2018), 지속가능경영과 ESG 정보공시와 관련된 연구에는 지속가능경영과 ESG 평가지표(이정기, 이재혁, 2020), ESG 정보공시가 기업가치 및 재무성과에 미치는 영향(김윤경, 2020)에 대한 연구 등이 있다. 이처럼 최근의 국내 연구에서는 ESG 경영활동이 기업의 재무적 성과, 장기적 사회 가치 창출, 지속가능한 경영전략의 확립과 이해관계자들에게 어떤 영향을 미치는지에 대해 논의되고 있다. 최근 ESG에 대한 논의가 유럽 및 여러 국가에서 활발히 이루어지고 있는 가운데 기업들이 글로벌 ESG 정보공시 의무화에 대응하는 데에는 다소 어려움을 겪고 있다. 특히, 글로벌 ESG 공시기준의 요구사항이 까다롭거나 데이터 관리의 복잡성과 ESG 제도 자체에 대한 이해 및 준비가 부족한 것을 들 수 있다. 또한, 그동안 정성적으로 평가하던 기후 변화로 인한 기회와 위험요인이 기업에 미치는 재무 영향을 합리적으로 분석해야 한다. 특히, ESG 경영활동의 효과적인 관리와 측정을 위한 디지털 기술의 활용에 관한 실증적 연구는 아직 초기 단계에 있으며 ESG 성과의 정량화, 데이터 수집 및 분석, 그리고 실시간 모니터링 등에 첨단 디지털 기술을 어떻게 적용할 것인지에 대한 체계적이고 실용적인 연구가 부족한 실정이다.

4 디지털 트랜스포메이션과 ESG 경영

디지털 트랜스포메이션 및 ESG 경영과 관련된 기업의 일반적인 목표는 다르지만, 이 2가지는 공통된 결과를 공유하며 상호 연관되어 있다. 디지털 트랜스포메이션은 기술을 구현하여 전략, 제조 및 운영 측면에서 회사의 경영 핵심을 변경하기 위해 수행되는 반면(Yucel, 2018), ESG 경영의 목표는 지속가능성 및 이해관계자 중심 경영이다(Crespi & Migliavacca, 2020). 디지털 트랜스포메이션과 ESG 경영의 목표는 상호 보완적이며 밀접하게 연관되어 있어, 디지털 기술이 ESG 목표 달성을 위한 도구로 활용되고 ESG 원칙이 디지털 혁신의 방향성을 제시하는 등 서로 시너지를 창출한다. 두 영역의 공통된 핵심은 지속가능성을 추구하고 경영자원의 효율성을 높이는 데 있어 기업의 장기적 가치 창출과 사회적 책임을 동시에 고려한다는 점이다(Marczewska, 2022).

또한, 기업의 정보기술을 활용한 ESG 경영과 관련해서, 이시연(2021)은 ESG 평가는 평가지표를 확정하고 일관성을 확보하더라도 불충분하거나 불완전한 정보 또는 표준화된 정량적 정보에만 의존하여 지표를 산출하는 경우가 많으므로 이로 인한 정보 부족으로 ESG 성과에 있어서 다양한 편차가 존재할 수 있다고 하였다. ESG 경영의 성과를 데이터화하여 가시화해야 다양한 이해관계자들에게 기업의 ESG 성과를 제공해줄 수 있는데, 여기서 중요한 것이 디지털화를 통한 데이터의 생성이다. 즉, 눈에 보이지 않는 이산화탄소를 줄이려면 먼저 정확한 측정이 필요하다. 이를 위해 이산화탄소 센서를 온실가스 배출 장소에 부착해 배출량을 측정하는데, 여기서 더 나아가 인공지능을 활용하면 실시간으로 이산화탄소 배출을 분석해 누수되는 곳을 체크하고 향후 어느 정도의 온실가스가 배출될지도 예측해 계획적으로 온실가스를 관리할 수 있다. 이처럼 AI, 사물인터넷, 클라우드, 빅데이터 등 혁신적인 디지털 기술을 활용해 디지털화된 데이터로 새로운 가치를 창출하고 기업의 경쟁력을 높이는 ESG 경영이 바로 디지털화된 ESG 경영의 핵심이다(김재필, 2022).

이처럼 디지털 트랜스포메이션 기술 중 하나인 인공지능은 ESG 경영을 위한 중요한 기술로 자리매김하고 있다. Chen et al.(2021)은 에너지 효율과 보존을 예측하는 데 사용할 수 있는 AI 기술 기반의 효과적인 평가 모델을 소개했으며, 이사회 보고서를 준비하고 모든 정보가 정확하고 최신 상태인지 확인하는 과정은 시간이 많이 소요될 수 있는데 AI 기술을 도입하면 이 프로세스를 간소화하고, 데이터베이스에 직접 연결하여 실시간으로 정확한 이사회 보고서를 생성할 수 있다(Ernst & Young, 2023).

이런 가운데 디지털 전환과 ESG 경영을 결합하는 트윈 트랜스포메이션(Twin Transformation)이라는 개념이 주목받고 있다. ESG 경영과 디지털 트랜스포메이션의 공통분모인 데이터를 어떻게 활용하느냐에 따라 ESG 경영전략, 성과와 기업의 가치 그리고 ESG 평가등급이 달라질 수 있다. 즉, 트윈 트랜스포메이션은 디지털 트랜스포메이션을 활용하여 기업의 자원과 프로세스를 표준화하는 등 비즈니스 모델을 개선함과 동시에 ESG 경영과 디지털 트랜스포메이션을 각각 추진하기 위한 전사적인 업무 프로세스를 개선하여 비효율을 줄이는 혁신적인 전략이다.

즉, 트윈 트랜스포메이션은 디지털화와 지속가능성 혁신을 하나로 통합하여 추진함으로써, 기업이 여러 프로젝트에 대해 중복 투자를 방지할 수 있다. 이는 디지털 기술 도입과 지속가능성 목표를 동시에 달성하는 투자가 가능하여 개별 디지털 기술에 대한 중복된 자원 할당을 최소화하며 자원의 통합적인 접근 방식을 취할 수 있게 되어 기업 전체 자원의 효율적인 배분이 가능해진다.

5 통합모델 개발을 위한 비즈니스 프로세스 재설계

디지털 트랜스포메이션과 ESG 경영을 통합적으로 추진하기 위해서는 우선적으로 기업의 비즈니스 프로세스 리엔지니어링(Business Process Reengineering: BPR)의 역할이 매우 중요하다. BPR은 기업이 핵심 비즈니스 프로세스를 극적으로 개선하기 위해 전면적으로 재설계하는 것을 의미하며 이는 기업의 성과, 효율성, 효과성을 크게 향상하는 데 도움이 된다. BPR의 주요 목표는 비즈니스 프로세스를 간소화하고 불필요한 단계를 제거하며 자원 활용을 개선하는 것이며 이는 기업이 새로운 기술을 최대한 활용하고 비효율성을 제거할 수 있게 해주므로 디지털 트랜스포메이션과 ESG 경영을 통합적으로 추진하기 위해서 필수적인 단계이다.

따라서, 진정한 의미의 디지털 트랜스포메이션은 단순한 기술 도입을 넘어 비즈니스 모델과 조직 문화의 변화를 수반하는데, 이는 업무 프로세스의 재설계를 통해 구체화되고 실현될 수 있다. 또한, 디지털 트랜스포메이션은 기업의 ESG 성과를 향상하는 데 긍정적인 영향을 미치고 기업의 ESG 경영 성과를 더욱 향상시키며 이러한 연구 결과는 디지털 트랜스포메이션과 ESG 경영을 추진하는 데 있어서 BPR의 중요한 역할을 강조한다. 따라서, BPR은 기업이 디지털 트랜스포메이션과 ESG 경영을 추진하면서 비효율성을 대처하고 새로운 디지털 트랜스포메이션 기술을 활용하여 기업 성과와 비즈니스 운영을 개선하는 데 도움이 된다(Wang, 2024).

기업의 일반적인 주요 가치사슬은 R&D와 제품 디자인, 구매, 제조, 판매 및 공급망관리, 운영 및 재활용이라고 할 수 있으며, 이 과정에서 디지털 트랜스포메이션과 ESG 경영을 고려한 비즈니스 프로세스 재설계에서 중점적으로 고려해야 할 내용들은 다음과 같다.

첫째, R&D와 제품 디자인 단계에서는 인공지능과 빅데이터 분석을 활용한 지속가능한 소재 개발 및 디자인 프로세스의 구축, 순환 경제 원칙을 반영한 제품 수명주기 관리시스템 도입 등이 필요하다. 둘째, 구매 단계에서는 블록체인 기술을 활용한 공급업체 ESG 성과 추적 및 검증 시스템 구축, 공급업체 다양성 및 지역 경제 기여도 향상 프로세스 재설계가 필요하다. 셋째, 제조 단계에서는 메타버스 기술을 활용한 작업자 안전 교육 및 작업 환경 개선 프로세스 구축, 탄소 중립 생산을 위한 재생에너지 통합 및 에너지 관리 시스템 구축이 필요하다. 넷째, 판매 및 공급망 관리 단계에서는 블록체인 기술을 활용한 제품 이력 추적 시스템 구축으로 투명성 향상 등이 필요하다. 다섯째, 운영 및 재활용 단계에서는 순환 경제 생태계 구축 및 재활용 자원의 효율적 분배 시스템 구현 등이 필요하다.

그러나 상당수 기업에서는 디지털 트랜스포메이션과 ESG 경영을 별도의 과제로 인식하는 이원적(two-track) 전략을 취하고 있다. 디지털 트랜스포메이션은 비즈니스 프로세스 재설계(BPR)를 동반하므로 BPR 시 각 과정에 영향을 미치는 ESG 요소를 함께 고려할 필요가 있다. 2가지 과제가 연계되지 않아 발생하는 비효율성은 더 많은 자원의 사용을 초래하거나 내부통제의 부담을 증가시킬 수 있다. 또한, 디지털 트랜스포메이션을 활용한 ESG 경영을 추진하면 기업의 ESG 활동에 대한 데이터가 자연스럽게 축적되는 시너지 효과가 발생한다. 따라서, 디지털 트랜스포메이션과 ESG 경영을 통합적으로 고려하여 기업의 가치 창출을 위해서는 먼저, BPR을 통해 기존의 업무 프로세스를 근본적으로 재설계하여 ESG 경영을 위한 새로운 프로세스를 구축하여야 한다.

참고문헌

강원 · 정무권(2020). ESG 활동의 효과와 기업의 재무적 특성. **한국증권학회지, 49**(5), 681-707.

고민규 · 김태중(2003). LDA기반 ESG이슈 분석: 2009-2022년 뉴스 빅데이터를 중심으로. **디지털 콘텐츠학회논문지, 24**(3), 517-530.

김성희 · 방준성(2022). ESG 경영전략 실천을 위한 인공지능 기술 활용. 한**국통신학회지(정보와통신) 39**(7), 41.

김승욱(2024), 디지털 트랜스포메이션과 ESG 경영의 통합 추진을 위한 모델 개발에 관한 연구. **벤처혁신연구, 7**(3), 85-100.

김양희 · 석준희 · 김병도(2021). 기업의 ESG 역량과 기업가치의 관계에 대한 연구: 소비자 인지의 조절효과를 중심으로. **경영학연구, 50**(6), 1571-1593.

김영옥(2024). 지속 가능한 AI 비즈니스를 위한 ESG 프레임워크. **IT테크놀로지**, SAMSUNG SDS.

김영환 · 송동엽 · 허정하(2022). 기업의 ESG 활동과 자율공시가 기업가치에 미치는 영향. **재무관리연구, 39**(1), 121-144.

김윤경(2020). 기업 비재무정보(ESG) **공시가 재무성과와 기업가치에 미치는 영향**. 규제연구, 29(1), 35-59.

김이혁(2022). 디지털 트랜스포메이션과 ESG 경영이 기업성과에 미치는 영향. 단국대학교 대학원 박사학위논문, 63-69.

김일주(2021). 디지털 트랜스포메이션의 플랫폼 비즈니스 모델 기반 데이터 통합 관점 분석: 금융산업 사례를 중심으로. **The Journal of Society for e-Business Studies, 26**(4), 119-131.

김재필(2022). ESG와 IT의 상관관계. KDI경제정보센터, **나라경제, 42.**

김진귀(2022). 국제지속가능성 공시기준, 어떻게 대응해야 하나. Samjong KPMG Experts Column.

김태진(2023). **ESG 정보공시 제도에 관한 연구**. 고려대학교 대학원 석사학위논문, 32.

목종수(2021). **디지털트랜스포메이션 추진을 위한 요인들의 우선순위**. 단국대학교 대학원 박사학위논문, 40-63.

박범진(2020). 기업특성에 따른 자율공시수준과 감사보고서 간의 관련성에 관한 연구. **국제회계연구, 90**, 25-47.

박재흠(2022). 팬데믹 이후, ESG 경영은 기업의 장기적인 가치를 이끄는 가치 창출(Value Creation)로서의 역할이 그 어느 때보다 중요해지고 있습니다. EY한영회계법인.

박재흠(2023). ESG가 기업 가치 평가의 새로운 지표로 떠오르고 있습니다. 여러분은 ESG 경영을 준비하고 계십니까?. EY한영회계법인.

산업통상자원부(20021). **K-ESG 가이드라인 v1.0**. 관계부처 합동.

삼정KMPG(2023). ESG 정보공시 의무화 시대, 기업은 무엇을 준비해야 하는가?. **Samjong Insight, 86.**

양희원(2021). 디지털 트랜스포메이션을 활용한 ESG 경영. 한국지배구조원, **KCGS Report, 11**(11).

오성근(2021). 환경 · 사회 · 지배구조(ESG)정보에 관한 공시제도의 개선방안 연구. **동북아법연구, 14**(3), 101-143.

유재연(2021). AI 개발 단계에서부터 환경 이슈 대비하라. **동아비즈니스리뷰(DBR), 313**(2).

이상호(2021). ESG 정보 유용성 제고를 위한 기업공시 개선방안, **자본시장연구원 이슈보고서**, 21-12.

이인형(2021). ESG 평가 체계 현황과 특성 분석. **자본시장연구원 이슈보고서**, 21-09.

이정기 · 이재혁(2020). 지속가능경영 연구의 현황 및 발전방향: ESG 평가지표를 중심으로. 전략경영연구, 23(2), 65-92.

이창섭 · 정아름 · 전홍민(2021). ESG 결정요인 및 기업가치에 관한 연구: 경제정책 불확실성과 영업이익 변동성을 중심으로. **회계학연구, 46**(6), 115-139.

조찬희 · 이형용(2023). ESG 평가방법 비교: K-ESG 가이드라인을 중심으로. **지능정보연구, 29**(1), 1-25.

최준혁 · 양동훈 · 유현수 · 김령(2017). 비재무성과 공시의 신뢰성 검토: 지속가능보고서를 중심으로. **경영학연구, 46**(4), 1157-1200.

허명숙 · 전명중(2021). 디지털 성숙도 진단모형 개발과 적용을 통한 디지털 트랜스포메이션 준비성에 관한 연구: 석유화학산업 S회사의 사례를 중심으로. **Korean Management Review, 50**(1), 81-114.

황윤민 · 홍성원(2019). 디지털 트랜스포메이션을 위한 인공지능 비즈니스 생태계 연구: 다행위자 네트워크 관점에서. **Information Systems Review, 21**(4), 125-127.

Choi, J. S., Y. M. Kwak, & Choe, C.(2010). Corporate social responsibility and corporate financial performance: Evidence from Korea. *Australian Journal of Management, 35*(3), 291-311.

Edge, D., J. Larson, & White, C.(2018). Bringing A to BI: Enabling visual analytics of unstructured data in a modern Business Intelligence platform. *In Extended Abstracts of the 2018 CHI Conference on Human Factors in Computing Systems.*

Frozza, T., Lima, E., & Costa, S.(2021). Knowledge management as a critical factor of an organization's sustainability. *In Integrating Social Responsibility and Sustainable Developmen*t, 495-510.

Gong, C., & Ribiere, V.(2021). Developing a unified definition of digital transformation. *Technovation,* 102, DOI: 10.1016/j.technovation.2020.102217

Jaeger, H.(2016). Artificial intelligence: Deep neural reasoning. Nature, 538, 467-478.

Kolbjørnsrud, V., Amico, R., & Thomas, R. J.(2016). How artificial intelligence will redefine management. *Harvard Business Review, 2*(1), 3-10.

Lindgren, P., P. Valter, & Prasad, R.(2019). Advanced business model innovation supported by artificial intelligence, deep learning, multi business model patterns and a multi business model library. *Wireless Personal Communications, 95*, 127-144.

Nambisan, S., M. Wright, & Feldman, M.(2019). The digital transformation of innovation and entrepreneurship: Progress, challenges and key themes. *Research Policy, 48*(8), 1-3.

Ransbotham, S., D. Kiron, P. Gerbert, & Reeves, M.(2017). Reshaping business with artificial intelligence: Closing the gap between ambition and action. *MIT Sloan Management Review, 59*(1), https://www.proquest.com/openview/83d554491afeb2435c6c2e386821c60c/1?pq-origsite =gscholar&cbl=26142

Rich, H., H. Maher, R. d. Laubier, & Tauseef, C.(2022). *The Five Digital Building Blocks of a Corporate Sustainability Agenda*. Boston Consulting Group.

Ukko, J., M. Nasiri, M. Saunila, & Rantala, T.(2019). Sustainability strategy as a moderator in the relationship between digital business strategy and financial performance. *Journal of Cleaner Production*, 236, DOI:10.1016/j.jclepro.2019.117626

Vial, G.(2019). Understanding digital transformation: A revie.w and a research agenda. The *Journal of Strategic Information Systems, 28*, 118-144.

Wang, D., & Xiaohong, X. (2024). The impact of digital transformation on firms' value: Examining the role of ESG performance and the effect of information interaction. *Business Process Management Journal, 30*(4), 1236-1265.

Warner, K. S., & Wäger, M.(2019). Building dynamic capabilities for digital transformation: An ongoing process of strategic renewal. *Long Range Planning, 52*(3), 326-349.

CHAPTER 3

디지털 전환(DX) 시대에서 AI 전환(AX) 시대로

1 AI 전환(AX) 시대, ESG 혁신 가속화

기업 경영에 있어 2가지 거대한 변화의 물결이 동시에 일어나고 있다. 하나는 환경(Environmental) · 사회(Social) · 지배구조(Governance)를 강조하는 ESG 경영의 확산이며, 다른 하나는 인공지능(AI)을 비롯한 디지털 기술에 기반한 혁신이다. 각각은 개별적으로도 기업 전략에 중대한 영향을 미치지만, 이 둘을 동시에 추진할 때 시너지 효과로 기업의 지속가능성과 성과가 극대화될 수 있다. 이러한 동시 혁신을 가리켜 흔히 트윈 트랜스포메이션(Twin Transformation)이라고 부른다. 즉, 지속가능경영(ESG)과 디지털 전환을 쌍둥이처럼 나란히 수행하는 전략이다.

21세기 들어 기후변화와 사회적 책임에 대한 요구가 높아지면서 지속가능성을 고려한 ESG 경영은 선택이 아닌 필수가 되었다. 동시에, 빅데이터와 머신러닝 등 AI 기술(스스로 학습하는 인공지능 알고리즘)의 발전으로 촉발된 디지털 트랜스포메이션 역시 기업 생존을 위한 핵심 과제가 되었다. 과거에는 친환경 경영과 최첨단 기술 도입이 별개 영역으로 여겨지기도 했지만, 오늘날 선도 기업들은 이 둘을 통합적으로 추진하고 있다. 왜냐하면 디지털 기술을 활용하면 ESG 목표를 보다 효과적으로 달성할 수 있고, ESG 가치를 추구하는 과정에서 오히려 혁신적인 비즈니스 기회가 창출되기 때문이다. 또한 2020년대 초 코로나19 팬데믹을 계기로 비대면 업무와 디지털화가 급속히 진전되면서, 지속가능 성장과 디지털 혁신은 더욱 떼려야 뗄 수 없는 과제가 되었다.

예를 들어 한 글로벌 분석에 따르면, AI 기술을 적극 도입하면서 탄소중립 등 지속가능성 전략을 병행한 기업들이 그렇지 않은 기업보다 재무 성과와 환경 성과 모두 더 우수한 것으로 나타났다. AI 알고리즘을 활용해 에너지 효율을 개선하고 공급망을 최적화하면 온실가스 배출을 감축하는 동시에 비용 절감과 생산성 향상을 달성할 수 있다. 또한 작업장 안전 관리나 윤리 경영에 AI를 접목하면 사회적 가치 창출과 기업 평판 제고에 기여하면서 규제 준수 리스크를 감소시키는 효과도 얻는다. 결국 ESG와 AI는 대립되는 목표가 아니라 상호 보완적인 관계로, 함께 추진할 때 기업의 장기적 경쟁력을 강화하는 선순환을 만든다.

본 장에서는 이러한 트윈 트랜스포메이션의 개념과 중요성을 살펴보고, 특히 AI 기술 중에서도 머신러닝 기반 기술과 휴머노이드 로봇이 ESG 전환을 어떻게 가속화할 수 있는지 알아보고자 한다. 각 절에서는 환경(E), 사회(S), 지배구조(G) 영역별로 AI 적용 사례와 효과를 구체적으로 설명하고, 다양한 산업에서의 실제 사례를 통해 시사점을 도출한다. 일반 독자의 이해를 돕기 위해 전문 용어는 풀어서 설명하고, 기업 현장의 생생한 사례를 중심으로 서술할 것이다. 이를 통해 ESG 경영과 AI 기술의 동시 혁신이 왜 현대 기업에 필수 전략인지, 그리고 어떻게 실행할 수 있는지에 대한 통찰을 제공하고자 한다.

2 환경(E) 분야에서의 AI 활용

현대 기업에게 환경(Environmental) 부문에서의 지속가능성 향상은 가장 시급한 과제 중 하나다. 기후변화에 대응하여 탄소 배출을 줄이고, 에너지와 자원 효율을 높이며, 폐기물과 오염을 최소화하는 것이 환경 측면 ESG 경영의 핵심 목표다. 이러한 목표를 달성하는 데 있어 AI 기술, 특히 머신러닝 기반 데이터 분석은 막강한 도구가 되고 있다. 방대한 환경 관련 데이터를 실시간으로 처리하고 최적의 해결책을 찾아주는 AI의 능력은 기업의 친환경 혁신을 가속화한다.

- **머신러닝을 통한 에너지 효율 및 감축 관리:** 많은 기업들이 공장과 데이터센터, 사무실 건물의 에너지 소비 패턴을 AI로 분석하여 에너지 효율화를 극대화하고 있다. 머신러닝 알고리즘은 설비 운영 데이터를 학습하여 불필요한 전력 소모를 찾아내고, 실시간으로 냉난방이나 생산라인 속도를 조절해 전력을 절약한다. 예를 들어 한 글로벌 IT 기업은 데이터센터에 AI 제어 시스템을 도입하여 전력 사용량을 40% 이상 절감하는 성과를 거두었다. 이처럼 AI 기반 에너지 관리 시스템은 온실가스 배출을 줄이는 동시에 전기 요금을 낮추는 경제적 이익을 함께 제공한다. 또한 전력망 분야에서는 머신러닝이 에너지 수요를 예측하고 신재생에너지 발전량의 변동을 효과적으로 관리함으로써, 남는 에

너지를 최소화하고 전력 공급을 안정화하고 있다.

- **스마트 생산 및 운영 최적화:** 제조업 등 산업 현장에서는 AI를 활용한 스마트 생산으로 자원 효율을 높이고 환경 부하를 줄이고 있다. 머신러닝 모델이 생산 공정 데이터를 분석하여 불량률을 감소시키고, 설비 고장을 사전에 예측하는 예지보전을 가능하게 한다. 이를 통해 제품 생산에서 나오는 폐기물과 에너지 낭비를 크게 줄일 수 있다. 이러한 AI 기반 스마트 공장솔루션은 소위 '산업 4.0(Industry 4.0)' 기술의 핵심으로, 제조업의 지속가능성 혁신을 위한 토대를 제공한다. 예를 들어 어떤 자동차 부품 공장은 AI 예지보전 시스템 덕분에 기계 고장으로 인한 라인 중단을 줄여 연간 수천 톤의 탄소 배출을 절감하고, 동시에 유지 보수 비용을 절약하고 있다. 공급망 관리에서도 AI는 물류 경로와 재고를 최적화하여 운송 연료 소비와 탄소 발자국을 최소화하고 있는데, 대형 유통기업들은 AI 기반 경로 최적화로 트럭 운행 거리를 줄여 연료 사용을 10~15% 절감하는 효과를 보고하고 있다.
- **환경 모니터링과 위험 관리:** AI는 기업의 환경 영향을 모니터링하고 위험을 관리하는 데도 활용된다. 위성 이미지와 IoT 센서로 수집된 환경 데이터를 머신러닝이 분석함으로써, 대기오염 수치나 수질오염 징후를 실시간 감지하여 신속히 대응할 수 있다. 예를 들어 정유 공장은 AI 비전 기술로 가스 누출이나 화재 위험을 조기에 발견해 환경 사고를 예방하고 작업자 안전도 지키고 있다. 또한 기후 빅데이터를 학습한 AI 모델은 홍수나 폭염 같은 기상이변 리스크를 예측하여 기업이 선제적으로 대비하도록 돕는다. 이러한 환경 리스크 관리에 AI를 접목하면 재해로 인한 시설 피해와 오염 사고를 줄여 환경 보호와 비용 절감 두 마리 토끼를 잡을 수 있다.
- **휴머노이드 로봇의 활용:** AI 기술이 내장된 휴머노이드 로봇(인간형 로봇) 역시 환경 분야에서 중요한 역할을 할 수 있다. 인간형 로봇은 사람 대신 위험한 환경에서 작업하여 인적 피해와 환경 피해를 예방한다. 예를 들어 후쿠시마 원전 사고 이후 방사능이 누출된 현장에는 사람이 들어갈 수 없었는데, 휴머노이드 로봇이 투입되어 밸브를 잠그고 설비를 점검함으로써 추가 오염을 막았다. 이처럼 로봇은 화학 공장, 원자력 시설, 심해 해양 플랜트 등 위험도가 높은 산

업 현장에서 인간을 대신해 시설을 관리하고 사고에 대응할 수 있다. 뿐만 아니라 휴머노이드 로봇은 인간과 유사한 손동작과 이동 능력을 활용해 태양광 패널이나 풍력 터빈같이 사람 손으로 설치·정비해야 하는 친환경 인프라 작업을 지원한다. 예컨대 발전소에서는 로봇이 고장난 터빈을 수리하거나 오염된 기계를 세척하는 일을 맡아, 작업자들이 유해 물질에 노출되지 않도록 한다. 이러한 활용을 통해 기업은 작업장 안전과 환경 보호를 동시에 달성할 수 있다.

- **지속가능 자원 관리와 농업 혁신:** AI 기술은 산업뿐 아니라 농업과 자원 관리 분야에서도 지속가능성을 높이고 있다. 전통적으로 많은 자원 투입과 환경 부하를 가져오던 농업에서는 정밀농업에 AI가 활용되어 변화를 일으키고 있다. 드론과 토양 센서로 수집한 데이터를 머신러닝으로 분석해 작물의 생장 상태를 진단하고, 필요한 양만큼의 물과 비료를 자동으로 투입함으로써 농업 자원의 효율적 사용이 가능해졌다. 이를 통해 농민들은 농약 사용량과 물 낭비를 30% 이상 절감하면서도 수확량은 유지하거나 증가시키는 성과를 내고 있다. 예를 들어 일부 선진 농업 기업은 AI 기반 작물 관리 시스템 도입 후 토양 오염을 줄이고 생산성을 높여 친환경적이면서도 수익성 있는 농업을 실현하고 있다. 한편 도시와 국가 차원에서도 AI를 활용한 자원 관리가 확산되고 있다. 예를 들어, 상수도 관리에 머신러닝을 도입해 관망(管網)의 누수 지점을 조기에 탐지하고, 도시 단위의 물 공급을 최적화하여 수자원 낭비를 줄이는 프로젝트가 여러 곳에서 진행 중이다. 또한 쓰레기 처리 및 재활용 분야에서는 컴퓨터 비전 기반 로봇이 쓰레기 분류 작업을 자동화하고 있다. 재활용 센터의 컨베이어 벨트 위를 흐르는 폐기물을 로봇이 카메라로 식별하여 플라스틱, 금속, 종이를 종류별로 골라내는데, 이러한 AI 로봇 덕분에 재활용률이 높아지고 매립지로 가는 폐기물이 감소하고 있다. 이처럼 AI는 식량, 물, 폐기물 등 기초 자원의 관리에도 활용되어 지구 환경 보전에 기여하고 있다.

이렇듯 머신러닝과 로봇 기술을 적극 도입하면 기업은 환경 성과를 크게 개선할 수 있다. 한 컨설팅 기관의 분석에 따르면 AI와 IoT를 활용한 기술만으로도 2030년까지 전 세계 온실가스 배출량의 4%를 감축할 잠재력이 있다고 한다. 이는 전 세계 자동차가 도로에서 사라지는 것에 맞먹는 규모다. 따라서 기업 입장에서는 AI를 통한 에너지 절감과 친환경 혁신이 단순히 도덕적 책임을 넘어 경쟁력 확보의 열쇠임을 알 수 있다. 오늘날 점점 더 많은 기업들이 탄소중립 목표 달성에 AI를 전략적으로 활용하고 있으며, 이러한 사례들은 추후 본문에서 산업별로 더욱 자세히 살펴볼 것이다.

3 사회(S) 분야에서의 AI 활용

ESG의 사회(Social) 영역은 기업이 직원, 고객, 지역사회 등 사람들과의 관계에서 책임을 다하는 것을 의미한다. 안전한 작업환경 조성, 임직원 및 협력업체의 인권 존중, 다양성 및 포용성 증진, 제품 및 서비스의 안전과 품질 확보, 지역사회 발전에의 기여 등이 사회 부문의 주요 과제다. 이러한 사회적 가치를 실현하는 데에도 AI 기술이 다양하게 활용되어 큰 도움을 주고 있다.

- **근로자 안전 및 건강 관리:** AI는 산업 현장에서 근로자의 안전을 지키는 스마트 안전 관리자 역할을 수행하고 있다. 예를 들어 공장의 CCTV 영상을 인공지능이 분석하여 작업자가 보호장구를 제대로 착용하고 있는지 실시간으로 점검하고, 위험한 행동이나 상태가 감지되면 즉시 경고를 발령한다. 또한 제조 설비의 센서 데이터를 머신러닝으로 분석해 사고 발생 가능성을 예측함으로써 사전에 설비를 점검하거나 작업을 조정해 위험을 방지한다. 이런 AI 기반 안전 시스템 도입으로 다수의 기업들이 산업재해 발생률을 두 자릿수 이상 낮추고 있다. 직장에서의 안전이 향상되면 노동자의 신체적 보호는 물론 업무 만족도 향상과 생산성 증대라는 부수 효과도 얻을 수 있다.
- **인재 관리와 다양성 증진:** 기업의 인적자원(HR) 분야에서도 AI 활용이 활발하다. 채용 과정에 머신러닝을 도입하면 지원자 역량과 적합도를 객관적으로 평가하여 편견을 줄이고, 수천 건의 이력서를 자동 분류함으로써 유망 인재를 빠

르게 발견할 수 있다. 예를 들어 일부 기업은 AI 기반 영상 면접 시스템을 도입해 지원자의 답변 내용과 표정을 분석하여 역량을 평가하고 있는데, 이를 통해 채용의 공정성을 높이고 있다. 또한 AI는 사내 인재 데이터 분석을 통해 승진이나 보상에서의 성별·인종 격차를 감시하고 시정하도록 도와 조직의 다양성과 포용성을 강화한다. 이처럼 AI를 통해 편견 없는 인사 관리가 정착되면 직원들의 조직 몰입도와 사기가 상승하여 기업 성과에 긍정적인 영향을 준다.

- **고객 서비스와 소비자 보호:** AI 챗봇과 음성 인식 비서는 24시간 고객 문의에 응대하며 고객 만족도를 높이고 있다. 단순 반복문의는 AI가 처리하고, 복잡한 문의만 사람 직원이 맡게 되어 고객은 대기시간 없이 기본 서비스를 받을 수 있다. 예를 들어 한 통신사는 AI 챗봇을 통해 고객 불만 접수를 자동화하고 즉각적인 해결책을 제시함으로써 고객 불만 처리 시간을 획기적으로 단축시켰다. 또한 머신러닝은 고객 피드백과 구매 패턴을 분석해 제품 또는 서비스의 품질 문제를 조기에 감지하고 개선책을 도출하는 데 활용된다. 가령 자동차 제조사는 AI로 차량 센서 데이터를 분석해 결함 징후를 미리 발견하고 리콜 등을 선제적으로 시행함으로써 소비자 안전을 지키고 있다. 이러한 노력은 기업에 대한 소비자 신뢰를 높여 장기적인 충성 고객을 확보하는 데 기여한다.
- **지역사회 및 공급망 투명성:** 글로벌 기업들은 자사 공급망 전반의 노동환경과 지역사회 영향을 모니터링하기 위해 AI를 활용하고 있다. 머신러닝은 방대한 공급업체 데이터를 분석하여 윤리적 위험 징후를 포착한다. 예를 들어 납품업체의 생산량과 인력 데이터를 AI가 분석해 아동노동이나 과도한 연장근무 등의 가능성을 추정하고, 의심되는 경우 현장 감사에 나서는 식이다. 또한 위성 이미지와 드론 영상을 분석하는 AI는 원료 조달 지역의 환경 파괴나 인권 침해를 감시한다. 한 의류기업은 AI를 통해 면화 공급 농장의 위성 사진을 분석해 불법 벌목 및 강제노동 징후를 찾아냄으로써, 문제가 발견된 공급업체와 거래를 중단하고 대안을 마련한 사례가 있다. 이러한 공급망 투명성 강화 노력은 지역사회 발전과 인권 보호에 이바지할 뿐 아니라, 기업으로서는 사회적 책임 리스크를 줄여준다.

- **휴머노이드 로봇의 사회적 역할:** 사람과 직접 상호작용하도록 설계된 휴머노이드 로봇은 다양한 현장에서 서비스 제공자로 활약하며 사회적 가치를 창출하고 있다. 예를 들어 일본의 일부 병원과 요양원에서는 인간형 로봇이 간호 보조 인력으로 투입되어 환자와 노인들에게 말벗이 되어주거나 약 복용 시간을 알려주고, 거동이 불편한 환자를 부드럽게 들어올려 휠체어로 옮겨주는 일을 돕고 있다. 이를 통해 의료진과 돌봄 인력의 업무 부담을 덜어주고 환자 돌봄의 질을 높이는 효과를 보고 있다. 교육 현장에서도 휴머노이드 로봇이 활용되고 있는데, 예를 들어 어떤 학교에서는 영어 회화 연습을 돕는 로봇을 도입해 학생들이 흥미롭게 학습할 수 있도록 하고 있다. 이 로봇은 학생의 발음과 표현을 실시간으로 교정해주고 대화 상대가 되어주어, 교사 1인이 케어하기 어려운 부분까지 보완해준다. 이러한 소셜 로봇은 대민 서비스 영역에서 사람을 돕는 역할을 함으로써 기업과 기관의 서비스 품질을 향상시킨다. 한편, 매장이나 호텔 등에 배치된 안내 로봇과 배달 로봇은 고객들에게 친근한 이미지로 다가가 기업의 혁신적이고 친근한 브랜드 이미지를 심어주는 효과도 있다.
- **포용성과 사회 혁신:** AI는 사회적 약자와 소외된 계층을 지원하여 포용적 혁신을 이루는 데에도 활용된다. 대표적인 예로, 시각장애인이나 난독증 환자를 위해 이미지 인식 AI가 카메라로 주변 사물을 식별하고 음성으로 설명해주는 애플리케이션이 개발되어 있다. 한 글로벌 IT 기업이 출시한 이 앱은 사용자가 스마트폰을 향하면 사람, 물체, 글자 등을 인식하여 실시간으로 묘사해주어, 시각장애인의 일상 자립을 도와준다. 또한 청각장애인을 위해 동영상이나 전화 통화 내용을 AI가 실시간 자막으로 제공하는 서비스도 상용화되어, 정보 접근성을 높이고 있다. 기업들은 이러한 접근성 기술을 개발·보급함으로써 사회적 가치를 창출하고 고객 기반을 확대하는 2가지 효과를 얻고 있다. 이 밖에도 AI는 공공 부문에서 사회 혁신 도구로 활용되고 있다. 예를 들어 일부 지방자치단체는 챗봇을 통해 행정 서비스를 제공하여 노인이나 농어촌 주민들도 쉽게 행정 정보에 접근할 수 있도록 하고, 복지 혜택을 놓치지 않도록 돕는다. 또, 머신러닝 모델을 활용해 지역사회의 빈곤 취약 지역을 찾아내고 지원하는 프로젝트도 등장했다. 위성 이미지와 경제 데이터를 결합한 AI 분석은

전통적인 조사보다 신속하게 도움이 필요한 지역을 파악하여, 정부와 NGO가 효율적으로 자원을 분배할 수 있게 한다. 이처럼 AI 기술은 기업의 이익 추구를 넘어, 사회 전반의 포용성과 형평성을 높이는 방향으로 활용될 때 그 진가를 발휘한다고 할 수 있다.

이상에서 살펴본 바와 같이 AI와 휴머노이드 로봇을 활용하면 기업은 사회적 가치 창출과 이해관계자 만족도 향상에 크게 기여할 수 있다. 이는 곧 기업 평판의 제고와 인재 유치, 고객 충성도 상승으로 이어져 비즈니스 성과에도 긍정적인 영향을 미친다. 다만 사회 영역에서 AI를 활용할 때는 개인정보 보호와 알고리즘 공정성 등 윤리적 이슈도 중요하다. 따라서 기업은 기술 도입과 함께 투명한 정보 공개와 책임 있는 AI 사용 원칙을 마련하여, 이해관계자의 신뢰를 얻는 방향으로 추진해야 한다. 이러한 내용은 다음 장인 지배구조(G) 부문에서 더욱 자세히 다룬다.

4 지배구조(G) 분야에서의 AI 활용

ESG 중 지배구조(Governance)는 기업의 의사결정 구조와 경영 투명성을 의미한다. 이사회와 경영진의 책임 경영, 회계 투명성, 윤리 준수, 주주 및 이해관계자와의 소통 등이 지배구조의 핵심 요소다. AI 기술의 도입은 이러한 지배구조 측면에서도 새로운 혁신의 기회를 제공한다. 데이터에 기반한 의사결정 강화, 부정행위 탐지, 내부 통제 자동화 등을 통해 더욱 투명하고 책임 있는 경영을 실현할 수 있다.

- **데이터 기반 의사결정 지원:** 최고경영진과 이사회는 기업 내부 정보뿐 아니라 시장 동향, 규제 변화, 이해관계자 여론 등 방대한 데이터를 검토하여 전략을 수립해야 한다. AI는 이러한 의사결정 과정을 도와 중요한 인사이트를 도출하는 역할을 한다. 예를 들어 머신러닝 알고리즘이 소셜 미디어와 뉴스 데이터를 분석해 기업 평판 변화를 실시간으로 모니터링하여 경영진에게 보고하면, 경영진은 이를 참고해 이슈에 신속히 대응할 수 있다. 또한 AI는 금융시장 데

이터를 학습하여 미래 경제 상황이나 산업 트렌드를 예측함으로써, 이사회가 투자 결정이나 위험 관리 전략을 세울 때 근거 기반 판단을 내릴 수 있도록 지원한다. 이처럼 데이터에 기반한 의사결정은 경영 투명성과 합리성을 높여준다.

- **내부 통제와 준법 감시:** 기업 내부의 부정행위나 오류를 조기에 발견하는 것은 건전한 지배구조의 필수 요소다. AI 기술은 사람의 눈을 피해 이루어질 수 있는 미세한 이상 징후도 포착해내어 상시 내부 감사인으로 기능한다. 예를 들어 기업의 회계 거래 데이터를 머신러닝이 분석해 일반 패턴에서 벗어나는 이상 거래를 자동 탐지함으로써, 매출 부풀리기나 자금 횡령 등의 부정을 조기에 적발할 수 있다. 실제로 일부 금융기관은 AI 알고리즘을 활용해 수백만 건의 거래를 실시간 모니터링하여 의심 사례를 선별하고, 그 결과 금융사고 발생 건수를 크게 줄였다. 이와 함께 법률 문서나 계약서를 해석하는 자연어 처리 AI도 개발되어, 복잡한 계약상의 위험 조항이나 규제 위반 소지를 찾아내는 데 활용되고 있다. 한 글로벌 은행은 AI 시스템을 도입해 수만 페이지에 달하는 파생상품 계약서를 사람이 일일이 검토하지 않아도 몇 초 만에 핵심 조항을 점검함으로써 준법감시 효율을 획기적으로 높였다.
- **투명한 보고와 소통:** ESG 경영에서는 기업의 활동과 성과를 투명하게 측정하고 공개하는 것이 중요하다. AI는 이러한 ESG 데이터 수집과 보고과정도 자동화하고 정교화한다. 예를 들어 각 사업장에서 발생하는 탄소 배출, 폐기물 처리, 직원 만족도 조사 결과 등 흩어져 있는 데이터를 한데 모아 AI가 분석함으로써, 실시간 대시보드로 경영진과 이해관계자에게 투명하게 보여줄 수 있다. 또한 연례 지속가능경영보고서 작성에 AI를 활용하면, 여러 부서에서 수집된 방대한 데이터를 취합·검증하고 의미 있는 지표를 계산하는 작업을 신속하게 수행할 수 있다. 이는 보고과정의 신뢰성을 높여주며, 투자자나 감독기관에 보다 투명한 정보를 제공하게 된다. 또한 각국의 ESG 공시 규제 강화에 대비하여, 기업들은 대량의 데이터를 처리할 수 있는 AI 도구를 도입해 신속하고 정확한 보고체계를 구축하고 있다. 예를 들어 유럽연합(EU)은 대기업에 대해 환경·사회 정보 공시를 의무화하는 법안을 추진 중인데, 이에 대응해 많은 기업들이 ESG 성과를 측정·분석하는 AI 플랫폼을 활용하기 시작했다. 한

편, 주주와 투자자들은 AI를 활용해 기업의 ESG 성과와 경영 활동을 평가하고 비교하기도 한다. 예를 들어 대형 자산운용사는 AI 알고리즘으로 상장기업들의 공시와 뉴스를 분석해 ESG 리스크 점수를 산출, 투자 의사결정에 반영하고 있다. 이는 기업들이 스스로 투명성과 지속가능성을 높이도록 압력을 가하는 요인으로 작용한다.

- **AI 혁신에 대한 윤리적 거버넌스:** 기업이 AI를 폭넓게 도입함에 따라, AI 자체에 대한 윤리적 거버넌스를 확립하는 것이 지배구조의 새로운 과제가 되었다. 알고리즘의 판단 과정이 불투명하면 설명 책임(accountability)에 문제가 생길 수 있고, 데이터 편향이 있는 AI는 차별적 결과를 초래할 우려가 있다. 이에 많은 글로벌 기업들이 AI 윤리강령을 제정하고 내부에 AI 윤리위원회를 두어 신기술의 책임 있는 사용을 감독하고 있다. 이러한 노력은 ESG의 지배구조 차원에서 기업이 디지털 혁신을 책임감 있게 추진하고 있음을 대내외에 천명하는 것이다. 예를 들어 글로벌 IT 기업인 구글은 "AI 원칙"을 수립하고 살상무기 개발 등 일부 AI 활용을 하지 않겠다고 공표했으며, 마이크로소프트 역시 사내에 "AI 윤리 설계실"을 두어 제품 개발 단계에서부터 윤리기준을 적용하고 있다. 이처럼 기업 내부의 AI 거버넌스 시스템을 갖추는 것은 ESG 시대에 신뢰받는 기업으로 남기 위한 필수 요건이 되고 있다.

위에서 살펴본 ESG 각 분야에서의 AI 활용 사례와 그 기대 효과를 표 1에 요약하였다.

요약하면, AI 기술은 투명하고 윤리적인 경영을 위한 도구가 되는 동시에, AI를 올바르게 활용하기 위한 거버넌스의 정립 자체가 ESG 경영의 일환이 되고 있다. 기술과 제도가 조화를 이룰 때 기업은 리스크를 줄이고 이해관계자의 신뢰를 얻어 지속가능한 성과를 달성할 수 있다. 다음 절에서는 이러한 ESG와 AI의 쌍둥이 혁신이 실제 기업 현장에서 어떻게 구현되고 있는지, 구체적인 사례를 통해 살펴본다.

표 1

ESG 영역	AI 활용 사례	기대 효과
환경(E)	에너지 수요 예측 AI, 스마트 생산 공정 최적화, 환경 모니터링 데이터 분석	전력 절감 및 탄소배출 감축, 자원 효율 극대화, 오염 사고 예방 및 비용 절감
사회(S)	작업장 안전 모니터링 AI, 공정 채용 알고리즘, 고객 응대 챗봇, 돌봄 및 교육 로봇	산업재해 감소, 인적자원 다양성 증진, 고객 만족도 향상, 복지 서비스 향상
지배구조 (G)	금융사기 탐지 ML, 데이터 기반 의사결정, ESG 지표 자동 보고, AI 윤리위원회 운영	부정행위 조기 적발, 경영 의사결정 합리화, 투명한 정보 공개로 신뢰 제고, AI 오남용 방지

5 맺음말

지금까지 ESG 경영과 AI 기술의 트윈 트랜스포메이션이 기업의 지속가능성과 성과를 어떻게 극대화하는지 살펴보았다. 환경 보호, 사회적 가치 창출, 투명한 거버넌스라는 ESG 목표들은 AI와 같은 첨단 기술과 만나 보다 효율적이고 혁신적인 해결책을 얻을 수 있었다. 머신러닝 알고리즘은 복잡한 문제의 해법을 데이터에서 찾아내고, 휴머노이드 로봇을 포함한 자동화 기술은 사람의 한계를 보완하며, 그 결과 기업은 이전에는 불가능했던 수준으로 환경 발자국을 줄이고 이해관계자의 만족을 높일 수 있었다. 중요한 것은 이러한 모든 성과가 결국 기업의 가치 상승과 경쟁력 강화로 이어진다는 점이다. 친환경 혁신으로 절감한 비용과 신규 시장 창출, 사회적 책임 이행으로 확보한 평판과 고객 충성도, 윤리적 거버넌스로 낮춘 법적 리스크와 자본 조달 비용 등, 트윈 트랜스포메이션의 혜택은 다각도로 나타난다.

물론 ESG와 AI의 동시 추진이 쉬운 일만은 아니다. 조직 내 인식 변화와 전문 인력 확보, 초기 투자 비용, 그리고 기술 남용에 따른 윤리적 문제 등 해결해야 할 과제들도 존재한다. 하지만 이러한 도전과제를 극복하는 기업이 미래 시장을 주도할 것이라는 데에는 의심의 여지가 없다. 이미 글로벌 투자자들은 ESG에 소홀하거나 디지털 혁신에 뒤처진 기업에 회의적인 시선을 보내고 있으며, 각국 정부 역시 탄소

중립 목표와 디지털 경제 전략을 병행 추진하며 기업의 변화를 요구하고 있다. 이러한 흐름 속에서 트윈 트랜스포메이션은 선택이 아니라 생존과 번영을 위한 필수 전략으로 자리매김했다.

앞으로 기업들은 ESG와 AI를 두 수레바퀴처럼 함께 굴리면서 지속가능경영을 고도화하는 데 집중하게 될 것이다. 이를 위해 최고경영진의 확고한 의지와 전사적인 문화 변화가 필요하며, 장기적인 관점에서의 투자와 협업 역시 중요하다. 또한 한 기업만의 노력이 아니라 산업 생태계 전체에서의 데이터 공유와 기술 협력이 이루어질 때, AI를 통한 지속가능성 혁신은 기하급수적인 효과를 발휘할 수 있을 것이다. 궁극적으로 트윈 트랜스포메이션은 기업을 넘어 전 세계가 직면한 환경 · 사회 문제를 해결하는 데에도 크게 공헌할 수 있다. 이는 유엔의 지속가능발전목표(SDGs) 달성에도 이바지하는 길이 될 것이다. 디지털 혁신의 힘과 지속가능성에 대한 신념을 겸비한 기업들이 늘어날수록, 우리 사회는 보다 풍요롭고 공정한 미래에 가까워질 것이다.

요약하면, ESG 경영과 AI 기술의 동시 혁신은 더 나은 세상과 더 강한 기업을 만드는 윈윈 전략이다. 변화의 방향은 이미 제시되었다. 이제 남은 것은 각 기업이 이 쌍둥이 혁신의 흐름에 올라타 미래를 향해 힘차게 나아가는 것뿐이다. 지금이 바로 그 출발점이며, 트윈 트랜스포메이션을 통한 지속가능한 성장의 길은 무한하게 열려 있다.

참고문헌

Accenture(2020). The European Double Up: A twin strategy that will strengthen competitiveness. Accenture Research Report.

Bai, C., Dallasega, P., Orzes, G., & Sarkis, J.(2020). Industry 4.0 technologies assessment: A sustainability perspective. *International Journal of Production Economics, 229,* 107776.

Broadbent, E., Stafford, R., & MacDonald, B.(2009). Acceptance of healthcare robots for the older population: Review and future directions. *International Journal of Social Robotics, 1*(4), 319–330.

de Sousa Jabbour, A. B. L., Jabbour, C. J. C., Foropon, C., & Filho, M. G.(2018). When titans meet – Can industry 4.0 revolutionize the environmentally-sustainable manufacturing? *Journal of Cleaner Production, 164*, 354–368.

Floridi, L., et al.(2018). AI4People—An ethical framework for a good AI society: Opportunities, risks, principles, and recommendations. *Minds and Machines, 28*(4), 689–707.

Huang, M. H., & Rust, R. T.(2018). Artificial intelligence in service: A customer experience perspective. *Journal of Service Research, 21*(2), 155–172.

Jobin, A., Ienca, M., & Vayena, E.(2019). The global landscape of AI ethics guidelines. *Nature Machine Intelligence, 1*(9), 389–399.

Kiel, D., Müller, J. M., Arnold, C., & Voigt, K. I.(2017). Sustainable industrial value creation: benefits and challenges of Industry 4.0. *International Journal of Innovation Management, 21*(8), 1740015.

Liakos, K. G., Busato, P., Moshou, D., Pearson, S., & Bochtis, D.(2018). Machine learning in agriculture: A review. *Biosystems Engineering*, 171, 2–17.

PricewaterhouseCoopers(PwC) UK(2019). How AI can enable a sustainable future. Report for Microsoft AI for Earth.

Rolnick, D., Donti, P. L., Kaack, L. H., et al.(2019). Tackling climate change with machine learning. arXiv preprint arXiv:1906.05433.

Stock, T., & Seliger, G.(2016). Opportunities of Sustainable Manufacturing in Industry 4.0. *Procedia CIRP, 40*, 536-541.

Topol, E.(2019). High-performance medicine: the convergence of human and artificial intelligence. *Nature Medicine, 25*(1), 44-56.

Vinuesa, R., Azizpour, H., Leite, I., Balaam, M., et al.(2020). The role of artificial intelligence in achieving the Sustainable Development Goals. *Nature Communications, 11*(1), 233.

World Economic Forum (2018). Harnessing Artificial Intelligence for the Earth. Fourth Industrial Revolution for the Earth Series.

18

PART

2

인공지능(AI) 최신 기술 및 향후 전망

인공지능(Artificial Intelligence, 이하 AI)은 현대 사회에서 가장 큰 파급효과를 가진 기술 중 하나로 손꼽힌다. 과거에는 공상과학 영화 혹은 소수의 연구자들이 논문과 실험실에서만 다루던 주제였지만, 이제 AI는 모든 산업 분야와 일상에 스며들어 우리의 삶과 일을 혁신적으로 변화시키고 있다. 특히 경영학의 영역에서 AI가 불러일으키는 변화는 실로 지대하다. 경영자는 더 이상 '경험'과 '직관'만으로 복잡한 의사결정을 내릴 수 없는 시대에 진입하고 있으며, 방대한 데이터를 효과적으로 활용하여 미래를 예측하고, 그 예측을 바탕으로 전략을 수립하는 능력이 필수적 역량으로 떠오르고 있다.

경영학은 전통적으로 조직과 인력, 자원, 시장, 재무적 측면 등을 다각도로 분석하여 최선의 의사결정을 내릴 수 있도록 하는 학문이다. 20세기 중반 이후로는 점차 정보기술(IT)의 발전과 함께 기업 내외부 데이터를 분석하고 의사결정에 반영하는 체계를 마련해 왔다. 하지만 2010년대 후반부터 가속화된 AI 기술의 발전은 이러한 기존 경영학적 접근을 크게 변모시켜 왔다. 예를 들어, 4차 산업혁명이라는 거대한 흐름 속에서 초연결성(Internet of Things, 5G, 각종 센서)과 초지능화(AI, 머신러닝, 딥러닝)가 결합되어, 과거에는 상상하기 어려웠던 수준의 예측 · 분석 능력을 기업에 제공하게 되었다.

가령 마케팅 분야를 예로 들자. 과거에는 대규모 설문조사나 오프라인 판매 데이터 등의 제한된 자료를 토대로 고객의 니즈를 분석했다면, 오늘날에는 수많은 디지털 접점(웹사이트 방문 로그, 소셜미디어 활동, 모바일 앱 사용 패턴 등)에서 수집된 데이터를 AI가 분석함으로써 고객의 취향, 쇼핑 패턴, 관심사, 심지어는 심리 상태까지도 추론할 수 있게 되었다. 이러한 분석 결과는 맞춤형 추천, 개인화된 프로모션, 차별화된 고객경험 제공 등의 경영전략으로 곧바로 연결되며, 이는 기업의 매출과 경쟁력에 직결된다.

따라서 "인공지능과 경영"의 결합은 단순히 기술이 경영 현장에 도입된다는 차원을 넘어, 경영학 그 자체의 패러다임을 바꾸고 있음을 의미한다. 본서는 이러한 변화의 기원을 살펴보고, 현재 우리가 어떤 지점에 와 있으며, 앞으로 어떤 방향으로 나아갈 것인지 탐구하는 것을 주된 목적으로 삼고 있다. 경영자로서, 연구자로서, 또는 예비 창업가나 학생으로서 AI를 어떻게 이해하고 활용해야 할지, 그리고 AI가 가져다줄 기회와 위험 요소는 무엇인지를 본서를 통해 구체적으로 살펴보게 될 것이다.

이 책이 다루는 범위는 학문적이고 이론적인 논의에만 국한되지 않는다. 실제 산업현장에서 적용된 다양한 사례, AI 프로젝트를 추진하며 맞닥뜨릴 수 있는 여러 가지 실무적인 과제와 해결방안, 그리고 거시적인 측면에서 사회 · 정책 · 윤리적 함의까지 폭넓게 다룰 예정이다. 인공지능과 경영학의 접점을 폭넓게 이해하고자 하는 독자라면, 본서의 내용이 학문적 식견뿐 아니라 실무적 통찰까지 제공하기를 기대한다.

CHAPTER 4

인공지능(AI)의 주요 흐름과 특징

본 장은 본격적인 AI와 경영의 융합에 대한 논의를 시작하기 전에, 역사적 배경과 발전과정을 간략히 살펴본다. 과거에도 기업들은 다양한 기술혁신을 통해 경쟁우위를 확보하려고 애써 왔는데, 이는 18세기의 산업혁명부터 시작된 기계화, 20세기의 전기·전자기술 도입, 그리고 21세기 초반의 인터넷과 디지털 혁명 등으로 이어지며 점차 지식정보사회가 가속화되어 온 것이다. 이러한 과정 속에서 정보시스템(Management Information Systems: MIS)은 기업이 모든 의사결정 단계를 데이터와 연계하여 체계적으로 수행할 수 있도록 도움을 주었다.

AI라는 개념은 1956년 다트머스 회의(Dartmouth Conference)에서 존 매카시(John McCarthy) 등이 제안한 이후로 학계와 산업계에서 꾸준한 관심을 받아 왔다. 초기에는 '인간의 지적 능력을 컴퓨터로 모사한다'는 추상적인 개념에 가까웠고, 기술적 한계로 인해 실제 기업 현장에서 적용할 만한 성과를 내기에는 무리가 있었다. 그러나 1980년대에 들어서 전문가 시스템(Expert System)이라는 형태로, 특정 도메인 지식을 컴퓨터에 축적·규칙화하여 일정 수준의 의사결정을 자동화하려는 시도가 나타났다. 예컨대 의료 진단, 금융상품 추천, 복잡한 제조 공정 관리 등에서 전문가 시스템이 도입되었는데, 아직은 제한된 범위의 규칙기반 접근(rule-based)이었다. 그러나 이 시기조차도 당시 기준으로는 획기적인 진전이었다. 경영학 분야에서도 MIS를 넘어 Decision Support System(DSS)이라는 개념으로 확장되어, 컴퓨터가 경영자의 의사결정을 보조해준다는 인식이 퍼지기 시작했다. 규칙 기반 의사결정 자동화는 복잡한 연산이나 대용량 데이터 처리에 유리했고, 이는 점점 많은 기업들이 정보화 시스템을 도입·운영하는 계기가 되었다. 다만 아직은 데이터 수집과 저장, 프로세싱 비용이 높았고, 하드웨어 및 소프트웨어 성능도 한계가 많았기 때문에 본격적인 AI 시대가 열리기에는 역부족이었다.

2000년대 말~2010년대 초반, 컴퓨팅 파워의 획기적 발전(특히 GPU의 등장과 클라우드 컴퓨팅), 그리고 대규모 데이터셋을 활용한 머신러닝 기술의 발전은 AI 연구에 새로운 전환점을 만들어 냈다. 그중에서도 딥러닝(Deep Learning)은 신경망(Neural Network)을 깊게 쌓아(computational layer를 여러 겹 구성) 이미지 인식, 음성 인식, 자연어 처리 등에서 인간 수준 혹은 그 이상의 성능을 보여주기 시작했다. 경영학 측면에서 보면, 딥러닝의 부상은 기업이 보유하고 있는 대규모 비정형 데이터(예: 이미지, 텍스트,

음성, 로그파일 등)의 활용 가치를 극적으로 높여주었다. 기존에는 구조화된 표 형태의 데이터에 대한 통계분석이 주류였다면, 이제는 이미지나 텍스트 등 사람이 직접 레이블링하고 해석해야만 했던 정보들도 자동 분석이 가능해졌다. 이는 상품 추천 알고리즘, 수요 예측, 고객 서비스 자동화, 인력 채용 프로세스 개선 등 전 영역에 걸쳐 응용 범위를 빠르게 확장시켰다.

이에 더해 4차 산업혁명이라는 시대적 프레임이 등장하면서, AI와 사물인터넷(IoT), 빅데이터, 클라우드, 로보틱스 등이 유기적으로 연결된 초연결·초지능 시대가 도래했다. 경영학자들 역시 기업의 경쟁우위가 더 이상 규모나 전통적인 자산에서만 나오지 않고, 데이터와 AI 역량에서 결정적으로 갈린다는 점을 인식하게 되었다. AI를 활용해 시장 변화를 빠르게 예측하고, 고객 맞춤형 서비스를 즉각적으로 제공하며, 조직 내부 프로세스 효율을 극대화하는 기업들이 시장을 선점하고 있는 모습이 곳곳에서 관찰되었다.

이러한 기술적·시장적·사회적 흐름 속에서 경영학의 패러다임 역시 변곡점을 맞이하였다. 과거에는 경영자가 축적된 경험과 제한된 양적·질적 정보를 기반으로 문제를 정의하고 해결책을 모색했다면, 이제는 방대한 양의 실시간 데이터를 머신러닝 알고리즘을 통해 분석하여 더 빠르고 정확한 의사결정을 내릴 수 있는 시대가 열렸다. 물론 'AI가 모든 것을 결정해주는 시대'라는 극단적 시나리오는 아직 현실과 거리가 있지만, 기업 내 의사결정 전 과정(전략 수립, 마케팅, 재무, 인사, 운영 등)에서 AI가 필수적인 도구로 자리 잡고 있다는 사실은 분명하다. 나아가 경영학의 핵심 영역 중 하나인 전략경영(Strategic Management)에서도 AI는 중대한 변화를 예고한다. 전통적으로 기업 경쟁우위를 설명하는 자원기반 관점(Resource-Based View: RBV)이나 산업구조분석(Porter의 5 Forces) 같은 프레임워크 역시 '데이터와 AI 역량'을 중요한 전략 자산으로 재조명하게 되었다. 회사가 보유한 빅데이터와 알고리즘 노하우가 진입 장벽을 형성하고, 플랫폼 비즈니스 모델을 통해 네트워크 효과를 극대화한다는 식의 분석이 점차 설득력을 얻고 있다.

경영정보시스템(MIS)의 발전 역시 이에 발맞추어 진화하였다. 과거에는 기업자원관리(ERP), 고객관계관리(CRM), 공급사슬관리(SCM)와 같은 업무 시스템을 도입·운영하며 '정보화'에 집중했다면, 이제는 AI를 통해 '지능화' 단계로 넘어가고 있다. 단순히 업무 프로세스를 자동화하는 것을 넘어, 업무 전반에 걸쳐 통찰력을 제공하고, 인간의 직관으로는 파악하기 어려운 복잡한 상관관계나 패턴을 추적하여 새로운 기회를 발견하는 것이 가능해진 것이다.

결국, 인공지능은 단지 기술 발전의 한 갈래가 아니라, 경영학과 경영 실무의 근본적인 변화를 이끌어내는 촉매제 역할을 하게 되었다. 본 장에서는 이러한 역사적 배경을 체계적으로 조망하면서, 독자들이 이후에 이어질 AI의 기술적 이해와 경영학 각 분야의 융합 사례를 쉽게 받아들일 수 있도록 배경지식을 제공하고자 한다.

1 인공지능의 개념과 주요 기술

1.1 인공지능 시대의 도래와 경영학 패러다임 전환

인공지능(Artificial Intelligence, 이하 AI)은 현대 사회에서 가장 폭넓은 관심과 투자를 받는 첨단 기술 중 하나로, 기업 경영과 일상생활에 지대한 영향을 미치고 있다. 20세기 중반 "AI"라는 용어가 처음 제안된 이래, 컴퓨터 연산 능력의 발전과 방대한 양의 디지털 데이터 축적, 그리고 알고리즘 혁신이 결합되어 AI 기술은 단순한 연구실 실험 단계를 넘어 전 산업에 활용 가능한 도구로 자리매김하였다. 특히 2010년대 중후반부터 빅데이터와 머신러닝(Machine Learning), 그리고 딥러닝(Deep Learning)을 핵심 축으로 삼은 AI가 급격히 부상함에 따라, 기업의 의사결정 과정과 비즈니스 모델에 근본적인 변화를 가져오고 있다.

경영학은 전통적으로 조직과 전략, 마케팅, 재무 · 회계, 생산 · 운영, 인사 · 조직 등 여러 분야를 포괄하는 종합 학문이다. 데이터 분석과 정보시스템(MIS)의 발전이 이미 20세기 말부터 중요한 화두였지만, AI라는 개념은 새로운 '패러다임 시프트'를 예고한다. 기업은 과거 경험과 직관에 의존하던 의사결정 방식을 넘어, 방대한 정형 · 비정형 데이터를 분석하여 미래를 예측하고 실시간으로 대응 전략을 세우는 체제로 전환할 수 있다. 이는 마케팅에서의 개인화 추천, 인사관리에서의 알고리즘 기반 채용, 재무 분야에서의 리스크 관리, 생산 분야에서의 예지보전 등 다양한 영역에서 구현되고 있다. 따라서 AI에 대한 체계적인 이해는 현대 경영자와 연구자가 갖추어야 할 필수 역량 중 하나가 되었다.

이 장에서는 AI의 개념과 역사적 발전, 머신러닝과 딥러닝의 기초, 자연어 처리(NLP), 컴퓨터 비전, 추천 시스템, 강화학습, 생성형 AI 등 핵심 요소기술을 폭넓게 다루며, 경영학적 적용 가능성과 실제 사례를 함께 살펴보고자 한다. 이를 통해 독자들은 '왜 AI가 경영 환경에서 중요한가'를 명료하게 이해하고, '어떻게 기업 현장에 도입할 것인가'에 대한 초기 통찰을 얻을 수 있을 것이다.

1.2 인공지능의 정의와 역사

(1) AI의 어원과 초기 연구

인공지능이라는 개념은 1956년 다트머스 회의에서 존 매카시(John McCarthy) 등이 처음 제안했다. 당시에는 "인간과 유사한 지능적 능력을 컴퓨터가 구현할 수 있다"는 발상 자체가 혁신적이었으며, 규칙 기반 전문가 시스템(Expert System)이나 단순 신경망(퍼셉트론) 등의 시도가 이어졌다. 1970~1980년대에는 일본의 제5세대 컴퓨터 프로젝트, 전문가 시스템 열풍 등이 일어나면서 AI가 산업계의 주목을 받았다. 그러나 하드웨어 성능과 데이터 부족으로 인해, 실제 비즈니스에 적용 가능한 수준의 AI 성능을 확보하기가 어려웠고, 이 시기를 "AI의 겨울"이라고 부르기도 한다.

(2) 인터넷 시대와 빅데이터의 등장

1990년대 중후반부터 인터넷이 보급되고 e-비즈니스, 전자상거래, 온라인 마케팅이 폭발적으로 성장하면서, 기업 내부와 외부에서 축적되는 디지털 데이터가 기하급수적으로 늘어났다. 2000년대 후반에는 "빅데이터(Big Data)"라는 용어가 대두되었고, 대용량 데이터를 저장 · 처리하기 위한 분산 컴퓨팅 기술(Hadoop, MapReduce, NoSQL DB)이 확산되었다. 경영학적 측면에서 보면, 기업들은 이제 수많은 고객 · 재무 · 생산 관련 데이터를 활용해 의사결정을 개선할 수 있다는 가능성에 주목하기 시작했다. 그러나 전통적 통계 기법이나 규칙 기반 프로그래밍만으로는 복잡한 데이터 패턴을 충분히 포착하기 어려웠고, 이 한계를 머신러닝이 돌파하기 시작했다.

(3) 머신러닝, 딥러닝의 부상

머신러닝은 데이터로부터 자동으로 규칙을 학습하는 기법을 말한다. 2010년대 들어, GPU의 계산 능력 향상과 클라우드 컴퓨팅의 보급, 그리고 대규모 데이터셋(ImageNet 등)을 활용한 딥러닝(Deep Learning)의 성공 사례가 공개되면서 AI는 새로운 전성기를 맞았다. 딥러닝은 합성곱신경망(CNN), 순환신경망(RNN), 트랜스포머(Transformer) 등을 통해 이미지 인식, 음성 인식, 자연어 처리 분야에서 혁신적 성능을 보였고, 경영학 현장에서도 고객 세분화, 수요 예측, 추천 시스템 등 다방면으로 적용 영역을 넓혀 가고 있다.

(4) 머신러닝(Machine Learning): 지도 · 비지도 · 강화학습의 이해

＊ 지도학습(Supervised Learning)

지도학습은 레이블(정답)이 포함된 데이터로부터 모델을 학습하는 방식이다. 예컨대 "구매 가능성" 같은 목표 변수(y)가 있고, 고객 나이 · 소득 · 방문횟수 같은 입력 변수(x)가 주어진다면, 이 둘의 관계를 학습해 신규 고객의 구매 여부를 예측하게 된다. 대표 알고리즘으로는 선형회귀(회귀 문제), 로지스틱회귀(분류 문제), 의사결정나무, 랜덤 포레스트, SVM 등이 있다. 경영학 분야에서는 매출 예측, 고객 분류, 이탈 방지 모델링, 보험 청구 사기 탐지 등에 활용된다.

＊ 비지도학습(Unsupervised Learning)

레이블이 없는 데이터에서 패턴을 발견하는 기법으로, 군집화(clustering)나 차원 축소(dimensionality reduction)가 대표적이다. 예컨대 고객 세분화 마케팅을 위해 K-평균(K-means) 알고리즘으로 비슷한 구매 패턴의 고객들을 자동 그룹화하거나, PCA 등으로 고차원 데이터를 시각적으로 해석하기 쉽게 줄이는 방식을 말한다. "고객들이 어떤 기준으로 묶일까?"를 모델이 스스로 찾아낸다는 점에서, 기존의 단순 통계(예: 평균 · 분산)보다 훨씬 유연한 접근이 가능하다.

* **강화학습(Reinforcement Learning)**

강화학습은 에이전트(Agent)가 환경(Environmental)과 상호작용하며, 행동(Action)에 대한 보상(Reward)을 최대화하도록 학습하는 방법론이다. 바둑 AI인 알파고(AlphaGo), 자율주행 자동차, 로봇 제어 등에서 각광받고 있다. 경영학적 관점에서는 생산 공정 스케줄링, 창고 로봇 경로 최적화, 동적 가격 책정 등에서 유용할 수 있다. 다만 보상 함수를 정의하는 과정이 까다롭고, 시뮬레이션 환경 구성에도 많은 자원이 필요한 것이 현실적 과제이다.

(5) 딥러닝(Deep Learning)의 핵심 원리

* **신경망(Neural Network) 구조**

딥러닝은 인공신경망을 여러 층으로 깊게 쌓아, 비선형적이고 복잡한 함수를 모델링하는 방식을 말한다. 입력층(Input Layer) - 은닉층(Hidden Layer)들 - 출력층(Output Layer)으로 구분되며, 각 층의 뉴런은 앞 층 뉴런들과 연결되어 가중치와 활성화 함수를 통해 신호를 전달받는다. 역전파(Backpropagation) 알고리즘으로 오차를 역으로 전파하며 가중치를 조정함으로써, 예측 성능을 점진적으로 개선한다.

* **합성곱신경망(CNN)**

CNN(Convolutional Neural Network)은 이미지 인식 분야에서 주로 쓰이며, 작은 크기의 필터(커널)로 이미지의 특징을 추출한다. 경영학에서 CNN은 상품 이미지 분류(패션 아이템 분류, 불량품 검사), 광고 크리에이티브 분석, 자율주행 차량의 객체 인식(도로 표지판, 보행자 식별) 등으로 응용될 수 있다.

* **순환신경망(RNN)과 LSTM**

RNN(Recurrent Neural Network)은 시계열 데이터나 문장처럼 순서가 있는 데이터에 특화된 구조다. 과거 상태를 은닉 상태로 유지하면서 새로운 입력에 반영하기 때문에, 자연어 처리(NLP), 시계열 예측(주가, 매출량 예측) 등에 널리 사용된다. LSTM(Long Short-Term Memory)이나 GRU(Gated Recurrent Unit)는 RNN의 장기 의존성 문제를 개선한 구조로, 긴 시퀀스 내 맥락 파악에 뛰어나다.

* **트랜스포머(Transformer)와 대형 언어 모델**

트랜스포머 아키텍처는 '어텐션(Attention) 메커니즘'을 이용해 문장 전체의 위치 관계를 한번에 학습함으로써, 이전 RNN 기반 모델보다 훨씬 빠르고 효과적으로 언어 표현을 학습한다. 구글의 BERT, OpenAI의 GPT 시리즈 등이 모두 트랜스포머 구조를 변형·확장하여 만들어졌다. 최근에는 초거대 언어 모델(LLM)이 등장해 기계 번역, 질문응답, 텍스트 생성 등에서 인간 전문가에 버금가는 성능을 보이고 있다.

(6) 자연어 처리(NLP)와 경영학적 활용

* **NLP의 기본 개념**

자연어 처리(Natural Language Processing)는 인간이 사용하는 언어(한국어, 영어 등)를 컴퓨터가 이해하고 생성하는 기술이다. 형태소 분석, 품사 태깅, 구문 분석, 의미 분석 등 언어 구조를 여러 단계로 쪼개어 파악한다. 머신러닝과 딥러닝이 결합되면서 감성 분석, 문서 분류, 기계 번역, 요약, 질의응답 등 다양한 응용이 가능해졌다.

* **텍스트 마이닝과 마케팅**

소셜미디어나 블로그, 고객 리뷰 사이트 등에 축적된 방대한 텍스트 데이터는 기업에 있어 귀중한 자산이다. 예컨대 소셜 리스닝(Social Listening) 기법으로 브랜드 언급량과 연관어를 분석하면, 시장 반응이나 고객 감정을 실시간으로 파악해 신속히 대응할 수 있다. 또, 고객 상담 기록을 분석해 자주 묻는 질문(FAQ)을 추출하고 챗봇으로 자동화함으로써, 고객서비스 효율을 높일 수도 있다.

* **대화형 AI와 챗봇**

AI 챗봇은 질의응답 시스템을 자연어 인터페이스로 제공해, 고객이 원하는 정보를 즉각적으로 찾을 수 있게 한다. 간단한 주문 접수나 배송 조회, 계좌 잔액 확인 등은 이미 여러 은행·통신사·이커머스 플랫폼에서 상용화되었다. 최근에는 GPT 계열과 같은 대형 언어 모델(LLM)을 기반으로 한 고급 챗봇들이 등장해, FAQ를 넘어 복잡한 사안에 대해서도 상당히 맥락 있는 답변을 제공한다.

(7) 컴퓨터 비전(Computer Vision)의 원리와 기업 적용

*** 객체 인식과 분할**

컴퓨터 비전(Computer Vision)은 디지털 이미지를 분석하여 객체를 인식 · 추적 · 분류하는 분야다. 딥러닝의 합성곱신경망(CNN) 발전으로 인해, 얼굴 인식이나 차량 번호판 인식, 불량품 검출 등이 과거보다 훨씬 높은 정확도로 가능해졌다.

*** 생산 · 물류 혁신**

제조업에서는 품질관리 단계에서 카메라와 CNN 모델을 결합해 불량품을 자동 선별하고, 물류창고에서는 로봇이 카메라를 통해 박스나 상품을 인식하여 분류한다. 이때 인식 정확도가 낮으면 오분류 · 오배송이 발생해 큰 비용으로 이어지므로, 최신 AI 비전 기술은 물류 최적화 측면에서도 핵심 기술로 자리 잡았다.

*** 마케팅 · 리테일 분석**

오프라인 매장 내 CCTV 영상을 분석해 고객 동선을 파악하고, 특정 코너에 오래 머무는 고객 특성을 조사하는 등 비전 데이터를 활용한 리테일 마케팅도 증가 추세다. 얼굴 인식 기반으로 VIP 고객을 식별해 맞춤 서비스를 제공하거나, 성별 · 연령대별 유동 인구를 추적해 매장 배치를 최적화하는 식이다. 다만 개인정보 보호 문제와 윤리적 쟁점이 뒤따른다는 점을 유의해야 한다.

(8) 추천 시스템(Recommender Systems)

*** 개인화와 추천 알고리즘**

추천 시스템은 사용자 취향이나 과거 행동 데이터를 바탕으로, '이 사용자가 좋아할 만한 상품 또는 콘텐츠'를 자동으로 제안하는 방법론이다. 협업 필터링(Collaborative Filtering), 콘텐츠 기반 필터링(Content-based Filtering), 그리고 이를 결합한 하이브리드 방식 등이 대표적이다. 온라인 서점, 동영상 · 음악 스트리밍, 이커머스, 뉴스 포털 등에서 이미 필수 요소로 자리매김했다.

* **딥러닝 추천 모델**

최근에는 딥러닝을 이용해 사용자와 아이템을 임베딩 벡터로 표현한 뒤, 두 벡터의 상호작용을 모델링하는 신경망 협업 필터링(Neural Collaborative Filtering)이 주목받고 있다. 또한 시퀀셜 추천(Sequential Recommendation) 기법을 통해 사용자의 방문 순서나 시간 간격을 분석해 더 정교한 예측을 수행한다. 이는 웹이나 앱에서 고객 충성도를 높이고, 구매 전환을 증가시키는 강력한 수단이 된다.

* **구현 시 고려사항**

추천 시스템이 활성화되면 매출 증대와 사용자 경험 향상에 크게 기여하지만, 너무 맞춤형 정보만 노출될 경우 필터 버블(Filter Bubble)이 형성될 수 있다. 또한 대규모 사용자 데이터를 수집 · 분석하는 과정에서 개인정보 이슈와 윤리적 책임 문제를 함께 고민해야 한다.

(9) 강화학습(Reinforcement Learning)과 경영 혁신

* **심층 강화학습(DRL)**

딥러닝과 강화학습을 결합한 심층 강화학습(Deep Reinforcement Learning)은 알파고, 알파스타(AlphaStar) 같은 게임 AI뿐 아니라, 물류 최적화 · 자율주행 등 다양한 영역으로 확산 중이다. 에이전트가 환경의 상태를 딥러닝으로 인코딩하고, 보상을 최대화하는 방향으로 행동을 결정하는 구조다.

* **산업 응용**

- **생산 공정 스케줄링:** 여러 대의 기계와 작업 순서를 조정해 납기와 비용, 품질을 동시에 충족해야 하는 복잡한 문제를 RL 에이전트가 시뮬레이션 기반으로 학습해 최적 또는 준최적 해답을 찾을 수 있다.
- **물류 · 배송 경로 최적화:** 배송 차량이 움직일 때마다 교통 상황, 주문 발생량, 연료 비용 등을 고려해 실시간으로 경로를 조정하면 운송비 절감과 서비스 품질 향상을 이룰 수 있다.

＊ 한계와 전망

강화학습은 환경 설계와 보상 함수 정의가 난이도 높은 과제이며, 실제 현실 세계의 변수는 게임보다 훨씬 예측 불가능하고 변화무쌍하다. 또한 학습과정에서 많은 시뮬레이션과 시행착오가 필요하므로, 실제 기업 현장에 적용하려면 충분한 데이터와 컴퓨팅 리소스가 있어야 한다. 그럼에도 불구하고, 점진적으로 기술적 진전과 사례 축적이 이어지고 있어 경영학적 활용도가 높아질 전망이다.

(10) 생성형 AI(Generative AI)

＊ 개념과 기법

생성형 AI는 텍스트, 이미지, 오디오, 동영상 등을 "새롭게 생성"하는 기능을 갖춘 모델을 말한다. 대표적인 예로 GAN(Generative Adversarial Network)이 있으며, 생성자와 판별자가 경쟁적으로 학습해 고품질 이미지를 만들어낸다. 최근에는 대형 언어 모델(GPT 시리즈 등), 이미지 생성 모델(Stable Diffusion, DALL · E) 등이 큰 화제를 모았다.

＊ 경영학적 활용

- **마케팅 콘텐츠 제작:** 광고 카피나 블로그 게시물을 AI가 자동 생성해주고, 디자이너는 이를 토대로 빠르게 컨셉아트를 제작할 수 있다.
- **신약 개발 · R&D:** 분자 구조나 단백질 구조를 생성하고 시뮬레이션하는 AI가 연구개발(R&D) 효율을 획기적으로 높일 수 있다.
- **헬프데스크 자동화:** 고객 문의 사례를 바탕으로 자연스러운 응답 문장을 생성해 주는 챗봇을 구현, 고객지원 부서의 업무 부담을 덜어준다.

＊ 윤리적 · 법적 쟁점

딥페이크(Deepfake)나 저작권 침해, 가짜뉴스 등 악용 사례가 늘고 있어 법적 · 윤리적 규제 필요성이 대두되고 있다. 또한 생성형 AI가 만들어 낸 작품의 저작권은 누구에게 있는지, 원본 데이터에서 발생할 수 있는 편향은 어떻게 제어할지에 대한 논의도 활발하다.

1.3 최근 AI 연구 트렌드와 미래 전망

(1) 생성형 AI 분야

생성형 AI 분야는 매우 빠른 속도로 진화하고 있으며, 향후 몇 년간 새로운 연구 트렌드들이 등장하고 현재의 한계들을 넘어설 것으로 기대된다. 몇 가지 주목할 만한 방향과 그 의미를 전망해보면 다음과 같다.

- **모델의 경량화와 효율화 연구:** 지난 시기에는 모델 크기를 키우는 Scaling 법칙에 집중했다면, 앞으로는 더 적은 자원으로 동일한 성능을 내는 연구가 중요해질 것이다. 이는 앞서 언급한 모델 압축, 지식 증류뿐만 아니라, 새로운 아키텍처 탐구로 이어진다. 예를 들어, 현재 트랜스포머의 복잡도를 줄이기 위한 sparse attention기법이나, RNN과 트랜스포머 장점을 결합한 혼합형 모델도 연구되고 있다. 한편 모델 가버넌스 측면에서도, 거대한 모델 하나를 만드는 대신 중간 크기의 전문가 모델 여러 개를 ensemble하여 효율과 성능을 동시에 추구하는 접근(Mixture of Experts 방식)이 부상 중이다. DeepMind의 최근 논문들도 거대 단일 모델보다 분산된 모듈형 모델의 효율을 보여주고 있다. 이런 연구들이 실용화된다면, 더 많은 기업과 개인이 저비용으로 AI를 활용할 수 있게 되어, 산업 전반에 긍정적이다.
- **기억과 장기 맥락:** 현재 GPT-4 등의 컨텍스트 윈도우가 수만 토큰까지 늘었지만, 여전히 방대한 지식을 일시적으로 기억하기에는 부족하다. 미래 연구는 AI 모델에 외부 기억장치를 결합하는 방향으로 진행될 전망이다. 예를 들어 구글의 Retriever-Augmented Model이나 메타의 Retro모델처럼, 모델이 필요할 때 자체 인덱싱한 지식베이스에서 정보를 검색하고 답변에 활용하도록 하는 기법이다. 이는 인간이 두뇌와 노트·책을 함께 써서 문제 푸는 것과 비슷하다. 또 하나는 강화학습/메모리 네트워크를 통해 대화 역사나 이전 학습 결과를 장기적으로 축적하는 모델이다. 지금까지 LLM은 대화가 길어지면 맥락이 밀려 사라졌지만, 미래에는 세션 간에도 기억이 이어지는 AI, 예컨대 사용자의 선호를 기억하고 다음 날도 알아보는 개인비서 AI가 나올 수 있다. 이때

벡터 데이터베이스나 강화학습 기반 메모리 관리기술이 활용될 것으로 보인다.

- **멀티모달 통합과 새로운 모달:** 이미 텍스트-이미지-음성 융합이 트렌드이지만, 앞으로는 비디오, 3D, 로봇 제어 등 더 복잡한 모달로 확대될 것이다. 특히 비디오 생성/이해는 차세대 도전으로 꼽힌다. 텍스트 몇 줄로 짧은 동영상을 만들어내거나, 반대로 동영상을 보고 상황을 요약/질문에 답하는 AI가 개발될 것이다. 이것은 계산량이 막대하지만, 2~3년 내 시범적으로 가능할 것으로 보인다. 또한 뇌-컴퓨터 인터페이스(BCI)나 AR/VR환경과 결합된 모달 연구도 있을 수 있다. 예컨대 AI가 사람의 뇌파를 일부 해석해 감정 상태를 파악한다든지(아직 SF 같지만 연구가 시작됨), AR 글래스에서 시각 AI와 언어 AI가 동시 작동해 현실 세계에 정보 오버레이를 해준다든지 하는 방향이다. 이러한 멀티모달 진화는 AI를 더 물리세계와 긴밀히 연결시키고, 사용자 경험을 현실과 구분하기 어려울 정도로 자연스럽게 만들 것이다.
- **강화학습과 능동적 학습:** 현재 LLM은 주로 고정된 텍스트 예측 모델이지만, 능동적으로 환경과 상호작용하며 학습하는 AI로 진화할 가능성도 있다. OpenAI의 ChatGPT에 플러그인/툴 사용 능력을 준 것이 초기 형태인데, 더 나아가 AI가 인터넷 탐색, 데이터베이스 조회, 계산 수행 등 다양한 툴을 스스로 조합하며 문제를 풀게 하는 연구가 활발하다. 이는 강화학습(RL)과 연계되어, 시퀀스 내에서 어떤 행동(툴 호출 등)이 최종 답변 향상에 기여하는지 학습하게 된다. 이런 능동적 LLM은 단순 문답을 넘어, 스스로 계획을 세우고 실행까지 하는 에이전트로 발전할 수 있다. 이는 AGI의 부분적 요소로 여겨지며, 미래에 예컨대 AI 소프트웨어 에이전트가 회사 내 데이터와 외부 지식을 결합해 경영 의사결정을 보조하는 날도 올 수 있다.
- **AI 안전성과 해석 가능성:** 기술 성숙과 함께, AI를 통제 가능하고 이해하기 쉽게 만드는 연구도 중요하게 다루어질 것이다. 예를 들어 현재 블랙박스인 신경망 내부에서 어떤 뉴런이 어떤 개념을 담당하는지 찾는 연구가 진행 중이고, 특정 질문에 AI가 왜 그런 답을 냈는지 근거를 트레이스하는 알고리즘도 연구되고 있다. OpenAI와 Anthropic 등은 “AI 헌법” 또는 “자기반성 알고리즘” 등으로 AI의 안전한 행동을 유도하는 방법을 개발 중이다. 향후에는 AI가 자신

의 불확실도를 표출하거나, 애매한 질문엔 인간에게 확인을 요청하는 등의 자기제어 메커니즘이 도입될 수 있다. 이는 AI를 실생활 critical 분야(의료, 법률, 금융)에 안심하고 쓰기 위한 필수 발전으로 보인다.

- **오픈소스와 민주화 vs 독점:** 한편 미래 AI 지형은 개방 vs 폐쇄 경쟁이 계속될 것이다. Meta 등이 LLaMA2를 오픈소스로 풀었듯이, 국가나 기업 차원에서 AI 역량을 공유하려는 움직임이 있다. 오픈소스 모델이 점점 상향 평준화되어, 소수 기업 독점이 깨질 수 있다는 전망도 있다. 실제 2023년 말 meta의 Llama-2 70B나 StabilityAI의 StableLM 등은 성능이 유료모델에 근접했다. 향후 1~2년 내 공개모델이 GPT-4급 능력을 갖추면, AI 기술이 더욱 광범위하게 확산될 것이다. 반면 거대 기업들은 계속 비공개 초거대 모델 개발을 통해 우위 확보를 노릴 것이다. 이 두 흐름이 병존하면서, AI 기술의 접근성은 확실히 지금보다 개선될 전망이다. 많은 스타트업과 연구자들이 고성능 모델에 접근하고 기여할 수 있게 된다면, 발전 속도는 더욱 가속화될 것이다.

미래 전망을 종합하면, 생성형 AI는 지금의 텍스트 챗봇 단계를 넘어 멀티모달, 능동학습, 고도의 효율성, 안전성을 갖춘 방향으로 발전할 것으로 보인다. 이러한 발전은 AGI(범용 인공지능)를 향한 도전과 연결된다. 일부 전문가들은 2040년 전후로 50% 확률로 AGI 달성을 예측하기도 한다. AGI란 모든 지적 과제를 인간 수준으로 수행할 수 있는 AI를 뜻하는데, 현재의 대규모 언어모델들은 그 전초 단계라는 시각이 있다. 낙관적으로는 계속된 모델 스케일 증대와 알고리즘 개선으로 AGI 특성이 점진적으로 나타날 것이라는 전망이 있지만, 비관적으로는 현재 접근의 한계(이해의 부재 등)를 지적하며 근본적 새로운 아이디어가 필요하다는 주장도 있다. 어쨌든, 생성형 AI의 앞으로 수년간 발전은 AGI로 향하는 길을 개척할 것이며, 이 과정에서 우리는 AI를 더 잘 다루는 법, AI와 공존하는 법을 익혀나가게 될 것이다.

기술사적으로 볼 때, 인공지능은 몇 차례의 부침이 있었지만, 이번 생성형 AI 붐은 실용적 성과와 상업적 성공으로 그 위치를 확고히 했다. 이제 AI는 인터넷, 모바일에 이어 일상과 비즈니스의 필수 인프라가 될 것으로 보인다. 앞으로의 발전 방향은, 더 강력하지만 투명하고 신뢰할 수 있는 AI, 그리고 인간의 삶을 질적으로 향상시키는 AI일 것이다. 이러한 미래를 실현하기 위해 기술자, 정책입안자, 사용자 모두의 지혜와 협력이 필요하다. 생성형 AI의 이야기는 이제 시작 단계이며, 향후 펼쳐질 혁신은 우리의 상상을 뛰어넘을지도 모른다. 우리는 그 가능성과 함께 위험성도 인지하며, 인간을 위한 AI라는 목표를 잃지 말아야 할 것이다.

(2) AGI(범용 인공지능)로의 발전 가능성

생성형 AI의 궁극적인 발전 방향으로 자주 거론되는 것이 AGI(Artificial General Intelligence), 즉 범용 인공지능이다. AGI란 특정 분야나 과업에 한정되지 않고, 인간처럼 다양한 지적 작업을 모두 수행할 수 있는 인공지능을 말한다. 현재의 GPT-4나 Claude 같은 모델들은 상당히 다재다능하지만, 여전히 인간 지능의 일부 측면만 모방할 뿐 완전한 일반 지능에 이르렀다고 보기는 어렵다. 그렇다면 생성형 AI가 AGI로 발전할 가능성은 얼마나 될까?

낙관론자들은 최근의 성과에 비추어 AGI가 특별한 마일스톤 없이도 스케일링의 연속선상에서 도달할 수 있다고 본다. 즉, 모델의 크기와 학습데이터를 더 늘리고, 위에서 언급한 툴 사용 능력, 장기 기억 등의 기능을 추가하다 보면, 어느 임계점에서 인간 수준 혹은 그 이상이 될 수 있다는 주장이다. 실제 여러 전문가들이 AGI 도달 시점을 예측했는데, 한 조사에서 평균적으로 2040년 전후로 보는 견해가 많았다. 일론 머스크 등은 "수년 내 (상대적으로 단순한) AGI 가능성"을 언급하기도 했다. OpenAI의 CEO 샘 알트먼은 GPT-4를 내놓으면서 "향후 10년 내 매우 강력한 AI(초지능 가능성)를 대비해야 한다"고 밝혀, 회사 차원에서 AGI 안전 연구에 착수했다고 알렸다. 또한 Anthropic 등은 미리 AI에게 헌법을 부여하는 등 AGI의 가치 정립을 시도하고 있다. 이렇듯 선도 기업들은 AGI가 현실적인 목표로 다가왔다고 인식하고 대비에 나서고 있다.

회의론자들은 현 접근법으로는 진짜 지능에 한참 못 미친다고 지적한다. 생성형 AI는 결국 통계적 패턴 산출기일 뿐, 자각(self-awareness)이나 이해(understanding)가 없다는 것이다. 이들은 AGI를 이루려면 현재의 딥러닝 패러다임 외에 새로운 원리가 필요하거나, 아니면 훨씬 장기간의 연구가 필요하다고 본다. 예를 들어 저명한 인지과학자 게리 마커스는 "거대 언어모델은 세상에 대한 진정한 이해 없이 언어만 흉내

내기 때문에, 믿을 수 있는 AGI로 이어지지 않을 것"이라 평했다. 또한 심볼릭 AI나 뇌 과학 등의 영역 지식과 결합해야 돌파구가 생길 것이라 주장하는 학자들도 있다. 즉, 뇌가 신경망만으로 작동하는 게 아니라 기호추론, 단기작업기억 등 여러 메커니즘이 있으니, AGI도 그러한 통합 접근이 필요하다는 논리다.

이론적인 논쟁 외에도, AGI 개발의 윤리/안전이슈로 인해 일부러 속도를 늦춰야 한다는 견해도 존재한다. 2023년 초 일론 머스크 등 수천 명이 서명한 AI 연구 일시 중단 공개서한이 발표되어 화제가 되었는데, 이는 GPT-4 수준 이상의 강력한 AI 개발을 6개월 멈추고 안전 대책을 마련하자는 내용이었다. 비록 실제로 중단되진 않았지만, 이는 AI 연구자 커뮤니티 내에서도 AGI 가능성에 대한 두려움과 신중론이 존재함을 보여준다. AI 안전 연구자들은 만약 AGI가 인간 통제를 벗어나거나, 의도치 않은 방식으로 인류에 해를 끼치면 돌이킬 수 없기에, AGI 개발 속도를 조절하고 강력한 안전장치를 의무화해야 한다고 주장한다. 이에 OpenAI 등도 "AGI arriving"에 대비한 정책 문서를 내고, 국제적 협력(예: 핵무기 규제)을 제안하기도 했다.

현실적으로, AGI가 어떤 모습으로 오든 현재의 생성형 AI들이 부분적 AGI 기능을 계속 흡수해가는 방향은 확실해 보인다. 즉, 매 버전 업데이트마다 더 많은 분야의 문제를 잘 풀고, 더 자율적이며, 더 사람과 비슷해질 것이다. 2025~2026년에 나올 것으로 예상되는 GPT-5나 Claude-next 모델들은 아마 현재 한계점으로 지적되는 추론 오류, 사실 오류, 맥락 한계 등을 상당히 개선할 가능성이 높다. 그렇게 되면 사람들은 점점 AI를 지능적 존재처럼 대하게 될 수 있다. AI가 농담도 잘 이해하고 상황에 맞는 공감까지 표현하는 시점이 되면, 그 경계는 더욱 흐릿해질 것이다.

AGI의 판별기준도 모호하다. 이론상 튜링 테스트를 통과하는지를 옛날부터 지표로 삼았지만, ChatGPT류도 제한된 상황에선 이미 튜링 테스트급 대화 능력을 보인다. 그래서 이제는 수능, 고시, 전문 자격시험 등 여러 인간 시험을 통과하는지가 새로운 척도가 되었다. GPT-4는 미국 변호사 시험에서 상위 10% 성적을 냈다. 앞으로 AI가 노벨상급 과학 발견이나 새로운 수학 정리를 스스로 증명하는 날이 오면, 그때는 AGI가 왔다고 할지도 모른다. 결국 AGI의 정의도 연속체상에 있다. 어느날 "딩동, AGI 탄생" 이렇게 명확하기보다는, 어느새 우리 곁의 AI가 거의 사람처럼 느껴지는 순간이 올 것이다.

요약하면, 생성형 AI는 AGI로 향한 여정의 한복판에 있다. 그 끝이 5년 후일지, 50년 후일지 단언하기 어렵지만, 분명 과거 어느 때보다 AGI에 가까워진 것은 사실이다. 앞으로 기술적 난제(추론, 학습 능력, 자율성, 감각 통합, 의식 등)를 하나씩 극복해가며 AI는 진화할 것이고, 인류는 새로운 지적 존재와 공존하거나 협력하게 될 것이다. 중요한 것은 AGI를 단순히 두려워하거나 맹신하는 것을 넘어, 현명하게 발전을 이끌고 관리하는 일이다. 그래야 AGI가 등장했을 때 그것이 인류에게 재앙이 아니라 축복이 될 수 있다. 생성형 AI가 그 문을 열었고, 이제 우리는 사려 깊은 태도로 그 문 너머를 준비해야 할 것이다.

2 생성형 AI

2.1 생성형 AI의 특징

생성형 AI(Generative AI)는 텍스트, 이미지, 오디오 등 다양한 형태의 새로운 콘텐츠를 만들어내는 인공지능 기술을 말한다. 기존에는 인간이 직접 작성하거나 제작해야 했던 문장, 그림, 음악 등을 AI 모델이 스스로 생성해낼 수 있다는 점에서 혁신적이다. 예를 들어 ChatGPT와 같은 언어 모델은 대화형으로 문장을 만들어 내고, Midjourney와 같은 이미지 생성 모델은 텍스트 설명을 바탕으로 새로운 이미지를 그려낸다. 이러한 생성 능력은 과거의 AI 시스템들이 주로 분류, 예측 등 주어진 데이터를 해석하는 데 치중했던 것과 달리, AI가 창작적 역할까지 수행하게 되었다는 것을 의미한다.

생성형 AI의 작동 원리는 방대한 데이터를 학습하여 패턴과 규칙성을 익힌 뒤, 그 지식을 기반으로 새로운 결과물을 만들어내는 것이다. 예컨대 언어 생성 AI는 인터넷상의 수많은 문서와 글을 읽고 통계적인 언어 패턴을 학습한 후, 주어진 질문이나 프롬프트(prompt)에 따라 가장 그럴듯한 문장을 이어간다. 이미지 생성 AI도 마찬가지로 수많은 이미지-텍스트 쌍 데이터를 학습하여, 원하는 스타일이나 내용의 이미지를 생성하는 능력을 얻는다. 이러한 생성 과정은 완전히 무작위적인 것이 아니라, 훈련 데이터의 확률 분포를 토대로 가장 가능성 높은 출력을 산출하는 것이다. 그 결과 생성형 AI가 만들어내는 콘텐츠는 훈련에 사용된 실제 데이터와 유사하면서도 새로운 조합으로 이루어지며, 종종 인간이 만든 것과 구별하기 어려운 수준에 도달한다.

(1) 주요 기술 발전 과정

생성형 AI 개념의 기원은 수십 년 전에 등장한 초기 대화형 컴퓨터 프로그램까지 거슬러 올라갈 수 있다. 간단한 규칙 기반으로 인간과 대화를 흉내냈던 1960년대의 챗봇(예: ELIZA)에서도 일종의 생성 기능을 확인할 수 있지만, 오늘날과 같은 고품질 생성형 AI를 가능케 한 핵심 혁신들은 비교적 최근에 나타났다. 특히 2014년 생성적 적대 신경망(GAN)의 등장은 이미지와 영상 분야에서 획기적 돌파구가 되었다. GAN은 두 개의 신경망(생성자와 판별자)이 경쟁하며 학습하는 구조를 통해, 매우 사실적인 이미지와 영상을 만들어낼 수 있음을 보여주었다. 이를 통해 AI가 사람 얼굴이나 풍경 사진처럼 진짜 같은 시각 콘텐츠를 생성할 수 있게 되면서, 딥페이크(deepfake) 등의 새로운 활용과 함께 사회적인 우려도 대두되었다.

텍스트 분야에서는 트랜스포머(Transformer) 모델의 등장이 결정적인 전환점이 되었다. 2017년 구글이 발표한 'Attention is All You Need' 논문에서 소개된 트랜스포머 구조는, 이전까지 주로 쓰이던 순환신경망(RNN)의 한계를 극복하며 대규모 언어 모델의 길을 열었다. 트랜스포머 모델은 어텐션(attention) 메커니즘을 도입하여, 문장 내의 각 단어가 다른 모든 단어들과의 관계를 고려하며 이해될 수 있게 했다. 다시 말해 셀프-어텐션(self-attention)을 통해 문장의 각 단어가 문맥 속 다른 단어들을 모두 참조하여 중요도를 계산함으로써, 장문이나 복잡한 문장에서 장기 의존 관계까지 효과적으로 포착할 수 있었다. 이 혁신 덕분에 모델을 훨씬 병렬적으로 학습시킬 수 있었고, 대용량 데이터를 활용한 초거대 언어 모델의 훈련이 가능해졌다. 트랜스포머 기반 GPT 시리즈 언어 모델은 사전 훈련에 인간이 일일이 레이블을 달지 않은 방대한 텍스트 코퍼스를 활용할 수 있었고, 수십억~수천억 단어에 이르는 텍스트에서 언어 패턴을 학습해 훨씬 깊이 있고 유창한 응답을 생성하게 되었다.

2018년 GPT-1(1억 1천만 매개변수)을 시작으로 GPT-2(2019년, 15억) 그리고 2020년

의 GPT-3(1750억)으로 파라미터 규모를 급격히 키운 초거대 언어 모델(LLM)들이 등장하면서, 본격적인 생성형 AI의 잠재력이 드러났다. 거대 모델들은 맥락을 이해하고 그에 맞춰 이어지는 문장을 생성하는 문맥 학습 능력(few-shot learning)을 보였고, 단순히 문법적으로 그럴듯한 문장을 넘어서 질적으로 유용한 텍스트를 만들어내기 시작했다. 이후에도 2022~2023년 사이에 Diffusion 모델과 같은 기법이 이미지 생성 영역을 발전시켜 DALL-E 2, Stable Diffusion, Midjourney 등의 고품질 이미지 생성 AI가 속속 등장하였다. 또한 2023년에는 GPT-3.5를 응용한 ChatGPT(Chatbot으로 특화된 GPT)와, 이를 한층 개선한 GPT-4 등이 공개되며 멀티모달(다중 양식) 처리와 고도화된 대화 능력으로 주목받았다. 요약하면, 대용량 데이터와 고도화된 모델 구조(트랜스포머, 확률 모델, 대규모 병렬화) 그리고 컴퓨팅 파워 증가가 맞물리며 지난 10년간 생성형 AI 기술이 비약적으로 발전해온 것이다.

(2) 기존 AI와의 차별점

생성형 AI는 기존의 전통적인 AI/머신러닝과 여러 측면에서 차별화된다. 첫째로 출력의 형태에서 차이가 있다. 과거의 많은 AI 시스템은 입력 데이터에 대해 분류(labeling)하거나 회귀 예측값을 내놓는 식이었다. 예를 들어 사진을 보고 인물인지 사물인지를 분류하거나, 과거 매출 데이터를 보고 다음 달 매출을 숫자로 예측하는 등 정해진 형식의 답을 출력했다. 반면 생성형 AI는 열려 있는 형식의 결과를 만들어낸다. 한 문장을 넣으면 한 문장으로 답하는 것이 아니라, 문장을 이어나가 에세이를 쓰거나, 새로운 이미지를 아예 창작하는 등 출력 공간이 무한에 가깝게 열려 있다.

둘째로 학습 방법의 차이가 있다. 전통적 AI는 대개 지도학습으로 명확히 라벨링된 데이터를 활용했지만, GPT 같은 생성 모델들은 비지도/자기지도 학습으로 인터넷 텍스트처럼 레이블 없는 방대한 데이터를 학습한다. 사람이 정답을 알려주지 않아도, 문맥에서 다음에 올 단어를 맞추는 식의 자가학습을 통해 언어 규칙을 터득한다. 이로써 범용적 언어 능력을 갖추게 되었고, 추가로 사람의 피드백이나 추가 훈련(미세조정)을 거치면 특정 작업에도 훨씬 유연하게 적응한다. 즉, 한 가지 거대 모델을 훈련한 후 추가 작업으로 요약, 번역, 질의응답 등 다양한 임무를 수행하게 만들 수 있게 되었다는 점이 이전의 특정 업무 전용 모델들과의 큰 차별점이다.

셋째로 적응성과 창의성 측면에서 차이가 나타난다. 과거의 챗봇이나 대화 시스템은 주로 정해진 규칙이나 대본에 따라 작동하여 사용자의 예상 질문에만 응답할 수 있었다. 반면 ChatGPT와 같은 생성형 AI 챗봇은 즉석에서 새 문장을 창작해내므로 훨씬 더 다양하고 예기치 않은 질문에도 답변을 만들어낼 수 있다. 이는 마치 사람이 배운 지식을 활용하여 새로운 문장을 지어내는 것과 유사한 창의적 능력으로 볼 수 있다. 또한 여러 분야에 걸쳐 훈련된 거대 언어 모델은 특정 분야에 국한되지 않고 범용적으로 지식을 활용하기 때문에, 하나의 모델이 코딩부터 에세이 작성, 상담 대화까지 폭넓은 작업을 소화한다. 과거에는 각각의 작업마다 별도 모델이나 규칙 기반 프로그램이 필요했던 것에 비해, 이제는 단일 거대 모델이 다목적 AI 비서처럼 활용될 수 있게 된 것이다.

물론 이러한 차별점들은 장단점을 모두 동반한다. 생성형 AI는 새로운 결과물을 만들어내는 힘이 있지만, 그 결과물이 항상 정확하거나 신뢰할 만한 것은 아니라는 문제가 있다. 예컨대 사실과 다른 내용을 그럴듯하게 지어내는 환각(hallucination) 현상이 발생할 수 있고, 규제되지 않을 경우 부적절한 콘텐츠를 생성할 위험도 있다. 반면 기존의 규칙 기반 시스템은 창의성은 없지만 통제된 범위 내에서만 작동하므로 예측 가능성이 높았다. 따라서 생성형 AI의 등장은 AI 활용 범위를 넓혔지만 신뢰성과 안전성 확보라는 새로운 도전을 동시에 가져왔다.

2.2 생성형 AI의 핵심기술

(1) 트랜스포머(Transformer) 모델의 원리

생성형 AI의 혁신을 이끈 핵심 기술 중 하나가 바로 트랜스포머(Transformer) 모델이다. 트랜스포머는 2017년 논문에서 처음 제안된 딥러닝 아키텍처로, 특히 자연어 처리(NLP) 분야에서 딥러닝의 새 표준을 세웠다. 이 모델의 가장 큰 특징은 어텐션(attention) 메커니즘을 활용한다는 점이다. 전통적인 RNN(LSTM 등)은 단어를 순차적으로 처리하면서 과거 정보를 기억하는 방식이었지만, 트랜스포머는 셀프-어텐션(self-attention)을 통해 문장의 모든 단어들을 서로 참고하여 문맥을 파악한다. 예를 들어 "고양이가 마당에서 잔다"라는 문장이 있을 때, 트랜스포머 모델은 "고양이"라는 단어를 볼 때 동시에 문장의 나머지 모든 단어("마당", "잔다" 등)를 함께 살펴보며 각 단어 사이의 관련성을 계산한다. 각 단어쌍의 중요도를 수치화해서, 모델이 현재 단어를 예측하거나 표현을 만들 때 어떤 다른 단어에 주목해야 하는지를 결정하는 것이다. 이러한 셀프-어텐션 기법 덕분에 트랜스포머는 문장의 길이에 상관없이 병렬로 처리가 가능하고, 멀리 떨어져 있는 단어 간의 관계도 효율적으로 학습할 수 있다.

트랜스포머 아키텍처는 인코더-디코더 구조로 이루어져 있다. 인코더는 입력 문장(예: 번역의 경우 원문)을 받아 단어들을 벡터 표현으로 바꾸고 이들 사이의 관계(어텐션 값)를 반영하여 문장 전체의 의미를 함축한 일련의 벡터(컨텍스트 벡터)를 출력한다. 디코더는 이 컨텍스트를 받아 목표 언어 문장을 생성하거나 다음 단어를 예측하는 과정을 수행한다. 이때 디코더 역시 셀프-어텐션으로 지금까지 생성된 단어들 간 관계를 고려하면서 다음 단어를 하나씩 만들어낸다. 결과적으로 인코더-디코더 모두 다중의 셀프-어텐션 층과 피드포워드 신경망 층이 쌓여 있는 형태이며, 여러 어텐션 헤드(head)를 병렬로 두어 다양한 관점에서 단어 관계를 파악하도록 한 것이 트랜스포머의 핵심 아이디어다.

트랜스포머의 등장으로 얻게 된 이점은 2가지로 요약된다. 첫째, 장문의 문맥 이해 능력이다. RNN은 긴 문장을 처리할수록 초반 단어 정보를 잊어버리는 경향이 있었지만, 트랜스포머는 문장 전체 어휘를 한꺼번에 고려하기 때문에 수백 단어 길이의 입력도 효과적으로 다룰 수 있다. 이는 대화형 모델이 긴 대화 내역을 기억하거나, 긴 문서를 요약할 때 중요한 기반이 된다. 둘째, 병렬화에 유리한 구조다. RNN은 단어를 순차적으로 처리해야 하므로 병렬 연산이 어려웠지만, 트랜스포머는 어텐션 계산을 여러 단어 쌍에 동시에 수행할 수 있어 GPU를 활용한 대규모 병렬 학습에 적합하다. 이 덕분에 트랜스포머 기반 모델은 데이터를 훨씬 빨리 학습할 수 있고, 이를 통해 파라미터 수를 이전보다 훨씬 큰 규모로 늘리는 것이 가능해졌다. 실제로 GPT-3 같은 모델은 이러한 병렬처리 능력이 없었다면 그 막대한 데이터를 학습하는 데 실용적 시간이 들지 않았을 것이다.

결국 트랜스포머는 언어 모델의 스케일업(scale-up) 시대를 열어준 주역이라 할 수 있다. 현재 GPT 시리즈나 BERT, T5, PaLM, LLaMA 등 이름난 언어 모델들은 모두 트랜스포머를 기본 구조로 하고 있다. 더 나아가 이미지, 음성 등 분야에도 트랜스포머 개념이 확장되어, 비전 트랜스포머(ViT)나 멀티모달 트랜스포머 등이 사용되고 있다. 다시 말해 트랜스포머는 생성형 AI 모델들의 표준 백본(backbone)이 되었으며, 2010년대 중반까지 주류였던 RNN이나 CNN(합성곱신경망)을 대체한 상태다. 현재 연구자들은 트랜스포머의 한계를 개선하기 위해 롱폼 어텐션(Longformer)이나 부분합 집중 등 변형 구조도 제안하고 있지만, 기본적인 아이디어인 셀프-어텐션의 위력은 당분간 지속될 것으로 보인다. 요약하면, 트랜스포머의 병렬 어텐션 메커니즘이 있었기에 오늘날 우리가 누리는 초거대 생성형 AI들이 가능해졌다고 해도 과언이 아니다.

(2) 미세 조정(Fine-tuning)과 RLHF(인간 피드백 강화학습)

미세 조정(Fine-tuning)과 RLHF(Reinforcement Learning from Human Feedback, 인간 피드백 강화학습)는 거대 생성형 AI 모델을 실제 응용에 적합하도록 개선하는 핵심 기법들이다. 거대한 사전훈련 언어 모델(예: GPT-3)은 일반적인 언어 패턴을 학습한 상태일 뿐, 곧바로 사용자에게 유용하고 안전한 답변을 주도록 최적화되어 있지는 않다. 따라서 원하는 작업이나 품질 기준에 맞게 추가 훈련을 시키는 과정이 필요한데, 이때 사용되는 것이 미세 조정과 RLHF이다.

미세 조정(Fine-tuning)이란 사전훈련된 모델을 가져와 특정 데이터셋으로 다시 훈련시켜 모델을 전문화하는 것을 말한다. 가장 간단한 형태로는 지도학습 미세 조정이 있다. 예를 들어 대화용 모델을 만들기 위해 "질문-답변" 쌍으로 된 고품질 대화 데이터셋을 준비해 두고, 사전훈련 언어 모델에게 이런 식으로 답하라고 가르치는 것이다. 실제 OpenAI는 GPT-3 모델을 미세 조정하여 InstructGPT를 만들었는데, 이때 수만 개의 프롬프트와 그에 대한 이상적인 답변(사람이 작성한 모범 답안)으로 지도학습을 수행했다. 이런 과정을 거치면 모델은 질문 의도를 파악하고 명령어에 따른 답변 생성을 훨씬 잘하게 된다. 요약하자면, 미세 조정은 모델이 이미 배운 언어지식을 원하는 방향으로 조금 더 움직이는 작업이다. 비교하자면 사전훈련이 거대한 백과사전을 통째로 읽는 과정이었다면, 미세 조정은 그중 특정 분야(예: 의학 상담)나 형식(예: 친절한 어조로 답하기)에 맞춰 모델의 성격을 빚어주는 단계라고 볼 수 있다.

그러나 지도학습만으로는 사람이 원하는 완벽한 응답 품질을 얻기 어려운데, 여기서 RLHF가 중요한 역할을 한다. RLHF는 말 그대로 인간의 피드백을 활용한 강화학습기법이다. 구체적으로, 먼저 위의 지도학습 단계를 거쳐 어느 정도 말이 통하는 모델(초기 모델)을 만든 후, 이 모델이 생성한 여러 답변 후보 중 사람 평가자가 더 선호하는 답변을 선택하여 모델을 보상하는 식으로 훈련시키는 것이다. 일반 강화학습처럼 "행동 → 보상" 구조를 만들기 위해, 우선 보상 모델(Reward Model)을 별도로 훈련한다. 인간 평가자들에게 모델의 답변들을 2개씩 보여주고 어떤 답이 더 좋냐고 랭킹을 매기게 한 다음, 그 결과를 배우도록 보상 모델을 훈련한다. 이렇게 되면 보상 모델은 어떤 답변이 사람에게 선호받는지를 점수로 예측할 수 있게 된다. 그 다음에는 원래 언어 모델을 강화학습으로 최적화하는데, 여기서는 보상 모델의 점수를 최대화하는 방향으로 모델을 업데이트한다. 쉽게 말하면, 모델이 답변을 내놓으면 보상 모델이 "이 답변은 0.8점" 이런 식으로 평점을 주고, 그 점수가 더 높아지도록 언어 모델의 파라미터를 조금씩 조정해나가는 것이다. 이 과정을 반복하면 모델은 사람이 높게 평가하는 스타일로 응답을 만들어내는 법을 터득한다. OpenAI의 ChatGPT가 바로 이러한 RLHF의 결과물이다. 인간이 "더 친절하고 자세한 설명"을 선호하면 그런 방향으로, "불친절하거나 위험한 답변"에 점수를 낮게 주면 그런 답변을 피하는 방향으로 모델이 강화된다. 그 효과로 ChatGPT는 기존 GPT-3에 비해 훨씬 도움이 되고 반응이 좋은 챗봇이 될 수 있었다.

RLHF의 도입으로 언어 모델의 질적 개선이 크게 이루어졌다는 평가를 받는다. 단순한 확률적 텍스트 완성기에서 벗어나, 대화의 맥락을 이해하고 사람 의도에 부합하는 응답을 내놓을 수 있게 된 것이다. 특히 정의하기 모호했던 "좋은 답변"이라는 개념을 인간의 직접 피드백으로 모델에게 가르침으로써, 이전까지 loss 함수로 표현하기 어려웠던 복잡한 인간 가치들을 모델에 주입할 수 있었다는 의의가 있다. 실제 Huggingface 등에서 "RLHF가 언어 모델을 인간의 복잡한 가치에 어느 정도 맞춰주는 데 성공했다"는 평을 하기도 했다. 다만 RLHF에도 한계와 비용이 존재한다. 우선 사람 평가자들이 모델 출력 수만 개를 일일이 비교해야 하므로, 데이터 수집에 시간과 비용이 많이 든다. 또한 평가자의 주관이나 편향이 결과에 들어갈 수 있어 논란이 있다. 예를 들어 정치적으로 중립적인 답변을 선호하는 평가자가 많았다면 모델도 중립적으로 될 것이고, 반대로 특정 성향이 많으면 그쪽으로 치우칠 가능성이 있다. 이러한 한계를 보완하기 위해 Anthropic이 앞서 언급한 헌법적 AI처럼 AI 자체 평가로 대체하려는 시도도 있지만, 현재로서는 RLHF가 대화형 AI 모델 성능 개선의 표준 절차로 널리 쓰이고 있다.

종합하면, 미세조정 + RLHF의 조합은 범용 언어 모델을 특정 목적에 맞게 다듬고, 인간에게 유용하도록 성격을 변화시키는 핵심 기술이다. 이를 통해 동일한 모델이더라도 "말을 곧잘 알아듣고 도움을 주는" AI 어시스턴트로 변모할 수 있었고, 생성형 AI의 실용성과 상용화 가능성을 크게 높였다. 앞으로도 사용자 피드백을 지속적으로 수집해 모델을 업데이트하는 온라인 RLHF, AI 평가자와 인간 평가자를 혼합한 복합 피드백 등 다양한 발전이 이루어질 것으로 예상된다.

(3) 멀티모달 AI: 텍스트, 이미지, 음성 통합 모델

초기 생성형 AI 모델들은 주로 단일 모달리티에 특화되어 있었다. 예를 들어 GPT-3, ChatGPT 등은 텍스트 생성에만 능했고, 반면 Midjourney나 DALL-E 2 등은 이미지 생성에만 특화되었다. 그러나 인간 지능이 언어, 시각, 청각 정보를 종합적으로 처리하듯이, AI 모델도 여러 종류의 데이터(모달)를 동시에 다룰 수 있도록 발전하고 있다. 이를 가리켜 멀티모달 AI라고 한다. 멀티모달 AI에서는 텍스트, 이미지, 음성, 영상 등의 정보를 하나의 통합된 모델이 입력으로 받아들이거나 출력을 생성할 수 있다. 예를 들어 어떤 모델은 사진을 보여주면 사진 속 상황을 설명하는 문장을 만들어내고(이미지 → 텍스트), 반대로 문장을 주면 그에 해당하는 그림을 그리기도 하며(텍스트 → 이미지), 나아가 질문에 텍스트로 답하면서 필요하면 참고 이미지도 생성해 보여주는 식으로 다양한 양식의 상호 변환과 융합을 수행한다.

이러한 멀티모달 능력은 점차 차세대 AI 모델의 표준이 되어가고 있다. OpenAI의 GPT-4는 텍스트뿐 아니라 이미지 입력을 받아 이해할 수 있는 첫 상용 멀티모달 모델로 소개되었다. GPT-4에 그림이나 사진을 첨부하고 "이 이미지에 나온 상황을 설명해줘"라고 물으면, 이미지 내용을 분석해 사람이 묘사하듯 텍스트로 설명을 해준다. 예컨대 냉장고 안을 찍은 사진을 주고 "만들 수 있는 요리는?"이라고 물으면, 냉장고 속 재료들을 시각적으로 인식한 뒤 그걸로 할 수 있는 요리를 제안하는 식이다. 또 GPT-4는 그래프나 표 이미지의 의미를 해석하거나, 손으로 쓴 글씨 이미지를 읽어 텍스트로 변환하는 것도 가능하다. 이러한 이미지 이해 능력은 시각적 추론을 필요로 하는 새로운 과제들을 AI에게 시킬 수 있게 했다. 한편 구글 딥마인드의 Gemini 역시 처음부터 멀티모달 처리를 염두에 두고 개발되어, 텍스트 + 이미지 + 음성 등 다양한 입력을 혼합하여 받아들이고 출력하는 데 강점이 있을 것으로 알려졌다.

멀티모달 AI의 응용은 이미 우리 생활에 스며들기 시작했다. 음성 비서를 예로 들면, 사용자가 말을 걸면(음성 입력) AI가 그걸 텍스트로 변환한 뒤(text) 답변을 생성하고, 다시 음성으로 읽어준다(음성 출력). 이 과정에서 음성 인식 모델과 언어 생성 모델, 음성 합성 모델이 함께 작동하지만, 이상적으로는 하나의 거대 멀티모달 모델이 처음부터 끝까지 해낼 수도 있다. 또 다른 예로 로봇을 생각해보자. 로봇은 카메라로 환경을 보고(영상 입력), 사람의 음성 명령을 듣고(음성 입력), 적절한 행동을 결정해 팔을 움직인다(행동 출력). 이 모든 단계에 동일한 정책을 학습시키기 위해 멀티모달 모델이 사용될 수 있다. 즉, 시각 + 언어 + 행동을 모두 아우르는 AI 두뇌를 만드는 것이 멀티모달 연구의 궁극적인 방향이다. 현재 Meta(페이스북)의 ImageBind, BEiT-3 등 여러 연구에서 텍스트-이미지-음성-영상-심지어 센서 데이터까지 하나로 연결하는 임베딩 공간을 만들고 있다. 이를 통해 한 모달에서 배운 지식을 다른 모달에도 활용하는 교차모달 학습이 가능해지고, 데이터 효율성도 높아진다.

멀티모달 AI의 잠재력은 특히 창의적 도구와 접근성 기술에서 두드러진다. 예를 들어 시각장애인을 위한 서비스에 멀티모달 AI를 적용하면, 카메라로 캡처한 주변 환경을 언어로 설명해주는 AI 안내견 역할을 기대할 수 있다. 또 디자이너를 위한 툴로서, 간단한 음성 지시로 복잡한 그래픽을 생성하거나 편집하는 등 멀티모달 상호작용을 구현할 수 있다. 최근에는 한 걸음 더 나아가 음성 + 표정 + 동작을 동시에 생성하는 AI 아바타(가상 인간) 기술도 연구되고 있다. 이러한 아바타는 텍스트 입력에 따라 알맞은 표정과 제스처를 지으며 말까지 구사해, 마치 실제 사람과 같은 소통을 가능케 한다. 멀티모달 생성 AI가 발전하면, 영상 콘텐츠 제작, 게임, 교육, 접객 서비스 등 다양한 분야에 AI 디지털 휴먼이 등장할 수 있다.

물론 멀티모달 AI에도 도전과제는 있다. 서로 다른 형태의 데이터를 하나의 모델로 학습시키려면 훨씬 방대한 연산과 메모리가 필요하고, 각 모달 간 정합성을 맞추는 노하우도 필요하다. 또한 오류 발생 시 디버깅이 어렵고, 특정 모달에서 생긴 편향이나 오류가 다른 모달 출력에 영향을 줄 수 있어 안전성 검증이 복잡해진다. 그럼에도 불구하고 AI 연구의 흐름은 분명 멀티모달 통합을 향하고 있으며, 향후 등장할 GPT-5나 새로운 거대 모델들은 기본적으로 멀티모달을 지원하는 방향으로 나아갈 것으로 예상된다. 언어, 시각, 청각, 행동을 모두 아우르는 범용 인지 모델은 궁극적으로 인간 수준의 지능에 한 걸음 다가가는 길로 여겨지며, 생성형 AI의 미래를 대표하는 핵심 기술 중 하나로 손꼽힌다.

(4) 경량화된 AI 모델과 온디바이스 AI

초거대 AI 모델들은 뛰어난 성능을 보이는 반면, 거대한 모델 사이즈로 인해 실행 비용과 속도 측면에서 제약이 있다. GPT-3.5나 GPT-4 같은 모델을 움직이려면 수십 GB의 메모리와 고성능 GPU가 다수 필요하며, 이는 클라우드 서버 환경에 의존해야 함을 의미한다. 그러나 모든 응용 시나리오에서 클라우드 접속이 가능하거나 바람직한 것은 아니다. 예를 들어 개인 정보가 포함된 데이터를 다루는 애플리케이션은 외부 서버로 데이터를 보내지 않고 디바이스 내에서 처리(on-device)할 수 있어야 하고, 실시간 반응이 필요한 앱(예: AR 안경의 AI 비서)은 네트워크 지연 없이 로컬에서 AI가 동작하길 요구한다. 이러한 요구에 따라, 최근에는 경량화된 AI 모델과 온디바이스 AI 기술이 중요한 화두로 떠올랐다.

경량화된 모델이란 메모리 풋프린트와 연산량을 줄인 모델을 말한다. 대표적인 방법으로 모델 압축(compression) 기술이 활용된다. 예컨대 지식 증류(Knowledge Distillation)는 큰 모델의 지식을 작은 모델에 증류해 성능을 가까이 끌어올리는 기술이고, 양자화(quantization)는 모델의 가중치 숫자 표현을 32비트에서 8비트나 4비트 등으로 줄여서 모델 크기와 연산을 감소시키는 방법이다. 실제로 Meta가 공개한 LLaMA 2 모델(70억~700억 파라미터)은 커뮤니티에서 4비트 양자화 버전으로 변환되어, 일반 PC나 스마트폰에서도 구동이 가능해졌다. 예를 들어 70억 파라미터 모델을 4비트로 양자화하면 메모리 요구량이 16GB → 4GB 수준으로 줄어들어 고사양 휴대폰에서도 겨우 돌릴 수 있는 수준이 된다. 또한 모델 구조 최적화로 경량화하기도 한다. 구글은 모바일 기기에서 채팅을 처리할 수 있는 소형 언어 모델(예: Chirp,

BERT 기반 Tiny models)을 개발하여 안드로이드에 탑재하고 있고, 애플 역시 아이폰의 신경엔진에서 돌릴 수 있는 소형 GPT류 모델을 연구 중이다. 이러한 경량 모델들은 거대 모델만큼 유연하거나 똑똑하지는 않지만, 특정 용도에 잘 맞춘다면 충분히 쓸 만한 결과를 낸다. 특히 음성비서의 간단한 질의응답이나 키보드의 자동 완성 같은 기능에는 경량 모델로도 대응 가능하다.

온디바이스 AI는 말 그대로 스마트폰, PC, IoT 기기 등 사용자 디바이스에서 직접 AI 연산을 처리하는 것을 뜻한다. 이는 개인정보 보호, 오프라인 동작, 실시간성 측면에서 매력적이다. 한 예로, Apple의 Siri는 초창기엔 모든 음성 인식을 서버에서 했으나, 최근 기종들은 단말기 내에서 기본 명령어 인식을 수행하여 더 빠르게 반응하고 개인정보도 유출되지 않도록 하고 있다. 또 삼성은 휴대폰 갤러리 앱에 AI 사진 분류 기능을 넣으면서 클라우드가 아닌 기기 내에서 얼굴 인식을 처리하도록 하여, 네트워크 없는 상황에서도 동작하게 만들었다. 이런 온디바이스 AI를 구현하려면 경량화된 모델이 필수적이며, 칩셋 최적화도 필요하다. 퀄컴, 애플, 구글 등은 모바일 SoC(System on Chip)에 AI 가속기를 포함시켜, 낮은 전력으로도 AI 연산을 할 수 있게 하고 있다. 예컨대 애플 신경엔진(Neural Engine)은 1초에 수조 번의 연산을 할 수 있어, 작은 언어 모델이나 비전 모델을 실시간으로 돌리는 데 충분한 성능을 제공한다.

경량화/온디바이스 전략은 클라우드 비용 절감 효과도 가져온다. 모든 사용자의 모든 요청을 거대 모델로 중앙 서버에서 처리하면 서버 비용이 기하급수적으로 늘어난다. 대신 사용자 기기에서 1차 처리를 하고 꼭 필요한 요청만 서버로 보내거나, 아니면 아예 로컬에서 다 처리한다면 서비스 운영비를 크게 줄일 수 있다. 예를 들어 유료 API 비용을 절감하려고 개발자들이 하이브리드 파이프라인을 짜는 사례도 있다. 간단한 사용자 질문은 오픈소스 소형 모델이 디바이스에서 답변하게 하고, 너무 어려운 질문만 클라우드의 GPT-4에 보내는 식이다. 이렇게 하면 응답 속도와 비용의 균형을 잡을 수 있다.

물론 경량 모델은 한계도 있다. 지식 용량이나 추론 능력이 거대 모델에 비해 부족하기 때문에 복잡한 대화나 창의적 생성에서는 품질 저하가 뚜렷할 수 있다. 또한 기기마다 성능 편차가 크고 배터리 제약이 있어서, 온디바이스 AI 적용 범위에는 현실적인 한계가 있다. 따라서 현재 산업에서는 클라우드 대형 모델 + 에지 소형 모델의 혼용 전략이 일반적이다. 예컨대 어느 스마트폰 앱이든 기본 탑재된 AI는 빠르게 반응하되, 고품질 산출이 필요하면 서버의 거대 모델을 호출하는 방식이다. 미래에는 반도체 기술 발달로 단말기에서도 지금의 거대 모델 수준이 돌아갈 수도 있지만, 당분간은 이런 투-트랙 접근이 이어질 것으로 보인다.

결론적으로, 경량화된 AI 모델과 온디바이스 AI는 생성형 AI 기술을 더 폭넓은 환경에 배치하고 사용자 프라이버시 및 비용 문제를 개선하기 위한 필수 분야다. 대규모 AI의 시대에도 작고 효율적인 AI의 가치는 오히려 커지고 있으며, 두 갈래 발전이 서로 보완적으로 함께 나아가고 있다.

(5) 데이터 및 훈련 방법의 최신 동향

생성형 AI의 성능을 좌우하는 요인은 모델 아키텍처뿐만 아니라 훈련 데이터와 학습방법이다. 최근에는 모델 규모의 성장이 둔화되는 대신, 데이터 품질과 학습 기법의 혁신으로 성능을 향상시키는 추세가 뚜렷하다. 우선 훈련 데이터의 규모는 계속 증가해왔다. OpenAI GPT-3는 약 5천억 토큰의 텍스트로 학습되었는데, 이후 등장한 Meta의 LLaMA는 1.4조 토큰 등 훨씬 많은 데이터를 사용하며 기록을 경신했다. 구체적으로, Common Crawl 웹데이터, 책, 위키백과, 코드 저장소 등 다양한 출처에서 텍스트를 모아와 양적으로 풍부하고 질적으로도 다양한 코퍼스를 만드는 것이 중요해졌다. 특히 코드 데이터나 수학 문제, 논문과 같은 전문 도메인 데이터를 포함시켜 모델의 다재다능함을 높이는 시도가 이루어졌다. 예컨대 GPT-4는 인간이 인터넷에 올린 여러 프로그래밍 코드까지 학습하여, 코딩 능력이 크게 향상되었다. 또 다국어 데이터 비중을 높여 영어 이외의 언어에도 능통하게 만들거나, 대화형 데이터세트(예: 공개된 Reddit 대화 등)를 넣어 대화 감각을 향상시키기도 한다. 결국 데이터의 폭과 깊이 모두 확장하는 방향으로 진화 중이며, 일부 기업은 합성 데이터(synthetic data) 사용도 늘리고 있다. 이는 모델이 자체 생성한 텍스트를 다시 훈련에 활용하거나, 인간 시나리오를 흉내낸 가상 대화 데이터를 대량으로 만들어 쓰는 등의 방식이다. Anthropic의 헌법적 AI나 Self-Instruct 기법 등은 인간 대신 AI가 데이터 제조에 참여하는 예로서, 일종의 데이터 부트스트래핑이라 볼 수 있다.

데이터 품질에 대한 관심도 높아졌다. 과거에는 무조건 크기가 중요하다고 여겨졌다면, 이제는 노이즈가 적고 유용한 데이터를 선별하는 것이 성능 향상에 효과적임이 알려졌다. OpenAI는 ChatGPT 훈련에 사용된 대화 데이터의 세부 내역을 공개하지 않았지만, 공개적으로는 고품질 질문-답변 데이터(예: Stack Exchange, 양질의 Q&A 커뮤니티 등)를 활용한 지도학습이 성능에 큰 도움을 준다고 보고되고 있다. 또한 유해한 콘텐츠 필터링 역시 데이터 준비 단계에서 필수적으로 이루어지고 있다. 인종차별, 증오, 성착취, 극단주의 등이 담긴 텍스트를 사전에 걸러내야 모델이 그런 방향으로 학습되지 않기 때문이다. 이를 위해 복잡한 규칙 기반 필터나 AI를 활용한 분류기가 동원되고 있다. 요컨대 데이터 큐레이션이 과거보다 훨씬 정교한 작업으로 부상했다.

훈련 방법 면에서는, 앞서 설명한 RLHF 외에도 다양한 지도학습 과제와 최적화 기법들이 개발되고 있다. 멀티태스크 학습은 모델이 한꺼번에 여러가지 언어 과제를 학습하도록 하여 범용성을 높이는 접근인데, 예를 들면 번역, 요약, 질의응답 등 다수의 task 데이터를 함께 학습시키면 한 가지만 배운 모델보다 전체적으로 균형 잡힌 능력을 보일 수 있다. 구글의 T5 모델이 "텍스트를 텍스트로 변환"하는 여러 임무를 함께 학습시킨 사례가 그 예다. 또한 연속 학습(Continual learning) 기법으로, 모델이 기본 지식을 잃지 않으면서 새로운 데이터로 업데이트되도록 하는 연구도 있다. 이는 AI가 세상 변화에 따라 지식을 갱신하게 하는 것으로, 예컨대 어떤 기간마다 추가 훈련하여 최신 정보나 트렌드를 반영하게 할 수 있다. 다만 너무 업데이트하면 기존 성능이 훼손되는 망각(catastrophic forgetting) 문제가 있어, 이를 최소화하는 알고리즘이 탐구되고 있다.

특히 최근 주목받는 트렌드는 모델 합성 및 앙상블이다. 하나의 거대 모델 대신 여러 전문 모델을 조합하여 더욱 강력한 시스템을 구축하는 것이다. 예를 들어 한 모델은 논리 추론을 잘하고, 다른 모델은 코딩을 잘하면, 둘을 협력시켜 복잡한 문제를 풀게 할 수 있다. Microsoft의 Jarvis 실험이나, 여러 개의 ChatGPT 인스턴스가 역할을 나눠가며 회의하듯 답을 도출하게 하는 합창(ensemble) 방식을 통한 향상 등이 연구되고 있다. 또한 툴 사용을 모델에게 가르치는 것도 큰 흐름이다. OpenAI는 GPT-4에 플러그인 기능을 통해 외부 계산기, 검색엔진, DB 등에 질의하는 방법을 학습시켰다. 이러한 훈련은 모델이 모르는 것은 외부 툴을 활용하도록 유도함으로써, 모든 것을 다 기억시킬 필요 없이 부족한 부분을 채우도록 한다. 예를 들어 수학 문제는 Python 코드 실행 툴로 풀고, 날씨 정보는 API로 가져오는 식이다. 이런 방법은 모델이 만능 솔버가 되는 방향으로 훈련되는 셈이다.

끝으로, 훈련 비용 절감 기법도 지속적으로 개발되고 있다. 거대 모델 전체를 다시 학습시키는 것은 매우 비용이 많이 들기에, 부분 학습 기법들이 각광받는다. LoRA(Low-Rank Adaptation) 같은 방법은 모델 전체가 아니라 작은 랭크 행렬 부분만미 세조정하는 것으로, 훈련 파라미터 수를 크게 줄여준다. 이를 이용하면 개인용 GPU로도 거대 모델을 튜닝해볼 수 있어, AI의 개인화/전문화에 용이하다. 또 하나의 모델을 여러 단계로 나눠 단계별로 학습시키는 파이프라인 평행화나, GPU 메모리를 효율적으로 활용하는 최적화 등이 활용되어, 동일한 예산으로 더 큰 모델을 돌리는 노하우가 축적되고 있다.

요약하면, 생성형 AI의 최근 동향은 "더 똑똑하게 가르치고, 더 효율적으로 배우는" 쪽으로 나아가고 있다. 데이터 면에서 양보다 질이 중요해지고, 학습 면에서 새로운 트릭과 규칙들이 도입되며, 궁극적으로는 적은 비용으로도 성능 향상을 꾀하는 방향이다. 이는 초기의 무작정 모델 키우기 단계에서 성숙해져, 이제는 정교한 조련 단계로 접어들었음을 시사한다. 이러한 트렌드 덕분에 더 많은 기업과 연구자들이 거대 모델을 활용·개선할 수 있게 되었고, 생성형 AI의 지속가능한 발전에도 기여하고 있다.

3 생성형 AI 비즈니스 모델 분석

3.1 API 기반 AI 서비스

생성형 AI의 확산을 가속화한 중요한 비즈니스 모델 중 하나는 API 기반 서비스이다. 이는 AI 모델을 최종 사용자에게 직접 제공하기보다는, 개발자나 기업이 API(응용 프로그래밍 인터페이스)를 통해 AI 기능을 호출하여 자신들의 애플리케이션에 통합하도록 하는 형태를 뜻한다. OpenAI가 GPT-3를 공개할 때 취한 전략이 대표적인 예인데, 일반인 대상의 앱보다 먼저 개발자용 API를 출시하여 누구나 유료 호출을 통해 텍스트 생성 기능을 사용할 수 있게 했다. 이 접근은 뛰어난 생성형 AI 모델을 만드는 것과 별개로, 그것을 상용화하고 확산시키는 데 결정적 역할을 했다. 수많은 스타트업과 기업들이 OpenAI의 API를 활용하여 챗봇, 문서 요약, 이메일 작성 도구 등 각종 서비스를 빠르게 개발할 수 있었고, 그 결과 OpenAI는 모델 자체를 제품화하여 폭넓은 시장을 창출했다.

API 기반 모델의 수익구조는 주로 사용량 종량제 과금이다. 예를 들어 OpenAI API는 호출 1,000토큰당 몇 센트 식으로 가격을 책정하여, 개발자가 사용한 만큼 비용을 지불하도록 했다. 이는 클라우드 컴퓨팅의 IaaS 모델과 유사한데, 기업 입장에서는 초기 투자 없이 필요한 양만큼 AI를 사용할 수 있어 진입 장벽이 낮다. AI를 자체 개발 · 훈련하려면 엄청난 비용과 인력이 들지만, API로 빌려 쓰면 단기간에 서비스 출시가 가능하다. 이러한 장점 때문에 2023년 폭발적으로 많은 기업들이 OpenAI, Cohere, AI21 등 AI API를 이용하게 되었고, OpenAI는 월 수억 건 이상의 API 호출을 처리하며 상당한 매출을 올린 것으로 추정된다. API 모델은 AI 제공사에게 지속적 수익원이 된다. 한번 계약한 고객은 서비스를 운영하는 한 계속 API를 써야 하므로 반복 매출이 발생하고, 사용량이 늘수록 매출도 자동 증가한다.

API 서비스는 확장성 측면에서도 유리하다. 제공사는 백엔드에서 모델을 업그레이드해도 API 인터페이스만 유지하면 되므로, 고객들은 알아서 향상된 성능을 누리게 된다. 또한 고객사들의 다양한 피드백과 사용 사례가 모이므로, 이를 토대로 모델 개선이나 새로운 기능 개발에 활용할 수 있다. 예컨대 OpenAI는 API 사용자들의 요청을 반영해 내용 필터링 옵션, 세션 컨텍스트 관리 등 기능을 추가하기도 했다. 기업 고객과 긴밀히 협업하여 필요한 모델 튜닝을 해주거나, 대기업에 전용 인스턴스를 제공해주는 식의 고급 계약도 가능하다. 실제 Microsoft는 Azure 클라우드를 통해 OpenAI 모델 API를 제공하면서, 기업 전용으로 데이터 격리와 보안이 강화된 환경을 만들어 큰 기업 고객들을 확보했다.

API 모델의 단점이나 과제로는 의존성 문제가 있다. 고객사는 핵심 기능을 외부 AI API에 의존하게 되므로, 가격 인상이나 품질 변화, 서비스 중단 등에 취약하다.

또한 데이터 프라이버시나 컴플라이언스 문제로 인해 외부 API 사용이 어려운 경우도 있다. 예를 들어 의료나 금융 데이터처럼 민감한 정보는 API로 외부 전송이 금지될 수 있다. 이를 해결하기 위해 일부 AI 제공사는 온프레미스 설치형 또는 프라이빗 클라우드 인스톨옵션을 제시하기도 한다. 예컨대 OpenAI는 극소수 대형 고객에게 사설 서버에 모델을 배포해주는 계약을 고려 중이며, Anthropic은 파트너사를 통해 고객 데이터센터에 Claude 모델을 세팅해주는 것을 검토하고 있다.

그럼에도, API 중심 비즈니스는 생성형 AI 시장의 초기 확대에 가장 중요한 역할을 했고, 지금도 유효한 모델이다. 특히 기술 발전이 워낙 빠르기 때문에, 최신 모델을 따라잡기 어려운 일반 기업들은 API를 쓰는 것이 합리적이다. 또한 앞으로도 새로운 특화 모델들(예: 화학 분야 생성 모델, 법률 특화 모델 등)이 API 형태로 많이 출시될 전망이다. 이는 AI가 일종의 유틸리티 서비스처럼, 필요하면 불러쓰는 AI-as-a-Service시대의 도래를 의미한다.

3.2 프리미엄 구독 모델과 차별화 전략

생성형 AI 서비스들이 일반 대중을 상대로 수익을 얻는 대표 방식은 프리미엄 구독제다. 기본 기능은 무료 또는 저렴하게 제공하면서, 추가 혜택이나 고성능 모델 사용 권한을 유료 구독자에게 제공하는 것이다. 이러한 Freemium 모델은 사용자 풀을 키우면서도 수익을 창출하는 균형점으로 자리 잡았다. 예를 들어 ChatGPT는 처음엔 완전 무료로 제공되었지만, 2023년 초 ChatGPT Plus라는 유료 구독(월 $20)을 도입했다. 무료 사용자도 여전히 GPT-3.5 모델을 쓸 수 있지만, Plus 구독자는 더 발전된 GPT-4 모델을 사용할 수 있고, 서비스 과부하 시에도 우선접속 혜택을 받으며, 플러그인 등 신기능을 가장 먼저 쓸 수 있다. 이러한 차별화로 OpenAI는 상당수 헤비 사용자들을 Plus로 전환시켜 수익을 올렸다.

또 다른 예로 이미지 생성 서비스 Midjourney를 들 수 있다. Midjourney는 무료 체험으로 일정량의 이미지 생성만 허용하고, 그 이상은 유료 멤버십(여러 등급의 월 구독료 존재)을 요구한다. 유료 회원은 무제한 또는 많은 횟수의 이미지 생성, 우선순위 대기열, 상업적 사용 라이선스 등을 얻는다. 무료 사용자로 미리 재미와 가치를 체험하게 한 뒤, 더 좋은 품질이나 편의를 원하면 결제하도록 유도하는 전략이다. 이로써 Midjourney는 수백만 달러 이상의 월 Recurring Revenue를 창출하며 안정적으로 서비스를 성장시켰다.

이러한 구독 모델에서는 차별화 포인트를 어떻게 주느냐가 관건인데, 일반적으로 다음과 같은 요소들이 활용된다.

- **모델 등급 차별화:** 최신 또는 최고성능 모델은 유료에게만(예: GPT-4 vs GPT-3.5, Midjourney 최신 버전 v6는 유료 우선 등)
- **사용량 한도:** 무료 사용자는 쿼리 횟수, 이미지 생성 장수 제한 등. 유료는 더 많은/무제한 사용
- **속도/우선순위:** 유료는 서버 과부하 시에도 느려지지 않고, 항상 쾌적한 속도를 보장
- **추가기능:** 플러그인, API 접근, 장문 모드, 고해상도 출력, 커스터마이징 등 부가 기능은 유료 전용
- **지원 및 커뮤니티:** 유료 고객에 대한 전담 지원이나 프리미엄 커뮤니티 제공

서비스에 따라서는 다계층 요금제를 설계하여, 저가 플랜, 중간 플랜, 프로 플랜 등으로 세분화하기도 한다. 이를 통해 사용자별 지불 의향에 맞춘 수익 극대화를 노릴 수 있다. 예를 들어 어느 사용자는 월 $5 정도만 내고 약간의 추가 기능만 원하지만, 파워유저나 기업 사용자는 월 $50 이상도 낼 가치가 있다. 이렇게 등급을 나누면 다양한 층을 포섭할 수 있다.

프리미엄 구독 전략은 수익과 함께 사용자 락인(lock-in) 효과도 있다. 일단 돈을 내기 시작한 사용자는 해당 서비스에 익숙해지고 데이터를 쌓게 되어, 경쟁 서비스로 쉽게 옮기지 않는다. 또한 꾸준한 월 구독 수입은 기업 입장에서 안정적이어서 향후 투자 계획을 세우기 쉽다. 실제로 OpenAI는 ChatGPT Plus 구독과 Azure OpenAI 사용료 등을 통해 2023년에 수억 달러 매출을 올린 것으로 알려졌으며, 2024년에는 흑자 전환을 목표로 하고 있다.

다만 무료 사용자와 유료 사용자의 경험 차이를 너무 크게 두면 반발이 생길 수

있어, 균형이 중요하다. 예컨대 무료 사용자가 기본 기능조차 제대로 못 써보면 서비스 매력을 느끼기 전에 이탈해버릴 수 있다. 그래서 핵심 가치(예: 대화 품질)는 무료도 충분히 느끼게 해주되, 마니아층이 원하는 고급기능만 유료화하는 것이 좋다. 또한 새로운 강력한 경쟁자가 나왔을 때 유료 혜택을 어떻게 조정할지도 고려해야 한다. 경쟁 서비스가 무료로 주는 걸 자기만 유료로 받으면 이용자를 잃을 수 있다. 따라서 시장 동향에 맞춰 유연하게 구독 혜택을 조정하는 전략도 필요하다.

결론적으로, 프리미엄 구독 모델은 생성형 AI 서비스에서 가장 일반적이며 효과적인 수익 모델로 자리 잡았다. 방대한 사용자 저변을 유지하면서도, 서비스 운영과 발전에 필요한 수익을 확보할 수 있는 방법이기 때문이다. 특히 개별 사용자들에게 AI 사용 가치를 지속 제공해야 구독을 유지한다는 점에서, 서비스 품질 개선과 혁신을 지속적으로 자극하는 긍정적 측면도 있다.

3.3 기업 내 AI 솔루션 및 맞춤형 AI

생성형 AI의 위력이 알려지면서, 각 기업들은 자사 업무와 서비스에 AI를 도입하려는 수요가 폭발적으로 늘었다. 이에 따라 등장한 비즈니스 모델이 기업용 AI 솔루션과 맞춤형 AI 구축 서비스다. 이는 한마디로, 기업의 특수한 요구에 맞게 AI 모델을 커스터마이징하고 통합해주는 B2B 비즈니스를 뜻한다.

대표적인 사례로 OpenAI의 엔터프라이즈 서비스를 들 수 있다. OpenAI는 2023년 하반기 ChatGPT Enterprise버전을 출시하여, 기업 고객들이 안심하고 ChatGPT를 사내 업무에 사용할 수 있도록 했다. 이 버전은 보안과 프라이버시를 강조하여, 대화 내용이 모델 학습에 사용되지 않고 암호화되어 보호됨을 내세웠다. 또한 일반 ChatGPT보다 몇 배 큰 컨텍스트 윈도우(예: 32k 토큰)를 지원해 기업 문서 분석에 용이하고, 관리자 콘솔을 제공하여 조직 단위 사용량 모니터링 및 통제를 가능케 했다. Microsoft 역시 Azure OpenAI 서비스를 통해 기업들이 GPT-4, Codex 등의 모델을 자신들만의 가상 네트워크 환경에서 호출할 수 있게 하고, 성능 SLA와 지원을 제공했다. 이러한 엔터프라이즈 서비스는 일반 API나 퍼블릭 서비스와는 별도로 높은 가격을 책정하지만, 대기업들은 기꺼이 지불하고 있다. 이유는 기업 데이터 보호와 규제 준수를 위해서다. 특히 금융, 의료, 정부기관 등은 퍼블릭 클라우드에 데이터를 보내는 것을 꺼리기 때문에, 프라이빗 배포나 온프레미스 옵션을 선호한다. AI 기업들은 이를 지원하는 대가로 높은 프리미엄을 붙여 수익을 얻는다.

또 다른 측면은 맞춤형 AI 개발이다. 이는 각 기업의 개별적인 용도에 특화된 AI 모델을 만들어주는 서비스다. 예를 들어 어느 전자상거래 회사가 자사 제품 카탈로그에 최적화된 상품 설명 생성 AI를 원한다고 하자. 그러면 AI 솔루션 업체는 해당 회사의 제품 데이터와 어조, 브랜딩 가이드라인 등을 수집하여, 기성 언어 모델을 추가 훈련(파인튜닝)하거나 프롬프트 엔지니어링을 통해 맞춤형 모델/프롬프트를 제공한다. 이렇게 하면 일반 ChatGPT보다 그 회사에 훨씬 적합한 결과물을 생성할 수 있다. 또 예로, 로펌에서는 법률 문서 요약/초안 작성 AI를, 병원에서는 임상 기록 정리 AI를 원할 수 있다. 이런 경우 도메인 전문 지식을 반영한 미세조정이나 사내 데이터로의 모델 학습 등이 필요하며, AI 컨설팅 업체들이 그 작업을 수행해준다. 이들은 프로젝트 기반 요금 또는 연 구독 형태로 비용을 청구한다. 최근 많은 IT 컨설팅 기업들(Accenture, Deloitte 등)이 AI 자문팀을 꾸려, 고객사별 AI 전략 수립부터 모델 구축, 운영까지 토탈 서비스를 제공하고 있다.

기업 내 AI 솔루션이 각광받는 이유는, 생산성 향상과 자동화라는 실질적 효과 때문이다. 직원이 일일이 하던 보고서 작성, 데이터 분류, 코드 작성 보조 등을 AI가 대신하거나 도와줌으로써, 업무 효율을 크게 높일 수 있음이 입증되고 있다. 또한 새로운 서비스 개발에도 AI가 활용된다. 은행은 고객 상담 챗봇을 AI로 고도화하고, 게임사는 NPC 대사를 AI로 생성하며, 교육 회사는 개인별 맞춤 학습플랜을 AI가 짜주는 식이다. 각 산업별로 이렇듯 다양하게 응용되기 때문에, 수직 특화 AI 솔루션 시장이 커지고 있다. 예컨대 법률 AI 스타트업, 의료 AI 스타트업들이 거대 언어 모델을 기반으로 자기만의 특화 모델을 만들어 로펌이나 병원에 판매하고 있다.

기업 고객을 대상으로 할 때 중요한 것은 신뢰성과 지원이다. 모델 성능이 뛰어난 것만으로는 부족하고, 서비스 수준 협약(SLA) 준수, 문제 발생 시 신속한 지원, 그리고 결과물에 대한 일정 수준의 책임을 요구받는다. 예를 들어 AI가 잘못된 정보로 의사결정을 내리면 기업은 손해를 볼 수 있으므로, 그런 리스크를 어떻게 완화할지 함께 고민해야 한다. 따라서 B2B AI 솔루션 제공자들은 모델 평가, 검증, 지속 업데이트, 사용자 교육 등 부가 서비스를 패키지로 제공한다. 또한 법적 이슈(예: 저작권, 개인정보)에 대비한 면책 조건 등을 계약에 포함한다.

결론적으로, 기업용 맞춤 AI 시장은 생성형 AI 열풍 속에서 폭발적으로 성장하는 영역이며, 향후 수년간 AI 도입 컨설팅 및 솔루션 개발에 대한 수요가 꾸준할 전망이다. 거의 모든 산업이 AI로부터 이득을 볼 여지가 있고, 현재는 그 과도기로서 AI 전문 지식을 가진 업체들의 가교 역할이 중요하기 때문이다. 장기적으로 기업들이 자체 AI 역량을 갖추게 되더라도, 최신 모델 연구와 인재 채용을 따라가기 어려운 상당수 중소기업들은 외부 솔루션에 의존할 가능성이 높다. 따라서 B2B 맞춤형 AI 서비스는 지속적인 진화와 함께, 생성형 AI의 상용화 핵심 축으로 남을 것이다.

3.4 광고 및 검색 AI와의 결합

생성형 AI는 검색 엔진과 디지털 광고산업에도 큰 변화를 가져오고 있다. 전통적으로 인터넷 검색은 키워드에 해당하는 웹 문서 목록을 보여주는 방식이었지만, 이제는 AI가 질문에 대한 직접적인 답변이나 요약 결과를 제시하는 쪽으로 진화 중이다. 예를 들어 Microsoft는 2023년 Bing 검색에 ChatGPT 기술을 통합한 Bing Chat을 선보였다. 사용자가 Bing에서 질문을 하면 우측에 ChatGPT와 유사한 인터페이스로 웹 검색 결과를 종합한 답변을 해주는 식이다. 이는 검색 사용자의 편의성을 높였지만, 동시에 기존의 광고 노출 모델에 도전하는 것이기도 했다. 검색 사업은 사용자가 링크를 클릭해 웹사이트로 이동하고, 그 과정에서 광고를 보거나 광고 링크를 누르는 데서 수익이 발생한다. 그런데 AI가 한번에 답을 알려주면 사용자가 더 이상 여러 링크를 클릭하지 않을 수 있다. 이 때문에 검색엔진 기업들은 새로운 광고 및 수익 모델을 고민하게 되었다.

구글 역시 Search Generative Experience(SGE)라는 실험을 통해 검색결과 최상단에 AI 생성 요약을 제공하면서, 그 답변 내에 출처 링크와 함께 스폰서 광고를 자연스럽게 삽입하는 방안을 테스트하고 있다. 예를 들어 사용자가 "산악 자전거 구매 조언"을 물으면 AI가 주요 고려사항을 정리하며 몇 개 제품을 언급하고, 그중 일부를 광고주 제품으로 노출시키는 식이다. 또는 AI 답변 아래에 관련 상품 광고를 배치하기도 한다. 즉, 콘텐츠 형태의 광고를 AI 답변과 통합하거나, 맥락 맞춤형 광고를 연계하려는 시도다. 이처럼 검색 AI와 광고 결합은 아직 초기 단계이지만, 향후 광고의 형태가 단순 배너에서 AI 추천 형태로 변화할 가능성을 시사한다.

또 다른 측면은 콘텐츠 생성형 광고다. 이는 광고 카피나 캠페인 문구, 이미지 등을 AI가 생성하도록 하는 것이다. 마케팅 에이전시들은 이미 GPT-4 등을 활용해 여러 버전의 광고 문구를 시험하거나, 고객 데이터를 바탕으로 개인화된 광고 콘텐츠를 만들어내고 있다. 이를 통해 A/B 테스트 효율을 높이고, 타깃 맞춤 광고를 대량 생성하는 자동화 마케팅이 가능해졌다. 예를 들어 전자메일 광고에서 수신자 이름과 관심사에 맞춰 문장을 자연스럽게 AI가 바꿔 쓰거나, 상품 이미지에 어울리는 배경과 문구를 AI가 합성하여 각 플랫폼에 최적화된 크리에이티브를 만들어낸다. 이런 자동 생성 광고는 규모와 속도 면에서 혁신적이지만, 브랜드 일관성 유지와 콘텐츠 검수문제가 있어 아직은 사람이 최종 조정하는 형태로 쓰이는 경우가 많다.

광고/검색 비즈니스에서 생성형 AI의 경제성은 양면적이다. 한편으로 AI가 답변까지 해주면 사용자가 검색엔진을 오래 머무르지 않을 것이라는 우려("검색엔진 디스중개화")가 있고, 다른 한편으로는 AI 답변이라는 새로운 사용자 접점에서 광고 가치를 창출할 길이 열렸다. 일단 Bing은 AI 통합 이후 이용률이 증가하여 검색 광고 매출이 소폭 늘었다는 보고도 있다. 구글은 압도적 시장점유율을 지키기 위해 AI 도입에 신중하지만, 동시에 시장 변화를 주도하지 않으면 따라잡힐 수 있음을 인지하고 투자 중이다.

또한 전자상거래 검색에도 AI가 들어와, 아마존 등은 상품 질의에 대해 AI 챗봇이 대화형으로 추천해주는 기능을 시도하고 있다. 여기서도 추천 상품 중 스폰서 상품을 노출하는 등 AI 쇼핑 도우미 + 광고 모델이 형성되고 있다.

이처럼 광고와 생성형 AI 결합의 핵심은, 사용자 경험을 해치지 않으면서 수익화를 어떻게 접목하느냐이다. AI 답변에 광고를 넣되 그것이 과도하거나 거부감 들지 않아야 하고, 광고도 맥락에 꼭 맞아야 효과가 있다. AI가 추천해주는 제품이 신뢰를 얻으려면, 광고라는 표시와 투명성도 필요하다(예: "스폰서" 태그). 규제 당국도 사용자가 AI 출력과 광고를 혼동하지 않도록 장치 마련을 요구할 수 있다.

결과적으로, 검색/광고 산업은 생성형 AI를 리스크이자 기회로 맞이하고 있다.

사용자들은 더 똑똑한 검색을 원하고, 기업들은 그 안에서 새로운 광고 형태를 만들어 내야 한다. 현재까지 초기 실험 결과는 완전히 광고 수익이 떨어지지는 않았으나, 장기적으로 비즈니스 모델 재편은 불가피해 보인다. 아마도 AI가 답하면서 자연스럽게 소프트셀링을 하는 식의 네이티브 광고가 늘고, 광고주도 AI 최적화(예: AI 챗봇이 자사 제품을 추천하도록 정보 제공)에 신경 쓰는 시대가 올 것이다.

3.5 생성형 AI 스타트업과 투자 동향

ChatGPT 신드롬 이후, 생성형 AI 분야에는 스타트업 창업 열기와 막대한 투자 자금이 몰려들었다. 2022년 말부터 2023년을 거치며 전 세계 벤처투자자금이 급속히 생성형 AI 스타트업들에 유입되었고, 그 규모는 전례 없이 컸다. Stanford 대학의 2024 AI Index 보고서에 따르면, 2023년 한 해에 전 세계적으로 생성형 AI 기업들에 약 250억 달러 이상의 민간 투자가 이루어졌으며, 이는 2022년 대비 8배 이상 증가한 수치다. 2023년 전체 AI 분야 투자액 중 1/4 이상이 생성형 AI에 집중되었다는 분석도 있다. 이 붐은 한편으로 거품 논란도 있지만, 동시에 AI 기술이 상업적 잠재력을 크게 인정받았다는 의미로 해석된다.

투자 동향을 살펴보면, 모델 개발사와 응용 서비스사 모두에 자금이 흘러 들어갔다. 모델 개발사 중에서는 OpenAI가 2023년 1월 Microsoft로부터 약 $100억 규모의 투자/파트너십 자금을 유치한 것이 대표적이다. 이 외에도 Google이 Anthropic에 $4억을 투자하고 전략적 제휴를 맺었으며, Inflection AI(대화형 AI 스타트업)는 수십억 달러의 기업가치로 거액의 투자를 받았다. 독자적인 모델을 개발하는 신규 스타트업들도 대규모 투자를 받았는데, 예컨대 프랑스 스타트업 Mistral AI는 창업 몇 달만에 €105M를 투자받아 화제가 되었고, 캐나다의 Cohere와 이스라엘의 AI21 Labs 등도 각각 수억 달러 자금을 확보했다. 중국에서도 바이두, 알리바바 등의 빅테크 외에 다수의 스타트업이 정부와 대기업들로부터 투자를 받아 GPT 유사 모델을 개발 중이다.

한편 응용 서비스 측면에서는, 기존 산업별로 생성형 AI를 접목한 스타트업들이 속속 등장하여 투자자의 관심을 끌었다. 예를 들어 자동차 매뉴얼 질문 답변 AI, 음악 생성 AI 플랫폼, 게임 NPC 대화 AI, 의료 문서 요약 AI버티컬 솔루션들이 많이 창업되었다. 이들은 완전 자체 모델을 만들기보다는 OpenAI나 open-source 모델을 활용해 특정 도메인에 맞춤 튜닝하고, 사용자 인터페이스를 만들어 서비스로 제공하는 모델이 많다. 이런 스타트업들에 초기 투자자금이 몰리면서, 2023년에는 "~에 특화된 ChatGPT"라는 소개를 내세운 제품들이 쏟아졌다. 투자자들도 AI 열풍에 올라타기 위해 상대적으로 검증이 덜 된 팀에게도 높은 밸류에이션으로 투자를 집행하는 경향이 있었다. 실제로 2023년 VC 투자의 40%가 생성형 AI 관련 기업에 흘러갔다는 분석이 있는데, 이는 클라우드 붐이나 모바일 앱 붐 때보다도 집중된 현상으로 보인다.

이러한 투자 열기는 몇 가지 요인에 힘입었다. 첫째, 거대 시장 전망이다. 생성형 AI는 거의 모든 지식노동 분야에 영향을 줄 수 있어, 그 TAM(Total Addressable Market)이 수천조 원대에 달할 수 있다는 관측이 있었다. 따라서 초기 주도권을 잡는 기업은 거대 플랫폼이 될 수 있다는 기대가 반영되었다. 둘째, 기술 파급력이다. GPT-4의 등장이 AI가 인간 수준 언어능력에 근접했음을 보여주자, AI가 곧 AGI로 이어질 수도 있다는 희망 혹은 두려움이 생겼다. 투자자들은 "AI가 인류 최대의 혁신"이라는 담론 속에 선점 심리에 뛰어들었다. 셋째, 빅테크 참여다. Microsoft, Google 같은 회사들이 공격적으로 투자하고 M&A 하면서, 스타트업들에 대한 인수 프리미엄도 기대되었다. 실제 OpenAI나 Anthropic 같은 회사는 수년 내 상장 혹은 추가 지분 매각 시 현재보다 훨씬 높은 가치가 될 거란 믿음이 있었다.

물론 일각에서는 거품 논란도 있다. 단기간에 너무 많은 회사가 등장해 경쟁이 과열되고, 핵심 기술은 몇 곳에 독점되어 스타트업들이 차별화하기 어렵다는 지적이다. 예컨대 대부분 스타트업이 OpenAI API를 활용한다면, 기술적으로 크게 우위가 없을 수 있고 결국 플랫폼 기업의 종속으로 끝날 수 있다는 우려다. 또한 사용자들이 생각만큼 유료 전환하지 않아 수익화가 지연된다면, 투자 열풍이 빠르게 식을 수 있다. 실제 2023년 후반 들어서는 투자자들도 옥석 가리기에 나서, 실사용자 지표와 수익모델이 보이는 팀에 선별 투자하는 추세로 바뀌었다.

그럼에도 전반적 흐름은, 생성형 AI 스타트업에 대한 투자 지속으로 요약된다. 2024년에도 수십억 달러 규모의 신규 펀드들이 AI 분야에 조성되고 있고, 기존 기업들도 내부 AI 프로젝트에 과감히 예산을 배정하고 있다. 이는 AI 혁신이 이제 막 시작되었고, 당분간 기술/서비스 모두 빠르게 발전할 것이란 믿음이 깔려 있다. 한 전문가는 "생성형 AI 붐은 인터넷 붐, 모바일 붐에 이은 제3의 대격변으로, 지금의 스타트업들은 미래 구글, 아마존이 될 기회"라고 평하기도 한다. 투자자들은 물론 이 중 극히 일부만 성공하더라도 엄청난 리턴을 얻을 수 있다는 베팅을 하는 셈이다.

요약하면, 생성형 AI 스타트업과 투자는 현재진행형의 다이내믹한 판세다. 거액 투자와 높은 가치평가, 그리고 그에 따른 치열한 경쟁이 전개되고 있으며, 그 결과 몇 년 내 이 분야의 승자들이 가려질 전망이다.

참고문헌

Accenture(2023). *The Impact of Large Language Models on Workplace Productivity.*

Daily Sabah(2023). *Rise of robots at homes: Glimpse into 2030*. Retrieved from https://www.dailysabah.com

Goldman Sachs(2023). *The global market for humanoid robots could reach $38 billion by 2035*. Goldman Sachs Research.

Nick Bostrom - Wikipedia. (n.d.). Retrieved from https://en.wikipedia.org/wiki/Nick_Bostrom

PwC(2018). *The global economy will be $16 trillion bigger by 2030 thanks to AI*.PwC Report.

World Economic Forum(2020). *The jobs most likely to be lost and created because of AI.https://www.weforum.org*

World Economic Forum(2021). *Digital Transformation Is Racing Ahead and No Industry Is Immune - SPONSOR CONTENT FROM DXC TECHNOLOGY.https://www.weforum.org*

World Economic Forum(2022). *Future of Jobs Report.https://www.weforum.org/reports*

CHAPTER

5

인공지능(AI) 최신 트렌드

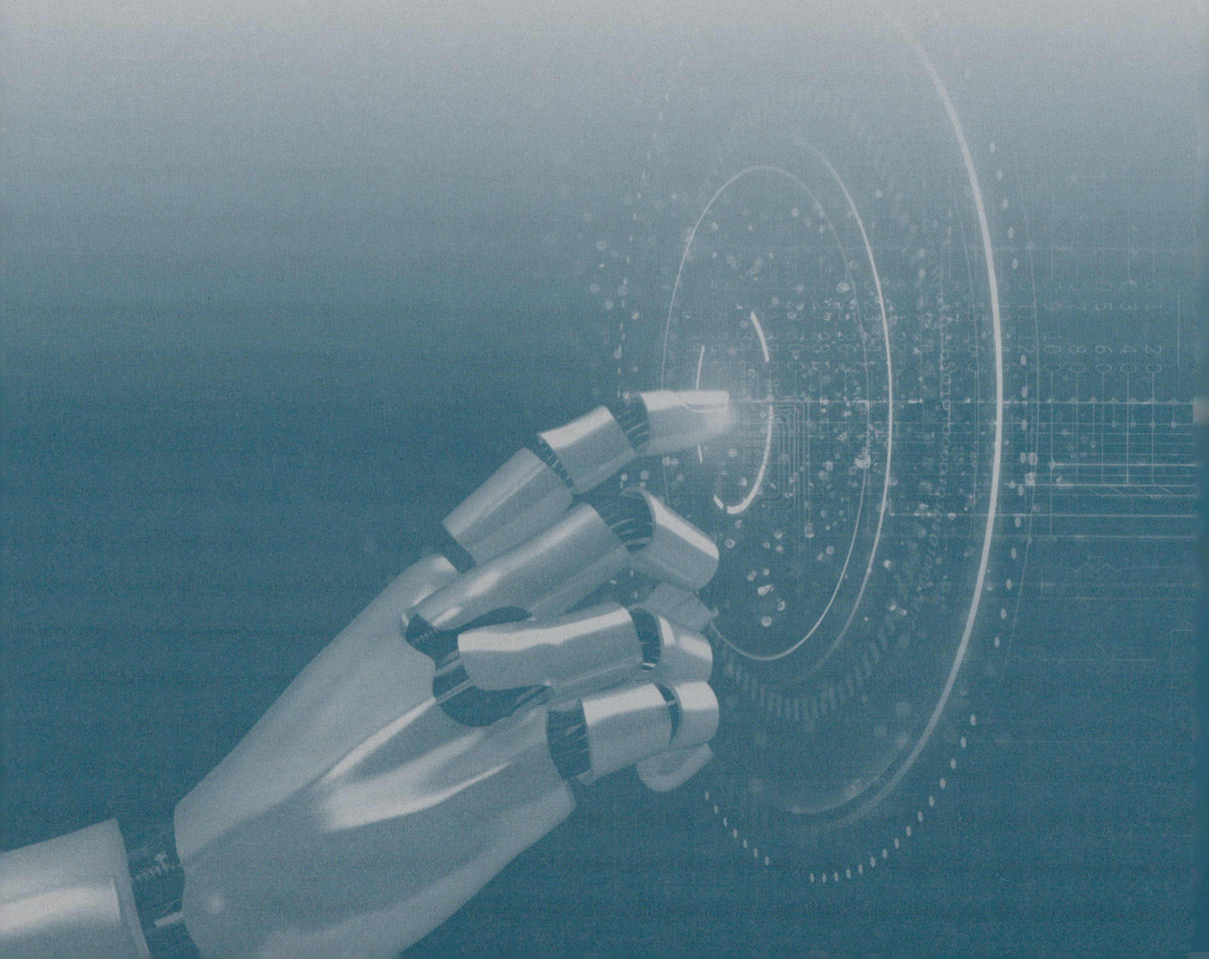

1 생성형 AI의 최신 트렌드

지난 몇 년 사이 인공지능(AI) 분야는 생성형 AI(Generative AI)를 중심으로 폭발적인 성장을 보였다. 특히 2023년 들어 기업과 대중의 관심이 급증하면서, 초거대 언어 모델(Large Language Model: LLM)들이 다양하게 응용되어 활용되고 있다. OpenAI의 ChatGPT를 필두로, 구글의 Bard, Meta의 LLaMA 시리즈 등 수많은 AI 모델들이 등장했고, 이를 기반으로 한 텍스트 생성, 이미지 생성, 코딩 보조 등 새로운 서비스들이 쏟아졌다. 실제로 생성형 AI에 대한 투자도 크게 늘어, 2023년 한 해 동안 전 세계적으로 약 252억 달러의 투자자금이 모였는데, 이는 전년 대비 8배에 가까운 증가율이다. 이처럼 AI에 대한 폭발적 관심 속에, 2023년 Fortune 500 기업의 80%가량이 실적 발표 자리에서 AI를 언급할 정도로 AI는 모든 산업 분야의 화두가 되었다.

1.1 오픈소스 AI 모델의 부상

Meta가 공개한 LLaMA를 시작으로 StableLM, Falcon, Mistral 등 다양한 오픈소스 기반 초거대 AI 모델들이 등장했고, 일부는 성능 면에서 폐쇄형 상용 모델들에 필적하는 수준까지 발전했다. 예를 들어, Stable Diffusion과 같은 오픈소스 이미지 생성 모델은 일부 상용 모델과 거의 대등한 성능을 보이고 있으며, 오픈소스 커뮤니티의 미세 조정 기법과 데이터셋을 통해 많은 공개 모델들이 거대 기업의 모델 못지않은 결과를 내고 있다. 이러한 흐름은 AI 연구의 민주화와 혁신 가속화에 기여하여, 기업들도 독자 모델 개발 외에 공개 모델 활용을 적극 검토하는 추세다.

다만 2023년 말에 접어들면서 AI에 대한 현실적인 시각도 함께 자리 잡고 있다. 한때 과장된 기대를 받으며 가파르게 상승하던 생성형 AI에 대해, 이제는 거품이 꺼지는 환멸의 계곡 국면에 접어들고 있다는 분석도 있다. 가트너의 기술 성숙도 곡선(Hype Cycle)에 따르면, 2023년 생성형 AI는 '과도한 기대의 정점'에 위치한 후 곧 현실적 평가 단계로 진입할 것으로 보인다. 이는 기업들이 초기의 막연한 기대를 넘어 구체적 성과와 한계를 경험하고 있다는 의미다. Deloitte의 2024년 보고서에 따르면, 많은 경영진이 단기적으로 AI가 상당한 변화를 가져올 것이라 기대하면서도, 실제 적용에서는 AI가 만능이 아니며 기존 업무를 완전히 대체하기보다는 생산성 도구로서 보조적 역할을 할 것이라는 현실론이 확산되고 있다. 예컨대, ChatGPT와 같은 대화형 AI 챗봇이 사람들을 완전히 대체하기보다는, MS Office의 Copilot이나 Adobe Photoshop의 생성 필(fill) 기능처럼 기존 제품에 통합되어 사용자 경험을 향상시키는 방향으로 활용되는 사례가 늘고 있다.

이와 함께 AI 거버넌스와 윤리, 규제에 대한 논의도 본격화되었다. 2023년 EU는 'AI 법안' 제정을 추진하고, 미국도 AI 개발 가이드라인 및 행정명령을 발표하는 등 정부 차원의 대응이 시작되었다. AI 생성 콘텐츠의 저작권 문제, 알고리즘 편향과 투명성, AI 오남용에 따른 위험 등이 부각되면서 기업들은 신뢰성 있는 AI(Trustworthy AI) 구축을 중요한 과제로 인식하고 있다. 모델의 성능 경쟁뿐 아니라 AI의 책임 있는 활용과 사회적 수용성 확보가 AI 업계의 화두로 떠오른 것이다.

1.2 최신 AI 분야 주요 트렌드

- **생성형 AI의 대중화:** ChatGPT 등의 등장으로 대규모 언어 모델 기반 서비스가 폭넓게 확산되었다. 기업들은 고객 응대, 콘텐츠 생성, 프로그래밍 보조 등 다양한 용도로 이러한 기술을 도입하고 있다.
- **오픈소스 AI 생태계 확장:** LLaMA, Stable Diffusion 등 공개 모델들이 등장하여 연구자와 개발자 커뮤니티에서 활용되고, 스타트업들도 이를 기반으로 혁신을 시도하고 있다.
- **현실적 기대 수준 형성:** 초기의 과잉 기대에서 벗어나, AI를 업무 효율성 향상 도구로 활용하면서 한계도 인지하는 균형 잡힌 시각이 확산되고 있다.
- **산업 전반으로의 통합:** 개별 앱보다는 기존 소프트웨어와 비즈니스 프로세스에 AI 기능을 통합하는 움직임이 활발하다. 예를 들어 CRM, ERP 등 기업용 소프트웨어에 AI 비서나 예측 기능이 탑재되고 있다.
- **AI 윤리와 규제 대두:** 데이터 프라이버시, 알고리즘 편향, 생성물의 책임 소재 등 쟁점에 대해 기업들은 내부 가이드라인을 마련하고 정부 규제에도 대비하기 시작했다.

AI의 급속한 발전은 기업 경영 전반에 크고 작은 변화를 불러오고 있다.

첫째, 의사결정 및 전략 수립에 데이터와 AI 활용이 필수화되고 있다. 과거 경험이나 직관에 의존하던 경영 방식에서 벗어나, 방대한 데이터를 AI로 분석하여 인사이트를 얻고 의사결정에 활용하는 데이터 중심 문화가 확산 중이다. 이는 경영진에게 AI 기술에 대한 충분한 이해와 역량 확보를 요구하고 있으며, 실제로 2023년 한 조사에서는 기업의 55%가 한 개 부서 이상에 AI를 도입했다고 보고되었다. AI 도입으로 비용 절감이나 매출 증대 효과를 봤다는 기업도 절반 이상으로, AI가 경영 성과에 실질적인 기여를 하기 시작했다.

둘째, AI 시대에 맞는 조직 운영과 인재 관리의 중요성이 부각된다. AI가 자동화할 수 있는 업무는 사람의 일을 대체하거나 보조하게 되고, 그만큼 직원들은 보다 고차원적인 업무에 집중할 수 있게 된다. 이에 따라 기업은 직원들을 재교육(upskilling)하여 AI와 협업할 수 있는 역량을 키워야 한다. 단순 반복 업무 종사자는 줄고, AI를 관리하거나 AI가 낳는 결과물을 해석하여 의사결정에 적용하는 중재자(human-in-the-loop) 역할의 인력이 중요해질 것이다. 또한 AI 도입이 일자리 구조에 미칠 영향을 고려하여 조직 개편과 사회적 책임을 함께 고민해야 한다.

셋째, 비즈니스 모델 혁신의 기회와 위협이 공존한다. AI 기술을 활용하여 새로운 제품과 서비스를 창출하거나 개인화 서비스를 제공하는 등 혁신 기회가 열리고 있다. 예를 들어, 의료 분야에서는 AI를 활용한 진단 보조와 신약 개발이 새로운 시장을 만들어내고 있고, 금융업에서도 AI 자산관리, 신용평가 등의 서비스가 등장하고 있다. 반면 AI 기술의 발달로 인해 기존 사업이 도태될 위험도 있다. 콘텐츠 산업의 경우 AI 생성 콘텐츠로 인해 전통적 크리에이터들의 입지가 줄어들 수 있고, 고객 지원 분야에서도 AI 챗봇이 콜센터 업무 상당 부분을 대체하면서 관련 산업의 전략 변화가 불가피해지고 있다. 따라서 경영진은 AI로 인한 파괴적 혁신(disruptive innovation)에 대비해 자사 비즈니스 모델을 재검토하고 선제적으로 대응 전략을 마련해야 한다.

마지막으로, AI에 대한 거버넌스와 윤리적 책임도 경영의 과제로 떠올랐다. AI 활용에 따른 결정이 기업의 명성이나 법적 리스크로 직결될 수 있기 때문에, AI 윤리 기준과 내부 통제 체계를 수립하는 기업이 늘고 있다. 예컨대, AI 알고리즘의 편향으로 차별적 결과가 발생하지 않도록 검증 절차를 마련하거나, 생성형 AI의 출력물에 대한 검토 및 승인 프로세스를 두는 등의 노력이 필요하다. 또한 고객 데이터 보호와 프라이버시를 위해 AI 모델 학습에 사용하는 데이터 관리에 각별한 주의가 요구된다. 책임 있는 AI를 구현하는 것은 단순한 도덕적 책임을 넘어, 장기적으로 기업의 지속가능성(sustainability)과 사회적 신뢰 확보를 위한 핵심 전략이 되고 있다.

앞으로 중장기적으로 AI 기술의 성숙기로 접어들 것으로 예상된다. 단기적으로는 현재의 생성형 AI 붐이 실제 생산성 향상으로 이어지는 단계가 될 것이다. 많은 기업들이 파일럿(pilot) 단계에서 검증한 AI 적용 사례들을 전사적으로 확산시켜 업무 효율을 높이고 비용을 절감할 것이다. 예를 들어, AI 챗봇은 고객 응대 1차 대응에 표준적으로 도입되고, 자동화된 데이터 분석 AI가 경영 보고서 작성을 돕는 등 실용적 활용이 정착될 전망이다. 동시에 AI 활용을 지원하는 클라우드 AI 서비스산업도 성장하여, 중소기업들도 별도 AI 개발 없이 API를 통해 손쉽게 AI 기능을 자사 서비스에 통합할 수 있을 것이다.

중장기적으로는 멀티모달 AI(문자, 음성, 영상 등 복합 입력을 처리하는 AI)와 자율 에이전트기술의 발전으로 AI의 활용 범위가 한층 넓어질 것으로 보인다. 예를 들어, 음성과 영상까지 이해하는 AI 비서가 등장하여 기업 내 정보검색이나 보고서 작성, 일정 관리 등을 도와주는 가상 비서가 보편화될 수 있다. 또한 스스로 웹을 탐색하고 사용자 대신 업무를 수행하는 에이전트형 AI가 발전하면, 일상적인 정보수집부터 구매대행, 고객지원 등 에이전트 경제가 부상할 가능성도 있다. 이미 2024년 들어 일부 실험적 AI 에이전트들이 등장했으며, 향후 10년에 걸쳐 이런 개념이 성숙하면 비즈니스 프로세스의 자동화 수준이 한층 높아질 것이다.

한편, 인공지능의 한계와 위험에 대한 인식도 더욱 명확해져, AI 개발과 활용에 대한 규범과 규제가 자리 잡을 전망이다. 각국 정부는 향후 수년 내 AI 규제 정책을 마련하고 국제적인 협력도 추진할 것으로 보인다. 이에 따라 기업들은 AI 컴플라이언스(compliance)를 경영의 중요한 부분으로 다루게 될 것이다. 예를 들어, EU의 AI법안이 시행되면 이에 맞춰 AI 시스템의 투명성, 설명가능성, 데이터 관리에 대한 요건을 충족해야 하며, 국내외 표준에 맞는 AI 윤리 교육과 보고 체계를 운영해야 할 것이다.

기술적인 측면에서는, 준인간 수준의 지능, 즉 강인공지능(AGI)에 대한 논의가 향후 10년간 계속될 것으로 예상된다. OpenAI 등 선도 기업들은 AGI 달성을 장기 목표로 내세우고 있으며, 현재의 추세가 지속된다면 10년 안팎의 시점에 부분적으로나마 사람과 유사한 범용 지능을 가진 AI 시스템의 출현 가능성을 배제할 수 없다. 다만 대부분의 전문가는 AGI가 현실화되기까지는 넘어야 할 기술적 과제가 많고, 현 시점에서는 특정 영역에서 탁월한 인공지능(ANI)이 다양한 형태로 인간의 삶과 산업을 보조하는 형태가 주류를 이룰 것으로 보고 있다.

요약하면, 앞으로의 3~10년은 AI의 일상화와 산업 전반으로의 깊은 확산이 진행되는 시기다. 기업들은 AI를 경쟁력의 필수 요소로 받아들이고 전략적으로 활용해야 할 것이며, 사회적으로도 AI와 공존하는 법적·윤리적 틀이 갖춰질 것이다. AI 기술 자체는 지속적으로 발전하여 더욱 똑똑하고 효율적인 도구가 되겠지만, 동시에 인간의 통제와 책임 하에 활용됨으로써 인간과 AI의 공진화(co-evolution)가 이루어질 전망이다.

2 OpenAI의 기술 및 사업 트렌드

2.1 기술 동향 및 주요 사례

OpenAI는 2022년 말 ChatGPT를 세상에 공개하며 생성형 AI 열풍의 촉발점이 되었다. 그 이후 2023년 내내 OpenAI는 업계 최첨단을 이끌며 GPT-4 모델 출시, API 개방, 멀티모달 기능 확장 등 공격적인 행보를 보였다. 2023년 3월 공개된 GPT-4는 복잡한 추론과 고품질 생성능력을 갖춘 초거대 언어 모델로서, 텍스트 입력 외에 이미지를 입력받아 분석할 수 있는 멀티모달 AI로 발전했다. ChatGPT에 GPT-4를 탑재한 유료 버전(ChatGPT Plus)은 수백만 사용자가 활용하며, 코딩 보조, 콘텐츠 창작, 번역 등 다양한 용도로 사용되었다. 특히 GPT-4는 그 학습 데이터량과 연산 규모 면에서 종전 모델들을 훨씬 능가해, 추정으로는 훈련에 약 7,800만 달러 상당의 컴퓨팅 비용이 투입된 것으로 알려져 있다. 이처럼 천문학적인 투자로 탄생한 GPT-4의 등장 이후, OpenAI는 모델의 성능 고도화와 이용자 편의 증대에 집중했다.

2023년 11월 OpenAI가 개최한 첫 개발자 대회(DevDay)에서는 GPT-4 Turbo 모델이 공개되었다. GPT-4 Turbo는 기존 GPT-4 대비 맥락창(context window)을 8천 토큰에서 12만 8천 토큰으로 대폭 확장하여, 한 번에 책 1권 분량에 해당하는 방대한 입력도 처리할 수 있게 되었다. 동시에 처리 비용을 크게 낮추어, 입력 1,000토큰당 0.01달러, 출력 1,000토큰당 0.03달러로 책정되었는데, 이는 기존 GPT-4 대비 3분의 1 수준으로, 기업 고객들이 부담 없이 대규모 AI를 활용할 수 있도록 장벽을 낮춘 조치였다. 또한 이 자리에서 OpenAI는 사용자가 자기만의 ChatGPT를 만들고 공유할 수 있는 GPT 스토어 개설 계획, 외부 플러그인 생태계 확대, 기업용 ChatGPT 엔터프라이즈버전 출시 등 일련의 제품 전략을 발표하며 AI 플랫폼 사업으로의 확장을 천명했다.

OpenAI의 서비스는 전 세계적인 인기를 끌며 폭발적인 사용자 성장을 기록했다. 공개 두 달 만인 2023년 1월에 월간 사용자 1억 명을 돌파하여, 인터넷 서비스 역사상 가장 빠른 성장세를 보였고, 2023년 11월 기준으로는 주간 활성 사용자 1억 명에 도달했다는 발표가 나왔다. 이는 불과 1년 남짓만에 달성한 성과로, 같은 시점에 OpenAI의 API를 사용하는 개발자는 200만 명을 넘었으며 Fortune 500 기업의 92%가 OpenAI의 API를 활용하고 있다고 전해졌다. 이러한 수치는 OpenAI가 단순한 연구 조직을 넘어, 전 산업에 AI 기능을 제공하는 핵심 인프라 공급자로 부상했음을 보여준다. 마이크로소프트(MS)는 OpenAI 기술에 막대한 투자를 단행(누적 투자액 약 130억 달러 이상)하며 자사 클라우드 플랫폼 Azure에 OpenAI 모델을 통합하는 등 긴밀한 협업 관계를 구축했다. 실제로 MS의 CEO 사티아 나델라는 OpenAI와의 관계를 "기술업계 최고의 브로맨스"라고 평가하기도 했다. MS는 2023년 자사 검색엔진 Bing에 GPT-4 기반 챗봇을 탑재하여 검색 경쟁 구도를 뒤흔들었고, Office 365 제품군에 "Copilot"이라 불리는 GPT 기반 AI 비서를 도입하여 사무 생산성 향상을 꾀하고 있다. 이렇듯 OpenAI와 MS 간의 파트너십은 빅테크와 AI 스타트업의 협력을 상징적으로 보여주며, 거대 모델 개발에 필요한 자본과 인프라, 그리고 이를 활용한 상용 서비스 출시까지 긴밀히 맞물린 새로운 혁신 모델을 제시하고 있다.

한편 OpenAI 내부적으로는 2023년 말 경영진 교체 파동을 겪으며 업계의 이목을 끌었다. 2023년 11월 OpenAI 이사회는 CEO였던 샘 알트먼(Sam Altman)을 전격 해임하는 결정을 내렸는데, 공식적인 사유로는 "경영진에 대한 신뢰 상실"과 AI 안전성에 대한 이견 등이 거론되었다. 알려진 바에 따르면, 알트먼이 GPT-4 이후 더욱 강력한 차세대 AI 개발을 밀어붙이는 데 대해 이사회 일부가 우려를 표하며 갈등이 있었다고 한다. 알트먼의 해임 소식은 곧바로 직원들과 투자자들의 거센 반발을 불러일으켰고, 약 700명에 달하는 OpenAI 직원 대다수가 알트먼이 복귀하지 않을 경우 사직하겠다는 의사를 밝히기에 이르렀다. 불과 나흘 만에 이사회는 알트먼을 CEO로 복귀시키고 이사진을 전원 교체하는 것으로 사태가 일단락되었다. 이 일련의 과정에서 MS는 알트먼을 자사로 영입할 준비까지 하는 등 적극 개입하였고, 결국 사태 후 OpenAI 이사회에 비상임 참관인 자격으로 참여하게 되었다. 이번 사태는 초거대 AI 개발을 둘러싼 안전성과 혁신 사이의 긴장, 비영리 연구소로 출발한 OpenAI의 지배구조 문제, 그리고 거대 기술 기업과의 관계 등을 부각시켰다. 결과적으로 OpenAI는 경영진 재정비를 통해 AI 안전에 대한 자문을 강화하고 투명성을 높이겠다고 밝혔으나, 동시에 혁신 속도는 유지하겠다는 입장을 내놓았다.

2023년 기준 OpenAI의 기업가치는 약 800억 달러로 평가되며, 연매출은 10억 달러 수준에 이를 것으로 예상된다. 주요 수익원은 ChatGPT 플러스와 API 사용료이며, MS로부터의 투자유치 조건에 따라 Azure 클라우드를 독점적으로 사용하고 그 대가로 수익 일부를 MS에 공유하는 구조를 갖고 있다. 비즈니스 측면에서 OpenAI는 독자적으로 최첨단 AI 연구를 수행하면서도, 대형 플랫폼 기업의 생태계에 편입되어 상업화를 가속하는 이중 전략을 취하고 있다. 또한 개발자 커뮤니티를 포섭하기 위해 오픈소스 프로젝트(예: Whisper 음성인식 모델 공개)나 무료 API 크레딧 제공 등의 노력도 기울이고 있다. 이러한 행보는 OpenAI를 AI 분야의 "플랫폼 사업자"로 성장시키려는 의도로 볼 수 있다.

2.2 주요 시사점

OpenAI 사례가 보여주듯, 혁신 스타트업이라 할지라도 대규모 자본 및 인프라와의 제휴 없이는 초거대 AI 개발과 서비스 제공이 어려운 시대가 되었다. 경영학적으로 이는 AI 분야에서도 플랫폼 독점 현상이 나타날 수 있음을 시사한다. 구체적으로, 거대 언어 모델을 개발·운영하는 능력을 지닌 플레이어는 극히 제한적이며, 대다수 기업은 이들이 제공하는 API나 서비스를 이용하는 형태를 취하게 된다. 따라서 AI를 활용하려는 일반 기업들은 외부 AI 플랫폼 의존 전략과 자체 AI 내재화 전략 사이에서 판단해야 한다. OpenAI의 경우처럼 검증된 최고 성능의 모델을 API로 가져다 쓰는 것은 빠르고 효율적이지만, 비용과 데이터 의존, 커스터마이즈의 제약을 고려해야 한다. 반대로 기업이 자체 모델을 개발하려면 엄청난 비용과 인재 확보가 필요하므로, 현실적으로는 외부 AI와의 협업 생태계 속에서 혁신을 도모하는 전략이 일반화될 것이다.

또한 OpenAI 이사회 파동은 AI 기업의 거버넌스와 윤리적 책무에 대한 경영 이슈를 제기했다. 세계 최고 수준의 AI 기술력을 가진 조직에서도 의사결정 과정에서 안전성 우려와 상업화 속도에 대한 이견으로 리더십 위기가 촉발될 수 있음을 보여준 것이다. 이는 기업 경영진이 AI 혁신 속도 조절과 윤리 확보 사이에서 균형을 잡아야 하는 어려운 과제를 갖고 있음을 시사한다. AI 기술을 어느 정도까지 빠르게 밀고 나갈 것인지, 외부 이해관계자(투자자, 규제기관 등)와 내부 연구진, 엔지니어들의 의견을 어떻게 조율할 것인지가 전략적 관건이 된다. 특히 AI가 사회적으로 큰 영향력을 행사하는 만큼, 사회적 수용성과 안전장치 마련을 경영 우선순위에 두는 것이 기업의 지속가능성에 중요하다는 교훈을 준다.

OpenAI와 Microsoft의 밀착은 빅테크 기업과 AI 전문기업 간의 새로운 공생 모델을 보여준다. Microsoft는 OpenAI를 통해 혁신을 아웃소싱받고 자사 제품에 접목함으로써 경쟁우위를 확보했고, OpenAI는 Microsoft의 인프라와 자금 지원으로 연구개발을 가속화하며 시장을 개척했다. 이러한 협력 모델은 다른 기술 대기업과 AI 스타트업 간에도 확산되고 있다. 예를 들어, 구글은 AI 스타트업 Anthropic에 투자하고 자사 클라우드에서 Anthropic의 모델(Claude)을 제공하는 파트너십을 맺었으며, 아마존 역시 Anthropic과 협력하며 자사 플랫폼에서 다양한 AI 모델을 제공하고 있다. 경영적으로 볼 때, AI 생태계의 파트너십 전략은 핵심 역량을 가진 외부 조직과의 동맹을 통해 혁신을 신속히 도입하는 효과적인 수단이다. 다만 동시에 특정 AI 공급자에 대한 의존 위험도 수반하므로, 여러 모델을 병용하거나 오픈소스 활용으로 벤더 락인(Vendor lock-in)을 완화하려는 노력도 병행되어야 한다.

2.3 향후 중장기 전망

OpenAI의 향후 행보는 곧 초거대 AI 기술의 발전 방향을 가늠케 하는 중요한 척도가 될 것이다. 단기적으로 OpenAI는 GPT-4를 개선한 차세대 GPT-5 또는 이에 준하는 모델 개발에 착수할 것으로 예상된다. 2023년 알트먼 해임 소동 이후 OpenAI 이사회에는 안전 전문가들이 합류했으나, 여전히 OpenAI 경영진은 AGI(범용 인공 지능) 달성을 장기 목표로 명시하고 있다. 따라서 향후 3~5년 내 GPT-5 혹은 그 이상 규모의 모델이 등장할 가능성이 높으며, 이는 보다 향상된 추론 능력, 긴 맥락 유지, 실시간 정보 접근 등의 기능을 갖출 것으로 보인다. 실제로 2023년 말 GPT-4 Turbo가 지식 컷오프를 2023년 4월로 연장하고 대용량 맥락을 지원한 만큼, 차기 모델은 최신 정보를 실시간으로 반영하고 사용자 맞춤형으로 학습되는 방향으로 진화할 것이다.

OpenAI의 제품 전략 측면에서는 ChatGPT 플랫폼화가 가속화될 전망이다. 이미 GPT Store 구상이 발표된 바와 같이, 앞으로 사용자가 자신만의 AI 에이전트를 만들어 배포하거나 거래할 수 있는 마켓플레이스가 형성될 수 있다. 이는 소프트웨어 앱 스토어처럼 AI 모델의 생태계가 구축되는 것으로, OpenAI는 이를 통해 개발자와 기업들이 GPT 기반 솔루션을 손쉽게 만들고 배포하도록 지원할 것이다. 그 결과, 교육, 의료, 법률, 금융 등 각 산업 도메인에 특화된 맞춤형 GPT 모형들이 등장하고, OpenAI는 이러한 서드파티 생태계에서 플랫폼 제공자 겸 조율자로서 영향력을 행사할 것으로 보인다.

비즈니스적으로 OpenAI는 수익성 확보와 경쟁 대응이라는 과제에 직면해 있다. 대규모 투자유치에 따라 수익 창출 압박이 커지고 있으며, 2024년 이후에는 흑자 전환을 이루어야 한다는 전망도 나온다. 이에 따라 엔터프라이즈용 고가치 솔루션(예: 챗봇 구축 컨설팅, 프라이빗 모델 호스팅) 제공이나, ChatGPT API 가격 정책 조정 등이 이루어질 수 있다. 또한 Anthropic(Claude), 구글(PaLM 2, Gemini), Meta(Llama 2) 등 경쟁 모델들의 추격에도 대비해야 한다. 특히 Meta는 Llama 2를 무료 공개하며 생태계 확장을 노리고 있고, Anthropic은 안전성을 강조한 Claude로 시장 점유를 꾀하고 있다. OpenAI는 모델 품질 면에서 현재 우위를 점하고 있으나, 오픈소스 진영의 발전 속도와 경쟁사들의 대형 투자를 감안할 때 언제까지나 독주를 이어가리란 보장은 없다. 따라서 OpenAI는 기술 리더십을 유지하기 위해 막대한 연구개발 투자를 지속함과 동시에, 사용자 피드백을 반영한 모델 개선과 안전성 강화에 힘써야 할 것이다.

종합하면, OpenAI는 향후 몇 년간 혁신 가속과 신중한 거버넌스 사이에서 균형을 잡으며 AI 업계의 선두를 달릴 것으로 예상된다. 그 성공 여부는 곧 AI 기술의 사회적 수용과 진화 방향에 큰 영향을 미칠 것이며, 다른 기업들에게도 귀중한 사례가 될 것이다. OpenAI가 추구하는 "모든 인류에게 혜택이 되는 안전한 AGI"라는 비전이 어떻게 현실화되어 가는지 지켜보는 한편, 각 조직은 OpenAI를 비롯한 선도 기업들의 기술을 적극 활용하되 자사의 데이터와 맥락에 맞게 커스터마이즈하는 전략을 취하여 AI 시대의 기회를 극대화해야 할 것이다.

3 Nvidia의 AI 기술 및 산업 전략 트렌드

3.1 기술 동향 및 주요 사례

엔비디아(NVIDIA)는 오랜 기간 GPU(Graphics Processing Unit) 분야의 선도기업으로서, 2023년부터 이어진 생성형 AI 열풍의 최대 수혜자로 떠올랐다. 대규모 AI 모델의 학습과 추론에는 병렬 연산에 특화된 GPU가 필수적인데, 엔비디아의 데이터센터용 GPU인 A100 및 후속 모델 H100이 사실상 업계 표준으로 사용되면서 폭발적인 수요 증가를 기록했다. 2023년 엔비디아의 데이터센터 부문 매출은 전년 대비

2~3배 이상 급증하여, 회계연도 2024년(2023년도) 연간 매출이 약 609억 달러로 전년의 두 배가 넘는 사상 최대 실적을 거두었다. 젠슨 황(Jensen Huang) 엔비디아 CEO는 "가속 컴퓨팅과 생성형 AI가 마침내 임계점에 다다랐다. 산업과 국가 전반에서 수요가 급증하고 있다"고 언급하며 최근의 흐름을 요약했다. 실제로 전 세계 데이터센터 GPU 시장 규모는 2024년에 1,250억 달러 규모로 성장했고, 이 중 약 92%의 점유율을 엔비디아가 차지하는 것으로 분석된다. 엔비디아의 최신형 AI칩 H100(호퍼 아키텍처)는 출시 직후부터 글로벌 테크 기업들이 앞다투어 확보하려는 "없어서 못 파는" 상황이 되었다. 각국 정부가 첨단 AI 칩의 자국 확보를 전략과제로 삼으면서, 엔비디아는 공급 부족 현상을 해소하기 위해 생산량 증대와 제품 포트폴리오 확장에 나섰다. 예를 들어, 중국에 대한 미국의 수출 규제로 H100 직판매가 제한되자, 엔비디아는 성능을 약간 낮춘 H800칩을 별도로 출시하여 중국 시장을 공략하기도 했다. 또한 2023년 발표된 차세대 GPU 아키텍처인 블랙웰(Blackwell)의 개발을 예고하며, AI 연산 성능을 더욱 끌어올릴 미래 로드맵을 제시했다.

엔비디아의 강점은 하드웨어와 소프트웨어를 아우르는 생태계에 있다. 단순히 GPU 칩을 판매하는 것을 넘어, 딥러닝 연산을 최적화한 쿠다(CUDA) 플랫폼과 각종 AI 개발 툴킷을 수년간 제공하여 개발자들의 편의를 높였다. 그 결과 AI 연구자와 기업들은 엔비디아 생태계에 익숙해졌고, 경쟁사 칩으로 전환하는 데 높은 전환 비용이 존재하게 되었다. 이러한 소프트웨어 생태계 선점 효과는 엔비디아의 견고한 진입장벽으로 작용한다. 또한 엔비디아는 DGX 시스템과 같은 자사 브랜드의 AI 슈퍼컴퓨터, NVIDIA AI Enterprise 소프트웨어 스택, Omniverse 시뮬레이션 플랫폼 등 풀스택(full-stack) 솔루션을 제공함으로써 고객이 AI 인프라를 손쉽게 구축하도록 지원하고 있다. 이는 단순 칩 공급을 넘어 토털 솔루션 제공자로서의 입지를 강화하는 전략이다.

주요 빅테크 기업들은 엔비디아 GPU에 의존하여 자사 AI 서비스를 확장하고 있다. 예를 들어, OpenAI의 GPT-4 훈련에도 수만 개의 엔비디아 A100/H100 GPU가 사용된 것으로 알려져 있고, 메타(Meta)는 2024년 자사 AI 인프라에 엔비디아 GPU 약 22만 4천 개와 AMD GPU 17만 3천 개를 병행 도입했는데, 그럼에도 여전히 엔비디아가 57% 비중으로 더 큰 몫을 차지했다. MS나 구글 등의 클라우드 제공업체들 역시 데이터센터에 대량의 엔비디아 GPU 클러스터를 구축하여 고객들에게 AI 가속 서비스를 제공하고 있다. 일례로 2023년 8월 테슬라가 발표한 바에 따르면, 자율주행 학습용으로 엔비디아 H100 GPU 1만 개 규모의 신규 클러스터를 구축했다. 이처럼 AI 시대의 "산업용 쌀"에 비유되는 AI 반도체 부문에서 엔비디아는 독보적인 공급처로 자리매김했다.

다만 엔비디아의 독점적 지위에 도전하는 움직임도 나타나고 있다. AMD는 MI300 시리즈 등의 GPU로 성능 격차를 줄이고 대형 고객사 유치를 시도하고 있다. 실제로 AMD의 MI300X는 192GB의 대용량 메모리를 내장하여 초거대 언어 모델 추론에서 엔비디아 H100을 일부 능가하는 성능을 보였고, 앞서 언급한 메타 등의 하이퍼스케일러가 AMD GPU를 부분적으로 도입하는 성과를 거두었다. 또한 클라우드 기업들은 자체 AI 칩 개발에 나서고 있는데, 구글의 TPU(Tensor Processing Unit), 아마존 AWS의 Inferentia/Trainium, 메타의 MTIA(Meta Training and Inference Accelerator) 등이 그 예이다. 2024년에는 MS도 데이터센터용 자체 AI 칩(코드명 Athena)을 선보이며 엔비디아 의존도를 낮추려는 전략을 취했다. 이러한 전용 AI 가속기의 등장은 특정 워크로드에 최적화된 맞춤형 칩으로 비용 효율을 높이려는 시도로, AI 칩 시장을 다각화시키는 요인이다.

3.2 주요 시사점

엔비디아 사례는 핵심 기술에 대한 독점력이 막대한 시장 지배력으로 연결됨을 보여준다. 기업 경영의 관점에서, AI 시대에는 최첨단 모델뿐 아니라 이를 실행하는 인프라 레벨의 경쟁이 중요하다는 시사점을 준다. 예컨대 거대 IT 기업들은 엔비디아 GPU 확보 능력이 곧 자사 AI 서비스 경쟁력과 직결되기 때문에, 공급망 관리와 파트너십 전략이 부상했다. MS, 구글, 아마존 등이 엔비디아와 밀접히 협력하거나 투자하는 것도 이러한 맥락이다. 따라서 일반 기업들도 AI 프로젝트를 계획할 때, 어떤 컴퓨팅 자원 전략을 취할지 고민해야 한다. 클라우드 서비스를 통해 손쉽게 AI 인프라를 임차할 수 있지만, 한편으로 특정 공급자에 대한 의존도가 높아질 수 있다. 최근 일부 AI 스타트업들이 겪은 GPU 수급난은, AI 혁신의 속도가 하드웨어 공급망에 의해 제약될 수 있음을 보여주었다. 경영진은 AI 도입에 있어 적기(適期)에 충분한 인프라를 확보하는 계획까지 포함해 리스크 관리에 나서야 한다.

또한 엔비디아의 성장에서 보듯, 플랫폼 에코시스템 구축의 장기적 가치를 재확인할 수 있다. 단순히 뛰어난 제품을 만드는 것만으로는 장기 독점을 담보하기 어렵지만, 쿠다(CUDA) 플랫폼처럼 개발자들에게 편의를 주는 생태계를 꾸준히 확장하면 네트워크 효과로 경쟁자를 압도할 수 있다. 이는 AI 분야를 넘어 모든 기술 기업에 적용되는 교훈으로, 우리 기업의 제품/서비스가 다른 기업들과 얼마나 잘 연결되고 활용되는 플랫폼이 될 수 있는지 고려해야 함을 시사한다.

AI 반도체 시장의 지형은 향후 지정학적 리스크와도 맞물려 있다. 미국 정부는 중국의 첨단 AI 칩 접근을 차단하기 위해 수출 규제를 강화하고 있는데, 이는 엔비디아 같은 기업에는 단기적으로 특정 시장 제한을 의미하지만, 장기적으로는 글로벌 공급망 이슈로 비화할 수 있다. 기업 입장에서는 AI 인프라를 운영함에 있어 국제정세이나 무역 규제에 따른 영향도 고려해야 한다. 예를 들어, 중국에 데이터센터를 운영하는 다국적 기업이라면 H100 등 최첨단 칩을 현지에서 사용할 수 없게 될 가능성에 대비해 대체 공급원이나 대응 계획을 마련하는 것이 바람직하다.

마지막으로, 혁신 지속성과 투자 측면에서 엔비디아 사례는 R&D의 중요성을 강조한다. AI 시대에 폭발적 수요를 누리기까지 엔비디아는 수년간 GPU 연산 기술과 병렬 SW 플랫폼에 막대한 투자를 해왔다. 경영진이 단기 이익에 안주하지 않고 미래 기술에 선제 투자하여 시장을 만들면, 그 과실은 수년 후 독점적 지위로 돌아올 수 있다는 점을 보여준다. 이는 AI를 도입하는 수요기업뿐 아니라, AI 인프라나 핵심 기술을 개발하는 공급기업의 경영 전략에도 교훈을 준다.

3.3. 향후 중장기 전망

향후 수년간 엔비디아를 비롯한 AI 반도체 업계는 초도체(超Moore) 경쟁을 펼칠 것으로 보인다. 현재의 GPU 아키텍처를 넘어 차세대 칩 설계(예: 3D 적층칩, 칩렛 구조), 차세대 메모리 기술(HBM3E 등) 등이 동원되어 AI 연산 성능을 극한까지 끌어올리는 경주가 예상된다. 엔비디아는 2024~2025년 중 차세대 '블랙웰' GPU 아키텍처 기반 신제품을 출시할 것으로 전망되며, 이를 통해 AI 훈련 속도를 획기적으로 높일 것으로 기대된다. AMD 역시 빠른 로드맵으로 MI300 후속 MI400 시리즈를 개발하고, 인텔도 GPU 기술 강화에 힘쓰는 등 경쟁이 심화될 것이다. 이 과정에서 전력 효율과 발열문제가 중요한 이슈로 부각되는데, 보다 적은 에너지로 AI 연산을 수행하기 위한 저전력 AI 칩연구도 함께 진전될 것이다. 나아가 광학식 AI 프로세서나 양자컴퓨팅 등 현재는 초기 단계인 대안 기술들도 10년 내 현실화될지 주목된다. 다만 10년이라는 비교적 짧은 기간 내에는 기존 디지털 반도체 기반의 GPU/가속기 패러다임이 여전히 주류를 이룰 것으로 보인다.

시장 구조 측면에서, 엔비디아 독주 체제가 완화될지 여부가 관심사다. 일부 전문가는 10년 내 엔비디아의 시장점유율이 다소 하락하며 AMD, 구글, 아마존 등 여러 플레이어로 다극화될 것으로 전망한다. 그러나 엔비디아가 매년 막대한 개발 투자를 지속하고 생태계 잠금을 공고히 하는 한, 당분간은 GPU 분야의 인텔과 같은 지위를 누릴 가능성이 높다. 오히려 변화가 예상되는 부분은 고객 측의 다변화 전략이다. 앞서 언급한 클라우드 사업자들의 자체 칩 개발, 오픈소스 하드웨어 움직임(OpenPOWER 등의 연합), 중국의 자국산 AI칩 육성 등이 맞물려, 궁극적으로는 특정 기업 한 곳에 의존하지 않는 멀티벤더 전략이 일반화될 수 있다. 예를 들어, 한 데이터센터에 엔비디아 GPU와 더불어 몇 종류의 가속기를 함께 운용하여 워크로드별 최적화를 꾀하는 식이다.

전반적으로 AI 반도체 산업은 2030년에 이르면 연간 3000억 달러 이상 규모로 성장하여, 반도체 업계 전체 매출의 상당 부분을 차지할 것으로 전망된다. 이는 AI 기술이 다양한 기기와 시스템에 내재화되고 있음을 반영한다. 5G/6G 기지국, 자율주행 자동차, IoT 엣지 디바이스 등에도 AI 연산 기능이 필수화되면서, 데이터센터뿐 아니라 엣지AI 칩 수요도 크게 늘어날 것이다. 엔비디아 역시 이러한 추세에 대응하여 Orin, Jetson 같은 엣지용 SoC를 내놓고 있고, 경쟁사들도 모바일/엣지 AI 칩 시장에서 각축을 벌일 것이다.

요약하면, 향후 3~10년간 엔비디아 및 AI 반도체 업계는 고성능화와 효율화의 기술 경쟁, 다양한 수요처에 맞춘 제품군 확대, 글로벌 공급망 재편 속 협력과 경쟁이 주요 키워드가 될 것이다. AI를 활용하는 기업들은 이 분야 발전을 주시하며, 자사에 가장 적합한 인프라를 적시에 선택하고 도입하는 전략적 안목이 요구될 것이다. 동시에 국가 차원에서는 AI 핵심 칩 기술을 확보하기 위한 투자와 정책을 지속함으로써 미래 기술 주권을 준비해나갈 것으로 보인다.

4 휴머노이드 로봇의 기술 발전과 활용 사례

4.1 기술 동향 및 주요 사례

한때 공상과학의 상징이었던 휴머노이드 로봇(Humanoid Robot)이 최근 몇 년 사이 급속한 기술 발전을 이루어내며 현실 속으로 성큼 다가오고 있다. 2023년을 전후해 여러 기업들이 사람과 유사한 형태의 이족 보행 로봇을 개발·공개하고, 생산 현장과 일상 공간에서 시험 투입하기 시작했다. 이러한 움직임의 배경에는 향상된 모터/액추에이터 기술, 저렴해진 고성능 센서와 프로세서, 그리고 AI 알고리즘의 발전이 있다. 특히 컴퓨터 비전과 강화학습 같은 AI 기술이 로봇 제어에 접목되면서, 휴머노이드 로봇이 복잡한 환경을 인지하고 유연하게 동작하는 능력이 크게 높아졌다.

테슬라(Tesla)는 2022년 자사 AI Day 행사에서 인간형 로봇 Optimus(옵티머스)의 프로토타입을 공개해 화제를 모았다. 초기 시연에서는 걷거나 팔을 흔드는 정도에 그쳤지만, 2023년 발표된 업데이트 영상에서 Optimus는 주변 사물을 카메라로 인식해 물체를 분류하고, 이를 자율적으로 집어서 정리하는 작업을 선보였다. 예컨대 여러 개의 물체가 섞여있는 테이블에서 나사를 골라 상자에 담는 등 기본적인 제조 현장 작업을 수행했는데, 이 모든 동작이 "비디오 입력 → 로봇 제어 출력"까지 엔드투엔드 신경망으로 학습되었다는 설명이 붙었다. 또한 로봇이 한 발로 균형을 잡는 동작 등 안정적인 보행 제어 모습도 공개되어, 불과 1년여 만에 로봇의 기계적 완성도가 크게 향상되었음을 보여주었다.

미국의 로봇 스타트업 애질리티 로보틱스(Agility Robotics)는 2022년부터 물류창고 작업에 투입할 이족보행 로봇 Digit(디짓)을 시험 운영해왔다. Digit은 키 175cm에 두 다리와 두 팔을 갖추고 최대 18kg의 물건을 들고 나를 수 있으며, 주로 창고에서 상품을 선반에 넣거나 옮기는 용도로 설계되었다. 애질리티는 2023년 미국 오리건주에 세계 최초의 휴머노이드 로봇 전용 공장(RoboFab)을 준공하고, 연간 최대 1만 대의 로봇을 생산할 수 있는 체제를 갖추었다. 이는 현재 전 세계에 실사용되는 휴머노이드 로봇 수가 수백 대 수준임을 감안하면 파격적인 목표치로, 그만큼 향후 수요 증가를 자신한다는 의미다. 실제로 아마존과 포드 등이 애질리티에 투자하여 물류 로봇으로 Digit을 시험 중이며, 애질리티는 향후 공장 조립라인, 소매 물류 등으로 적용 범위를 넓힐 계획이다.

또 다른 스타트업 앱트로닉스(Apptronik)는 2023년 5억 달러(약 3500억 원)에 달하는 대규모 투자를 유치하며 휴머노이드 로봇 Apollo(아폴로) 개발에 박차를 가하고 있다. Apollo는 키 173cm, 무게 73kg으로 인간과 유사한 체격에 25kg까지 물건을 들어 올릴 수 있도록 설계되었다. 앱트로닉스는 Apollo를 2024년부터 공장 및 창고에 배치할 예정이며, 향후 소매, 건설, 의료 등 다양한 산업으로 확장하기 위해 폼 팩터(형태) 변화를 연구 중이다. 투자사인 B Capital의 파트너는 "향후 휴머노이드 로봇이 재해 구호, 노인 돌봄, 우주 탐사, 의료 발전 등 사회적 과제 해결에 핵심 역할을 할 것"이라고 전망했다. 이는 현 단계에서는 주로 산업용으로 쓰이지만, 장기적으로 범용 일상 로봇으로 발전할 수 있음을 시사한다.

캐나다의 생츄어리 AI(Sanctuary AI)는 2023년 3월 캐나다 밴쿠버의 한 의류 매장에서 자사 휴머노이드 로봇을 소매점 점원으로 일주일간 시험 근무시키는 데 성공했다. 이 로봇은 인간 직원의 원격 지도를 받으며, 상품 진열, 창고 정리, 바닥 청소, 가격표 부착, 접객 보조 등 총 110가지에 달하는 매장 업무를 수행해냈다. 비록 완전한 자율 작동은 아니었지만, 실제 상업 환경에서 사람과 함께 여러 잡무를 처리했다는 점에서 의미 있는 이정표로 평가된다. 생츄어리는 이후 차세대 로봇 Phoenix(피닉스)를 발표하며, 24시간 이내에 새로운 작업을 학습할 수 있는 AI 시스템을 갖추었다고 주장했다. 생츄어리는 마이크로소프트 등과 협력하여 로봇 노동력(Labor-as-a-service) 개념을 추진 중인데, 이는 필요할 때 로봇을 투입해 인간 노동을 보완하는 서비스를 지향한다.

이외에도 피규어 AI(Figure AI), 포이어 인텔리전스(Fourier Intelligence) 등 전 세계 수십 개 기업들이 각축을 벌이고 있다. Figure AI는 2024년 초 독일 BMW와 계약을 맺고 자사 휴머노이드 Figure 01 로봇을 자동차 공장 조립 공정에 테스트하기로 했다. 보스턴 다이내믹스(Boston Dynamics)의 아틀라스(Atlas) 로봇은 인터넷상에서 경쾌한 점프와 공중제비를 도는 영상으로 유명한 연구용 휴머노이드인데, 아직 상용화 계획은 없지만 기술적 첨단을 보여주는 지표로 주목받고 있다. 일본, 한국 등도 휴머노이드 연구를 지속하고 있으며, 특히 일본은 노령화 대응을 위해 간병 보조 로봇, 안내 로봇 등 휴머노이드 개발에 관심이 높다.

4.2 주요 시사점

휴머노이드 로봇의 부상은 기업 경영에 여러 함의를 지닌다. 우선 인력 구조 및 운영 방식의 재편가능성이다. 인간형 로봇이 단순 노무나 위험 작업을 대체할 경우, 기업은 해당 분야 인력을 다른 업무로 전환시키거나 규모를 조정해야 할 수 있다. 예를 들어 물류창고에 로봇을 대량 도입하면 기존 인력의 역할이 변화하고, 로봇을 관리·정비하는 신규 포지션이 생길 것이다. 이는 자동화로 인한 일자리 대체 이슈와 연결되어 있어, 경영진은 직원 재훈련(reskilling)과 인력운영 계획을 선제적으로 마련해야 한다. 동시에 로봇과 사람이 공존하는 작업장을 설계하면서 안전 규정과 프로세스를 정비하는 것도 필수적이다. 초기 Sanctuary AI의 매장 실험에서도 로봇이 인간과 섞여 일할 때 안전 및 효율을 담보하기 위한 절차가 중요했던 것으로 알려졌다.

둘째, 서비스 및 비즈니스 모델 혁신 측면이다. 휴머노이드 로봇은 기존에는 사람만이 제공할 수 있던 서비스를 자동화하거나 새로운 서비스 창출을 가능케 한다. 예를 들어, 24시간 무인 매장에서 인간형 로봇이 고객 응대를 한다면 야간 인건비 문제를 해결할 수 있을 것이다. 호텔 프런트 데스크에 다국어 구사가 가능한 로봇을 배치한다면 서비스 개선과 비용 절감을 동시에 꾀할 수 있다. 이러한 로봇 활용 서비스 모델은 아직 초기 단계지만, 기술이 성숙함에 따라 로봇을 임대하거나 로봇 노동력을 필요할 때 호출하는 서비스(as-a-service) 형태로 발전할 수 있다. 기업 입장에서는 로봇 도입이 초기 투자비용이 큰 만큼, 직접 구매보다는 로봇 서비스 업체와 제휴하여 필요시 투입하는 OPEX 모델을 검토할 가능성이 높다. 이는 새로운 B2B 시장의 형성을 의미하며, 전통 산업에도 서비스화(servitization)의 바람을 일으킬 수 있다.

셋째, 브랜드 이미지와 ESG 경영 측면이다. 최첨단 로봇을 도입하는 기업은 혁신적인 이미지로 어필할 수 있다. 예컨대 하이테크 휴머노이드가 안내를 맡는 쇼핑몰은 첨단 브랜드로 인식될 수 있다. 그러나 반대로 자동화로 인한 고용 감소에 대한 사회적 우려도 감안해야 한다. 특히 현지 사회의 일자리와 민감하게 연관된 경우 로봇 도입이 반발을 살 수 있으므로, 이를 상쇄하기 위한 사회공헌 활동이나 새로운 일자리 창출계획을 병행할 필요가 있다. ESG 경영 관점에서 보면, 위험한 산업 현장(예: 발전소 점검, 채굴 등)에 인간 대신 로봇을 투입함으로써 작업자 안전을 높이는 것은 긍정적 효과로 인정받을 수 있다. 따라서 기업은 로봇 도입의 이점과 잠재적 부작용을 모두 고려하여 이해관계자 커뮤니케이션 전략을 짜야 한다.

마지막으로, 국가 및 규제 환경의 영향을 경영 전략에 포함해야 한다. 현재 휴머노이드 로봇 관련 안전기준이나 윤리규범은 걸음마 단계이다. 향후 로봇의 자율적 의사결정 범위가 커지고 상용화가 가속되면, 각국 정부는 로봇의 인증, 책임 소재, 프라이버시 등의 문제에 대해 규제를 마련할 것이다. 예컨대 자율형 로봇이 사람을 다치게 했을 때 책임은 누구에게 있는지, 로봇이 수집한 영상 데이터는 어떻게 활용되어야 하는지 등의 이슈다. 기업은 이러한 로봇 규제의 방향성을 예의 주시하면서, 미리부터 내부 가이드라인을 만들어 리스크를 관리해야 한다. 이는 일종의 준비된 적응(anticipatory adaptation)으로서, 규제가 시행된 후에 허겁지겁 대응하기보다 선제적으로 책임 있는 로봇 운영 문화를 구축하는 것이 바람직하다.

4.3 향후 중장기 전망

앞으로 10년은 휴머노이드 로봇 산업의 초기 성장과 분화의 시기가 될 것으로 보인다. 3~5년 내로는 현재 시범 도입된 분야에서 파일럿을 넘어선 실제 상용화 사례들이 등장할 전망이다. 창고 물류 분야는 비교적 환경이 정형화되어 있어, 곧 일부 창고에서는 인간 작업자와 어깨를 나란히 하며 상시 근무하는 로봇들을 볼 수 있을 것이다. 제조업에서는 조립 라인에 몇 대의 휴머노이드 로봇을 투입하여 유연성을 높이는 시도가 늘고, 서비스업에서도 호텔, 병원, 공항 등에 안내/배송 로봇으로 활용되는 등 틈새 적용 분야가 확대될 것이다. 이러한 초기 성공 사례들은 로봇 신뢰성을 검증하고 비용 효율성을 입증함으로써, 추가 투자와 도입을 촉진하는 선순환을 만들 것으로 기대된다.

중기적으로는 로봇 기술 표준화와 대중화가 진행될 것이다. 현재는 각 기업이 자체 플랫폼으로 개발하고 있지만, 앞으로 상호운용성과 생산 효율을 위해 공통 소프트웨어 프레임워크나 모듈형 하드웨어 규격이 등장할 수 있다. 이는 1980년대 PC 산업의 표준화가 시장 폭발을 이끈 것에 비유할 수 있다. 예를 들어, 로봇용 OS나 클라우드 로봇 서비스 표준이 자리잡으면 중소기업들도 손쉽게 휴머노이드 로봇을 활용할 수 있고, 부품 공급망도 안정되어 가격이 내려갈 것이다. 실제로 로보틱스 업계에서는 ROS(Robot Operating System)라는 오픈소스 소프트웨어 플랫폼이 널리 사용되고 있어, 향후 휴머노이드 개발에도 공통 기반이 될 가능성이 있다. 더불어 배터리 에너지 밀도 향상, AI 반도체 발전 등 외부 기술의 진보도 로봇 성능 향상과 가격 인하를 가져올 중요한 요소다. 10년 내 로봇 한 대 가격이 고급 자동차 수준으로 떨어진다면, 본격적인 대량 도입의 길이 열릴 수 있다.

장기적으로 바라보면, 휴머노이드 로봇은 노동력 부족 문제의 해결사로서 주목받을 것이다. 고령화로 생산인구가 감소하는 국가들에서 휴머노이드 로봇은 요양시설 보조, 의료 보조, 식당 서빙 등 인간을 대신해 빈자리를 메울 수 있다. 또한 재난 현장이나 우주와 같이 인간이 접근하기 어려운 환경에서 활약하여 인류 활동 범위 확장에 기여할 것이다. 다만 완전히 인간과 같은 지능과 섬세함을 갖춘 로봇(예: 가정 가사 전반을 돕는 로봇 가정부)이 등장하기까지는 여전히 기술적 난제가 많다. 이는 일반 환경에서의 높은 수준 자율성, 인간과의 복잡한 상호작용 등으로, 아마 10년보다는 더 긴 시간이 필요할 수 있다. 그 사이에는 오히려 인간이 원격으로 여러 로봇을 제어하는 텔레프레즌스 로봇이나, 부분적으로만 자율인 하이브리드 제어 형태가 병존할 것으로 보인다.

결론적으로, 휴머노이드 로봇은 향후 10년간 기술 성숙 곡선의 가파른 상승 구간에 진입할 것이며, 일부 산업에서는 점진적 채택이 이루어질 것으로 전망된다. 기업들은 이 흐름에 대비해 자동화 전략을 로드맵에 포함시키고, 시범 프로젝트 등을 통해 경험을 축적할 필요가 있다. 나아가 인력과 로봇의 협업 모델을 연구하여, 로봇 도입이 생산성 향상과 직원 업무 만족도 증대로 이어질 수 있는 조직 문화를 형성해야 한다. 휴머노이드 로봇은 잘 활용하면 기업의 경쟁력을 크게 높일 수 있는 도구이지만, 준비 없이 맞이하면 혼란을 초래할 수도 있는 양날의 검인 만큼, 선제적 대비와 현명한 도입 전략이 요구된다.

참고문헌

BMW Group(2024). *Successful Test of Humanoid Robots at BMW Group Plant Spartanburg.*

Deloitte(2024). *AI and the Future of Work: Practical Applications and Realistic Expectations.* Deloitte Insights.

Electrek(2023). *Tesla Releases Update on Optimus Robot with Video Looking Like CGI.*

Gartner(2023). *Gartner Hype Cycle for Artificial Intelligence, 2023.*

Grok (chatbot) – Wikipedia.(2023). *Grok (chatbot)*.Retrieved from https://en.wikipedia.org/wiki/Grok_(chatbot)

IBM(2024). *The Top Artificial Intelligence Trends*.IBM Research.

IEEE Spectrum.(2023). *Agility's New Factory Can Build Thousands of Humanoids a Year.*

NextMSC(2025). *AI Chip Market Size and Forecast, 2025–2030.*

OpenAI DevDay(2023). *Key Highlights From OpenAI DevDay: GPT Store, GPT-4 Turbo, and Enterprise Use Cases*.OpenAI.

Radical Ventures(2024). *AI Index Report 2024*.Stanford University.

Reuters(2023). *ChatGPT Sets Record for Fastest-Growing User Base – Analyst Note.*

The Guardian(2025). *Elon Musk's Startup Rolls Out New Grok-3 Chatbot as AI Competition Intensifies.*

The Register(2023). *Humanoid Robot Takes a Turn as a Mark's Store Clerk.*

The Verge(2023). ChatGPT Continues to Be One of the Fastest-Growing Services Ever.

Tom's Hardware(2024). *Surging AI Demand Sees Nvidia Full-Year Revenue Hit $60.9 Billion in 2023.*

Wikipedia(2023). *Removal of Sam Altman from OpenAI*.Retrieved from https://en.wikipedia.org/wiki/Removal_of_Sam_Altman_from_OpenAI

ZDNET(2023). *AI Humanoid Robots Step Closer — Thanks to New $350 Million Investment.*

CHAPTER

6

인공지능(AI) 에이전트

인공지능 기술의 발전과 함께 '에이전트(Agent)'라는 개념이 주목받고 있다. 인공지능 에이전트는 자율적으로 환경을 인식하고, 목표 달성을 위해 의사결정을 내리며, 실제 행동을 수행하는 소프트웨어 시스템이다. 특히 대규모 언어 모델(LLM)의 발전과 함께 인공지능 에이전트는 단순한 질의응답을 넘어 복잡한 작업을 자동화하고 사용자의 다양한 요구를 충족시키는 방향으로 빠르게 진화하고 있다. 인공지능 에이전트는 "사용자 또는 다른 시스템을 대신하여 자율적으로 작업을 수행할 수 있는 시스템 또는 프로그램"을 의미한다. 좀 더 구체적으로, 인공지능 에이전트는 주어진 환경에서 자동적으로 행동을 수행하고, 환경을 인식하며, 인식한 정보를 처리하고, 그 결과에 따라 자율적으로 의사결정을 내리고 행동하는 소프트웨어 시스템이다.

이러한 에이전트는 자율성, 상호작용성, 적응성, 목표 지향성이라는 핵심 특성을 가진다. 자율성은 사람의 직접적인 개입 없이 스스로 결정하고 행동할 수 있는 능력을, 상호작용성은 환경과 상호작용하여 정보를 감지하고 영향을 미치는 능력을, 적응성은 경험을 통해 학습하고 행동을 조정하는 능력을, 목표 지향성은 특정 목표 달성을 위해 행동하는 능력을 의미한다.

일반 소프트웨어와 달리 AI 에이전트는 자율적인 의사결정과 능동적인 행동 수행이 가능하다. 일반 소프트웨어는 프로그래밍된 규칙에 따라 작동하지만, AI 에이전트는 환경 변화에 따라 학습하고 적응하며 새로운 상황에서도 목표 달성을 위한 최적의 결정을 내릴 수 있다.

AI 에이전트와 ChatGPT 같은 대화형 AI는 근본적으로 다른 접근 방식을 가지고 있다. AI 에이전트는 단순한 질의응답 시스템을 넘어, 사용자가 수행을 요구한 과업의 완료를 위해 활용 가능한 여러 도구와의 상호작용을 연쇄적으로, 자율적으로 수행할 수 있는 기술이다. 반면, ChatGPT는 주로 단일 플러그인을 사용하여 질문에 답변하는 데 집중하는 반면, AI 에이전트는 여러 플러그인을 동시에 활용할 수 있는 능력을 가지고 있다. 따라서 AI 에이전트는 더 높은 수준의 자동화와 맞춤형 서비스 제공이 가능하다는 점에서 차별화된다.

최근 인공지능 분야에서 가장 주목받는 기술 중 하나는 대규모 언어 모델(Large Language Model: LLM)을 기반으로 한 에이전트이다. LLM 기반 에이전트는 자연어 처리 능력과 다양한 도구를 결합하여 더욱 지능적인 작업 수행이 가능하다. LLM 기반 에이전트는 기본적으로 4가지 핵심 구성요소인 언어 모델, 메모리, 도구 사용, 계획으로 이루어져 있다. 언어 모델은 에이전트의 '두뇌' 역할을 하며, 텍스트를 이해하고 생성하는 기능을 담당한다. 메모리는 이전 대화와 상호작용에 대한 정보를 저장하여 대화의 맥락을 유지하고, 일관된 응답을 생성할 수 있게 한다. 도구 사용은 외부 API, 데이터베이스, 애플리케이션과 연결하여 실시간 정보 검색, 작업 수행 등을 가능하게 한다. 계획은 복잡한 작업을 단계별로 분할하여 체계적으로 접근하고 해결하는 능력을 제공한다.

인공지능 에이전트는 다양한 산업 분야에서 혁신적인 방식으로 활용되고 있다. 금융 분야에서는 금융 거래 알고리즘, 사기 탐지 시스템, 개인 재무 관리 등에 활용되고 있다. 의료 분야에서는 수술용 로봇, 진단 보조 시스템, 의료 기록 관리 등에 사용되고 있다. 교통 및 물류 분야에서는 자율주행 차량, 트래픽 관리 시스템, 물류 최적화 등에 적용되고 있다. 제조 및 생산 분야에서는 생산 라인 로봇, 예측 유지 보수, 자율 창고 시스템 등에 활용되고 있다. 고객 서비스 분야에서는 고객 지원 에이전트, 개인화된 추천, 자동 일정 관리 등에 사용되고 있다.

1 인공지능 에이전트

1.1 정의와 개념

인공지능 에이전트는 주변 환경을 인식하고 행동을 통해 목표를 달성하는 자율적인 컴퓨터 시스템이다. 인공지능 에이전트는 센서를 통해 환경으로부터 정보를 수집하고, 이를 바탕으로 의사결정을 내린 후 액추에이터를 통해 환경에 영향을 미친다. 이러한 에이전트는 단순한 규칙 기반 시스템부터 복잡한 학습 능력을 갖춘 시스템까지 다양한 형태로 존재한다. 인공지능 에이전트의 핵심은 자율성, 적응성, 목표 지향성이다. 자율성은 외부의 지시 없이 스스로 행동을 결정하는 능력을 의미한다. 적응성은 환경 변화에 따라 행동을 조정할 수 있는 능력이다. 목표 지향성은 특정 목표를 달성하기 위해 행동을 계획하고 실행하는 특성이다.

인공지능 에이전트는 1956년 다트머스 회의에서 인공지능이라는 개념이 등장한 이후 지속적으로 발전했다. 초기 에이전트는 단순한 규칙 기반 시스템이었으나, 컴퓨팅 능력과 알고리즘의 발전으로 점차 복잡한 형태로 진화했다. 1990년대에는 실용적인 에이전트 시스템이 등장하기 시작했고, 2000년대에 들어서면서 기계학습의 발전으로 더욱 지능적인 에이전트가 개발됐다. 2010년대 딥러닝의 혁신으로 인공지능 에이전트는 비약적인 발전을 이루었고, 현재는 일상생활과 산업 전반에 광범위하게 활용되고 있다.

인공지능 에이전트는 환경을 인식하는 방식에 따라 완전 관찰 가능, 부분 관찰 가능으로 구분된다. 또한 의사결정 방식에 따라 결정론적, 확률적 에이전트로 나뉜다. 환경과의 상호작용 방식에 따라서는 수동적 · 능동적 에이전트로 구분할 수 있다. 학습 능력에 따라서는 학습형 · 비학습형 에이전트로 분류된다. 이러한 다양한 분류 기준은 인공지능 에이전트의 복잡성과 다양성을 보여준다.

인공지능 에이전트는 다른 관련 개념들과 구별된다. 알고리즘이 문제 해결을 위한 일련의 단계적 절차라면, 에이전트는 환경과 상호작용하며 목표를 달성하는 자율적 시스템이다. 로봇은 물리적 형태를 가진 기계장치로, 인공지능 에이전트가 제어하는 하드웨어일 수 있다. 전문가 시스템은 특정 영역의 지식을 기반으로 의사결정을 돕는 시스템으로, 인공지능 에이전트의 한 형태로 볼 수 있다.

1.2 인공지능 에이전트의 유형과 분류

(1) 단순 반사 에이전트(Simple Reflex Agents)

단순 반사 에이전트는 가장 기본적인 형태의 인공지능 에이전트다. 이 에이전트는 현재 환경의 상태만을 고려해 미리 정의된 규칙에 따라 행동한다. 조건-행동 규칙(condition-action rules)을 기반으로 작동하며, 과거 경험이나 미래 결과를 고려하지 않는다. '만약 A라면, B를 수행하라'와 같은 단순한 로직을 따른다. 온도조절기나 자동문과 같은 일상적인 장치들이 단순 반사 에이전트의 예시다. 이러한 에이전트는 구현이 간단하고 예측 가능한 행동을 보이지만, 복잡한 환경이나 변화하는 상황에 적응하는 능력이 제한적이다.

단순 반사 에이전트의 장점은 설계와 구현이 쉽고, 계산 비용이 낮으며, 예측 가능한 행동을 보인다는 점이다. 반면 단점으로는 환경 변화에 적응하지 못하고, 복잡한 문제 해결이 어려우며, 과거 경험을 활용하지 못한다는 한계가 있다. 단순 반사 에이전트는 예측 가능하고 안정적인 환경에서 간단한 작업을 수행하는 데 적합하다.

(2) 모델 기반 반사 에이전트(Model-based Reflex Agents)

모델 기반 반사 에이전트는 단순 반사 에이전트를 확장해 내부 상태를 유지한다. 이 내부 상태는 환경의 모델을 포함하며, 현재 관찰할 수 없는 환경의 측면들을 추적한다. 에이전트는 이 모델을 사용해 현재 환경 상태를 더 정확히 파악하고, 이에 기반한 조건-행동 규칙을 적용한다. 자율주행 자동차의 기본 시스템은 모델 기반 반사 에이전트의 예시다. 차량은 주변 환경의 모델을 유지하며, 보이지 않는 장애물이나 다른 차량의 위치까지 추정해 주행 결정을 내린다.

모델 기반 반사 에이전트의 장점은 부분적으로 관찰 가능한 환경에서도 작동하고, 환경의 동적 변화를 추적할 수 있으며, 단순 반사 에이전트보다 복잡한 작업을 수행할 수 있다는 점이다. 단점으로는 정확한 환경 모델이 필요하고, 모델 구축과 유지에 계산 자원이 필요하며, 여전히 장기적 계획이나 학습 능력에 한계가 있다. 모델 기반 반사 에이전트는 부분적으로 관찰 가능하거나 동적으로 변하는 환경에서 반응적 행동이 필요한 작업에 적합하다.

(3) 목표 기반 에이전트(Goal-based Agents)

목표 기반 에이전트는 명시적인 목표를 가지고 행동한다. 이 에이전트는 환경 모델을 사용해 현재 상태를 파악하고, 가능한 행동과 그 결과를 예측한 후, 목표 달성에 가장 가까워지는 행동을 선택한다. 목표 기반 에이전트는 '무엇을 해야 하는가'에 대한 명시적인 정보를 가지고 있어, 단순히 반응하는 것을 넘어 목표 지향적 행동을 계획한다. 내비게이션 시스템은 목표 기반 에이전트의 예시다. 목적지(목표)를 설정하면, 시스템은 현재 위치에서 목적지까지의 다양한 경로를 계획하고 최적의 경로를 선택한다.

목표 기반 에이전트의 장점은 명확한 목표를 향해 행동하고, 복잡한 문제 해결이 가능하며, 장기적 계획을 수립할 수 있다는 점이다. 단점으로는 목표 정의가 어려울 수 있고, 계획 수립에 많은 계산 자원이 필요하며, 다중 목표나 변화하는 목표 상황에서 성능이 저하될 수 있다. 목표 기반 에이전트는 명확한 목표가 있고 계획이 중요한 작업에 적합하다.

(4) 유틸리티 기반 에이전트(Utility-based Agents)

유틸리티 기반 에이전트는 목표 기반 에이전트를 확장해 각 가능한 결과에 '유틸리티' 또는 '선호도'를 할당한다. 이 에이전트는 단순히 목표 달성 여부가 아니라, 목표 달성의 '품질'이나 '만족도'를 고려한다. 유틸리티 함수는 상태의 바람직함을 수치로 표현해, 에이전트가 여러 목표나 상충되는 목표 사이에서 균형을 맞출 수 있게 한다. 자율주행 택시 서비스는 유틸리티 기반 에이전트의 예시다. 이 시스템은 시간 절약, 연료 효율성, 승객 만족도 등 여러 요소를 고려해 경로와 주행 방식을 결정한다.

유틸리티 기반 에이전트의 장점은 다중 목표 사이에서 균형을 맞출 수 있고, 불확실성 하에서 의사결정이 가능하며, 목표 달성의 품질을 최적화할 수 있다는 점이다. 단점으로는 유틸리티 함수 설계가 어렵고, 계산 복잡성이 높으며, 유틸리티 함수가 잘못 설계되면 예상치 못한 행동이 발생할 수 있다. 유틸리티 기반 에이전트는 다양한 요소를 고려해 최적의 결정을 내려야 하는 복잡한 작업에 적합하다.

(5) 학습 에이전트(Learning Agents)

학습 에이전트는 경험을 통해 성능을 향상시키는 능력을 갖춘 에이전트다. 이 에이전트는 초기 지식이나 모델이 불완전하더라도, 환경과의 상호작용을 통해 학습하고 적응한다. 학습 에이전트는 비평 요소(성능 평가), 학습 요소(성능 향상), 문제 생성 요소(새로운 경험 탐색)로 구성된다. 추천 시스템은 학습 에이전트의 대표적인 예시다. 사용자의 선호도와 행동 패턴을 학습해 점점 더 정확한 추천을 제공한다.

학습 에이전트의 장점은 경험을 통해 지속적으로 성능이 향상되고, 미지의 환경에 적응할 수 있으며, 초기 설계의 한계를 극복할 수 있다는 점이다. 단점으로는 학습 데이터 품질에 의존적이고, 학습 과정이 시간과 자원을 많이 소모하며, 과적합이나 편향 같은 학습 관련 문제가 발생할 수 있다. 학습 에이전트는 환경이 복잡하거나 변화하는 작업, 또는 초기에 완벽한 모델을 설계하기 어려운 작업에 적합하다.

(6) 멀티 에이전트 시스템(Multi-Agent Systems)

멀티 에이전트 시스템은 다수의 자율적인 에이전트가 상호작용하는 환경이다. 각 에이전트는 자체 목표와 능력을 가지고 있으며, 협력, 경쟁, 조정을 통해 복잡한 문제를 해결한다. 멀티 에이전트 시스템은 중앙 집중식 제어 없이도 전체 시스템의 목표를 달성할 수 있다. 분산된 센서 네트워크, 물류 최적화 시스템, 다중 로봇 협업 등이 멀티 에이전트 시스템의 예시다.

멀티 에이전트 시스템의 장점은 복잡한 문제를 분산 처리할 수 있고, 시스템의 확장성과 유연성이 높으며, 단일 에이전트의 실패에 강건하다는 점이다. 단점으로는 에이전트 간 조정이 어렵고, 통신 오버헤드가 발생하며, 시스템 행동 예측과 디버깅이 복잡하다. 멀티 에이전트 시스템은 분산된 문제 해결, 협업이 필요한 작업, 또는 단일 에이전트로 해결하기 어려운 대규모 작업에 적합하다.

(7) 인지 아키텍처 기반 에이전트(Cognitive Architecture-based Agents)

인지 아키텍처 기반 에이전트는 인간의 인지 과정을 모방하는 구조를 가진 에이전트다. 이 에이전트는 지각, 주의, 기억, 학습, 의사결정, 문제 해결 등 인간의 인지 기능을 컴퓨터 시스템으로 구현한다. 인지 아키텍처는 일반적인 지능을 목표로 하며, 다양한 문제 영역에서 적용 가능한 통합된 시스템을 지향한다. ACT-R, SOAR, CLARION 등이 대표적인 인지 아키텍처다.

인지 아키텍처 기반 에이전트의 장점은 인간과 유사한 인지 과정을 모델링하고, 다양한 영역에서 지식 전이가 가능하며, 설명 가능한 의사결정을 제공한다는 점이다. 단점으로는 구현이 복잡하고, 계산 자원 요구량이 많으며, 특정 영역에서는 전문화된 접근법보다 성능이 떨어질 수 있다. 인지 아키텍처 기반 에이전트는 인간과 유사한 추론이 필요한 작업, 다양한 영역에서 일반화가 필요한 작업, 또는 인간과의 자연스러운 상호작용이 중요한 작업에 적합하다.

2 모델 컨텍스트 프로토콜(Model Context Protocol: MCP)

Model Context Protocol(MCP)은 인공지능 모델에 다양한 문맥(Context) 정보를 표준화된 형태로 제공하기 위한 개방형 프로토콜이다. 오늘날 AI 활용이 증가함에 따라, AI 모델들은 단순히 훈련 데이터에만 의존하지 않고 외부 데이터 소스와 도구(tool)를 활용해 더 정확하고 유용한 응답을 생성할 필요성이 커졌다. MCP는 이러한 요구에 대응하여 등장한 표준 규약으로, 일종의 "AI용 USB-C 포트"처럼 동작한다. 즉, 과거에는 AI 모델마다 각기 다른 방식으로 외부 데이터를 연결해야 했지만 MCP를 이용하면 한 가지 규격으로 다양한 데이터 소스와 AI 모델을 상호 연결할 수 있다.

2.1 특징

(1) MCP의 개념과 등장 배경

MCP(Model Context Protocol)는 AI 시스템(주로 LLM 기반의 에이전트)과 외부 데이터 소스 간에 표준화된 문맥 교환 방식을 제공하는 오픈 프로토콜이다. Anthropic사가 2024년 11월에 처음 공개했고, 이후 업계 전반에서 주목받고 있다. MCP의 핵심 개념은 AI 모델에 필요한 모든 맥락 정보를 구조화하여 전달함으로써, 모델이 실시간으로 외부 세계의 데이터와 상호작용할 수 있게 해주는 것이다. 이를 통해 AI는 고립된 모델이 아니라, 마치 주변에 여러 주변장치(peripheral)를 연결한 것처럼 확장된 지능을 발휘할 수 있다.

예를 들어, 기존에는 특정 데이터베이스 정보를 AI에게 제공하려면 그 데이터에서 추출한 텍스트를 프롬프트에 삽입하거나, 개별적인 API 호출 결과를 수동으로 합쳐주는 등의 작업이 필요했다. 하지만 MCP를 사용하면 데이터베이스에 대한

MCP 서버를 통해 표준화된 방식으로 AI에게 해당 정보 접근 방법을 알려줄 수 있다. AI 모델은 이 표준 프로토콜을 통해 필요한 순간에 직접 데이터에 질의하고 결과를 얻어 활용할 수 있다. 즉, MCP는 AI와 데이터/도구 사이의 다리 역할을 하여, AI 비서가 필요한 지식이나 도구를 자유롭게 쓸 수 있도록 해준다.

LLM 기반 챗봇들은 등장 초기에는 사용자와의 대화 맥락만으로 답변을 생성했다. 그러나 사용자의 개별적인 맥락(업무 문서, 개인 데이터, 실시간 정보 등)을 반영하거나, AI가 도구를 이용한 행동(예: 계산, 검색 등)을 수행하도록 하려는 요구가 생겨났다. 이를 위해 OpenAI의 함수 호출(Function Calling), ChatGPT 플러그인, 자체 API 통합 등 여러 접근법이 시도되었다. 하지만 각 접근법마다 방식이 달라 개발자가 매번 새로 통합 로직을 작성해야 했고, 특정 벤더의 생태계에 종속되는 문제가 있었다. 특히 기업 환경에서는 여러 데이터베이스, 사내 툴, 클라우드 서비스 등을 AI와 연결해야 하는데, 일관된 표준 없이 개별적으로 구현하면 확장성과 보안 관리에 한계가 있다. MCP는 이러한 혼란을 해소하기 위해 업계 표준의 통합 규격을 제시한 것이다. Anthropic사는 "MCP를 통해 단절된 정보 섬에 갇혀 있던 AI를 해방하고, 데이터 접근 방식을 하나의 프로토콜로 단일화할 수 있다"고 발표했다. 요약하면, MCP의 등장 배경에는 AI의 맥락 확장 요구와 기존 통합 방식의 파편화 문제가 자리하고 있다.

(2) MCP의 일반적 특징

MCP의 특징은 한마디로 "표준화", "개방성", "실시간 상호작용"으로 요약할 수 있다. 주요 특징을 살펴보면 다음과 같다.

- **표준화된 문맥 전달:** MCP는 애플리케이션이 AI 모델에게 맥락을 제공하는 형식을 표준화한다. 마치 모든 기기가 USB-C 포트로 연결되듯, MCP를 따르면 AI와 데이터 소스/도구가 정해진 규칙에 따라 데이터를 주고받는다. 예를 들어, 파일 시스템이든, 웹 API이든 MCP 서버로 구현되면 동일한 프로토콜 형식으로 AI에 정보를 공급할 수 있다.
- **개방형 프로토콜:** MCP는 특정 기업에 종속되지 않는 오픈 표준이다.

Anthropic이 주도했지만 프로토콜 자체는 공개되어 있어 누구나 구현하고 활용할 수 있다. 이는 OpenAI의 함수 호출이나 ChatGPT 플러그인처럼 단일 플랫폼에 종속적이지 않다는 장점이 있다. 어떤 LLM 모델이든(MCP를 지원하도록 클라이언트를 구성하면) MCP 서버에 연결할 수 있고, 어떤 데이터 소스든(MCP 규격에 맞게 서버를 만들면) AI가 접근할 수 있다. 이러한 개방성 덕분에 2025년 초 기준 수많은 커뮤니티 개발자들이 자체 MCP 서버(커넥터)를 만들어 공유하고 있으며, 수백~수천 개의 MCP 호환 커넥터가 등장하여 생태계가 빠르게 확장되고 있다.

- **양방향 및 상태 유지 통신:** MCP를 통해 AI와 외부 서비스는 양방향으로 통신한다. 과거 REST API 기반 통합에서는 AI가 일회성 요청을 보내고 응답을 받는 단방향 상호작용이 일반적이었다. 반면 MCP에서는 AI와 MCP 서버 간에 지속적인 연결(세션)이 유지되며, 여러 차례 연속 상호작용이 가능하다. 예를 들어 AI가 어떤 도구를 한 번 호출한 뒤 결과를 토대로 다시 다른 도구를 호출하는 등 멀티스텝 상호작용을 자연스럽게 이어갈 수 있다. 이때 MCP 연결이 상태ful 열려 있으므로 각 호출 간 맥락이 보존되어 대화 흐름이 끊기지 않으며, 필요한 추가 요청이나 데이터 스트리밍도 실시간으로 주고받을 수 있다.
- **동적 도구 발견과 조합:** MCP는 런타임 시점에 도구와 자원을 동적으로 주고받는 기능을 제공한다. AI가 사용할 수 있는 도구 목록이나 접근 가능한 데이터 리소스 정보를 초기 핸드셰이크 단계에서 교환하므로, 미리 코드에 모든 것을 하드코딩하지 않아도 된다. 새로운 MCP 서버를 추가하면 AI 클라이언트는 그 기능을 동적으로 인지할 수 있다. 또한 하나의 세션에서 여러 종류의 MCP 서버를 동시에 활용할 수 있어, 예를 들어 파일 검색 도구와 데이터베이스 질의 도구를 조합하여 복합적인 작업을 수행할 수 있다. 이러한 도구의 조합성(composability)은 MCP의 강력한 장점으로, 서로 다른 제공자가 만든 MCP 서버라도 한 대화 세션에서 매끄럽게 함께 활용될 수 있다.
- **보안과 권한 관리:** MCP는 실제 기업 데이터와 연결될 것을 염두에 두고 보안 설계가 이루어졌다. 인증/인가 체계를 프로토콜 차원에서 포함하며, 민감 정

보가 오갈 경우 데이터 마스킹이나 토큰 관리 등의 기능을 서버가 맡도록 권고된다. 또한 MCP 구조상 호스트(클라이언트 애플리케이션)가 전체 대화 맥락을 관리하고, 각 MCP 서버는 자신과 관련된 요청 및 데이터만 접근하도록 제한된다. MCP 서버는 호스트가 전달하는 필요한 정보만 받으며, 개별 서버가 전체 사용자 대화 내용이나 다른 서버의 데이터에 멋대로 접근할 수 없다. 이를 통해 데이터 격리와 권한 경계가 유지되어, 여러 서비스가 연결되더라도 한 곳의 침해가 전체 시스템으로 확산되는 위험을 줄인다. 이러한 중앙 관리 및 보안 기능은 엔터프라이즈 환경에서 MCP가 채택될 수 있는 중요한 이유다.

- **베스트 프랙티스 내장:** MCP는 단순히 형식만 정의한 것이 아니라, LLM과 데이터 통합을 위한 모범 사례들을 체계화하고 있다. 예를 들어, AI 응답의 근거가 된 데이터 출처를 추적 가능하게 한다든지, 민감한 데이터는 호스트 쪽에만 유지하고 모델에게는 필요 최소한만 전달한다든지, 또는 장시간 세션에서 메모리 관리(오래된 문맥 정리 등)를 호스트가 책임지는 등의 설계 원칙을 담고 있다. 이러한 원칙 덕분에 MCP를 따르면 AI 시스템 구축 시 많이 발생하는 문제들(환각 줄이기, 문맥 일관성, 데이터 준수 등)을 자연스럽게 완화할 수 있다.

(3) 기존 문맥 모델과의 차이점

MCP 이전에도 AI에게 외부 정보를 제공하거나 맥락을 불어넣기 위한 다양한 모델과 기법이 존재했다. 대표적으로 Retrieval-Augmented Generation(RAG), ChatGPT 플러그인, OpenAI 함수 호출 등이 있다. MCP는 이들과 목표는 유사하지만 접근 방식에서 여러 차이가 있다. 아래에서는 기존 접근과 MCP의 차이를 비교한다.

- **전통적 컨텍스트 주입:** 가장 기본적인 방식으로, AI 모델에게 추가 정보를 주고 싶을 때 프롬프트 맨 앞 또는 사용자 메시지에 텍스트로 삽입하곤 했다. 시스템 프롬프트나 사용자 발화에 필요한 모든 배경지식을 덧붙이는 방식인데, 비표준화된 수작업이 필요하며 맥락이 많아질수록 혼재되고 관리가 어려워지는 문제가 있었다. 예를 들어 제품 매뉴얼 내용을 답변에 활용하려면 그 내용을

잘라서 매 대화에 붙여 넣어야 했고, 대화 내내 함께 섞여 있기 때문에 재사용도 어렵고 대화 흐름에 따라 내용이 꼬일 위험도 있었다. MCP는 이러한 임시방편을 체계화된 구조로 대체한다. 시스템 지침, 사용자 프로필, 대화 이력, 외부 문서 등을 각각 명시적인 필드로 구분하여 모델에게 전달함으로써, 모델이 "지금 누구와 어떤 상황에서 대화 중인지" 명확히 이해하도록 돕는다.

- **RAG(Retrieval-Augmented Generation)**: RAG는 모델 질문에 답하기 위해 벡터DB 등의 검색을 거쳐 관련 문서를 찾아 그 내용을 프롬프트에 첨부하는 방식이다. 질문-응답 시점에 실시간으로 지식을 보강한다는 점에서 MCP와 목적이 비슷하다. 그러나 RAG는 주로 질의 응답(Q&A)에 특화되어 동작하며, 맥락 제공이 단방향이다. 즉, 모델이 외부지식을 요청한다기보다, 시스템이 미리 검색해서 답변 생성을 돕는다. 또한 RAG에서는 검색된 문서를 단순 텍스트로 합쳐 프롬프트에 넣기 때문에 세션이 길어지면 이전 검색 맥락을 모델이 잊을 수 있고, 검색 결과가 항상 잘 반영되는 것도 아니다. 반면 MCP에서는 AI 모델이 필요할 때마다 능동적으로 서버에 요청하고 결과를 받으며, 한 세션 내에서 여러 번 요청을 주고받을 수 있다. 맥락 정보는 프롬프트의 일부로 주입될 수도 있고(예: 서버가 제공한 텍스트를 첨부), 또는 모델이 툴 사용 결과를 내부적으로 참고하도록 할 수도 있다. 실시간성측면에서는 RAG도 최신 데이터를 가져올 수 있지만, MCP는 스트리밍 형태로 지속 데이터 공급도 가능하고, 질의뿐 아니라 행동(Action) 수행까지 아우르는 더 범용적인 개념이다. 요약하면 RAG는 지식 조회에 초점이 있고, MCP는 지식 + 도구 활용 전반을 포괄하며 상태 유지와 보안 관리를 내장한 확장형 접근이라고 볼 수 있다. 두 접근은 경쟁 관계라기보다 보완적으로 함께 쓰일 수도 있다(실제로 MCP 환경 내에서 RAG 방식의 검색 툴을 구현하여 사용할 수도 있다).
- **OpenAI 함수 호출(Function Calling)**: OpenAI의 GPT-4 등에서 지원하는 함수 호출 기능은 모델 답변 중에 미리 정의된 함수 호출 포맷(JSON)으로 외부 함수를 트리거할 수 있게 한 것이다. 예를 들어 모델이 답변 대신 {"함수 이름": ..., "인자": ...} 형태를 생성하면, 애플리케이션이 이를 파싱해 해당 함수를 실행하고 그 결과를 다시 모델에 전달하는 식이다. 이 방식은 모델 자체가 언제 어

떤 함수를 써야 할지 결정한다는 점에서 MCP의 "모델이 툴 사용을 주도"하는 철학과 유사하다. 그러나 함수 호출은 OpenAI 모델 내부 기능으로 동작하며, 사전에 정의된 함수들만 호출 가능하다는 제한이 있다. 또한 함수 호출 자체는 모델 응답의 일부로서 일회성으로 일어나고, 그 이후 대화에서 함수를 동적으로 변경하거나 새로 추가하기 어렵다. MCP는 클라이언트 사이드에서 동작하는 표준이므로, 모델 벤더에 관계없이 사용할 수 있고, 새로운 MCP 서버(함수 모음)를 연결하면 즉각 사용 가능하며, 세션 도중에도 여러 번 호출하거나 심지어 여러 함수를 조합할 수도 있다. 요약하자면, 함수 호출은 서버 측/모델 측 기능인 반면 MCP는 클라이언트 측 표준 프로토콜이며, 벤더 독립적이고 상태ful 멀티함수 시퀀스를 지원한다는 점에서 차별화된다.

- **ChatGPT 플러그인:** ChatGPT 플러그인은 OpenAI가 자사 챗봇에 한정해 제공했던 외부 도구 연동 방식으로, HTTP API를 이용해 특정 서비스와 연결했다. 플러그인마다 JSON 스키마와 API 엔드포인트가 정의되고 ChatGPT가 그를 호출하는 식인데, 이는 MCP의 한 부분 기능(툴 사용)과 유사하다. 다만 플러그인은 ChatGPT 환경 안에서만 동작하며, 각 플러그인마다 고유의 통신 방법을 따랐기 때문에 일관성이 부족했다. 또한 한 번에 한 개 플러그인만 응답에 사용되는 경우가 많아 멀티 툴 조합이 쉽지 않았고, 세션 간 플러그인 상태가 이어지지 않아 대화 맥락을 지속하기 어려운 면이 있었다. 반대로 MCP는 오픈 표준 생태계로 여러 도구를 한데 연결할 수 있고, MCP 호환이라면 누구나 자신의 애플리케이션이나 서비스에 통합할 수 있다. 예를 들어 ChatGPT, Claude, opensource LLM 등 다양한 모델이 MCP를 사용할 수 있으며, 동일한 MCP 서버를 여러 다른 AI 클라이언트가 재사용할 수도 있다. MCP는 영속적 연결과 통합성 측면에서 플러그인보다 발전된 개념이라 할 수 있다.

이러한 차이점들을 종합하면, MCP는 기존 문맥 모델들의 장점을 흡수하면서 더 범용적이고 확장 가능한 표준 프레임워크를 제시한 것이다. 직접 API 연동의 유연성, RAG의 실시간 정보 활용, 함수 호출의 모델 주도 도구 사용, 플러그인의 손쉬운 통합 등을 모두 지원하면서, 표준화와 상태 관리, 보안이라는 추가 이점을 제공한다. 결과적으로 MCP의 등장은 AI를 외부 세계와 연결하는 방식을 각개격파식 커스텀 구현에서 공용 표준으로 격상시켰다는 의의를 가진다.

2.2 사용방법

이 절에서는 MCP를 실제로 어떻게 구성하고 작동시키는지, 그 주요 구성 요소와 동작 방식을 단계적으로 설명한다. MCP는 클라이언트-서버 아키텍처를 따르며, AI가 여러 데이터 소스에 접근할 수 있도록 설계되어 있다. 일반적인 MCP 시스템은 다음과 같은 구성 요소로 이루어진다.

- **MCP 호스트(Host):** AI 모델을 구동하는 애플리케이션 또는 플랫폼을 말한다. 예를 들어 Anthropic의 Claude Desktop, IDE 내 AI 보조 기능, 별도의 AI 챗봇 앱 등이 MCP 호스트가 될 수 있다. 호스트는 사용자로부터 질문/명령을 받아 모델에게 전달하고, 모델의 응답을 사용자에게 보여주는 기본 프레임 역할을 한다. MCP 환경에서 호스트는 여러 MCP 서버와 연결을 관리하며, 전체 대화 흐름과 문맥을 총괄하는 책임을 진다. 호스트는 내부에 MCP 클라이언트를 구동하여 서버들과 통신하고, 필요에 따라 모델에게 맥락을 모아 전달한다. 또한 보안 정책 준수, 권한 허용/차단, 세션 수명 관리 등의 오케스트레이션 기능도 호스트가 담당한다.
- **MCP 클라이언트(Client):** MCP 프로토콜을 구현하여 개별 서버와 통신하는 모듈이다. 보통 MCP 호스트 애플리케이션 내에 여러 클라이언트 인스턴스로 존재하며, 각 클라이언트가 하나의 서버와 1:1 연결을 유지한다. 클라이언트는 서버와의 세션을 열고 유지하며, 초기 핸드셰이크(능력 교환)를 수행하고 이후 요청/응답 메시지를 주고받는다. 클라이언트는 서버로부터 오는 메시지를 호스트/모델 측에 전달하고, 모델의 도구 호출 요청을 받아 서버로 중계하는 역할을 한다. 또한 구독형 이벤트나 알림을 수신하여 모델에게 전달하는 등 양방향 메시지 라우팅 허브 역할을 한다. MCP 클라이언트는 서버별로 격리되어 동작하여 서버 간 간섭을 막고 보안을 유지한다(예: Slack 서버용 클라이언트는 Slack

관련 메시지만 다루고, GitHub 서버용 클라이언트는 GitHub 작업만 수행한다).

- **MCP 서버(Server):** 실제 데이터 소스나 도구에 접속하여 기능을 제공하는 경량 프로그램이다. MCP 서버는 예를 들어 Google Drive 파일 검색 서버, Slack 채팅 서버, 데이터베이스 질의 서버, 코딩 파일 접근 서버 등 각각 하나의 전문 기능을 노출한다. 서버는 MCP 프로토콜의 표준에 따라 자신의 가능한 액션과 자원(Resource)들을 정의된 형식으로 외부에 공개하고, 클라이언트로부터 요청이 오면 해당 기능을 수행한 뒤 결과나 오류를 응답으로 반환한다. 한 서버는 하나의 백엔드 시스템에 집중하여, 역할이 명확하고 가볍게 유지되는 것이 일반적이다. 서버는 자체적으로 데이터에 접근할 권한과 방법을 알고 있으며(예: API 키나 DB 커넥션), 클라이언트로부터 전달받은 요청 파라미터를 실제 자원에 적용해 결과를 얻는다. 또한 MCP 서버는 필요시 샘플링(sampling) 기능을 통해 AI 모델에게 하위 작업을 위임할 수도 있다(예: 서버 측에서 간단한 요약을 위해 모델에게 프롬프트를 보내는 등. 그러나 이런 고급 기능은 선택적이다). 대부분의 MCP 서버는 로컬 프로세스로 사용자의 컴퓨터나 서버 상에서 실행되지만, 원한다면 원격 웹 서비스 형태로 운영할 수도 있다.
- **로컬/원격 데이터 소스:** MCP 서버가 실제로 접속하는 대상이다. 로컬 파일 시스템, DB, 이메일함, 클라우드 드라이브, 사내 업무시스템, 서드파티 웹 API 등 다양한 종류의 데이터와 서비스가 해당된다. 이들은 MCP 프로토콜 밖의 세계에 있는 실제 정보 저장소나 기능 제공점이다. MCP 서버는 이러한 자원에 대한 접근을 추상화하여, 통일된 MCP 인터페이스로 노출한다. 예를 들어 MCP 서버 하나가 사내 데이터베이스에 연결해 쿼리를 실행해주면, AI 측에서는 DB 종류나 쿼리 언어를 몰라도 MCP 표준 메시지로 DB 데이터를 얻을 수 있다. 궁극적으로 MCP는 AI가 이처럼 내부/외부의 모든 데이터 소스에 실시간 접근하는 것을 가능케 한다.

이제 이러한 구성 요소들이 어떻게 작동하는지를 순차적으로 살펴보자. MCP 기반 시스템은 다음의 단계를 통해 AI와 데이터 소스를 연결하고 활용한다.

1. **서버 구현 및 등록:** 우선 개발자는 필요한 데이터 소스나 기능에 대해 MCP 서버를 구현하거나, 이미 공개된 표준 MCP 서버 모듈을 사용할 수 있다. 예를 들어 프로젝트의 코드를 읽어오는 기능이 필요하다면 Git MCP 서버를, 사내 위키 문서를 찾는 기능이 필요하다면 Confluence MCP 서버 등을 선택한다. Anthropic과 커뮤니티에서 다양한 오픈소스 MCP 서버들을 제공하고 있으므로, 적절한 것을 골라 설치 및 실행한다. 서버를 직접 구현하려면 공식 SDK(Python, TypeScript 등 다양한 언어 지원)를 이용해, 정해진 JSON-RPC 규격에 따라 기능을 노출하면 된다. MCP 서버에는 대개 자신만의 도구(tools), 자원(resources), 프롬프트(templates) 정의가 포함되며, 개발자는 해당 서버 코드에서 실제 데이터 접근 로직(API 호출, DB 쿼리 등)을 작성하게 된다.
2. **호스트에서 서버 연결 설정:** AI 애플리케이션(호스트)은 사용하고자 하는 MCP 서버들과 연결을 맺는다. 이때 서버가 로컬 프로세스로 실행 중이면 로컬 파이프나 WebSocket 등으로 연결하고, 원격 서버일 경우 HTTP 스트림 또는 소켓 등으로 통신할 수 있다. 연결이 시작되면 클라이언트와 서버 사이에 초기 핸드셰이크(handshake)가 이루어진다. 이 과정에서 서버는 자신이 지원하는 기능 목록과 프로토콜 버전, 기능 플래그(예: 툴 기능 지원 여부, 알림 지원 여부 등)를 광고하고, 클라이언트(호스트)는 자기가 지원하는 모델 쪽 기능(예: 모델 호출 대기 지원 여부 등)을 알린다. 즉, 능력 교환 단계를 거쳐 양쪽이 공통으로 사용할 기능들을 확정한다. 이를테면 서버가 "파일 변경 시 알림을 보낼 수 있다"는 기능을 가지고 있고 클라이언트도 이를 지원하면, 해당 세션 동안 파일 변경 알림을 활성화하는 식이다(핸드셰이크 예시: 서버가 tools, resources, prompts 기능을 제공한다고 광고하면 클라이언트는 그 정보를 저장해둔다. 반대로 클라이언트가 sampling 기능(모델에게 부분적 응답을 요청하는 기능)을 지원한다고 알리면 서버는 필요 시 이를 활용할 수 있다. 이처럼 MCP 세션 시작 단계에서 쌍방은 사용할 프로토콜 Capabilities(능력)를 교섭하고 확정한다).
3. **모델에게 도구 및 문맥 인지시키기:** 호스트는 연결된 MCP 서버들의 정보를 AI 모델에게 전달한다. 여기에는 서버에서 제공하는 툴 목록, 사용 가능한 리소스 종류, 프롬프트 템플릿 등이 포함된다. 이 단계는 MCP 프로토콜 레벨이라기

보다 호스트 애플리케이션 레벨의 동작이다. 예를 들어 Claude 나 GPT-4 같은 모델을 MCP 호스트에서 사용할 경우, 호스트 프로그램은 모델에게 시스템 메시지로 "당신은 다음의 도구들을 사용할 수 있습니다.."식의 지침을 주거나, 모델이 이해할 수 있는 형식(함수 호출 포맷 등)으로 툴을 인식시킨다. Anthropic Claude의 데스크톱 앱 등 MCP 지원 클라이언트는 이러한 작업을 자동으로 처리해준다. 결과적으로 모델은 현재 세션에서 사용 가능한 외부 기능과 그 사용 방법을 알게 되어, 사용자 질문을 받았을 때 적절히 툴을 활용할 준비를 갖춘다.

4. **사용자 질의 및 모델 판단:** 사용자가 AI에게 질문하거나 명령을 내린다. 예를 들어 "최근 우리 팀 Slack에서 논의된 내용 중 중요한 것을 알려줘"라고 물어본 상황을 가정하자. 이 질문을 받은 AI 모델은 자체 추론을 통해, 외부 도구를 써야 할지 또는 자체 지식만으로 답할지 판단을 내리게 된다. 만약 자체적으로는 답하기 어려워 보이고 Slack 데이터를 참조해야겠다고 결론내면, 모델은 미리 인지하고 있던 Slack MCP 서버의 툴을 사용하도록 행동을 결정한다(이러한 결정은 모델이 내재적으로 학습한 지식과 시스템 프롬프트로부터 받은 지시에 따라 이루어진다. 예컨대 "필요하면 Slack 서버의 get_recent_summary 함수를 호출하라"는 식의 힌트를 시스템이 준 경우다).
5. **MCP 툴 호출(Invocation):** 모델이 도구를 사용하기로 하면, 호스트 내 MCP 클라이언트가 그 요청을 JSON-RPC 형식의 메시지로 해당 MCP 서버에 보낸다. 예를 들어 모델이 Slack 서버의 searchMessages라는 툴을 쓰려 한다면, 클라이언트는 Slack MCP 서버로 {"method": "searchMessages", "params": {"channel": "...", "query": "..."}} 형태의 호출 요청을 전송한다. 이 때 MCP는 비동기 메시지 스트림으로 동작하여, 클라이언트는 이 요청을 보내놓고 응답을 대기한다.
6. **서버 측 작업 및 응답:** MCP 서버는 클라이언트로부터 요청을 받으면, 사전에 약속된 로직에 따라 실제 작업을 수행한다. Slack 서버의 예에서는 Slack API에 접근해 해당 채널의 메시지를 검색하고 결과를 정리할 것이다. 서버는 작업

결과를 MCP 표준 응답 메시지에 담아 클라이언트로 보낸다. 응답에는 작업 성공 여부, 결과 데이터(예: 검색된 메시지 내용들), 혹은 오류가 발생했다면 오류 코드와 메시지가 포함된다. MCP 프로토콜에서는 이러한 결과를 JSON 형태로 정의하며, 필요하다면 결과가 매우 길거나 스트리밍 데이터일 경우 부분 응답을 연속적으로 전송할 수도 있다(예: 대용량 파일을 읽는 경우 여러 chunk로 나누어 순차 전송).

7. **모델의 맥락 통합:** 클라이언트는 받은 응답 데이터를 모델에게 전달한다. 전달 방식은 상황에 따라 다른데, 일반적으로는 모델의 추가 프롬프트로 간주하여 대화의 다음 턴에 포함시킨다. 예를 들면, 모델이 "Slack 검색 결과를 알려줘"라고 툴을 호출했다면, 클라이언트는 응답을 받아 모델에게 "[도구 응답]: ..." 형태로 시스템 메시지를 삽입하거나, 모델이 바로 이어서 결과를 볼 수 있는 내부 메모리에 넣어준다. 이렇게 함으로써 모델은 자신이 요청한 Slack 데이터 결과를 새로운 문맥으로 인식하고, 그 정보에 근거하여 사용자의 질문에 대한 답변을 생성할 수 있게 된다. 중요하게, 이 단계에서 MCP 호스트는 여러 서버들로부터 온 맥락을 종합하거나 필요 없는 부분을 걸러내는 등의 작업을 수행할 수 있다. 예를 들어 Slack 검색결과가 수십 줄이라면 요약하여 전달하거나, 보안상 민감한 부분은 마스킹 처리하여 모델에게 넘기는 식이다. 최종적으로 모델은 사용자 질문 + 외부툴 응답 모두를 고려해 답변을 산출한다.
8. **모델 응답 및 반복:** 모델이 최종 사용자에게 줄 답변을 생성하여 호스트에게 돌려준다. 호스트는 이 답변을 사용자에게 표시한다. 만약 한 번의 외부 호출로 충분치 않다면, 모델-툴 상호작용이 연속될 수 있다. 예컨대 첫 번째 Slack 검색 결과만으로는 부족해 모델이 추가 검색이나 다른 툴 사용을 결정하면, 위 과정(5~7번)을 다시 거친다. MCP 연결은 세션 동안 열려 있으므로 필요한 만큼 반복 호출이 가능하다. 이러한 일련의 과정을 통해 사용자와 AI의 대화는 자연스럽게 외부 데이터 활용을 포함하게 되며, 사용자는 마치 AI가 모든 정보를 알고 있는 듯한 맥락 풍부한 답변을 얻는다.

2.3 활용 분야

MCP는 AI와 외부 데이터를 연결하는 범용 기술인 만큼, 적용 가능한 분야가 매우 넓다. 여기서는 대표적인 활용 분야 몇 가지를 소개한다. 일반 개발자가 접할 수 있는 개발/소프트웨어 분야부터, 챗봇과 고객지원, 데이터 처리/분석, 업무 자동화, 산업 현장에 이르기까지 MCP는 다양한 영역에서 혁신을 이끌 수 있다.

- **개발 분야(AI 코딩 비서 및 개발 도구):** MCP는 프로그래밍과 소프트웨어 개발 분야에서 AI 코딩 비서의 능력을 크게 향상시킨다. 예를 들어 IDE(통합 개발 환경)에 MCP를 도입하면, AI 코드 보조가 프로젝트의 실제 코드베이스와 연동되어 더 정확한 도움을 줄 수 있다. 구체적으로, 코드 보조 AI는 MCP 서버를 통해 Git 저장소에 접근하여 현재 프로젝트의 소스 코드를 읽거나 검색할 수 있고, 문서 서버를 통해 라이브러리 문서를 찾아보거나, 이슈 트래커 서버를 통해 관련 버그 리포트를 열람할 수도 있다. 이를 활용하면 개발자는 "이 함수 어디에서 정의되었지?"라고 물었을 때 AI가 바로 Git MCP 서버로부터 해당 함수 정의를 찾아 답해줄 수 있다. 또한 "이 에러 메시지 해결 방법 찾아줘"라는 요청에 AI가 이슈 트래커나 Stack Overflow MCP 서버를 검색해 해결책을 제시할 수 있다. 실제로 소스그래프(Sourcegraph)의 Cody, Replit의 Ghostwriter, Codeium 등의 AI 코딩 도구들이 MCP와 유사한 맥락 통합을 시도하고 있으며, Anthropic Claude도 코딩 도움모드에서 MCP 서버로 프로젝트 파일들을 읽어들일 수 있다. 개발 분야에서 MCP의 또 다른 활용은 CI/CD 파이프라인이나 DevOps 작업자동화다. AI 에이전트가 MCP로 클라우드 인프라 도구를 호출해 배포를 수행하거나, 모니터링 시스템 데이터를 읽어와 이상을 감지하는 등의 일이 가능해진다. 이를 통해 개발자 생산성 향상과 반복 작업 자동화에 큰 도움이 될 것으로 기대된다.
- **챗봇 및 고객지원:** 기업의 FAQ 챗봇, 고객지원 상담봇 등에 MCP를 접목하면, 단순 질의응답을 넘어 실제 업무 처리가 가능한 에이전트로 진화시킬 수 있다. 예를 들어, 은행의 고객지원 봇이 MCP를 통해 계정 정보 조회 서버와 연

결되면 고객의 신원 확인 후 계좌 잔액이나 최근 거래내역을 바로 알려줄 수 있다. 전자상거래 문의 봇이라면 주문 조회/변경 서버, 재고관리 서버, 반품 처리 서버 등을 MCP로 연결해둠으로써, 사용자가 "주문 취소하고 싶어요"라고 했을 때 AI가 바로 주문을 취소하고 결과를 안내할 수 있다. 이런 양방향 업무 처리능력은 MCP 도입으로 가능해진 핵심 개선점이다. 기존의 FAQ 챗봇은 정해진 답변만 제공했지만, MCP 기반 챗봇은 회사 시스템과 대화하며 실시간으로 문제를 해결한다. 또한 상담원이 필요할 경우 티켓 발행 서버를 호출해 사람 상담사 연결을 예약한다든지, 고객 프로필 서버에서 과거 구매나 문의 이력을 불러와 대화에 활용하는 것도 가능하다. 실제 사례로, Anthropic 발표에 따르면 결제업체 Block(Square)과 Apollo 등이 MCP를 사용해 자신들의 시스템에 AI 조수를 연결했다고 한다. 이를 통해 예컨대 Block은 사내 금융 데이터베이스와 연결된 AI로 내부 직원들이 질의응답을 빠르게 하거나, Apollo GraphQL은 자사 API 스키마를 AI가 읽어와 개발자 지원을 하는 등의 활용을 한 것으로 추측된다. 궁극적으로 챗봇/고객지원 분야에서 MCP는 고객 맞춤형 서비스를 강화하고, 24시간 자동화된 실시간 대응을 구현하며, 필요 시 사람과 협업하는 AI 상담 시스템을 구축하는 기반 기술이 될 수 있다.

- **데이터 처리 및 분석:** MCP를 활용하면 AI에게 기업 데이터 처리 및 분석 업무를 시킬 수 있다. 예를 들어, 경영진이 "올해 분기별 매출 추이를 요약해줘"라고 물으면, AI는 MCP로 데이터베이스 질의 서버에 연결해 매출 데이터를 가져오고, 데이터 분석 도구 서버를 호출해 차트나 통계 요약을 만든 다음 사용자에게 결과를 제시할 수 있다. 이러한 데이터 분석 보조 AI는 기존에 사람이 일일이 쿼리하고 엑셀로 정리해야 할 작업을 대화로 처리해준다. 또 다른 예로, 문서 요약 및 분류 작업이 있다. 수천 건의 보고서가 있을 때 MCP 서버를 통해 문서 저장소에 접근하고, AI가 하나씩 요약하거나 카테고리 분류를 수행하여 결과를 다시 저장할 수 있다. 이는 AI가 직접 문서에 접근해 읽고 쓸 수 있기에 가능한 자동화된 데이터 처리다. 제조업 분야에서는 센서 로그나 생산 데이터에 연결해 AI 예측/모니터링 시스템을 만들 수 있다. AI가 MCP 서버를 통해 실시간 IoT 센서 데이터 스트림을 받아 이상치를 감지하면 바로 경

고를 주거나, 과거 데이터와 비교해 향후 트렌드를 예측하는 등의 작업을 수행한다. 이처럼 MCP는 데이터 파이프라인과 AI를 연결하여, 인간이 해석하기 어려운 방대한 데이터를 AI가 요약/분석/조치하도록 만들 수 있다. 중요한 점은, 이런 데이터 처리 과정에서 MCP 호스트가 보안과 권한을 관리하므로 민감 데이터도 비교적 안전하게 다룰 수 있다는 것이다. 예컨대 의료 데이터 분석 AI를 MCP로 구축할 때 환자 기록 서버와 연결하더라도, MCP 서버 단계에서 이미 익명화/마스킹을 적용해 AI 모델에게 주므로 개인정보 보호를 지킬 수 있다. 따라서 금융, 의료 등 규제 산업에서도 MCP를 활용한 데이터 분석 AI가 현실화될 수 있다.

- **업무 자동화 및 에이전트 워크플로우:** MCP의 에이전트 능력을 활용하면 사람의 개입 없이도 특정 업무를 끝까지 수행하는 자동화 워크플로우를 설계할 수 있다. 예를 들어, 한 기업에서는 신규 입사자 온보딩 과정을 AI 에이전트에게 맡길 수 있다. AI는 MCP로 계정 생성 시스템에 접근해 사내 계정을 만들고, 권한 부여 시스템을 통해 필요한 권한을 세팅하며, 교육 자료 서버에서 자료를 추려 신입에게 보내주고, 설문 조사 도구를 통해 진행 상황을 체크하는 등 일련의 작업을 순차적으로 처리한다. 사용자는 단순히 "신입사원 김×× 온보딩 진행해줘" 한 마디 지시만 하면, AI가 알아서 관련 부서 시스템들을 호출해 업무를 완료하는 것이다. 이러한 멀티스텝 업무 자동화는 MCP 아키텍처에서 AI가 여러 툴을 조합 사용할 수 있기 때문에 가능하다. 과거에는 각 시스템마다 따로 RPA(Robotic Process Automation) 스크립트를 만들고 관리해야 했겠지만, MCP 기반 AI는 자연어 지시에 따라 필요한 순서를 스스로 판단하여 진행한다. 또 다른 예로 IT 지원 헬프데스크를 들 수 있다. 직원이 "노트북이 고장났어요"라고 채팅하면, AI 에이전트가 IT 자산관리 서버에서 해당 직원 장비 정보를 확인하고, 가이드 문서 서버에서 고장 해결 절차를 찾아 안내하며, 그래도 안되면 수리 요청 시스템에 티켓을 생성해준다. 이 전체 프로세스에 사람 개입이 없어도 AI가 회사의 여러 시스템과 소통하며 문제를 해결한다. MCP를 통한 업무 자동화는 제조, 물류, 금융 등 다양한 산업에서 반복적이거나 다단계 프로세스를 효율화하는 데 적용될 수 있다. 특히 Anthropic 등은 MCP를

이용한 에이전틱 AI(agentic AI), 즉 독자적으로 목표를 이루기 위해 계획을 수립하고 행동하는 AI 모델의 가능성을 강조하고 있는데, MCP는 그런 에이전트 AI가 현실 세계의 여러 도구를 접목해 목표를 수행할 수 있게 해주는 핵심 인프라라 할 수 있다.

- **산업 및 엔터프라이즈 응용:** MCP는 산업 현장이나 엔터프라이즈 환경의 특수한 요구사항을 충족시키는 AI 솔루션에도 활용될 수 있다. 가령 제조업에서는 MCP로 공장의 PLC(프로그램 논리 제어기)나 SCADA 시스템과 연결된 AI 모니터링을 구축할 수 있다. AI가 실시간으로 기계 상태를 확인하고 이상치를 탐지하면 바로 제어 명령을 내리거나 정비팀에 통보하는 것이다. 에너지 분야에서는 발전소의 여러 센서 데이터 MCP 서버를 통해 AI가 통합 모니터링하고 최적 제어안을 제시할 수 있다. 의료 분야에서는 MCP로 전자건강기록(EHR) 시스템과 AI를 연결해, 의사가 "이 환자의 최근 검사 결과 요약해줘"라고 물으면 AI가 EHR MCP 서버에서 데이터를 가져와 분석 보고하는 식이다. 군사/보안 산업에서도 각종 정보 시스템과 AI를 연결해 상황 인식 및 대응을 자동화할 수 있다. 엔터프라이즈 응용 측면에서는, MCP가 가져오는 모든 데이터와 AI 응답이 추적 가능하다는 점도 중요하다. 기업에서는 규정 상 AI가 어떤 데이터를 이용해 답변했는지 기록이 필요할 수 있는데, MCP 호스트가 모든 툴 호출 로그를 남기고 AI 응답과 연계시켜 두면 나중에 감사(audit)가 가능하다. K2View 등 일부 기업은 MCP를 단순 기술이 아닌 데이터 거버넌스 계층으로 활용하여, AI 활용 시 준수와 컴플라이언스를 자동화하는 방안도 제시한다. 예를 들어 AI가 고객 정보를 조회해 답변했다면 그 기록을 남기고, 민감 데이터 접근 시 자동으로 마스킹하는 등의 정책을 MCP 레벨에서 구현하는 것이다. 이런 기능은 금융, 의료, 공공 분야에서 AI 도입을 가로막는 규제 장벽을 줄여줄 수 있다. 요컨대 MCP는 산업 현장의 다양한 시스템과 AI를 접목시켜, 현장 지식을 갖춘 실용적 AI 솔루션을 만들 수 있게 해준다. 또한 기업이 요구하는 보안, 감사, 확장성 요건을 충족하면서 AI를 도입할 수 있는 길을 열어준다.

이 외에도 MCP의 활용 가능성은 무궁무진하다. 개인 비서 AI, 교육용 튜터 AI, 크리에이티브 도구(예: MCP로 포토샵 같은 도구를 조작하는 AI) 등 아이디어에 따라 여러 분야에서 적용이 이루어지고 있다. 중요한 것은 MCP를 도입함으로써 "AI가 할 수 있는 일"의 범위가 대폭 확장된다는 점이다. 단순 대화 응답을 넘어 행동하는 AI, 연결된 AI가 등장함으로써, 각 산업 분야에서 혁신적인 서비스와 제품이 속속 나타나고 있다.

3 말로 하는 코딩, 커서(Cursor) AI

3.1 Cursor AI 소개 및 주요 특징

Cursor AI는 인공지능 기반의 코드 에디터로서, 마치 GitHub Copilot처럼 개발자가 코드 작성과 문제 해결을 할 때 지능형 보조 역할을 한다. 그러나 단순한 코드 자동완성 플러그인을 넘어 독립적인 IDE(개발 환경)로 작동하며, VS Code를 기반으로 만들어져 친숙한 인터페이스를 제공한다. 초보 개발자부터 숙련된 개발자, 그리고 비개발 분야의 사용자까지 모두 생산성을 높일 수 있도록 설계된 것이 특징이다.

Cursor AI의 주요 특징과 장점을 요약하면 다음과 같다.

- **AI 코드 자동완성 및 생성:** 최신 AI 모델을 활용하여 코드를 자동으로 완성하거나 전체 함수 구현까지 제안한다. 몇 글자만 타이핑하면 다음에 올 코드를 예측하여 추천하고, 복잡한 로직도 여러 줄에 걸쳐 자동 완성 해준다. 이를 통해 반복적인 코딩 작업을 줄이고 코딩 속도를 크게 높일 수 있다.
- **자연어 코드 편집 및 명령:** 사용자는 일상 언어로 코딩 지시를 내릴 수 있다. 예를 들어 "이 함수의 버그를 수정해줘" 또는 "코드에 주석을 추가해줘"처럼 명령하면, Cursor AI가 해당 요청에 맞춰 코드를 생성하거나 수정한다. 전체 클래스나 함수도 한 번의 프롬프트로 변경할 수 있어 대규모 리팩토링도 손쉽게 진행한다.

- **대화형 코드 비서(Chat 기능):** 에디터 내에 챗봇 패널이 있어 궁금한 것을 물어보거나 코드 설명을 들을 수 있다. 이 AI 채팅은 현재 편집 중인 코드 파일이나 프로젝트 전체를 맥락으로 인식하기 때문에, "이 코드에 버그가 있나요?"처럼 구체적인 질문을 하면 해당 부분을 분석해 답변한다. 이를 통해 검색 엔진을 뒤질 필요 없이 IDE 안에서 바로 문제 해결과 질문 응답이 가능하다.
- **코드베이스 이해 및 문맥 제공:** Cursor AI는 프로젝트의 모든 파일을 로컬에서 인덱싱하여 코드베이스를 깊이 있게 이해한다. 사용자는 @기호를 통해 필요한 파일이나 심볼을 AI에게 맥락으로 제공할 수 있고, AI는 전체 코드베이스를 참조하여 더 정확한 답변과 코드를 제안한다. 대형 프로젝트에서도 필요한 부분을 찾아 답변하거나 일관된 수정 사항을 제안하는 등, 문맥 기반의 도움을 받을 수 있다.
- **실시간 오류 감지 및 수정:** 코드를 작성하는 중에 발생하는 오류나 린트 경고를 자동으로 감지하여 알려주고, 수정 방안까지 제시한다. 잘못된 구문이나 버그 가능성을 편집 과정에서 미리 지적해주므로 디버깅에 소요되는 시간을 줄여준다. 특히 Agent 모드로 실행하면, AI가 코드를 실행하거나 테스트하여 오류를 발견하고 자동으로 고치는 시도까지 수행한다 (자세한 내용은 아래 Agent 모드 설명 참조).
- **터미널 명령 자동 생성:** IDE에 통합된 터미널에서도 AI의 도움을 받을 수 있다. 사용자가 자연어로 "새 폴더를 만들고 그 안에 hello.txt 파일 생성"처럼 명령을 입력하면, Cursor AI가 해당 작업에 맞는 실제 쉘 명령(mkdir와 touch 등)을 제안한다. 예를 들어 Ctrl + K로 터미널에 프롬프트를 열고 "현재 디렉토리에 hello.txt 파일 생성"이라고 입력하면, 자연어 명령을 실제 터미널 명령으로 변환하여 보여준다. 사용자는 제안된 명령을 검토한 뒤 버튼 한 번으로 실행할 수 있어, 복잡한 커맨드도 손쉽게 구사할 수 있다.
- **멀티파일 일괄 편집(Composer):** 프로젝트 전반에 걸친 대규모 변경도 지원된다. 여러 파일에 걸쳐 함수명 변경, 코드 패턴 수정이 필요할 때, 관련 파일들을 선택하고 한 줄 지시를 내리면 AI가 여러 파일에 동일하게 적용되는 수정 사항을 제안한다. 변경 사항은 파일별 diff 형태로 나타나며, 사용자는 모든 파일

에 일괄 적용하거나 개별 적용 여부를 선택할 수 있어 대형 리팩토링에도 유용하다.

- **친숙한 개발 환경:** Cursor AI는 VS Code와 유사한 UI/UX를 제공한다. 파일 탐색기, 탭, 단축키, 테마 및 확장 기능 등 VS Code 사용자가 익숙한 요소들을 그대로 사용할 수 있다. 실제로 처음 설치 시 VS Code의 설정과 확장을 원클릭으로 가져오기 할 수 있어 환경 설정에 대한 부담이 없다. 이 친숙함 덕분에 새로운 툴이지만 금세 적응하여 사용할 수 있다.
- **확장성 및 통합:** VS Code의 방대한 확장(extension)들을 대부분 사용할 수 있고, 터미널이나 깃(Git)도 내장되어 있어 개발에 필요한 기능을 모두 한 곳에서 활용 가능하다. 또한 OpenAI의 GPT, Anthropic의 Claude 등 여러 AI 모델과 연동할 수 있으며, 사용자가 OpenAI나 Azure 등의 자체 API 키를 설정해 자신의 계정으로 모델을 사용할 수도 있다. 이를 통해 최신 모델이나 원하는 AI 서비스를 선택해 통합 활용할 수 있다.
- **보안과 프라이버시:** 코드 보안에 민감한 사용자를 위해 프라이버시 모드를 지원하며, 이 모드를 켜면 코드가 클라우드에 업로드되지 않고 로컬에서만 처리된다. Cursor AI는 SOC 2 인증을 획득하여 보안 표준을 준수하고 있으며, 사용자의 코드와 데이터가 외부에 유출되지 않도록 설계되었다(단, AI 모델을 원활히 활용하려면 인터넷 연결은 필요하며, 모델 API 호출을 위해 코드 내용이 일시적으로 전송될 수 있다는 점은 감안해야 한다).

요약하면, Cursor AI는 지능형 페어 프로그래머처럼 작동하여 코드 작성, 수정, 디버깅, 학습까지 개발 과정 전반을 도와준다. 이러한 풍부한 기능 덕분에 많은 개발자들이 Cursor AI를 통해 더 빠르고 스마트하게 소프트웨어를 개발하고 있다.

3.2 Cursor AI 설치 및 기본 사용 방법

이 절에서는 Cursor AI를 설치하는 방법과, 설치 후에 기본적으로 알아두면 좋은 사용법을 설명한다. Windows, macOS, Linux 등 주요 운영체제를 모두 지원하며, 설치 절차는 비교적 간단하다. 또한 첫 실행 시 진행되는 초기 설정과, 에디터의 기본 인터페이스 및 주요 단축키 활용법을 알아본다.

(1) 설치 방법

*** 시스템 요구사항**

Cursor AI를 사용하려면 인터넷 연결이 필요하며, 원활한 AI 동작을 위해 RAM 8GB 이상을 권장한다(최소 4GB 메모리). 또한 Windows, macOS, Linux 환경 각각에 맞는 설치 파일이 제공된다.

*** 설치 단계(Windows/macOS 공통)**

1. **공식 웹사이트 접속 및 다운로드:** 웹 브라우저로 Cursor 공식 사이트(cursor.com)에 방문한 후, "Download" 버튼을 클릭한다. 사용자의 운영체제에 맞는 설치 프로그램 파일이 자동으로 다운로드된다.
2. **설치 프로그램 실행:** 다운로드된 설치 파일을 실행하고 안내에 따라 설치를 진행한다(macOS에서는 .dmg파일을 열어 애플리케이션 폴더로 드래그, Windows에서는 .exe실행 등 플랫폼별 일반적인 설치 방식이다).
3. **Cursor AI 실행:** 설치 완료 후 바탕화면 바로가기 아이콘 또는 시작 메뉴(응용 프로그램 폴더)에서 Cursor를 실행한다. 첫 실행 시 약간의 데이터 다운로드나 설정 마법사가 나타날 수 있다.

*** Linux 설치**

Cursor AI는 리눅스에서는 AppImage 형태로 제공된다. 예를 들어 Ubuntu의 경우 공식 웹사이트에서 .AppImage파일을 받게 되며, 터미널에서 해당 파일에 실행 권한을 부여(chmod +x)한 후 실행한다. 필요에 따라 응용 프로그램 메뉴에 등록하기 위해 .desktop엔트리를 수동으로 만드는 등의 작업이 있을 수 있다. (자세한 내용은 Cursor 포럼의 설치 가이드나 README를 참고한다.) 리눅스 사용이 익숙하지 않은 초보자는 이러한 과정이 어려울 수 있으므로, 가능하면 Windows나 macOS에서 시작해보는 것을 권장한다.

*** 계정 생성 및 로그인**

Cursor AI를 처음 실행하면 회원 가입 또는 로그인이 필요하다. 이는 AI 서비스 이용을 위해서이며, 이메일 계정으로 가입하거나 GitHub 계정 연동 로그인이 가능하다. 기본적으로 무료 플랜(제한적 기능)과 14일간 모든 기능을 체험할 수 있는 프로(Trial) 플랜이 주어지며, 이후에는 유료 구독이나 제한적 무료 모드로 전환된다. 원활한 AI 활용을 위해 초기 체험 기간에 충분히 사용해보고 이후 계획을 결정하면 된다.

(2) 첫 실행 시 초기 설정

Cursor AI를 처음 실행하면, 사용자 친화적인 초기 설정 마법사가 진행된다. 개발 경험이 있거나 다른 에디터를 사용해본 적이 있는지에 따라 몇 가지 설정을 조정할 수 있다.

- **키 바인딩(단축키) 선택:** 다른 IDE에서 넘어왔다면 익숙한 키 조합을 고를 수 있다. 예를 들어 VS Code에 익숙하다면 VS Code 스타일의 단축키를, Vim에 익숙하다면 Vim 모드 플러그인을 선택할 수 있다. 처음 실행 시 "어떤 에디터의 키맵을 사용할까요?"라는 질문에 답하면 해당 에디터의 단축키 세트를 사용할 수 있어 익숙한 환경을 조성해준다.
- **대화 언어 설정:** Cursor AI의 AI 채팅 응답 언어를 설정할 수 있다. 기본값은 영어이지만, 한국어로 대화하고 싶다면 "Korean" 등을 입력하여 설정한다. 이렇게 하면 이후 AI가 생성하는 주석이나 설명, 대화 응답이 한국어로 나오게 된다(프롬프트를 한국어로 입력하면 자동으로 한국어 응답을 제공하지만, 시스템 언어 설정을 하면 보다 일관되게 한국어를 사용한다). 다만 기술 용어는 영어가 정확한 경우가 많으므로, 필요한 경우 영어와 한국어를 혼용해 물어보는 것도 방법이다.
- **코드베이스 인덱싱 허용:** Cursor AI는 작업 폴더(프로젝트)의 코드를 로컬에서 스캔하여 색인(Index)을 생성한다. 이는 AI가 코드베이스를 이해하는 기반이 된다. 첫 실행 시 이러한 코드베이스 인덱싱을 허용할지 여부를 묻는데, 일반적으로 허용하는 것이 좋다(대규모 프로젝트의 경우 인덱싱에 시간이 걸릴 수 있지만, 한 번 완료해두면 이후 빠르게 AI 지원을 받을 수 있다).

- **CLI 통합 여부:** 선택 사항으로, cursor라는 명령을 터미널에서 사용하도록 설정할 수 있다. 이를 활성화하면 터미널에서 cursor .명령으로 현재 폴더를 Cursor AI로 열거나 하는 식의 연동이 가능하다. 또한 code명령(VS Code에서 사용하던)을 cursor로 대체하여 사용할 수도 있다.
- **VS Code 설정 가져오기:** Cursor AI는 VS Code의 설정, 테마, 확장, 단축키 등을 가져오는 옵션을 제공한다. 초기 설정 마지막 단계에서 "VS Code 세팅 가져오기"를 묻는데, 확인을 누르면 기존 VS Code 사용자의 익스텐션(확장 프로그램), 에디터 테마, 사용자 설정, 키바인딩 등이 Cursor로 자동 적용된다. 이를 통해 사용자는 기존 개발 환경을 거의 그대로 유지하면서 Cursor AI의 기능만 추가로 활용할 수 있다(만약 VS Code를 처음 써보는 초보자라면, 이 단계는 그냥 넘어가면 된다).
- **데이터 수집 동의(프라이버시 모드):** 마지막으로, 사용자 코드나 대화 내용을 Cursor 개발사에서 익명 통계나 개선 목적으로 활용해도 되는지 물어본다. Privacy Mode(프라이버시 모드)를 활성화하면 사용자의 코드나 채팅 내용이 외부 서버에 저장되지 않으며, 대신 AI 기능이 일부 제한될 수 있다. 반대로 동의하면 더 나은 추천을 위해 일부 데이터를 활용할 수 있다. 이것은 사용자의 선택이며, 기업의 내부 코드라면 보안을 위해 비활성화(프라이버시 모드 켜기)를 권장한다.

초기 설정을 마치고 나면, Cursor AI의 메인 화면이 나타나며 본격적으로 사용을 시작할 수 있다.

(3) 인터페이스 개요

Cursor AI의 인터페이스는 전형적인 현대 코드 에디터와 AI 도구가 결합된 형태로, 처음 접하는 사용자도 쉽게 탐색할 수 있다. 주요 화면 구성 요소는 다음과 같다.

- **사이드바(좌측):** 프로젝트의 파일 탐색기가 위치한다. 좌측 패널에서 현재 열려 있는 폴더(작업 공간)의 디렉토리 구조를 볼 수 있고, 파일을 클릭하여 편집 창에 열 수 있다. 상단에는 아이콘으로 Git 소스 제어, 확장(Extensions) 관리, AI 채팅 등의 탭이 존재하며, 필요에 따라 토글할 수 있다.

- **코드 편집 영역(가운데):** 중앙에는 소스 코드 편집기가 있다. 한 번에 여러 개의 파일이 탭(tab) 형태로 열리며, 각 탭 간에 이동하며 코드를 작성하거나 수정할 수 있다. 이 편집 영역에서 Cursor AI의 자동 완성 기능과 인라인 코드 생성 기능이 주로 활용된다.
- **AI 채팅 패널(우측):** 우측에는 AI Chat 패널이 위치한다. 기본적으로는 접혀 있을 수 있는데, Cmd + L(또는 Ctrl + L)을 누르면 우측에 채팅 패널이 열리며 AI와 대화할 수 있다. 이 패널에서는 사용자의 질문/요구사항을 입력하고, AI의 답변이 대화 형태로 출력된다. Ask, Edit, Agent 등 모드를 전환하거나 사용할 AI 모델을 선택하는 드롭다운 메뉴도 이 패널 상단에 존재한다.
- **하단 패널(터미널 등):** 화면 하단에는 터미널(Console)창이 기본적으로 숨겨져 있다가, 필요 시 열어 사용할 수 있다. Ctrl + ~같은 단축키로 터미널을 열어 쉘 명령을 실행할 수 있고, 에러 로그, 검색 결과, 출력 결과 등이 표시되는 패널로도 활용된다. Cursor AI에서는 이 터미널에서도 AI의 도움을 받을 수 있는 것이 특징인데, 터미널 창에 커서를 두고 Ctrl + K를 누르면 AI에게 명령어 작성 도움을 받을 수 있다(자세한 내용은 아래 기능 설명에 계속).
- **상단 메뉴 및 툴바:** Cursor AI는 메뉴 구성이나 아이콘 툴바 등이 VS Code와 거의 동일하다. 상단의 File, Edit, View... 메뉴에서 파일 열기/저장, 편집, 보기 옵션, 깃(Git) 작업, 확장 설치 등 표준 기능을 이용할 수 있다. 우측 상단에는 AI 모드 전환 버튼이 있어서, 채팅 패널을 분리된 창처럼 띄우거나 접을 수 있고, 프로필 아이콘을 눌러 계정 정보 및 설정에 접근할 수 있다.

전체적으로 "파일 탐색기 - 코드창 - AI챗창"이 좌/중/우 3분할로 배치된 모습으로 이해하면 된다. 필요한 경우 AI 채팅 패널을 숨기고 코드 편집에 집중할 수도 있고, 반대로 코딩 중 궁금한 점이 생기면 채팅을 띄워 AI에게 묻는 식으로 유동적으로 활용하면 된다. 아래 예에서는 한 사용자가 CSS에 관한 질문을 하고 AI가 답변하는 Cursor AI의 채팅 인터페이스를 보여준다(Cursor AI 우측 패널의 Chat 기능을 사용해 코딩 질문을 한 예시: 사용자가 "How do I center a div?"라고 질문하자, AI가 여러 가지 방법을 설명하고 CSS 코드를 제시하는 모습이다. 이러한 방식으로 개발 도중 궁금한 점을 즉시 해결할 수 있다).

(4) 기본 기능 활용하기

이제 Cursor AI에서 가장 중요한 기본 기능들을 실습하듯 하나씩 살펴보자. 주요 단축키와 함께 코드 자동 완성, 인라인 코드 생성/편집, AI 채팅 질의, 터미널 명령 생성 등의 사용법을 예시와 함께 설명한다.

- **코드 자동 완성(Tab 키 활용):** Cursor AI는 코드를 작성할 때 한 줄 단위의 자동 완성뿐 아니라 여러 줄에 걸친 스마트 자동 완성을 제공한다. 예를 들어 사용자가 파이썬에서 def maximum까지 타이핑하면, Cursor AI가 자동으로 해당 함수의 완성 코드를 제안할 수 있다. 이때 에디터에 희미한 회색 글씨로 예상 코드를 나타내며, 마음에 들면 Tab키를 눌러 수락한다. 필요 없으면 그냥 무시하고 타이핑을 이어가면 된다. 더 나아가 Cursor는 주석이나 자연어를 인식하여 코드를 제안하기도 한다. 예를 들어 "// 2중 for문으로 리스트의 모든 쌍 출력"이라고 주석을 달면, 그 의도를 이해하여 해당 동작을 하는 코드를 자동 완성 형태로 제안하며, Tab으로 곧바로 코드를 완성시킬 수 있다. 이처럼 Tab 자동 완성 기능은 반복적인 보일러플레이트 코드 작성 시간을 절약해주고, 초보자도 함수 구현을 시작할 때 AI의 힌트를 얻을 수 있어 유용하다.
- **인라인 프롬프트로 코드 생성/편집(⌘+K):** Cursor AI의 인라인 코드 생성 기능은, 코드 에디터 창에서 바로 AI에게 명령을 내릴 수 있는 강력한 도구이다. 특정 코드 블록을 선택한 뒤 Cmd + K(윈도우는 Ctrl + K)를 누르면 인라인 프롬프트 창이 뜬다. 여기에 원하는 작업을 자연어로 입력한 다음 "Generate" 버튼을 누르면, 해당 위치에 들어갈 코드를 생성해준다. 예를 들어 선택한 코드 없이 커서를 위치만 시킨 채로 Cmd + K를 누르고 "Implement a function that checks prime number"라고 입력하면, 그 자리에 소스 코드가 생성되어 미리보기가 나타난다. 사용자는 결과를 확인한 뒤 Accept(적용) 버튼을 눌러 코드를 에디터에 삽입할 수 있다. 반대로 이미 작성된 코드를 일부 리팩토링하거나 설명을 듣고 싶을 때도 이 기능을 활용한다. 코드 몇 줄을 드래그해서 선택하고 Cmd + K를 누른 뒤 "이 코드의 역할을 설명해줘" 혹은 "이 코드를 리팩터링해줘"라고 입력하면, AI가 해당 부분에 대한 설명이나 개선된 코드를 제

시한다. 이때 결과는 diff(변경사항) 형태로 제시되는데, 빨간색 줄은 삭제될 코드, 초록색 줄은 새로 추가될 코드를 의미한다. 사용자는 변경 내용을 검토한 뒤 Submit Edit(편집 적용) 버튼으로 반영하거나 취소할 수 있다. 이러한 인라인 편집 기능 덕분에, IDE를 벗어나지 않고도 코드 생성과 수정 작업을 매끄럽게 이어나갈 수 있다.

- **AI 채팅으로 질문 및 도움 얻기(⌘+L):** 우측의 Chat 패널을 활용하면 보다 대화형으로 코드 작성을 도와주는 AI 비서를 만날 수 있다. Cmd + L 단축키로 챗창을 열고 자유롭게 질문하거나 명령을 입력해보자. 예를 들어 "이 프로젝트에서 데이터베이스 연결 설정 코드를 보여줘"라고 물어보면, Cursor AI가 프로젝트 파일들을 검색하여 관련 설정 코드를 찾아주거나 없을 경우 예시 코드를 생성해줄 것이다. 채팅창은 일반적인 대화 인터페이스를 따르고 있어서, 이전 문맥을 기억하며 계속 대화를 이어갈 수 있다. 한 번에 긴 질문이 아니라도 괜찮다. 여러 차례에 걸쳐 추론하고 수정하면서 코딩을 진행할 수 있다. 채팅 입력란 아래에는 현재 어떤 컨텍스트가 제공되는지 토글할 수 있는 옵션들이 있다(예: 현재 파일만 컨텍스트로 할지, 전체 코드베이스를 참고할지 등). 기본값으로 현재 열려 있는 파일이 맥락으로 포함되며, 필요하면 @ 기호를 입력해 특정 파일이나 함수를 대화에 첨부할 수도 있다. 또한 모델 선택 드롭다운을 통해 GPT-4, GPT-3.5, Claude 등 AI 모델 종류를 바꿀 수 있고, Ask / Edit / Agent 등의 모드도 전환 가능하다(Ask는 Q&A, Edit은 인라인 편집과 유사, Agent는 자동 실행 모드로 아래에 설명). 채팅창의 장점은 한 번에 여러 질문과 답변이 가능하여 맥락을 쌓아가는 복잡한 요청에 유리하다는 것이다. 가령 "이 코드에 버그가 있는 것 같아"라고 말하고 AI가 추론한 답을 들은 뒤, 이어서 "그럼 수정해서 다시 보여줘"라고 대화하면 AI가 앞서 찾은 버그를 고친 코드를 제시해준다. 이러한 상호작용을 통해 문제 해결, 코드 리뷰, 구현 아이디어 브레인스토밍 등 다양한 작업을 수행할 수 있다(단, AI의 답변이 항상 100% 정확한 것은 아니므로, 특히 새로운 라이브러리 사용법이나 niche한 질문에 대해서는 결과를 검증하는 것이 중요하다).
- **Agent 모드(자동 코딩 비서):** Cursor AI의 고급 기능 중 하나로 Agent 모드가 있다. 이는 Chat의 한 모드로서, 보다 능동적으로 코딩 작업을 자동 수행한다.

일반 Chat이 질문에 대한 답변이나 코드 조각을 제안하는 수준이라면, Agent 모드는 여러 단계의 계획을 세워 필요한 코드 변경을 스스로 적용하는 것이 큰 차이점이다. 예를 들어 사용자가 “프로젝트에 다크 모드 토글 기능 추가”처럼 높은 수준의 요청을 Agent에게 주면 Cursor AI는,

1. **요구 파악**- 현재 코드베이스에서 다크 모드를 구현하려면 무엇이 필요한지 분석하고 계획을 수립.
2. **코드 탐색**- 관련된 스타일링 파일, 테마 설정 부분, UI 컴포넌트 등을 자동으로 찾아서 참고.
3. **계획 실행**- 새로운 테마 상태 관리 코드 작성, 토글 UI 컴포넌트 생성, 관련 컴포넌트들에 스타일 업데이트 등 여러 파일에 걸쳐 수정 작업을 순차적으로 수행.
4. **명령 실행**- 필요하면 터미널에서 의존성 설치나 빌드 실행 등의 명령도 수행.
5. **오류 수정**- 변경 후 발생한 컴파일 오류나 린트 에러를 감지하면 자동으로 수정 시도.
6. **요약 및 완료**- 모든 작업이 끝나면 변경사항을 요약 보고하고 종료.

이렇게 마치 숙련된 개발자가 작업하듯 여러 단계를 자율적으로 진행한다. 물론 중요한 변경을 적용하기 전에는 사용자의 확인을 요청하며, 각 단계별 산출물을 검토할 시간도 준다. Agent 모드를 활용하면 큰 기능을 한꺼번에 추가하거나, 광범위한 리팩토링을 AI에 위임해볼 수 있다. 다만 프로젝트를 충분히 이해하고 있는 상태에서 지시해야 하며, AI가 모든 맥락을 완벽히 파악하지 못한 경우 엉뚱한 수정을 할 가능성도 있으므로 사용자의 감독이 여전히 중요하다. 초보자의 경우 Agent 모드는 다소 난이도가 있으니, 작은 프로젝트에서 테스트해보고 익숙해지면 활용하도록 한다.

- **통합 터미널과 명령 생성:** Cursor AI의 내장 터미널은 단순히 명령어를 실행하는 것을 넘어, AI를 통한 명령 생성 지원을 제공한다. 터미널 패널에 커서를 둔 채 Ctrl + K를 누르면(코드 편집기에서와 동일한 단축키), 작은 프롬프트 창이 나타난다. 여기에 자연어로 하고자 하는 작업을 입력하면, AI가 해당 작업에 맞는 실제 명령어를 완성해준다. 예를 들어 “패키지 업데이트 확인”이라고 입력

하면 sudo apt update 명령을, "포트 3000 사용 프로세스 종료"라고 입력하면 kill -9 $(lsof -t -i:3000)같은 구체적인 명령을 제안받을 수 있다. 이 기능은 터미널 명령어가 익숙하지 않은 초보자에게 특히 유용하다. 명령을 잘못 입력해 실수하는 일을 줄이고, 정확한 구문을 빠르게 얻을 수 있다. 제안된 명령은 바로 실행하거나 편집할 수 있으며, 보안상 위험한 명령(예: rm -rf /)의 경우 Cursor AI가 경고를 주거나 아예 실행을 막으므로 안심할 수 있다. 앞서 삽입한 이미지에서 볼 수 있듯이, "현재 디렉토리에 hello.txt 파일 생성"이라는 자연어 입력에 대해 Cursor AI가 PowerShell 명령 New-Item -Path . -Name 'hello.txt' -ItemType 'file'을 제안한 모습이다. 이런 식으로 터미널 작업도 대화형으로 진행해보자.

- **그 밖의 유용한 기능들:** Cursor AI는 위에서 설명한 주요 기능 이외에도 개발 생산성을 높여주는 여러 가지 편의 기능을 갖추고 있다. 코드 스니펫 설명 기능을 이용해 복잡한 코드 블록을 선택하고 "이 코드 설명해줘"라고 하면 자세한 주석이나 설명을 얻을 수 있다. 또한 "코드 해설 모드"를 사용하면 한 줄 입력마다 AI가 해당 코드의 의미를 주석으로 달아주는 학습용 기능도 있다. Interpreter 모드를 통해 채팅창에서 파이썬 코드를 실행해 결과를 확인하는 것도 가능하다. 이를 활용하면 데이터 분석 코드의 일부를 시험 실행하거나, 수학 계산 등을 바로 처리해볼 수도 있다. 그리고 멀티모달 입력 지원으로, 채팅에 이미지를 드래그해서 넣으면(예: 스크린샷 업로드) 그 이미지를 보고 UI를 분석해 코드를 생성하는 등의 응용도 가능하다. 이러한 다양한 기능들은 사용자 편의에 따라 필요할 때 찾아쓰면 되므로, 처음부터 모두 알 필요는 없다. 우선 위에 설명된 핵심 기능들(자동 완성, 인라인 편집, 채팅 질의, 에이전트, 터미널 보조)만 집중적으로 익힌 뒤, 차츰 다른 기능들도 시도해보는 것을 추천한다.

3.3 인공지능 모델 연동 및 프롬프트 활용법

Cursor AI의 강력함은 결국 최신 AI 언어 모델(LLM)의 능력을 코드 작성 환경에 통합한 데 있다. 이 절에서는 Cursor AI가 어떤 AI 모델을 활용하는지, 사용자가 모델을 어떻게 선택하거나 바꿀 수 있는지 설명하고, 효과적으로 AI에게 프롬프트(명령/질문)를 작성하는 요령을 다룬다. 또한 AI 코딩 비서를 사용할 때 주의할 점과 한계도 함께 알아본다.

(1) 내장된 AI 모델과 모드

Cursor AI는 기본적으로 OpenAI와 Anthropic 등의 최첨단 언어 모델을 백엔드로 활용한다. 2025년 현재, Cursor AI에는 Anthropic Claude 모델 계열이 기본 탑재되어 있으며(예: claude-3.5-sonnet), 그 외에 OpenAI의 GPT-3.5와 GPT-4 모델도 지원한다. 설치 직후 채팅 패널 우측 상단에서 어떤 모델이 선택되었는지 확인할 수 있는데, 일반적으로 Claude 3.5계열 모델이 기본값인 경우가 많다. Claude 모델은 코딩 작업에서 뛰어난 성능을 보이는 것으로 알려져 있어 기본값으로 사용된다. 하지만 사용자는 드롭다운 메뉴를 통해 GPT-4 등 다른 모델로 바꿀 수 있다. GPT-4의 경우 뛰어난 지능을 보이지만 응답 속도가 약간 느리고 사용 제한이 있을 수 있으며, 반면 Claude는 비교적 빠른 응답과 긴 문맥 처리가 장점이다. 프로 버전 구독자는 이러한 고급 모델들을 일정 쿼타 내에서 자유롭게 활용할 수 있고, 무료 사용자는 제한된 횟수의 고급 모델 호출이나 성능 제한된 모델 사용이 가능하다(일례로, Pro 플랜은 GPT-4 빠른 응답을 지원하고, 무료 플랜은 지연 응답이나 저렴한 모델만 사용 가능하다).

Cursor AI는 모델을 사용자 환경에 통합하는 데에 신경을 많이 썼다. 모든 AI 요청에는 현재 편집기 상황이 자동으로 첨부되므로, 별도로 코드 복사/붙여넣기 할 필요 없이 IDE 맥락을 모델이 이해한다. 또한 모델마다 지원하는 맥락 크기(Context Length)가 다른데, Cursor는 큰 파일의 경우 자체적으로 중요한 부분을 추출해 모델에 보내는 등 커스텀 최적화를 한다. 즉, 사용자 대신 어떤 정보를 모델에게 주고 받을지 잘 관리해주므로, 우리는 자연어로 물어보기만 하면 된다.

Cursor AI의 채팅에는 몇 가지 대화 모드(Agent, Ask, Edit, Manual 모드)가 있다.

- Ask 모드는 일반적인 Q&A로, 사용자의 질문에 답하거나 코드 조각을 도와준다.
- Edit 모드는 인라인 편집과 유사하게, 선택한 코드에 대한 수정 작업에 초점을 맞춘 대화다.

- Agent 모드는 앞서 소개한 대로 자동으로 여러 단계를 수행하는 모드다.
- Manual 모드도 있는데, 이는 사용자가 한 번에 모든 지시를 주는 것이 아니라 AI의 행동 하나하나를 승인하면서 진행하는 모드다. Agent 모드가 너무 자동화되어 불안하다면 Manual 모드로 일종의 단계별 확인을 하며 쓸 수도 있다.

이러한 모드 전환은 채팅창 상단에서 쉽게 할 수 있고, 필요에 따라 상황에 맞는 모드를 쓰면 된다. 예를 들어 단순한 질문은 Ask, 특정 코드 변경은 Edit, 큰일을 한 번에 처리할 땐 Agent를 선택하는 식이다.

(2) 사용자 API 키 연동(고급 설정)

Cursor AI는 자체적으로 위 언급한 모델들을 제공하지만, 사용자가 별도로 가지고 있는 AI API 키를 연동해 자신의 계정으로 모델을 호출할 수도 있다. 설정 메뉴의 Custom API Keys 섹션에서 OpenAI API 키, Anthropic API 키 등을 입력할 수 있으며, 이렇게 하면 Cursor가 내장한 것 대신 사용자 제공 모델을 활용한다. 예를 들어 회사에서 별도로 구매한 OpenAI GPT-4 API 키가 있다면, 이를 등록해 보다 넉넉한 한도와 최신 모델을 활용 가능하다. 다만, OpenAI의 특수한 모드(o1 등)나 자체 호스팅한 로컬 LLM은 현재 직접 지원되지 않는다. 초보 사용자의 경우 꼭 필요한 기능은 아니며, 주어진 기본 환경에서 충분히 활용한 후에 고려할 수 있는 옵션이다.

(3) 효과적인 프롬프트 작성 요령

AI에게 원하는 결과를 얻어내려면 프롬프트(prompt)를 잘 작성하는 것이 핵심이다. Cursor AI에서도 마찬가지로, 무엇을 원하는지 구체적으로 설명할수록 더 만족스러운 응답이나 코드를 얻을 수 있다. 다음은 프롬프트 작성에 도움이 되는 몇 가지 팁이다.

- **목표를 분명히 명시:** 막연히 "코드 짜줘"보다는 "사용자 입력을 받아 리스트의 중복을 제거하는 파이썬 함수를 작성해줘"처럼 구체적인 요구사항을 말한다.

원하는 함수 이름, 사용해야 할 라이브러리, 성능 요구 등 세부사항까지 알려주면 AI가 그에 맞춰 결과를 만들어준다.

- **맥락 제공 활용:** Cursor AI에서는 현재 파일이나 프로젝트 내용을 자동으로 참조하지만, 추가로 필요한 맥락이 있다면 직접 제공할 수 있다. 예를 들어 "이 함수가 사용하는 클래스 정의는 여기 있어" 하면서 해당 클래스 코드를 선택 후 @ 기호로 붙여 넣으면, AI가 그 부분을 함께 고려하여 답을 준다. 혹은 "전체 코드베이스를 참고해"라고 지시하려면 @Codebase 옵션을 켤 수도 있다. 반대로 어떤 맥락도 없이 순수한 질문을 하고 싶다면 "No Context" 옵션을 켜거나, 시스템에 넣은 규칙(rule)을 일시적으로 무시하도록 할 수도 있다.
- **단계별로 요청:** 한 번에 너무 복잡한 요청을 하면 모델이 혼란스럽거나 잘못된 출력을 줄 수 있다. 예를 들어 큰 프로그램을 처음부터 끝까지 짜달라고 하기보다는, 기능 단위로 나누어 여러 차례에 걸쳐 요청하는 것이 좋다. "먼저 데이터 구조를 정의해줘", "이제 메인 로직을 작성해줘", "에러 처리를 개선해줘"처럼 대화를 나누면 AI도 더 안정적으로 응답한다.
- **예시와 제한 제공:** 원하는 출력 형식이 있거나 특정 방식은 피하고 싶다면, 프롬프트에 그 조건을 함께 명시한다. 예를 들어 "주석은 한국어로 달아줘" 또는 "반복문은 사용하지 말고 재귀로 구현해줘"와 같이 명령의 조건을 달아주면 훨씬 원하는 스타일에 가까운 결과를 얻을 수 있다. 또, "출력 예시는 이러이러하게 나와야 해" 등 예시 입출력을 주면 모델이 그 패턴을 학습하여 답을 개선한다.
- **모델의 한계 염두에 두기:** 프롬프트를 아무리 잘 작성해도, AI 모델은 때때로 엉뚱한 답변을 내놓거나 자신 없는 부분을 그럴듯하게 꾸며낼 수 있다. 이를 할루시네이션(hallucination) 현상이라고 한다. 예를 들어 비교적 쉬운 질문 "~를 가운데 정렬하려면?"에는 정확히 답하지만, 좀 특이한 상황의 질문에는 확신에 찬 틀린 답을 할 수도 있다. 그러므로 AI의 답을 바로 맹신하기보다는, 검증과 추가 질문을 통해 확실히 하는 것이 중요하다. Cursor AI에게 "혹시 참고 자료를 알려줄 수 있니?"라고 물어보면 자신의 답변 근거를 제시하도록 유도할 수 있는데, 이때 AI가 갑자기 앞서 한 답변을 정정하는 경우도 있다. 이러한 점을

활용해, 답을 얻은 뒤 한 번 더 근거를 물어보거나, 결과를 테스트해 보는 습관을 들이자.

- **지속적인 학습과 규칙 활용:** Cursor AI에는 Rules(규칙) 설정을 통해 AI의 상시 동작 방식을 정의할 수 있다. 예를 들어 "항상 친절한 말투로 답하기", "코드에는 주석을 상세히 달기", "응답은 무조건 한국어로 하기" 등의 규칙을 설정 파일에 추가해두면, 매번 프롬프트에 지시하지 않아도 일관된 스타일로 답을 얻을 수 있다. 이는 사용자별로 원하는 커스터마이징을 적용하는 방법으로, 규칙 설정은 docs 사이트에 가이드가 존재한다. 초보자라면 기본 값으로 사용하다가 점차 필요에 따라 규칙을 추가해보면 좋다.
- **언어 선택:** Cursor AI는 한국어를 포함한 여러 언어로 질문을 이해하고 답변할 수 있다. 다만, 코딩 관련 방대한 지식의 대부분이 영문 자료로 학습되었기 때문에, 아주 복잡한 기술 질문의 경우 영어로 물어볼 때 더 정확한 답변이 돌아올 때도 있다. 따라서 쉬운 부분은 한국어로 묻고, AI가 이해 못 하거나 결과가 부정확하면 영어로 다시 시도해보는 것도 한 방법이다. 예를 들어 "이 오류 고쳐줘" 했을 때 해결하지 못했더라도 "Fix this error: ..."라고 하면 답을 찾는 경우가 있다. 반대로 AI의 설명이 영어로 나와 이해가 어렵다면 "한국어로 설명해줘"라고 요구해보자. Cursor AI는 최대한 사용자의 언어 선호에 맞춰주지만, 때로는 이런 식으로 유연하게 대응할 필요가 있다.

(4) AI 코딩 비서 활용 시 주의할 점

AI의 도움으로 개발 생산성이 향상되는 건 분명하지만, 몇 가지 주의할 사항도 기억해야 한다. 특히 초보 개발자나 비전공자가 Cursor AI를 사용할 경우 다음 사항에 유념하자.

- **AI 코드의 정확성 검토:** Cursor AI가 만들어준 코드라고 해서 무조건 옳은 것은 아니다. 대체로 평이한 작업에는 정확도가 높지만, 새로운 기술 스택이나 경계 상황(edge case)에 대해서는 잘못된 코드나 비효율적인 코드를 제시할 수 있다. 따라서 항상 코드 리뷰를 한다는 마음가짐으로 AI의 출력을 살펴보고, 논

리적 오류나 보안 취약점이 없는지 점검해야 한다. 필요하면 해당 코드를 실제로 실행해보고 결과를 검증하는 것이 좋다.

- **학습 도구로 활용:** Cursor AI를 초보자가 사용할 때 양날의 검이 될 수 있다. 편리함에 의존하여 기초 개념 학습을 소홀히 하면 오히려 성장에 방해가 될 수 있다. 따라서 모르는 코드를 AI가 짜주면, 그것을 그냥 복사하는 데 그치지 말고 왜 그렇게 작성되었는지 설명을 들어보고 이해하도록 노력하자. 다행히 Cursor AI에게 "이 코드가 어떻게 동작하는지 설명해줘"라고 물으면 친절히 답변해주므로, 이를 통해 배움을 얻을 수 있다. 궁극적으로 AI를 튜터 겸 보조 도구로 삼으면, 프로젝트를 완성하면서 동시에 실력 향상도 이룰 수 있다.
- **프롬프트 관리와 보안:** 민감한 코드를 다룰 때는 AI에게 공유하는 내용에 주의해야 한다. Cursor AI 자체는 프라이버시 모드 시 외부 유출을 막아주지만, 그래도 API 통신 상으로 어떤 데이터가 오가는지 인지하고 있어야 한다. 회사의 기밀 정보나 개인정보가 포함된 코드를 AI에게 그대로 물어보는 것은 피하는 것이 좋다. 또한 프롬프트에 너무 장황하게 많은 정보를 한꺼번에 넣으면 모델이 혼란을 일으킬 수 있으니, 한 프롬프트당 적정 분량을 유지하는 것이 좋다(필요시 여러 번에 나누어 전달).
- **AI의 한계 인정:** Cursor AI는 어디까지나 도구이지 만능 개발자는 아니다. 예컨대 창의적 설계나 제품 기획 측면에서는 사용자의 판단이 필요하며, AI는 그저 조력자 역할을 한다. 또한 법적 또는 윤리적으로 검토가 필요한 부분(라이선스 문제, 보안 정책 등)은 AI가 판단하지 못하므로, 그런 부분은 직접 처리해야 한다. 결국 "생각하지 않고 무조건 시키는 대로 하지 말자"가 중요하다. AI가 잘못된 방향을 제시하면 사용자가 끼어들어 바로잡아야 하며, 그런 의미에서 Cursor AI와 쌍방향 소통을 하는 것이 가장 이상적인 활용 방법이다.

이상의 지침을 염두에 두고 Cursor AI를 활용한다면, 생산성 향상은 물론이고 안전하고 효과적으로 AI의 이점을 누릴 수 있을 것이다.

3.4 Cursor AI 활용 분야 및 예시

Cursor AI는 프로그래밍을 필요로 하는 거의 모든 분야에서 활용될 수 있다. 여기서는 대표적인 활용 분야 몇 가지를 선정하여, Cursor AI가 실무에서 어떻게 사용될 수 있는지와 이를 통해 얻을 수 있는 이점들을 살펴보겠다. 아울러 각 분야에서 Cursor AI를 사용할 때의 팁과 주의사항도 함께 언급한다.

- **웹 개발:** 프런트엔드부터 백엔드까지 웹 개발 전반에서 Cursor AI를 유용하게 활용할 수 있다. 예를 들어 HTML/CSS 마크업 작업 시에, 페이지 구조를 설명하면 기본 템플릿을 생성해주거나, 원하는 디자인을 말하면 CSS 코드 스니펫을 제공받을 수 있다. “내비게이션 바를 만들고 반응형으로 스타일링해줘”라고 요청하면, 부트스트랩이나 Flexbox를 이용한 코드 예제를 바로 만들어주는 식이다. 자바스크립트/타입스크립트 코딩에서도 복잡한 알고리즘을 짤 때 도움을 받을 수 있고, React/Vue같은 프레임워크 사용 코드도 물어보면 예시 코드를 생성해준다. 또한 웹 개발에서 흔히 하는 API 통신 코드나 상태관리 코드 등을 템플릿화하여 빠르게 삽입할 수 있고, 오류가 날 경우 어떤 부분이 문제인지 디버깅도 도와준다. 단, 웹 개발에서는 브라우저 호환성이나 실제 DOM 구조 등 AI가 정확히 알기 힘든 맥락이 있을 수 있으므로, 제안된 코드를 프로젝트에 맞게 조정해야 할 때가 있다. 예를 들어 AI가 알려준 “센터 정렬 방법” CSS 코드가 IE 브라우저에서는 안 통할 수 있듯이, 그런 부분은 개발자가 검토해야 한다. 실제 사례로, 한 초보 웹 개발자는 Cursor AI의 도움으로 K-팝 소개 웹사이트를 제작했다. HTML 틀을 짜고 CSS로 꾸미는 과정에서 Cursor AI가 큰 도움을 주어 빠르게 결과물을 만들었고, 나아가 애니메이션 효과 추가, 페이지 배포(FTP 사용)까지 시도할 수 있었다. 이처럼 웹 프로젝트에서 Cursor AI는 부족한 실력을 메워주는 보조 엔진 역할을 톡톡히 하지만, 동시에 웹 호스팅 개념이나 도메인 연결 등은 사용자가 따로 학습해야 하는 부분임도 경험하게 되었다. 따라서 웹 개발에 활용하되, 기본적인 웹 동작 원리는 함께 공부하면서 쓰면 더욱 좋다.

- **업무 자동화 및 스크립트 작성:** 코딩이 필요한 반복 업무나 간단한 툴 제작에도 Cursor AI가 활용된다. 예를 들어 시스템 관리자가 수백 개의 로그 파일을 파싱해야 하는 경우, "특정 패턴의 에러 메시지를 모아 요약하는 파이썬 스크립트 작성해줘"라고 하면 그 요청에 맞는 코드를 생성해준다. 또 "엑셀 파일 여러 개를 읽어서 특정 열만 합치는 스크립트를 만들어줘"처럼 사무 자동화 관련 요구에도 유용하다. Cursor AI는 파이썬, 셸 스크립트, 파워셸 등 다양한 스크립팅 언어에 능통하여, 사용자가 원하는 자동화 작업을 정확히 이해하고 구현해준다. 심지어 AI에게 "회사 조직도에서 부서장 명단 뽑는 코드 짜줘"라고 한국어로 말해도, 파이썬의 pandas 라이브러리를 이용한 CSV 처리 코드를 완성해줄 정도다. 이러한 업무 자동화 활용 시에는 터미널 명령 생성 기능과 연계하면 특히 편리하다. 예컨대, 생성된 스크립트를 실행하기 위한 패키지 설치 명령(pip install ...)도 AI에게 물어볼 수 있고, Cron 작업 설정법까지 질문할 수 있다. 다만 업무 자동화 스크립트의 결과가 정확한지 반드시 확인해야 하며, 중요 데이터를 다루는 경우에는 AI 코드를 그대로 돌리지 말고 샘플 데이터로 테스트해본 뒤 적용하도록 한다. 그래도 Cursor AI 덕분에 비개발 부서에서도 간단한 코드를 이용해 업무 효율을 극대화한 사례가 늘고 있다.
- **문서 요약 및 작성 지원:** Cursor AI는 코드뿐 아니라 일반 문서 텍스트에도 활용 가능하다. 예를 들어 기술 문서나 보고서를 작성할 때, 긴 문장을 간결하게 다듬거나, 영어로 된 기술 블로그를 한국어로 번역/요약하는 데에도 도움된다. 개발자가 아닌 기획자나 디자이너라도 Cursor AI 에디터에 필요한 문서를 붙여넣고 "이 문서를 5줄로 요약해줘"라고 하면 원하는 요약본을 얻을 수 있다. 특히 소프트웨어 팀에서는 방대한 요구사항 문서를 빠르게 훑어보기 위해 AI 요약을 쓰거나, 주간 업무 리포트를 자동 생성하는 데에도 쓸 수 있다. 한편 개발 맥락에서는 코드 주석을 자동으로 생성하거나, 함수명/변수명 네이밍을 제안받는 등 문서화 관련 작업에 활용된다. 예를 들어 "이 함수에 대한 Docstring 작성해줘"라고 하면 표준 스타일에 맞춰 함수 설명 주석을 달아준다. 다만 문서 요약 시 중요한 정보를 놓칠 수 있으므로, 중요한 문서는 AI 요약 결과와 원문을 비교하며 확인해야 한다. 그리고 생성형 AI 특성상 완전히

새로운 문장을 창작하는 용도로 Cursor AI를 사용하는 것은 권장되지 않는다 (예: 블로그 글을 대신 써달라는 등). 어디까지나 주어진 자료를 가공하고 정리하는 용도로 활용하는 것이 바람직하다.

- **데이터 분석 및 과학:** 파이썬과 R 등 데이터 분석 언어의 코딩도 Cursor AI로 많은 도움을 받을 수 있다. 데이터사이언티스트가 아니라도, 예를 들어 "이 CSV 파일에서 날짜별 판매량 합계를 구하는 코드 작성해줘"라고 하면, pandas를 이용한 코드를 금세 뚝딱 내놓는다. 또 "주어진 데이터로 막대그래프 그리는 matplotlib 코드 보여줘" 같이 시각화 코드도 쉽게 얻을 수 있다. Cursor AI의 Interpreter 모드를 활용하면, 채팅창에서 간단한 데이터 조작 파이썬 코드를 실행해 결과를 확인할 수도 있다. 이를 통해 코드를 파일에 작성하고 터미널에서 실행해보는 수고 없이, AI와 상호작용하며 데이터를 탐색할 수 있다. 예를 들어 "리스트 [5,2,9,1]을 정렬해서 출력하는 파이썬 코드 실행해줘"라고 하면, 코드뿐 아니라 실제 실행 결과까지 돌려받을 수 있다. 이러한 기능은 데이터 분석 초보자에게 특히 유용한데, 코드를 수정하면서 바로바로 피드백을 얻을 수 있기 때문이다. 다만 방대한 데이터셋이나 복잡한 머신러닝 모델링의 경우, Cursor AI가 세부 튜닝까지 모두 해주지는 못한다. 그런 영역에서는 부분적인 도움- 예컨대 모델 학습 코드의 뼈대 생성이나 에러 해결- 정도로 활용하고, 핵심적인 분석 아이디어나 해석은 여전히 사용자의 몫이다. 실제로 많은 데이터 분석가들이 Cursor AI를 보조 연구원처럼 활용하여, 코드 작성 시간을 절약하고 그만큼 데이터를 해석하는 데 집중하는 추세다.
- **교육 및 학습:** 프로그래밍 교육 현장에서도 Cursor AI가 활용될 수 있다. 예를 들어 학생이 숙제로 받은 코딩 문제를 풀다가 막혔을 때, Cursor AI에게 살짝 힌트를 물어볼 수 있다. "이 코드가 컴파일 오류가 나는데 뭐가 문제야?"라고 물으면 구체적인 오류 원인을 짚어주고 해결책을 제시해줄 수 있다. 또한 알고리즘을 처음 배울 때 Cursor AI에게 설명을 부탁하면 이해하기 쉽게 풀어서 설명해주므로, 복습 자료로 사용할 수도 있다. 다만 교육 목적으로 사용할 때는 몇 가지 주의가 필요하다. 과제의 정답을 통째로 물어보는 것은 지양해야 한다. 그렇게 하면 학습 효과가 떨어질 뿐더러, AI가 준 답이 잘못되어 오히려

혼란을 줄 위험도 있다. 대신 "이 부분에서 왜 틀렸는지 알려줘" 또는 "다른 접근 방법 힌트 좀 줘"처럼 부분적이고 방향을 제시받는 질문이 바람직하다. 선생님 입장에서는 Cursor AI를 활용해 자동 채점 스크립트를 짜거나, 예제 코드를 한꺼번에 수정하는 등 행정 편의를 얻을 수 있다. 요약하면, 교육 분야에서 Cursor AI는 멘토 역할과 도구적 역할 모두 가능하지만, 최종적인 학습 성과는 사용자에게 달려 있다는 점을 명심해야 한다.

이상의 다양한 분야 외에도, 모바일 앱 개발, 임베디드 프로그래밍, DevOps 작업 등 코드가 들어가는 모든 작업에 Cursor AI를 접목시킬 수 있다. 중요한 것은 자신만의 워크플로에 AI를 자연스럽게 녹여내는 것으로, 사람마다 쓰는 방식은 다를 수 있다. 어떤 이는 코드를 혼자 다 짜고 마지막에 오류 잡을 때만 AI를 쓴다고 하고, 또 다른 이는 아예 프로젝트 시작 세팅부터 AI 도움을 받아 빠르게 뼈대를 만든다. 정형화된 정답은 없으므로, 위에 소개한 예시들을 참고하여 본인에게 맞는 활용법을 찾아나가길 바란다.

3.5 실제 사용자 활용 사례

이번 절에서는 Cursor AI를 실제로 활용해본 개발자들과 일반 사용자의 경험을 소개한다. 앞선 이론적인 설명과 예시에서 나아가, 현업이나 개인 프로젝트에서 Cursor AI가 어떻게 사용되었는지, 그리고 그 결과 얻은 교훈은 무엇인지 알아보자. 긍정적인 성과와 함께, 사용 중 겪은 어려움이나 한계도 함께 살펴보면서 현실적인 기대치를 갖는 것이 중요하다.

(1) 비전공 초보자의 첫 웹사이트 제작

대학생 A씨(인문계 전공)는 코딩 경험이 거의 없었지만, K-팝을 소개하는 간단한 웹사이트를 직접 만들어보고 싶었다. 그는 우연히 접한 Cursor AI를 활용해 프로젝트에 도전했다. 우선 Cursor AI를 설치한 후, 제공되는 튜토리얼을 따라 기본적인 사용법을 익혔다. 그 뒤 HTML 파일을 하나 만들고 "간단한 K-팝 소개 페이지 만들어줘"라고 Cursor AI에 요청했다. 그러자 AI는 자동으로 HTML의 기본 구조와 함께 적당한 콘텐츠 예시를 생성해주었다. A씨는 생성된 코드를 보면서 내용을 자신의 취향대로 조금 수정하고, 다시 "스타일을 추가해줘. 배경은 검은색에 글씨는 핑크색으로 해줘" 등의 요구를 던졌다. Cursor AI는 CSS 코드를 추가하며 디자인을 가다듬어 주었고, 부족한 부분은 A씨가 직접 보완하면서 웹페이지가 금세 형태를 갖추게 되었다. 더 나아가 그는 Cursor AI에게 간단한 애니메이션 효과를 제안해달라고 요청하여, 이미지에 페이드인 효과를 넣는 등 부가적인 요소도 구현했다. 최종 결과물은 한 주말을 투자하여 완성할 수 있었다고 한다.

이 경험에서 A씨가 얻은 것은 즉각적인 피드백과 생산성 향상이었다. 혼자 책이나 인터넷을 찾아가며 했다면 몇 주는 걸렸을 일을, AI와 대화하며 짧은 시간에 결과를 만들었다. 특히 Cursor AI가 코드를 직접 설명해주고 오류까지 짚어주므로 혼자서도 진행이 가능했다는 점을 강조했다. 예를 들어 자바스크립트 부분에서 실수가 있었을 때, Cursor AI가 이를 찾아 수정하면서 A씨는 그 이유를 배울 수 있었다. 다만, A씨는 프로젝트 마무리 단계에서 예상치 못한 난관을 만났다. 웹파일을 모두 완성한 후 "이제 웹에 올리려면 어떻게 해?"라고 물었는데, Cursor AI가 FTP를 통한 배포를 언급한 것이다. 정작 A씨는 FTP가 무엇인지 몰랐기에 헤맸지만, Cursor AI가 마침 VS Code의 FTP 확장(FTP Mini)을 Cursor에서도 설치해 사용한다고 안내해주었다. 이를 따라 하여 파일을 서버에 업로드하고 웹사이트를 성공적으로 인터넷에 공개할 수 있었다. 그는 "Cursor AI 덕분에 개발 문외한도 스스로 웹을 만들 수 있음을 확인했다"며 성취감을 나타냈다. 동시에 기본 개념의 중요성도 깨달았다고 했다. 예를 들어 도메인, 호스팅 등의 지식을 AI가 전부 채워주진 못하므로, 그 부분은 추가로 공부해야 했다. 이 사례는 Cursor AI가 초보자에게 날개를 달아주지만, 완전한 자동비행을 보장하진 않는다는 점을 보여준다. 즉, AI의 도움으로 출발은 수월하게 할 수 있으나, 마무리 짓기 위해서는 스스로 배우고 이해해야 한다는 것이다.

(2) 숙련 개발자의 생산성 향상과 새로운 통합

스타트업 개발자 B씨는 이미 몇 년간의 웹 백엔드 경험이 있었지만, Cursor AI 출시 후 이를 업무에 도입해보았다. 그는 평소에도 GitHub Copilot 등을 써왔기에 유사한 Cursor AI에 큰 기대는 없었으나, 막상 한 달 정도 사용해보니 개발 스타일에 긍정적인 변화가 있었다고 한다. 먼저, Cursor AI는 VS Code 자체라 별도 설정 없이 기존 환경과 통합되었고, 프로젝트를 열자마자 코드 인덱싱을 통해 프로젝트 맥락을 학습하는 점이 인상적이었다. B씨가 했던 프로젝트 중 하나는 오래된 레거시 코드베이스를 리팩토링하는 일이었는데, Cursor AI의 Chat에 "이 함수의 역할이 뭐야? 다른 어디에서 호출돼?"라고 물으면, 해당 함수 정의를 찾아 설명해주고 프로젝트 내 검색 결과까지 요약해서 알려주었다. 이는 그가 일일이 Grep으로 검색하고 추적할 시간을 크게 절약시켰다. 또한 B씨는 Cursor AI의 Agent 모드를 흥미롭게 활용했다. 여러 파일에 걸쳐 로그 기능을 추가하는 작업이 있었는데, "전체 프로젝트에 debug 로그 넣는 작업을 도와줘"라고 Agent에게 지시하니, 필요한 파일들을 모두 열어 적절한 위치에 로그 코드를 삽입해주었다. 물론 사람이 직접 쓴 것만큼 세련되진 않아 일부 수정을 했지만, 반복적이고 지루한 작업을 대신 처리해준 덕분에 중요한 로직 개선에 더 집중할 수 있었다고 한다.

B씨는 Cursor AI에 대해 "생각을 대신해주기보다는 손을 빠르게 움직여주는 도구"라고 요약했다. 예를 들어 새로운 API 엔드포인트 코드를 짤 때, 머릿속으로 설계를 하면 Cursor AI가 바로 코드를 뽑아주니 일종의 구현체 자동화가 되어 아이디어 검증 사이클이 빨라졌다는 것이다. 또한 "한 번 시도하고 버려도 부담이 없다"는 심리적 효과도 언급했다. 코드를 직접 다 치면 버리기 아깝지만, AI에게 시켜본 코드는 맘에 안 들면 쉽게 폐기하고 다시 시도할 수 있어 여러 실험을 해보게 되었다고 한다. 실제로 그는 Cursor AI 도입 후 예전보다 프로토타이핑 속도가 빨라지고, 결과물의 품질도 향상되었다고 평가했다. 다만 한 가지 단점으로 비용을 들었다. Cursor AI 프로 구독과 AI API 사용량이 누적되면서, Copilot 대비 비용이 높게 나오는 달도 있었다. 회사 차원에서 생산성 향상 대비 비용을 저울질하게 되는데, 아직은 새 기술이라 이 부분을 설득하는 데 시간이 필요했다고 한다. 그럼에도 그는 "몇 년 내 이런 AI 코딩 비서는 개발자의 표준 도구가 될 것"이라 전망하며, Cursor AI 같은 도구에 익숙해져 두면 경쟁력이 될 것이라 조언했다.

(3) 비개발자의 데이터 작업 및 프로토타이핑

디자인 업무를 하는 C씨는 코딩은 잘 모르지만, 아이디어를 빠르게 구현해보고 싶을 때 Cursor AI를 활용하고 있다. 그는 예술적 인터랙티브 웹 프로젝트를 구상하면서, 개발자 없이 혼자 만들어보려 했다. Three.js를 이용한 웹캠 영상 처리 아이디어였는데, Cursor AI를 통해 가능성을 실험해보기 시작했다. 프로젝트 빈 폴더를 열고, 우측 Chat에 대화하듯 "Three.js로 웹캠 영상을 캔버스에 그리는 방법 알려줘" 등의 질문을 던졌다. 그러자 Cursor AI는 간단한 예제 코드를 제시했고, C씨는 이를 실행해보며 결과를 확인했다. 막히는 부분이 나오면 다시 AI에게 "에러가 났는데, WebGL 콘텍스트 관련 오류야. 왜 그럴까?"라고 물어 원인을 찾고, "그럼 수정해서 다시 코드 보여줘"라고 요청하며 점진적으로 문제를 해결했다. 이렇게 만들어간 프로젝트는 마침내 기본 동작을 구현하게 되었고, C씨는 이를 더욱 발전시켜 실제 작품으로 완성했다. 놀라운 것은, 원래 이 작업을 위해 프로그래밍을 잘 아는 동료의 도움을 받아 몇 주는 걸릴 거라 예상했지만, Cursor AI와 함께 하니 단 며칠만에 핵심 기능을 시연할 수 있었다는 점이다.

C씨는 Cursor AI를 "즉석 해결사 겸 선생님"으로 묘사했다. 그는 "내가 원하는 것을 한국말로 막 던져도, AI가 그걸 코드로 바로 보여주니 마치 개발자를 옆에 두고 대화하는 기분"이라고 했다. 또, 잘 모르는 기술 스택(예: WebGL)의 경우도 AI가 필요 라이브러리를 추천해주고, 문법을 틀리면 바로 교정해주니 모르는 분야에 대한 진입장벽이 낮아졌다고 느꼈다. 결과적으로 그는 Cursor AI 덕분에 기술 구현보다 콘텐츠 아이디어에 집중할 수 있었고, 창작의 폭이 넓어졌다고 평가했다. 반면, 한계도 있었다. 프로젝트를 완전히 마무리하고 최적화하거나, 성능을 높이는 부분에서는 AI가 제대로 대응하지 못했다. 예를 들어 프레임레이트가 낮아지는 문제를 물어봤을 때 애매한 답변만 돌아왔고, 결국 전문 개발자 포럼을 찾아 해결했다. 이를 통해 그는 "AI는 80%까지 도와주고, 마지막 20%는 직접 채워야 한다"는 교훈을 얻었다. 즉, 초기 프로토타이핑과 아이디어 실현에는 강하지만, 디테일을 다듬고 완성도를 높이는 일은 여전히 사람의 영역이라는 것이다. 그럼에도 Cursor AI를 통해 개발 역량이 없는 사람도 일정 수준의 결과물을 만들어낼 수 있었던 경험은 매우 고무적이었다.

(4) Cursor AI 활용에 대한 전반적인 소감(개발 커뮤니티 의견)

마지막으로, 개발자들이 Cursor AI를 사용하며 공유한 전반적인 의견들을 정리해보자. Reddit이나 기술 블로그, 국내 개발자 커뮤니티를 살펴보면 몇 가지 공통된 목소리가 있다.

- **생산성 극대화:** 많은 개발자들이 "이제 이전으로 돌아가기 힘들다"는 반응을 보일 정도로 Cursor AI의 편리함에 만족하고 있다. 반복적인 코딩 작업이나 검색에 들이던 시간이 획기적으로 줄어들고, 그만큼 설계나 창의적인 문제 해결에 더 집중할 수 있게 되었다는 것이다. 특히 하루 종일 코딩하는 직업 개발자들에게 Cursor AI는 피로도를 낮추고 지루함을 덜어주는 도구로 인식된다. "마치 항상 곁에 시니어 개발자 한 명이 페어 프로그래밍 해주는 느낌"이라는 비유도 있었다.
- **학습곡선 존재:** 반면 Cursor AI를 처음 써본 사람들이 공통적으로 언급하는 것은, 자신만의 활용 패턴을 익히기까지 시간이 좀 걸린다는 점이다. 예를 들어 어떤 때 Tab 자동 완성을 믿고 받아들일지, 어떤 때 ChatGPT에게 질문을 던질지 결정하는 것도 경험이 필요하다. 처음에는 AI가 내놓는 코드를 무조건 쓰다가 문제를 겪고 나서야 "아, 이럴 땐 걸러야겠구나"를 배우는 식이다. 즉, 도구 자체는 똑똑하지만 사용자의 지휘 능력이 중요하며, 이 부분에 약간의 학습곡선이 있다는 지적이다. 다행히도 Cursor AI는 문서와 커뮤니티 포럼이 잘 갖춰져 있어 정보를 얻기 쉽고, 써보면서 금방 감을 잡을 수 있다는 의견이 뒤따른다.
- **모델과 속도의 문제:** 몇몇 사용자는 Cursor AI가 통합한 모델들 간 성능 차이를 체감했다. GPT-4를 사용할 때는 응답이 정확하지만 느리고, Claude를 사용할 때는 빠르지만 가끔 맥락을 놓치는 경우가 있다고 한다. 또한 무료로 제공되는 모델(속도가 느린 모드)은 때때로 답변 대기 시간이 길어져 답답함을 유발하기도 했다. 이에 대한 해결책으로 많은 이들이 자신만의 API 키를 연결하거나, 필요한 경우만 GPT-4를 쓰는 등 조절을 하고 있다. 모델 기술이 발전함에 따라 이런 부분은 개선되겠지만, 현재로서는 속도와 정확도 사이의 트레이드오

프가 존재한다.

- **코드 품질과 책임:** Cursor AI로 생성된 코드의 품질에 대해서도 다양한 평가가 있다. 간단한 CRUD 같은 건 기가 막히게 잘 만들어내지만, 최적화가 필요한 알고리즘은 비효율적으로 나오는 등 편차가 있다. 그래서 몇몇은 "Cursor AI가 짜준 코드를 신뢰하느니 차라리 내가 짠다"는 극단적인 의견을 내기도 했다. 하지만 대다수는 기본 코드를 받은 후 이를 개선하는 방식으로 활용하며, 이게 오히려 개발 흐름을 부드럽게 만든다고 말한다. 어찌됐든 최종적으로 코드에 대한 책임은 사람에게 있으므로, AI 출력물을 리뷰하고 테스트하는 과정은 필수라는 점이 재확인된다.
- **미래 기대감:** 전반적으로 Cursor AI에 대해 개발자들은 매우 고무적이라는 반응이다. 과거에는 상상하기 힘들던 AI 코딩 비서가 실체화된 것에 놀라워하고 있고, 앞으로 더 향상될 여지가 많다는 점에 기대를 걸고 있다. 어떤 이들은 "IDE의 미래"라고 부르며, 언젠가는 디버깅, 최적화, 배포까지 AI가 도와주는 통합 환경이 될 것으로 전망한다. 다만 한편으로는 개발자의 역할 변화에 대해 고민하는 목소리도 있다. 루틴한 코딩 작업은 AI가 다 한다면, 인간 개발자는 더 추상적인 설계나 창의적 문제 해결에 집중하게 될 것이다. 그렇기에 Cursor AI 같은 도구를 활용할 줄 아는 능력 자체가 새로운 역량이 되고 있다고 이야기한다.

이상 사례들과 의견들을 종합해보면, Cursor AI는 분명 개발 실무와 학습에 변화를 가져오고 있다. 물론 아직 완벽하지 않고 해결해야 할 문제들도 있으나, 올바르게 활용하면 얻게 되는 이익이 매우 크다는 점은 모두가 동의한다. 독자 여러분도 앞서 소개한 기능과 팁, 그리고 다른 사람들의 경험담을 참고하여, 자신만의 Cursor AI 활용법을 만들어가길 바란다. 작은 실험과 시도가 쌓여 큰 생산성 향상으로 돌아올 것이다.

참고문헌

Amodei, D., Olah, C., Steinhardt, J., Christiano, P., Schulman, J., & Mané, D. (2016). Concrete problems in AI safety. *arXiv preprint arXiv:1606.06565.*

Bengio, Y., Courville, A., & Vincent, P.(2013). Representation learning: A review and new perspectives. *IEEE Transactions on Pattern Analysis and Machine Intelligence, 35*(8), 1798-1828.

Cursor AI(2023). *Official Documentation*. Retrieved from https://www.cursor.so

Franklin, S., & Graesser, A.(1997). Is it an agent, or just a program?: A taxonomy for autonomous agents. *Intelligent Agents III Agent Theories, Architectures, and Languages*, 21-35.

Ghallab, M., Nau, D., & Traverso, P.(2004). *Automated planning: theory and practice.* Morgan Kaufmann.

Google DeepMind.(2023). Gemini: Scaling LLM agents for tool use. DeepMind Blog.

IBM Research.(2020). *Multi-agent systems and coordination.* IBM AI Research White Paper Series.

McCarthy, J., Minsky, M. L., Rochester, N., & Shannon, C. E.(2006). A proposal for the Dartmouth summer research project on artificial intelligence, August 31, 1955. *AI Magazine, 27*(4), 12.

Microsoft(2023). Introducing AutoGen: Enabling next-generation LLM applications via multi-agent conversation framework.

OpenAI(2023). *GPT-4 Technical Report*. OpenAI.

Russell, S. J., & Norvig, P.(2021). *Artificial Intelligence: A Modern Approach*(4th ed.). Pearson.

Schmidhuber, J.(2015). Deep learning in neural networks: An overview. *Neural Networks, 61*, 85-117.

Vaswani, A., Shazeer, N., Parmar, N., Uszkoreit, J., Jones, L., Gomez, A. N., ... & Polosukhin, I.(2017). Attention is all you need. *Advances in Neural Information Processing Systems*, 30.

Vinuesa, R., Azizpour, H., Leite, I., Balaam, M., Dignum, V., Domisch, S., ... & Fuso Nerini, F.(2020). The role of artificial intelligence in achieving the Sustainable Development Goals. *Nature Communications, 11*(1), 233.

Wooldridge, M.(2009). *An Introduction to MultiAgent Systems*(2nd ed.). Wiley.

Zhang, S., Xu, J., Liu, W., Zhang, Q., Wu, Y., & Liu, Y.(2023). Survey on autonomous agents with LLMs. *arXiv preprint arXiv:2309.07864*.

Anthropic 공식 블로그. "Introducing the Model Context Protocol". (2024년 11월)

Cursor Forum(커서 공식 포럼) Feature Summary for Colleagues 게시글: Cursor 단축키별 기능 요약 및 스크린샷

Cursor 공식 문서Features/Chat/Agent섹션: 에이전트 모드 등 고급 기능 설명

Cursor 공식 문서Installation페이지: 설치 단계와 초기 설정 안내

Cursor 공식 문서Terminal & Composer섹션: 터미널 명령 생성 및 멀티파일 편집 기능 소개

Cursor 공식 웹사이트–Cursor AI 소개 및 주요 기능 설명

DataCamp 튜토리얼(2023). "Cursor AI: A Guide With 10 Practical Examples": Cursor AI의 인라인 코드 생성, 자동완성 등 사용 예시

Emgoto 기술 블로그(2025). "Getting started with Cursor AI": Chat 패널 사용법, 모델 선택 및 한계에 대한 조언

Frank Wang. "MCP: real world use cases, adoptions and comparison to function calling". (Medium, 2024년 12월)

HackerNoon 기술 블로그(2024). "Cursor AI: Installation & Review Guide": Cursor AI의 VS Code 기반 인터페이스 및 주요 특징 정리

HuggingFace 블로그. "What Is MCP, and Why Is Everyone Suddenly Talking About It?" (2025년)

K2View. "What is Model Context Protocol? A Practical Guide". (2025년 5월)

LinkedIn 게시글(2023, Giljae Joo). "Cursor AI 사용해보고 느낀 점": 빠른 프로토타이핑과 반복 작업에서의 Cursor AI 효용에 대한 개발자 소감

Martin Treiber. "Model Context Protocol (MCP): A New Standard for Tool and Data Integration". (IKANGAI, 2025년 4월)

Medium 블로그 글(2025, Kirk Clyne). "What I Learned Vibe-Coding My First Project in

Cursor AI": 창작 분야에서 Cursor AI로 프로토타입을 구현한 경험 공유

Model Context Protocol 공식 문서 (modelcontextprotocol.io). "Introduction".

Model Context Protocol 공식 문서. "Architecture".

Murry Jeong. "모델 컨텍스트 프로토콜(MCP)이 뭐야? –초보자를 위한 실용 가이드". (Medium 신나는연구소, 2025년 3월)

PromleeBlog. "Model Context Protocol 쉽게 이해하기(MCP)". (2025년)

Reddit 등 개발자 커뮤니티의 Cursor AI 관련 토론 및 후기 모음(생산성, 모델 성능, 활용 팁 등에 대한 언급 다수)

SK텔레콤 DEVOCEAN 블로그(2023). "Cursor AI로 K-팝 소개 사이트 만들기": 비전공 초보자의 Cursor 활용 웹개발 도전 후기

PART 3

AI 전환(AX) 시대의 경영학

인공지능은 경영학의 거의 모든 분야에서 업무 프로세스와 의사결정 방식을 빠르게 변화시키고 있다. 마케팅에서는 초개인화 캠페인과 자동화로 고객가치를 극대화하고, 생산운영관리에서는 지능형 자동화를 통해 효율성을 높이고 유연한 생산모델을 가능케 한다. 재무관리에서는 금융 지능화와 맞춤형 금융 서비스가 등장하며, 인사조직에서는 공정하고 전략적인 인력 관리를 실현해 사람과 기술이 조화롭도록 한다. 경영정보시스템에서 AI는 실시간 데이터와 분석을 제공해 데이터 중심 경영을 뒷받침하고, 회계 분야에서는 자동화와 전수 검사로 투명성을 강화한다. 물류에서는 공급망 최적화로 빠르고 민첩한 네트워크를 구축하며, 서비스 산업에서는 AI 기반 고객 응대를 통해 대기 시간을 줄이고 만족도를 높인다. 이러한 변화는 기업의 경쟁력 향상과 새로운 기회를 의미하지만, 동시에 데이터 거버넌스, 윤리적 AI 활용, 인력 재교육 등 복합적인 과제를 안고 있다.

다시 한번 강조해서 이야기하면, 인공지능(AI)은 최근 경영학 전 분야에 걸쳐 혁신을 이끌며 기업의 전략과 운영 방식에 큰 변화를 가져오고 있다. 마케팅에서 고객 개인화와 콘텐츠 제작, 생산운영관리에서 예측 유지 보수와 자동화, 재무관리에서 투자 의사결정과 리스크 관리, 인사조직에서 인재 채용과 관리, 경영정보시스템에서 의사결정 지원, 회계 감사에서 데이터 분석 자동화, 물류에서 공급망 최적화, 서비스 산업에서 고객 지원 등에 이르기까지 폭넓게 영향을 미치고 있다. 3부에서는 경영학의 주요 분야별로 AI 도입 현황과 최신 트렌드, 기술 적용 사례와 연구 동향, 실무적 변화와 경영학적 의미, 그리고 향후 전망을 균형 있게 살펴보려고 한다. 각 분야별로 학문적 깊이를 유지하면서도 일반 독자가 이해하기 쉽도록 설명하였다.

CHAPTER 7

AI 전환(AX)과 마케팅

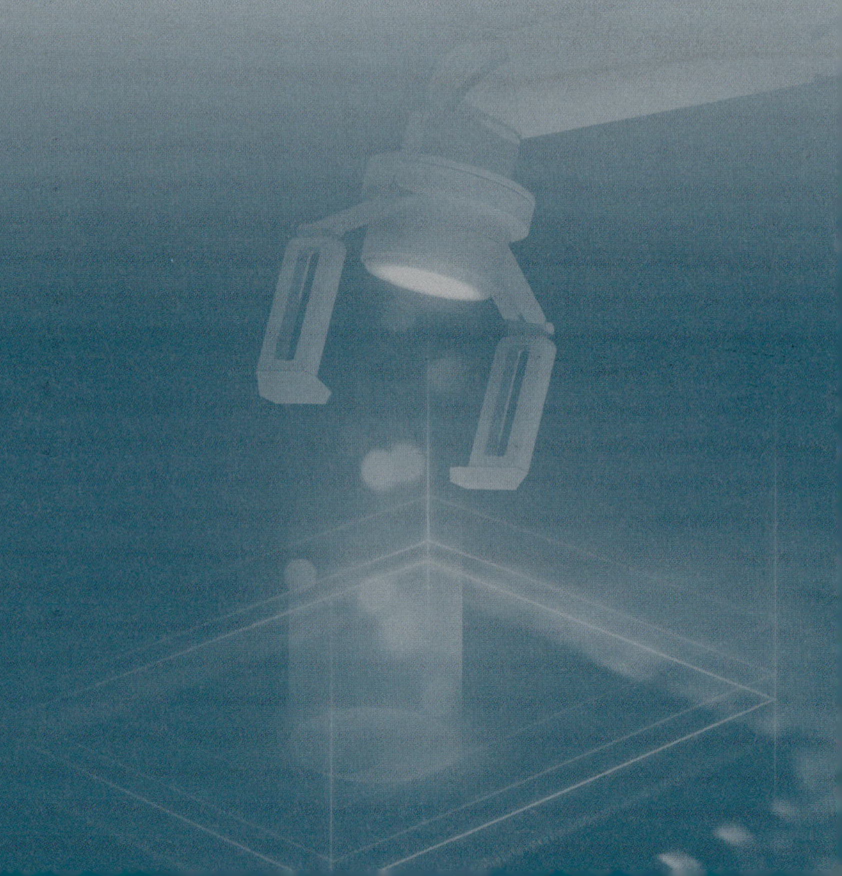

인공지능(AI)은 마케팅 분야에서 데이터 분석 도구의 보조적 역할을 넘어 핵심 전략을 이끄는 주축으로 빠르게 부상하고 있다. 기업들은 소비자의 행동 데이터를 과거 어느 때보다 방대한 규모로 수집·분석하고 있으며, AI의 발전으로 이러한 데이터를 실시간으로 해석하여 마케팅 의사결정에 활용하는 것이 가능해졌다. 그 결과 마케팅 업무는 데이터 기반 의사결정과 개인화된 고객 경험 중심으로 재편되고 있으며, AI는 마케팅 조직 내 필수적인 도구로 자리 잡아가고 있다.

1 최신 트렌드 및 기술 적용

마케팅 분야는 AI 기술을 가장 활발히 도입한 영역 중 하나로, 콘텐츠 생성 자동화와 개인맞춤형 마케팅에 특히 큰 변화가 일어나고 있다. 최근 설문조사에 따르면 마케팅 부서의 87%가 AI를 활용하거나 실험해본 적 있으며, 63%의 마케팅 리더는 이미 AI에 투자했거나 향후 2년 내 투자할 계획이라고 한다. 지난 3년간 절반에 가까운 마케팅 관리자들이 콘텐츠 제작에 AI를 사용해왔고, 블로그 글이나 웹사이트 콘텐츠, 소셜 미디어 포스트, 이메일 작성 등에 AI를 활용하는 비율도 절반을 넘었다. 이러한 도입 배경에는 생성형 AI(GenAI) 기술의 발전이 있다. ChatGPT 등의 등장은 일반 대중과 경영진 모두의 관심을 사로잡아, 2023년 설문 응답자 중 3분의 1은 자신들의 조직이 이미 하나 이상의 업무에 생성형 AI를 정기적으로 사용하고 있다고 보고했다.

특히 마테크(MarTech: Marketing Technology) 분야에서 AI와 GenAI에 대한 투자가 크게 늘어나 60% 이상의 마케터가 AI를 최우선 투자 대상으로 삼고 있으며, 이를 통해 콘텐츠 개인화, 예측 분석, 마케팅 효율화를 달성하려는 경향이 두드러진다. 예컨대 과거에는 비용 문제로 어려웠던 미시적 고객 세분화(micro-segmentation)도 생성형 AI를 통해 정교하고 저렴하게 구현할 수 있게 되어, 개별 소비자에게 최적화된 캠페인으로 높은 참여와 충성도를 이끌어내고 있다.

1.1 AI 마케팅의 개념과 등장 배경

AI 마케팅(AI Marketing)은 인공지능 기술을 활용해 고객 데이터를 분석하고, 고객의 니즈를 예측하며, 개인화된 경험을 제공함으로써 기업의 마케팅 목표를 달성하려는 활동을 의미한다. 과거에는 고객 분석을 위해 설문조사나 포커스 그룹(Focus Group) 같은 전통적 기법들이 주로 활용되었지만, 디지털 시대 이후 구매 로그, SNS 상의 행동 데이터, 웹사이트 클릭스트림 데이터 등 방대한 양의 정형 및 비정형 데이터가 축적되면서 보다 정교한 마케팅 기법이 요구되었다. 빅데이터 기술과 머신러닝 모델의 발달은 이러한 방대한 데이터를 효과적으로 처리 및 분석할 수 있는 환경을 제공했고, AI는 과거에는 불가능했던 정도로 세밀한 고객 행동 예측과 개인화가 가능하도록 만들었다.

1.2 AI 기술의 마케팅 적용 개요

현대 마케팅 환경에서 인공지능(AI)은 혁신적인 변화를 가져오고 있다. 기업들은 방대한 데이터를 효과적으로 분석하고 고객 경험을 개인화하기 위해 AI 기술을 적극적으로 도입하고 있다. AI는 소비자 행동 패턴 분석, 마케팅 전략 수립, 고객 세분화, 맞춤형 콘텐츠 제공 등 다양한 영역에서 활용된다. 마케팅에서 AI의 핵심 가치는 데이터 기반 의사결정을 가능하게 한다는 점이다. 전통적인 마케팅 방식에서는 제한된 정보와 직관에 의존해 의사결정을 내리는 경우가 많았지만, AI는 방대한 데이터를 실시간으로 분석하여 더 정확한 예측과 타기팅을 가능하게 한다. 이는 마케팅 효율성 증대와 비용 절감으로 이어진다.

1.3 AI 기반 고객 데이터 분석

고객 데이터는 현대 마케팅의 핵심 자산이다. AI는 구매 이력, 웹사이트 방문 패턴, 소셜 미디어 활동, 인구통계학적 정보 등 다양한 고객 데이터를 통합하고 분석한다. 머신러닝 알고리즘을 통해 소비자 행동 패턴을 파악하고, 미래 구매 가능성이 높은 고객을 예측한다.

특히 고객 세분화(Customer Segmentation) 측면에서 AI는 탁월한 성능을 보인다. 전통적인 마케팅에서는 인구통계학적 특성이나 간단한 행동 패턴에 따라 고객을 분류했지만, AI는 수백 가지 변수를 고려한 정교한 세분화가 가능하다. 이를 통해 각 고객 그룹에 맞는 차별화된 마케팅 전략을 수립할 수 있다. 예를 들어, 온라인 패션 리테일러 '스티치픽스(Stitch Fix)'는 고객의 스타일 선호도, 체형, 가격 민감도 등 여러 데이터를 AI로 분석하여 개인별 맞춤형 의류를 추천한다. 이는 고객 만족도와 구매율을 크게 향상시킨 사례이다.

2 AI 활용 사례

AI는 마케팅 가치사슬의 다양한 단계에 적용되고 있다. 마케팅 자동화플랫폼은 고객 데이터 분석부터 세분화, 캠페인 실행까지 많은 과정을 자동화하여 마케터들이 전략적 의사결정에 더 집중할 수 있게 한다. 실제로 일상 업무에 AI를 사용하는 마케터들이 늘어나고 있으며, 콘텐츠 요약(44%), 아이디어 도출 지원(41%), 개인화된 콘텐츠 생성(33%), 시장조사 및 데이터 분석(30%), 콘텐츠 생산 속도 향상(30%), 고객 응대 개선(17%) 등이 마케팅 실무자들이 꼽은 상위 AI 활용 분야이다. 이러한 활용을 통해 마케팅의 7대 영역에서 AI가 두드러진 영향력을 발휘하고 있다는 평가가 나온다.

- **마케팅 자동화:** 데이터 분석, 고객 세분화, 이메일/SNS 캠페인 등 반복 업무 자동화
- **데이터 기반 의사결정:** 방대한 소비자 데이터의 패턴을 머신러닝으로 분석하여 인사이트 도출
- **개인화와 고객경험:** 개별 사용자 행동을 학습해 맞춤형 콘텐츠와 추천 제공
- **챗봇과 실시간 상호작용:** AI 챗봇이 24시간 고객 문의 응대 및 구매 여정 안내
- **콘텐츠 생성 및 최적화:** 광고 카피나 상품 설명문을 생성하고 SEO에 맞게 수정
- **예측 분석:** 소비자 트렌드와 캠페인 성과를 예측하여 마케팅 전략 수립에 활용
- **프로그래매틱 광고:** 실시간 입찰과 타기팅을 AI가 수행해 예산 효율 극대화

이러한 다각도의 활용으로 마케팅 캠페인의 ROI(투자대비효과)를 높이고 일관된 브랜드 경험을 제공하는 것이 가능해졌다. 예를 들어, 글로벌 음료 기업 코카콜라는 2023년 컨설팅사 베인(Bain) 및 OpenAI와 파트너십을 맺어 "Create Real Magic"이라는 AI 마케팅 캠페인을 선보였다. 이 플랫폼을 통해 전 세계 소비자들이 코카콜라의 상징물을 활용해 AI로 생성한 디지털 아트를 공유할 수 있었는데, 불과 몇 달 만에 12만 건 이상의 사용자 생성 콘텐츠가 업로드되었고 이용자들은 평균 7분 이상 플랫폼에 머무르는 높은 참여도를 보였다. 코카콜라는 이 캠페인을 통해 선정된 상위 창작자들과 워크숍을 진행하고 새로운 한정판 제품(Y3000)을 출시하는 등, AI를 활용한 소비자 참여와 공동창조(co-creation)의 가능성을 입증했다. 이밖에 넷플릭스나 아마존과 같은 기업들은 AI 알고리즘으로 개인별 콘텐츠 추천과 맞춤형 프로모션을 제공하여 매출 전환율을 20% 이상 향상시키는 성과를 거두기도 했다.

3 관련 최신 연구 및 동향

3.1 AI 기반 마케팅 자동화

마케팅 자동화(Marketing Automation)는 AI 기술이 가장 활발하게 적용되는 영역 중 하나이다. 이메일 마케팅, 소셜 미디어 포스팅, 디스플레이 광고 등 다양한 채널에서 AI는 최적의 타이밍과 콘텐츠를 자동으로 선택한다. 챗봇과 가상 비서는 마케팅 자동화의 대표적인 예시이다. 24시간 고객 응대가 가능한 AI 챗봇은 기본적인 문의 처리부터 제품 추천, 구매 안내까지 다양한 서비스를 제공한다. 대화형 AI의 발전으로 챗봇의 자연어 처리 능력이 크게 향상되면서, 고객은 실제 사람과 대화하는 듯한 경험을 할 수 있다.

프로그래매틱 광고(Programmatic Advertising)는 AI가 실시간으로 광고 입찰과 배치를 최적화하는 시스템이다. 사용자의 검색 기록, 방문 웹사이트, 관심사 등을 분석하여 가장 효과적인 광고를 노출시킨다. 이를 통해 광고 효율성이 크게 향상되고, 불필요한 광고 지출을 줄일 수 있다.

3.2 AI를 활용한 예측 마케팅

예측 마케팅(Predictive Marketing)은 AI와 머신러닝을 활용하여 미래 고객 행동을 예측하는 기법이다. 고객 생애 가치(Customer Lifetime Value), 이탈 가능성(Churn Rate), 상품 추천(Product Recommendation) 등을 예측하여 선제적인 마케팅 활동을 펼칠 수 있다.

넷플릭스(Netflix)와 아마존(Amazon)의 추천 시스템은 예측 마케팅의 대표적 사례이다. 이들은 사용자의 과거 행동 패턴을 분석하여 개인별 맞춤형 콘텐츠와 상품을 추천한다. 넷플릭스의 경우, 시청 기록, 평점, 장르 선호도 등을 AI로 분석하여 사용자가 좋아할 만한 새로운 콘텐츠를 추천한다. 이는 고객 만족도와 서비스 사용 시간을 늘리는 데 크게 기여한다.

감성 분석(Sentiment Analysis)은 소셜 미디어, 리뷰, 문의 등에서 고객의 감정과 태도를 분석하는 기술이다. AI는 자연어 처리를 통해 텍스트에서 긍정, 부정, 중립적 감정을 파악하고, 브랜드 평판을 모니터링한다. 이를 통해 마케팅 팀은 부정적인 여론에 신속하게 대응하고, 긍정적인 고객 경험을 강화하는 전략을 수립할 수 있다.

3.3 빅데이터 수집 및 전처리

AI 마케팅에서 가장 먼저 고려해야 할 요소는 양질의 데이터를 확보하는 것이다. 기업은 고객 관계 관리(CRM) 시스템, 웹 로그, 모바일 앱 로그, SNS 등 다양한 경로를 통해 고객 데이터를 수집한다. 이렇게 모인 데이터를 통합하여 중복을 제거하고, missing value를 보완하며, 원하는 분석 목적에 맞춰 정형 · 비정형 데이터 모두를 균질하게 전처리해야 한다.

3.4 분석 알고리즘 선택 및 모델링

기계학습(머신러닝), 심층학습(딥러닝), 지도학습과 비지도학습, 강화학습 등 다양한 학습 방법론이 마케팅 문제에 적용된다. 예를 들어, 전환율 예측이나 고객 이탈(churn) 예측에는 지도학습(Supervised Learning) 알고리즘이 주로 사용되고, 고객 세분화를 위해서는 비지도학습(Unsupervised Learning)인 군집화(Clustering) 기법이 활용된다.

딥러닝은 이미지, 음성, 텍스트 분석 등에 강점을 지니므로 광고 크리에이티브 제작, 감성 분석(Sentiment Analysis) 등에 자주 쓰인다.

3.5 결과 해석 및 마케팅 전략 수립

분석 모델에서 도출된 예측치나 인사이트를 단순히 '결과값'으로만 이해해서는 안 되고, 이를 기반으로 실제 마케팅 전략을 어떻게 설계·실행할지 고민해야 한다. 예컨대 특정 고객군이 제품을 재구매할 가능성이 높다고 예측되면, 해당 고객군을 대상으로 크로스-셀(cross-sell) 또는 업-셀(up-sell) 전략을 펼칠 수 있다. 혹은 이탈 가능성이 높은 고객군이 있다면, 맞춤형 혜택을 제공해 고객 충성도를 유지할 방안을 마련할 수 있다.

3.6 실행 및 피드백 루프(Feedback Loop)

AI 마케팅 캠페인은 끊임없는 학습과 개선 과정을 거친다. 초기에 설정한 가설과 모델의 예측 성능을 바탕으로 광고나 프로모션 전략을 실행하고, 그 결과를 다시 모델 학습에 반영함으로써 성능을 점진적으로 높일 수 있다. 이는 실시간 데이터 처리 인프라가 뒷받침될 때 더욱 효과적이며, 현재 많은 기업이 클라우드 서비스와 AI 솔루션을 결합해 이 과정을 자동화하고 있다.

3.7 AI 마케팅 주요 활용 사례

(1) 개인화 추천 시스템

넷플릭스(Netflix)나 아마존(Amazon)이 대표적이다. 사용자의 시청/구매 이력, 평점, 검색 패턴 등을 딥러닝 기반 모델로 분석해 개인 맞춤형 콘텐츠를 추천한다. 이는 고객 만족도와 충성도를 높이는 핵심 경쟁력으로 작용한다.

(2) 챗봇(Chatbot) 고객 대응

은행, 여행사, 온라인 쇼핑몰 등 다양한 업종에서 챗봇이 24시간 자동 응대 서비스를 제공한다. 과거에는 간단한 FAQ 수준에 그쳤지만, 최근에는 자연어 처리 기술이 고도화되어 복잡한 고객 문의도 상당 부분 해결 가능하다. 고객경험 개선뿐 아니라 인건비 절감 효과도 크다.

(3) 동적 가격 결정(Dynamic Pricing)

항공사나 숙박업체는 AI 알고리즘을 사용해 공급·수요 상황, 계절성, 경쟁사 가격, 예약 추이 등을 분석하여 실시간으로 가격을 조정한다. 이는 기업의 수익 최적화를 가능하게 하며, 고객 입장에서도 가장 적절한 타이밍에 맞춰 합리적 가격을 제시받을 수 있다.

(4) 고객 감성 분석(Sentiment Analysis)

소셜 미디어나 리뷰 사이트에 올라오는 방대한 텍스트 데이터를 수집·분석해 고객들의 브랜드 인식, 제품에 대한 호감도, 부정적 경험 등을 파악한다. 감성 분석 결과를 바탕으로 광고 메시지를 조정하거나 상품 개선 방향을 수립할 수 있다.

4 실무적 변화와 경영학적 의미

마케팅 분야에서 AI 도입은 마케터의 역할과 요구 역량도 변화시키고 있다. 반복적 작업이 자동화되면서 마케터들은 전략 기획, 창의적 아이디어 개발, 데이터 해석 등의 고부가가치 업무에 집중할 수 있게 된다. 한편으로는 AI 활용이 마케팅 의사결정의 과학화를 촉진하여, 경험이나 직관보다는 데이터 기반의 판단이 강화되고 있다. Fuqua 경영대학원의 Christine Moorman 교수는 “디지털 마케팅 콘텐츠와 타이밍 최적화, 프로그래매틱 광고 및 매체 구매, 고객 인사이트를 위한 예측 분석, 타깃 결정 등에서 AI 활용은 아직 초기 단계이지만 마케팅 ROI 개선에 매우 큰 잠재력이 있다”고 지적했다. 이는 마케팅 관리의 패러다임이 AI와 인간의 협업을 통해 효율과 효과를 동시에 추구하는 방향으로 가고 있음을 시사한다.

다만 AI 활용에 따른 창의성 영향에 대해서는 업계의 의견이 엇갈리는데, 40%의 전문가들은 AI가 마케팅 작업의 창의성과 품질을 향상시킬 것이라 기대한 반면 30% 정도는 오히려 저해할 것이라 우려하고 있다. AI 윤리와 브랜드 신뢰도 중요한 이슈로, 잘못된 AI 활용은 소비자에게 오해를 줄 수 있어 기업들은 AI가 생성한 콘텐츠라도 사람이 감수하고 투명하게 공개하는 등 책임감 있는 활용 전략을 고민하고 있다. 실제로 AI 챗봇을 활용한 소비자 응대에서 발생할 수 있는 할루시네이션(근거 없는 허위응답)이나 편향은 브랜드 평판에 위험요인이 될 수 있기 때문에, 기업들은 이를 최소화하기 위한 검증 절차와 가이드라인을 마련 중이다.

5 향후 발전 가능성과 예상 변화

AI는 마케팅 분야에서 앞으로도 더욱 심화된 개인화와 실시간 마케팅을 가능케 할 전망이다. 실시간 AI 분석으로 소비자 행동 변화를 즉각 포착해 마케팅 믹스를 조정하고, 옴니채널상에서 일관된 개인별 경험을 제공하는 것이 현실화되고 있다. 예컨대, 온라인 쇼핑몰에서는 AI가 고객의 현재 탐색 패턴과 구매 이력, 소셜미디어 활동까지 통합 분석해 즉석에서 맞춤형 추천과 프로모션을 제안할 수 있다. 생성형 AI의 발달로 텍스트, 이미지, 동영상 콘텐츠를 자동으로 만들어내는 품질이 높아지면서 대규모 퍼스널라이제이션 at Scale이 실현될 것으로 보인다. 마케팅 담당자들은 AI를 아이디어 파트너로 활용해 보다 창의적인 캠페인을 기획하고, AI는 실행과 최적화를 맡는 형태로 인간과 AI의 협업 모델이 정착될 것이다. 다만 AI 의존도가 높아질수록 데이터 프라이버시와 윤리적 이슈(예: 차별적 타기팅의 문제)도 부각될 것이므로, 이에 대한 사회적 논의와 규제에도 주의를 기울여야 한다. 요약하면, AI와 마케팅의 결합은 "보다 똑똑하고 개인화된 마케팅" 시대를 열고 있으며, 마케팅 활동의 생산성과 효율을 극대화하는 동시에 고객과의 관계 강화를 촉진하는 방향으로 발전할 것으로 기대된다.

- **개인화 마케팅의 극대화:** AI의 가장 두드러진 영향 중 하나는 고객별 맞춤형

(personalized) 마케팅의 비약적 발전이다. 머신러닝 알고리즘은 고객의 구매 이력, 웹사이트 활동, 소셜 미디어 반응 등 다양한 데이터를 종합적으로 학습하여 개별 소비자의 선호와 필요를 예측한다. 이를 토대로 고객마다 최적화된 제품 추천, 맞춤형 프로모션, 개별 타깃 광고를 실시간으로 제공할 수 있게 되었다. 예를 들어 전자상거래 플랫폼은 AI 추천 시스템을 통해 고객이 관심을 가질 만한 상품을 정확히 제시하고, 스트리밍 서비스는 시청자의 취향에 맞춘 콘텐츠를 자동으로 추천함으로써 고객 참여도와 만족도를 높이고 있다. 이러한 고도화된 개인화 덕분에 기업은 충성 고객층을 확보하고 유지하는 데 큰 이점을 얻고 있다. 실제로 글로벌 전자상거래 기업 아마존의 경우, 전체 매출의 약 35%가 AI 기반 추천 시스템을 통해 발생한다는 보고가 있을 만큼 개인화 전략이 사업 성과에 큰 기여를 하고 있다.

- **마케팅 캠페인과 광고의 자동화:** AI는 광고 운영과 캠페인 관리의 자동화에도 혁신을 불러왔다. 과거에는 마케터가 경험과 직관에 의존해 매체를 선택하고 예산을 할당했지만, 이제는 AI가 방대한 시장 데이터를 분석하여 최적의 광고 게재 전략을 도출한다. 프로그래매틱 광고플랫폼은 머신러닝을 활용해 적절한 타깃 고객에게 적시에 광고를 노출하고, 클릭률이나 전환율 같은 실적 지표를 실시간으로 학습하면서 캠페인을 자동 조정한다. 그 결과 기업은 광고비용 대비 효율(ROI)을 극대화하고, 수많은 광고 조합을 사람의 개입 없이 테스트하여 최적화를 달성할 수 있다. 예를 들어 글로벌 소비재 기업들은 AI 기반 광고 구매 시스템을 도입하여, 수작업으로 진행되던 매체 거래와 소재 최적화를 자동화함으로써 마케팅 운영 속도를 높이고 비용을 절감하고 있다. AI-enhanced 프로그램 광고(Programmatic Advertising) 기술의 도입으로, 광고 집행은 더욱 정교해지고 실시간 조정되는 추세다.
- **고객 서비스와 챗봇을 통한 상호작용 :** 자연어 처리(NLP)의 발전은 챗봇(chatbot)과 가상 비서 등 자동화된 고객 응대채널의 확산을 이끌었다. 챗봇은 웹사이트나 메신저, 콜센터 등에 배치되어 24시간 고객 문의에 응대하고 주문 처리나 간단한 문제 해결 등의 반복적 업무를 수행한다. 이를 통해 고객들은 긴 대기 시간 없이 즉각적인 답변을 얻고, 기업은 동시에 수많은 문의를 처리할 수 있어

고객 경험이 향상된다. 한 전망에 따르면 2025년에는 전체 고객 상호작용의 85% 정도를 인간 개입 없이 AI가 처리하게 될 것이라고 한다. 이미 많은 기업들이 기본적인 FAQ 응대에 챗봇을 활용하여 응답 시간을 단축하고 고객 만족도를 높이는 효과를 보고 있다. 이처럼 AI를 통한 고객 커뮤니케이션은 마케팅의 중요한 부분인 고객 관계 관리(CRM)에도 변화를 일으켜, 고객 접점의 효율성과 품질을 동시에 향상시키고 있다. Gartner는 AI 통합으로 고객 경험 전략을 실행한 기업들이 고객 만족도 25% 향상효과를 보고 있다고 분석한다.

- **콘텐츠 생성과 크리에이티브의 혁신** : 과거 마케팅 콘텐츠 제작에는 인간의 창의력과 시간이 필수적으로 소요되었지만, 생성형 AI(Generative AI)의 등장으로 상황이 달라지고 있다. 최신 AI 모델들은 광고 카피 문구 작성, 블로그 글 초안 생성, 소셜 미디어 포스트 이미지 제작 등 다양한 마케팅 콘텐츠를 자동으로 만들어낼 수 있다. 예를 들어 GPT-4와 같은 대규모 언어 모델은 주어진 제품 정보나 키워드를 바탕으로 흥미로운 마케팅 문장을 생성하고, 딥러닝 기반 이미지 생성 모델은 제품 특성에 맞는 시각 자료를 만들어낸다. 이러한 AI 활용은 콘텐츠 제작에 소요되는 시간과 비용을 절감할 뿐 아니라, 마케터가 더 많은 실험과 시도를 해볼 수 있게 해준다. 기업들은 AI가 제안한 여러 버전의 광고 문구를 A/B 테스트하여 최적의 반응을 얻는 식으로 데이터에 근거한 크리에이티브 결정을 내리고 있으며, 이를 통해 마케팅 캠페인의 효과를 높이고 있다. 또한 전 세계 많은 마케터들이 생성형 AI 도구를 활용하기 시작하면서, 콘텐츠 생산 방식에도 혁신이 가속화되고 있다. 한 조사에 따르면 마케팅 담당자의 45%가 콘텐츠 초안 작성에 생성형 AI를 활용하고 있다는 보고도 있어, 이러한 추세는 계속 강화될 전망이다.
- **데이터 분석과 의사결정 지원** : 마케팅 의사결정 영역에서도 AI의 영향력은 커지고 있다. 현대 마케팅에서는 실시간 데이터 분석이 중요해졌는데, AI는 방대한 시장 데이터를 인간보다 훨씬 빠르게 분석하여 의미 있는 인사이트를 도출한다. 예를 들어 소셜 미디어상의 감성 분석(sentiment analysis)을 통해 브랜드에 대한 여론을 파악하거나, 구매 패턴을 예측하여 향후 수요 변화를 전망하는 데 AI가 활용된다. 이처럼 AI가 생성한 인사이트는 신제품 출시 타이밍, 가

격 결정, 프로모션 전략 수립 등 중요한 마케팅 전략 결정에 참고된다. 또한 AI는 여러 마케팅 채널의 성과 지표를 통합적으로 분석하여 어디에 자원을 배분해야 할지에 대한 의사결정 지원을 제공하고 있다. 이런 데이터 기반 접근은 마케터의 직관에 의존한 판단보다 근거가 명확하기 때문에, 경영진 설득이나 성과 예측 면에서도 큰 힘을 발휘한다. 실제로 한 글로벌 설문조사에 따르면 기업들의 90% 이상이 향후 3년 내 AI 및 생성형 AI 도구에 대한 투자를 확대할 계획인 것으로 나타나는데, 이는 AI 기반 의사결정 지원이 마케팅의 표준이 되어가고 있음을 시사한다.

- **윤리적 고려와 개인정보 보호 :** 한편, 마케팅 분야에서 AI 활용이 증대됨에 따라 새로운 **윤리적 이슈**도 부상하고 있다. AI가 소비자 정보를 폭넓게 활용하면서 개인정보 보호와 데이터 사용에 관한 투명성이 중요해졌다. 각국 정부와 규제 기관들은 AI를 이용한 마케팅 활동에 대한 규제를 마련하기 시작했고, 기업들은 「개인정보 보호법」과 AI 윤리 기준을 준수하는 내부 가이드라인을 수립하고 있다. 예를 들어 AI 알고리즘이 편향된 데이터를 학습하여 일부 고객군을 부당하게 제외하거나 잘못된 정보를 제공하는 편향(bias) 문제를 방지하기 위해 결과를 모니터링하고 수정하는 AI 거버넌스 체계를 구축하는 움직임이 확산 중이다. 2022년 한 해에만 127개 국가 입법기관에서 AI 관련 법안을 통과시켰다는 통계도 있으며, 이는 AI의 책임 있는 활용에 대한 글로벌 관심이 높아지고 있음을 보여준다. 또한, 무분별한 개인화 마케팅이 사생활 침해로 이어지지 않도록 데이터 최소화 원칙을 지키고, 고객에게 데이터 활용에 대한 동의와 선택권을 부여하는 등 책임 있는 마케팅이 요구되고 있다.
- **미래 전망 :** 앞으로 AI는 마케팅 전반에서 보다 전략적인 파트너 역할을 하게 될 것으로 보인다. 단순히 작업을 자동화하는 단계를 넘어, AI는 소비자의 욕구를 예측하여 새로운 마케팅 기회를 포착하고, 시장 변화를 조기에 감지하여 기민하게 대응하는 등 예측적이고 창의적인 마케팅을 가능케 할 것이다. 이미 많은 기업들이 마케팅 분야에 AI를 적극 도입하고 있으며, McKinsey 조사에서 경영진의 92%가 향후 AI 투자를 늘릴 계획이라고 답변한 바 있다. 이에 따라 마케팅 전문가의 역할도 변화하고 있는데, AI가 산출한 인사이트를 해석하

고 창의적인 전략으로 연결하는 인간 고유의 통찰력이 더욱 중요해지고 있다. 따라서 마케팅 전문가들은 데이터 분석 및 AI 활용 역량을 필수적으로 갖추고, AI의 제안을 창의적인 캠페인으로 승화시키는 인공지능과 상호보완적인 마케터로 거듭나야 할 것이다. 요약하면, AI의 도입으로 마케팅은 더욱 개인화되고 효율적으로 진화하고 있으며, 이러한 흐름을 선도하는 기업들은 고객 가치 창출과 경쟁우위 확보 측면에서 유리한 위치를 선점할 것으로 기대된다.

참고문헌

Accenture(2023). *Content Automation Trends.*

Adobe(2023). *The Future of Personalization and Automation.*

Amazon(2024). *Product Recommendation Algorithms.*

Bain & Company, OpenAI(2023). *Create Real Magic Campaign Insight.*

Deloitte Digital(2024). *Global Marketing Trends Report.*

Facebook/Meta(2023). *AI Tools in Ad Optimization.*

Forrester Research(2023). *AI Value in Marketing Transformation.*

Gartner(2024). *MarTech Forecast: AI Integration.*

Google Ads(2024). *Smart Bidding and AI Campaigns Overview.*

Harvard Business Review(2023). *AI-Driven Customer Segmentation.*

HubSpot(2023). *State of Marketing AI.*

IBM Watson(2024). *AI in Customer Engagement.*

Marketing AI Institute(2024). *AI in Content Strategy Report.*

Marr, B.(2024). *AI Marketing Trends for 2025. Forbes.*

McKinsey & Company(2023). *AI and the Future of Personalization.*

Netflix Tech Blog(2023). *Personalized Recommendations Using AI.*

Nielsen(2023). *Consumer Behavior and AI Influence Report.*

PwC(2024). *Next in Marketing with AI.*

Salesforce(2024). *State of Marketing Report.*

Sprinklr(2023). *AI and Customer Sentiment Analytics.*

Statista(2024). *AI Adoption Rate in Marketing by Industry.*

Stitch Fix(2023). *Data Science in Fashion Retail.*

CHAPTER

8

AI 전환(AX)과 생산운영관리

생산 및 운영관리 분야에서도 AI의 도입은 제4차 산업혁명(Industry 4.0)의 흐름 속에서 제조업과 서비스 운영 방식에 근본적인 변화를 일으키고 있다. 전통적으로 생산관리자는 설비 가동률을 높이고 재고를 최적화하며 품질을 유지하기 위해 경험과 통계에 의존해왔다. 그러나 이제는 공장 내부 곳곳의 기계와 시스템에 설치된 센서와 IoT 기기로부터 막대한 양의 데이터가 실시간으로 수집되고, 이를 AI가 분석하여 운영 의사결정을 지원하고 자동화하는 시대가 열리고 있다. 그 결과 스마트 팩토리라 불리는 첨단 제조 환경이 확산되어, AI는 생산 현장의 효율성과 유연성을 극대화하는 핵심 엔진이 되고 있다.

생산운영관리(Production and Operations Management)는 상품과 서비스의 생산 과정에서 효율적인 자원 배분, 프로세스 설계, 품질관리, 재고관리, 공급망관리 등을 다루는 경영학 분야이다. 과거에는 대량 생산과 규모의 경제를 통해 원가 절감과 효율화가 핵심 과제였으나, 현대에는 고객의 니즈가 다변화·개별화됨에 따라 생산 유연성, 리드타임 단축, 고품질 유지가 모두 중요한 요소로 떠올랐다. 특히 4차 산업혁명의 시대가 도래하면서 기업들은 '스마트 팩토리(Smart Factory)' 구축, 실시간 공급망 모니터링, 예측 정비(Predictive Maintenance) 등 새로운 역량을 요구받고 있다.

이런 변화 속에서 인공지능(AI)은 생산운영관리 분야에 큰 변혁을 일으키고 있다. 센서 기술, 사물인터넷(IoT), 빅데이터, 로보틱스 등과 결합하여 기존 제조 환경을 고도화하며, 프로세스 전반에서 '지능화(intelligence)'를 구현하게 되었다. 단순히 재고 수준 최적화나 생산 계획 수립을 넘어, 품질검사 자동화, 유지 보수 시기 예측, 자율 로봇 활용 등 AI 기반 솔루션이 생산 현장의 새로운 표준이 되고 있다.

1 최신 트렌드 및 기술 적용

생산 및 운영관리(Operation Management) 분야에서는 AI가 제조 공정의 자동화, 품질 관리 향상, 설비 예지보전 등에 혁신을 불러오고 있다. 예측 유지 보수(Predictive Maintenance)는 그 대표적인 예로, 센서 데이터와 AI 알고리즘으로 설비 고장을 사전에 예측하여 수리를 진행함으로써 생산라인의 가동 중단(downtime)을 크게 줄이고 있다. 실제로 AI 기반 예지보전을 도입한 기업들은 유지 보수 비용을 최대 25% 절감하고, 예기치 못한 가동중단을 30%까지 감소시켰다는 보고가 있다. 예컨대 제너럴 일렉트릭(GE)은 자사 공장의 AI 시스템 도입으로 예상치 못한 다운타임을 10~20% 줄였다고 발표했다. 또한 품질 검사에도 AI 비전기술이 활용되어 사람보다 더 높은 정확도로 결함을 잡아내고 있다. 딥러닝을 활용한 머신비전은 제품 결함 탐지 정확도를 90% 수준까지 끌어올려 제품 품질을 35% 향상시켰으며, 주요 전자제품 제조업체들은 어두운 공장(Lights-Out Manufacturing)이라 불리는 무인 자동화 생산라인을 시험 운영하고 있다. 이러한 완전 자동화 공정은 인간의 개입 없이 로봇과 AI가 24시간 생산을 이어가는 것으로, 일부 반도체 및 정밀기계 공장에서 현실화되었다.

1.1 제조업의 AI 혁신

제조업은 AI 기술 도입을 통해 스마트 팩토리로 진화하고 있다. 스마트 팩토리는 생산 설비, 공정, 물류 등 모든 요소가 데이터로 연결되어 자율적으로 최적화되는 지능형 공장이다. AI는 생산 라인의 이상 감지, 품질 관리, 설비 예지보전 등 다양한 영역에서 활용된다.

머신 비전(Machine Vision) 기술은 제품 검사와 품질 관리에 혁신을 가져왔다. AI 알고리즘은 카메라로 촬영한 이미지를 분석하여 육안으로 발견하기 어려운 미세한 결함까지 검출할 수 있다. 이는 검사 정확도를 높이고, 생산 불량률을 크게 감소시킨다.

예지보전(Predictive Maintenance)은 AI가 센서 데이터를 분석하여 설비 고장을 사전에 예측하는 기술이다. 기존의 정기 점검 방식은 불필요한 유지 보수 비용이 발생하거나, 갑작스러운 고장으로 인한 생산 중단 위험이 있었다. AI 기반 예지보전은 설비의 실제 상태에 기반하여 최적의 유지 보수 시점을 예측함으로써, 가동률을 높이고 유지 보수 비용을 절감한다.

1.2 공급망 관리의 AI 활용

공급망 관리(Supply Chain Management)는 AI 기술을 통해 더욱 정교하고 탄력적으로 변화하고 있다. AI는 수요 예측, 재고 최적화, 물류 경로 계획 등 공급망 전반에 걸쳐 의사결정을 지원한다. 수요 예측(Demand Forecasting)은 AI와 머신러닝의 대표적인 적용 분야이다. 전통적인 통계 기반 예측 모델은 제한된 변수만을 고려했지만, AI는 과거 판매 데이터뿐만 아니라 날씨, 소셜 미디어 트렌드, 경쟁사 가격, 거시경제 지표 등 다양한 외부 요인을 포함하여 더 정확한 예측을 제공한다. 월마트(Walmart)는 AI 기반 수요 예측 시스템을 통해 재고 비용을 줄이고 제품 가용성을 높인 사례로 잘 알려져 있다.

재고 최적화(Inventory Optimization)는 AI를 통해 적정 재고 수준을 유지하는 기술이다. AI 알고리즘은 제품별 수요 변동성, 리드 타임, 비용 구조 등을 고려하여 최적의 재고 수준과 발주 시점을 결정한다. 이는 재고 비용 절감과 동시에 품절 상황을 최소화하는 데 기여한다.

물류 네트워크 최적화(Logistics Network Optimization)는 배송 경로, 운송 수단, 창고 위치 등을 AI로 최적화하는 영역이다. 특히 라스트마일 배송(Last-mile Delivery)에서 AI는 실시간 교통 상황, 배송 물량, 고객 위치 등을 고려하여 최적의 경로를 제안한다. 아마존은 AI 기반 물류 시스템을 통해 배송 속도를 향상시키고 비용을 절감하고 있다.

1.3 생산 계획과 스케줄링의 AI 혁신

생산 계획과 스케줄링은 AI를 통해 더욱 정교하고 유연해지고 있다. 전통적인 생산 계획은 제한된 변수만을 고려한 선형 계획법이나 휴리스틱 알고리즘에 의존했지만, AI는 더 복잡한 제약 조건과 변수를 고려할 수 있다.

강화학습(Reinforcement Learning)은 생산 스케줄링에 활발히 적용되는 AI 기법이다. AI 에이전트는 다양한 생산 상황을 시뮬레이션하며 최적의 의사결정 정책을 학습한다. 이는 생산 라인의 가동률을 높이고, 납기 준수율을 향상시키는 데 효과적이다.

디지털 트윈(Digital Twin)은 물리적 생산 시스템을 가상 환경에 구현한 기술이다. AI는 디지털 트윈을 통해 다양한 생산 시나리오를 시뮬레이션하고, 최적의 생산 계획을 수립한다. 시멘스(Siemens)는 디지털 트윈 기술을 활용하여 생산 효율성을 높이고, 신제품 개발 기간을 단축한 사례로 알려져 있다.

1.4 품질관리와 AI

품질관리(Quality Control)는 AI 기술을 통해 보다 정밀하고 사전 예방적으로 변화하고 있다. 기존의 품질 관리는 샘플링 검사나 사후 대응에 중점을 두었지만, AI는 전수 검사와 사전 예방에 초점을 맞춘다.

딥러닝 기반 이미지 인식은 외관 검사에 널리 활용되고 있다. 자동차, 전자제품, 식품 등 다양한 산업에서 AI 비전 시스템은 육안으로 발견하기 어려운 미세한 결함을 정확히 검출한다. 이는 검사 정확도와 속도를 높이고, 인력 의존도를 줄이는 효과가 있다.

공정 매개변수 최적화(Process Parameter Optimization)는 AI가 생산 공정의 다양한 변수를 분석하여 최적의 설정값을 도출하는 기술이다. 제조업에서는 온도, 압력, 속도 등 수많은 공정 변수가 제품 품질에 영향을 미친다. AI는 이러한 변수들 간의 복잡한 상호작용을 학습하여, 불량률을 최소화하는 최적의 공정 조건을 제안한다.

2 AI 활용 사례

제조업 전반에서 AI 활용이 빠르게 확산되고 있다. 2023년 기준으로 전 세계 35%의 제조 기업이 이미 AI를 활용하고 있으며, 특히 대기업일수록 도입률이 높아 직원 1만 명 이상의 기업에서는 60% 이상이 하나 이상의 AI 활용 사례를 가지고 있다. 자동차 산업을 예로 들면, 미국의 주요 자동차 제조사의 60%가 AI 기술을 다양한 형태로 도입했고, AI 덕분에 생산 시간 50% 단축이라는 눈에 띄는 성과를 보고한 사례도 있다. 구체적인 활용 영역을 살펴보면 다음과 같다.

- **공장 운영 최적화:** AI는 생산 라인의 스케줄링과 생산 계획을 최적화하여 병목 현상을 줄이고 자원 활용도를 높인다. 이를 통해 생산 리드타임을 단축하고 재고 수준을 최적화할 수 있다. 예를 들어, 어떤 제조업체는 AI 기반 생산 계획으로 생산 효율을 높여 연간 수백만 달러의 비용을 절감했다.

- **로봇 공학 및 자동화:** 협동 로봇(Cobot)이 AI 비전과 제어 알고리즘을 통해 인간 작업자와 나란히 일하며 조립, 포장, 검사 등의 작업을 수행한다. AI는 로봇의 경로 계획과 작업 순서를 최적화하여 속도와 정밀도를 향상시키고, 필요 시 강화학습으로 스스로 작업능력을 개선한다. 이로써 유연생산과 다품종 소량 생산을 지원하는 기반이 마련되고 있다.
- **실시간 이상 감지:** AI는 장비 센서 데이터 스트림을 상시 모니터링하여 이상 징후를 실시간 감지한다. 온도, 진동, 전류 등의 패턴 변화를 학습해 문제가 발생하기 전에 경고를 보내주므로, 운영자는 미리 조치를 취해 큰 고장을 예방할 수 있다. 이러한 지능형 공정제어 시스템 도입으로 불량률 감소와 가동률 향상을 동시에 달성한 기업들이 늘고 있다.
- **공급망 및 재고 관리:** 생산운영은 공급망과 밀접히 연계되어 있는데, AI를 통해 원자재 수급과 재고관리 또한 효율화되고 있다. 수요 예측 정확도를 높여 과잉생산이나 재고부족을 줄이고, 최적의 발주 타이밍과 물류 경로를 제안함으로써 운영 비용 절감 효과를 거둔다. AI 도입 기업들은 물류비를 15% 절감하고 재고 수준을 35% 개선하여 고객 서비스 수준을 65%까지 향상시킨 사례도 있다.

이러한 사례들은 AI가 생산운영관리에서 효율성과 유연성을 동시에 향상시킬 수 있음을 보여준다. 특히 코로나19 팬데믹 이후 불확실성이 커진 경영 환경에서, AI를 통한 탄력적 생산계획과 공급망 리질리언스(resilience) 확보가 중요해졌다. AI는 수요 변동이나 공급 차질에 기민하게 대응할 수 있는 도구로 주목받고 있으며, 실제로 AI 기반 시뮬레이션으로 다양한 시나리오에 따른 생산 · 재고 전략을 사전에 테스트해 보는 기업들이 늘고 있다.

3 관련 최신 연구 및 동향

학계에서도 운영관리 분야의 AI 활용에 대한 연구가 활발하다. 다수의 사례 연구를 통해 AI가 생산 및 공급망 프로세스를 어떻게 지원하며, 도입상의 이점과 장애요인은 무엇인지 분석한 연구가 발표되었다. 이러한 연구들은 데이터 품질과 기술 인프라가 성공적인 AI 도입의 핵심이라고 지적하며, 기업 내 AI 전문인력 부족 또한 과제로 언급한다. 실제로 2024년 많은 기업들이 AI 프로젝트를 시도했지만, 74%의 기업이 데이터 품질 문제로 AI 확장에 어려움을 겪었다는 조사도 있다. 그럼에도 93%의 제조 기업 경영진이 AI가 미래 제조 경쟁력에 필수적이라 믿고 적극적인 투자를 계획하고 있다. 한편, Generative AI의 제조 현장 적용도 연구 단계에 있는데, 예를 들어 제품 디자인 최적화나 공정 개선 아이디어 도출에 생성형 AI를 활용하려는 시도가 있다. 공장의 IoT 센서들로부터 생성된 방대한 데이터를 AI가 실시간 해석해 의사결정을 지원하는 실시간 의사결정 지원 시스템(AI-DSS)도 구현이 가시화되고 있다.

3.1 스마트 팩토리(Smart Factory)와 AI

'스마트 팩토리'는 생산 현장에 IoT 센서, 로봇, 디지털 트윈, 사이버 물리 시스템(Cyber-Physical Systems) 등을 통합 도입하여, 실시간 데이터 수집과 분석, 자동화가 이루어지는 차세대 제조 환경을 의미한다. AI는 다음과 같은 측면에서 스마트 팩토리 구현에 핵심 역할을 담당한다.

- **실시간 모니터링 및 제어:** 머신러닝과 딥러닝 알고리즘을 이용해 공장 곳곳에 설치된 센서 데이터를 분석함으로써, 온도·습도·진동·압력 등 다양한 변수를 실시간으로 파악한다. 문제가 감지되면 즉시 경고를 보내거나 기계를 자동으로 조정하여 결함 발생을 최소화한다.
- **수요 예측 및 생산 계획 최적화:** 예측 분석(Predictive Analytics)은 향후 몇 주, 몇 달 후의 제품 수요량을 다양한 외부 요인(시장 동향, 계절성, 경쟁사 활동)과 내부 요인(재고 수준, 생산 능력)을 결합해 예측한다. 이를 통해 생산 일정을 세밀하게 조정하고, 재고를 적정 수준으로 유지함으로써 비용을 절감하고 고객 만족도를 높일 수 있다.

- **로봇 협업과 자율화:** AI와 결합된 로봇(특히 협동 로봇, 코봇[Cobot])은 단순 반복 작업뿐 아니라, 비정형 환경에서도 스스로 최적의 작업 경로를 찾거나 사람과의 안전한 협업을 수행한다. 이는 작업장 효율성을 높이고, 인간 근로자들의 사고 위험과 과도한 노동을 완화한다.
- **디지털 트윈(Digital Twin):** 물리적 공장의 설비나 프로세스를 가상환경에 '쌍둥이'처럼 동일하게 구현한 뒤, AI 시뮬레이션을 통해 다양한 시나리오를 테스트해볼 수 있다. 예컨대 공정 병목이 예상되는 시점이나 장비 노후화로 인한 품질 저하 시점을 미리 파악하여 선제적으로 대응한다.

3.2 품질관리(Quality Management)와 AI

생산운영관리에서 품질관리는 기업의 생존과 직결될 정도로 중요한 영역이다. 과거에는 표본 검사나 사후 검사 위주로 진행되어 불량품이 이미 생산된 후에야 문제를 발견하는 경우가 많았으나, AI 기술의 도입으로 품질관리가 더욱 정밀해지고 사전 예방적 접근이 가능해지고 있다.

- **영상 분석 기반 결함 검사:** 공정 라인에서 카메라를 통해 생산된 부품이나 완제품을 촬영, 딥러닝 기반 이미지 분류 모델로 즉시 결함 여부를 판별한다. 육안 검사를 대체하여 휴먼 에러를 줄이고, 검사 속도와 정확성을 높인다. 자동차, 전자, 반도체 등 정밀 제조 분야에서 특히 활용도가 높다.
- **이상 탐지(Anomaly Detection):** 센서 데이터를 통한 기기 동작 패턴 분석으로 이상 징후를 미리 포착한다. 정상적인 패턴에서 벗어나는 진동, 온도 변화, 전력 소모량 증가 등이 발견되면, 조업을 잠시 중단하고 설비 점검에 나선다. 이를 통해 큰 사고나 대규모 제품 불량 사태를 예방할 수 있다.
- **통계적 공정 관리와 AI 결합:** 과거의 통계적 공정 관리(Statistical Process Control) 기법에 AI 모델을 적용해 보다 세밀한 변동 원인을 파악하고, 공정 능력 지수를 실시간으로 산출한다. 이때 공정 변수 간 상관관계를 머신러닝이 찾아내면, 인간 전문가가 미처 알지 못했던 개선점을 발견할 수도 있다.

3.3 재고관리 및 공급망관리(SCM)에서의 AI 활용

생산운영관리의 또 다른 핵심 축은 원자재 수급부터 최종 소비자에게 도달하기까지의 공급망(Supply Chain) 전 과정을 효율적으로 관리하는 것이다. 예측 불가능한 시장 변화나 물류 지연은 기업 손실로 직결되며, 고객 만족에도 영향을 미친다. AI는 복잡한 공급망상에서 발생하는 막대한 양의 데이터를 분석해 상황을 예측하고 의사결정을 자동화하거나 지원한다.

- **재고 최적화:** AI 모델은 판매 데이터, 프로모션 계획, 재고 회전율, lead time(주문 후 입고까지 걸리는 시간) 등을 종합적으로 고려해, 창고별로 얼마나 재고를 배분해야 하는지 계산한다. 이는 품절 사태나 불필요한 초과 재고를 줄이며, 안전재고 수준을 적절히 유지하게 돕는다.
- **물류 경로 최적화:** 택배나 화물 운송 시 AI 알고리즘이 교통량, 날씨, 실시간 도로 상황, 배송 우선순위 등을 바탕으로 최적 경로를 찾는다. 이를 통해 운송 비용과 시간을 절감할 수 있으며, 배송 지연에 따른 고객 불만도 줄어든다.
- **리스크 예측:** 코로나19와 같은 글로벌 위기, 자연재해, 지정학적 갈등 등은 공급망 전반을 위협한다. AI 모델은 뉴스, SNS, 경제 지표 등 광범위한 데이터를 실시간으로 스크래핑(scraping)하여 리스크 발생 가능성을 미리 예측한다. 이를 바탕으로 원부자재 대체 공급처를 찾거나 재고 비축 계획을 조정함으로써 충격을 완화할 수 있다.

3.4 예측 정비(Predictive Maintenance)와 설비관리

정비 전략은 크게 ① 고장이 난 이후 수리하는 사후 정비(Reactive Maintenance), ② 일정 주기로 설비를 교체 · 점검하는 예방 정비(Preventive Maintenance), ③ 설비의 상태 데이터를 기반으로 고장이 발생하기 전 시점을 예측해 미리 정비하는 예측 정비(Predictive Maintenance)로 나눌 수 있다. AI가 도입되면서 예측 정비가 활발히 이루어지고 있다.

- **정교한 고장 예측 모델:** 센서 데이터(진동, 소음, 온도, 전류량 등)와 과거 고장 이력 데이터를 활용해 '고장 발생 가능성'을 실시간 산출한다. 설비가 고장 직전 단계의 '신호'를 보이면 관리자가 사전에 부품 교체나 수리를 진행해 치명적인 생산 중단을 방지한다.
- **비용 절감과 안정성 향상:** 필요할 때만 정비를 하기 때문에 과도한 예방 정비로 인한 비용 낭비와, 갑작스러운 고장으로 인한 생산 차질 모두를 줄일 수 있다. 또한 장비 수명을 최대한 끌어올릴 수 있으므로 설비 투자 비용을 효율적으로 운용할 수 있다.

4 실무적 변화와 경영학적 의미

AI 도입으로 생산운영 관리자의 역할도 변화하고 있다. 현장 관리자들은 경험과 직관에 의존하던 의사결정에서 탈피해, AI가 제시하는 데이터 기반 인사이트를 참고하여 판단을 내리게 된다. 따라서 데이터 분석 역량과 AI 시스템에 대한 이해가 새로운 필수 역량이 되고 있다. 동시에, AI 도입은 작업조직의 재편을 가져와 인간과 기계의 협업이 일상화된다. 예를 들어, AI가 지원하는 제조라인에서는 작업자가 디지털 감독자(digital supervisor)로서 AI와 로봇을 모니터링하고 예외 상황에만 개입하는 형태로 업무가 재설계된다. 이는 표준화된 업무가 감소하고, 대신 AI 결과를 해석하고 의사결정에 반영하는 고차원적 업무가 늘어나는 방향이다. 기업 운영 측면에서는 AI를 통해 원가 절감과 품질 향상을 동시에 추구할 수 있게 되어 운영성과(Operation Performance)지표들이 개선되고 있다. 예를 들어, 어떤 기업은 AI 도입 후 불량률 감소로 품질비용을 줄이는 동시에 예지보전으로 설비 가동시간을 늘려 생산성을 높였다. 이러한 생산성 향상 효과는 경영 전체의 수익성 개선으로 이어지며, AI 도입에 따른 ROI가 높게 나타나고 있다. 다만, AI 활용이 늘수록 노동력에 대한 영향도 고려해야 한다. 자동화로 단순 생산직 일자리는 감소할 수 있으나, 한 설문에 따르면 응답자의 70%는 AI 도구가 나오더라도 인간의 관리와 통제가 여전히 필요하며 AI 도입이 곧바로 고용 감소로 이어지지 않을 것이라 보았다. 오히려 AI를 다를 줄 아는 스마트 팩토리 인력이나 데이터 사이언티스트 등 새로운 직무 수요가 증가할 전망이다. 기업들은 기존 직원들을 재교육(reskilling)하여 이러한 변화에 대응하고 있으며, 대학 및 교육기관에서도 산업계 수요에 맞춘 AI 활용 운영관리교육과정이 개설되고 있다.

5 향후 발전 가능성과 예상 변화

앞으로 생산운영관리에서 AI는 완전 자율운영 스마트공장의 핵심 기술로 자리잡을 것이다. Industrial AI와 Edge AI의 발전으로 현장 장비 자체에 AI 기능이 내장되어, 공장 단위에서 클라우드에 의존하지 않고 실시간 의사결정을 수행하는 시대가 오고 있다. 또한 여러 공장이 AI 네트워크로 연결되어 수요-생산-재고-물류가 실시간 동기화되는 자율 공급망(Autonomous Supply Chain)이 구현될 것으로 기대된다. 구체적으로, 미래의 생산 시스템은 디지털 트윈과 AI 시뮬레이션을 활용하여 제품 출시 전에 가상으로 모든 제조 공정을 테스트하고 최적화할 수 있을 것이다. 협업 로봇과 AI 비전은 더욱 정교해져 사람의 손재주가 필요했던 미세 작업까지 수행할 수 있고, 적응형 AI 시스템은 생산 환경 변화에 스스로 학습하여 대응함으로써 셋업 시간 없이 제품 전환이 가능해질 것이다. 다만 이러한 발전과정에서 사이버보안과 AI 시스템의 신뢰성 확보가 중요 과제로 떠오른다. 생산 현장에서 AI 오작동은 큰 사고로 이어질 수 있으므로, 안전한 AI를 위한 이중검증 시스템, 윤리적 AI 사용 기준 등이 함께 발전해야 한다. 요약하면, AI는 생산운영관리의 자동화와 지능화를 가속하여 더 빠르고 유연하며 효율적인 제조환경을 만들 것이며, 이를 통해 대량맞춤생산 시대에 적합한 새로운 운영 모델이 등장할 것으로 전망된다.

- **예측 유지 보수와 설비 운영 최적화:** AI 적용의 대표적인 사례로 예측 유지 보수(Predictive Maintenance)를 들 수 있다. 과거에는 기계 고장이 발생한 후 수리하거나 일정 주기로 설비를 점검하는 사후 유지 보수 및 예방정비 체계가 일반적이었다. 이제 머신러닝 알고리즘은 설비의 진동, 온도, 전류 등 센서 데이터를

상시 모니터링하여 고장 발생 징후를 조기에 탐지하고 미리 정비 일정을 조정할 수 있게 되었다. 이를 통해 예상치 못한 기계 다운타임(가동중단)을 크게 줄이고 생산 연속성을 확보할 수 있다. 실제로 AI와 IoT를 접목한 스마트 공장을 도입한 기업들은 설비 고장으로 인한 가동중단 시간을 20% 이상 단축하고, 생산 설비의 수명을 연장하는 성과를 거두고 있다. 이러한 예측 유지 보수는 제조업뿐 아니라 항공기나 발전설비처럼 가동중단 비용이 막대한 산업 전반에서 빠르게 확산되고 있으며, 운영 효율과 비용 절감 두 측면에서 큰 가치를 창출하고 있다.

- **품질관리와 결함 감지의 혁신:** AI는 품질관리(Quality Control) 영역에서도 인간의 한계를 극복하는 혁신을 가져왔다. 기존에는 생산된 부품이나 완제품의 결함을 발견하기 위해 검사원이 육안으로 확인하거나 표본 검사에 의존해야 했으나, AI 기반 컴퓨터 비전(computer vision) 기술은 카메라 영상을 통해 제품을 100% 자동 검사하고 미세한 결함까지 실시간으로 잡아낸다. 예를 들어 딥러닝 알고리즘을 활용한 비전 시스템은 생산 라인에서 흘러가는 제품의 크기, 색상, 표면 상태를 일일이 비교하여 불량 여부를 즉각 판단하며, 과거에 수 시간 걸리던 품질 검사를 몇 초 만에 수행한다. 이로써 불량률을 낮추고 리콜 사태를 방지하여 품질 비용을 절감할 수 있다. 뿐만 아니라 AI는 다양한 공정 데이터(온도, 압력, 속도 등)를 분석하여 잠재적인 품질 이상 원인을 사전에 감지함으로써 문제가 발생하기 전에 프로세스를 조정하는 선제적(proactive) 품질관리도 가능하게 한다. 이러한 AI 도입으로 제조 현장에서는 6시그마 수준의 높은 품질 기준을 더욱 안정적으로 달성할 수 있게 되었으며, 고객에게도 일관된 품질의 제품을 제공하여 신뢰도를 향상시키고 있다. IndustryWeek 등 업계 전문지에서도 AI 기반 결함 감지를 차세대 제조의 핵심 요소로 강조하고 있다.
- **생산 계획 및 일정 최적화:** 생산운영 관리의 핵심인 생산 계획과 일정관리에도 AI가 중요한 역할을 맡고 있다. 대량의 제품을 생산하는 공장에서는 어떤 순서로 제품을 생산하고, 각 공정에 얼마나 시간과 자원을 배분할지 결정하는 것이 복잡한 최적화 문제이다. AI는 이러한 스케줄링 문제를 해결하기 위해 수요 예측, 재고 수준, 설비 가동 현황 등의 데이터를 통합적으로 고려하여 최

적의 생산 일정을 수립한다. 머신러닝 기반의 수요 예측 모델은 시장의 변동성과 주문 패턴을 분석해 정확한 생산량을 제시하고, 최적화 알고리즘은 제품별 우선순위와 공정 간 상호의존성을 감안해 실시간으로 생산 일정을 조정한다. 그 결과 생산 라인의 대기 시간과 병목현상이 감소하고, 재고 과잉이나 부족 문제를 최소화하여 린 생산(lean production)을 구현할 수 있다. 예를 들어 자동차 제조사는 AI 시스템을 통해 부품 조달부터 조립 라인까지의 일정을 동적으로 관리함으로써, 주문 변화나 공급망 차질에도 유연하게 대응하여 납기를 준수하고 비용을 절감하고 있다. 또한 디지털 트윈(Digital Twin) 기술과 AI를 결합하여 가상의 공장 시뮬레이션을 실행, 다양한 생산 시나리오를 실험해보고 최상의 운영 해법을 찾아내는 기업들도 늘어나고 있다.

- **로봇 공정 자동화와 인간 협업:** AI의 발전은 공장 자동화를 새로운 차원으로 끌어올렸다. 산업용 로봇은 이미 생산현장에서 용접, 조립, 도색 등 반복 작업을 수행해왔는데, 최근에는 AI로 강화학습된 로봇들이 더욱 정교하고 유연하게 동작하며 작업 범위를 넓히고 있다. 예컨대 AI가 탑재된 로봇 팔은 스스로 제품의 위치를 인식해 부품을 조립하거나, 주변 상황을 감지하여 작업 속도를 조절하는 것이 가능해졌다. 특히 사람과 함께 작업할 수 있는 협동로봇(Cobot)이 도입되면서, 위험하거나 정밀한 작업은 로봇이 맡고 창의적 판단이 필요한 부분은 인간 작업자가 담당하는 인간-로봇 협업환경이 구축되고 있다. 이러한 자동화는 생산성을 높임과 동시에 인간 근로자의 부담을 경감시키지만, 한편으로는 일부 단순 노동의 감소로 이어져 일자리 전환과 직무 재훈련의 필요성도 제기된다. 많은 선진 제조 기업들은 현장 인력을 단순 조립공에서 설비 관리 및 데이터 분석가로 육성하여, 사람과 AI 기반 설비가 조화를 이루는 작업장을 만들어가고 있다.
- **효율성, 안전성 및 지속가능성 제고:** AI 도입으로 생산운영의 효율성은 획기적으로 향상되고 있으며, 부수적으로 안전성과 지속가능성 측면에서도 긍정적 효과가 나타나고 있다. AI 알고리즘은 복잡한 공정에서도 최적의 에너지 사용 패턴을 찾아내 에너지 효율을 높여주기 때문에, 같은 생산량을 내면서도 전기나 연료 소비를 줄여 비용 절감과 함께 환경 부담을 낮출 수 있다. 또한 실

시간 이상 감지 시스템은 설비 오작동이나 위험 상황을 조기에 경고하여 산업 재해를 예방하고 작업장 안전을 강화한다. 예를 들어 AI로 처리된 영상 인식 기술은 작업자들이 안전 장비를 착용하지 않았거나 위험 구역에 접근할 경우 관리자에게 즉각 알림을 보냄으로써 사고를 미연에 방지한다. 이처럼 AI는 생산현장의 ESG 목표(환경 · 사회 · 지배구조) 달성에도 기여하고 있어, 글로벌 기업들이 앞다투어 AI 기반의 친환경 생산기술과 안전관리 시스템을 도입하고 있다.

- **미래 전망:** AI와 자동화 기술이 접목된 생산운영 관리의 발전 가능성은 매우 크다. 맥킨지 글로벌 연구에 따르면 2025년까지 산업 분야에서의 AI 활용은 전 세계적으로 2조 달러 이상의 경제적 가치를 창출할 것으로 전망된다. 앞으로 더 많은 기업들이 완전한 스마트 팩토리 구현을 목표로 AI 투자를 늘려감에 따라, 생산 프로세스는 더욱 자율적이고 지능적으로 변모할 것이다. 다품종 소량생산 체제에서도 AI가 복잡성을 관리해줄 것이며, 고객 주문에 실시간 대응하는 유연 생산(Responsive Manufacturing)이 보편화될 가능성이 높다. 물론 이러한 변화에는 기술 투자와 조직 문화의 변화가 수반된다. 현장 노동자들은 디지털 역량을 갖춰 AI 시스템과 협업해야 하고, 경영진은 데이터에 기반한 의사결정을 신뢰하는 문화로 전환해야 한다. 이러한 도전을 성공적으로 극복한 기업은 유연하고 경쟁력 있는 운영 체제를 구축하게 될 것이며, AI와 사람의 시너지를 바탕으로 미래의 불확실한 수요 변화와 경쟁 압력 속에서도 높은 생산성으로 앞서 나갈 수 있을 것이다.

참고문헌

Accenture(2023). *AI-Driven Manufacturing Framework.*

Amazon Robotics(2023). *AI in Warehouse Automation.*

Bosch(2024). *Industrial AI for Fault Detection.*

Boston Consulting Group(2023). *AI ROI in Industry 4.0.*

Capgemini(2024). *AI in Production Control Systems.*

Deloitte(2024). *AI and Industrial Operations Transformation.*

Fanuc(2023). *AI in CNC & Robotics.*

Gartner(2024). *Industrial IoT and AI.*

GE Digital(2023). *AI-Based Predictive Maintenance Case.*

Harvard Business School(2023). *Lean and Smart Factory.*

Hitachi(2024). *Visual Inspection with Deep Learning.*

Honeywell(2023). *AI in Real-Time Process Automation.*

IBM(2024). *AI in Quality Management Systems.*

IDC(2024). *AI Spending in Industrial Sectors Forecast.*

Intel(2024). *Edge AI in Factory Systems.*

LG CNS(2024). *AI-Powered Smart Factory Platform.*

McKinsey(2024). *The Smart Factory and AI Optimization.*

MIT Sloan(2023). *Operations Strategy in AI Era.*

Rockwell Automation(2024). *AI for Process Optimization.*

Siemens(2023). *Digital Twin in Manufacturing Systems.*

World Economic Forum(2025). *AI in Manufacturing Competitiveness.*

Option #3

CHAPTER 9

AI 전환(AX)과 재무관리

재무관리(Financial Management) 분야는 기업의 자금 조달과 운용, 투자, 위험 관리 등을 다루며, 전통적으로 수치 분석과 예측을 많이 필요로 하는 영역이다. 최근 AI 기술의 발전으로 방대한 금융 데이터를 더 정교하게 분석하고 의사결정에 활용할 수 있게 되면서, 금융 부문의 업무 프로세스와 의사결정 품질이 크게 향상되고 있다. 회계 및 재무 부서에서는 이미 디지털 전환(digital transformation)이 가속화되어 AI를 통한 업무 자동화와 인사이트 도출이 일상화되고 있으며, 이는 기업의 재무전략 수립부터 일상적인 자금 운영에 이르기까지 폭넓은 영향을 미치고 있다.

1 최신 트렌드 및 기술 적용

금융 및 재무관리 분야는 전통적으로 데이터와 분석에 기반한 의사결정이 중요한 영역으로, 인공지능의 도입 효과가 특히 크게 나타나고 있다. 금융 서비스 업계에서는 AI를 활용해 고객 서비스, 리스크 관리, 투자 전략 수립 등 다방면에서 혁신을 추구하고 있다. 2024년 금융업 트렌드를 보면, 생성형 AI가 금융 전반에 가장 영향력 있는 기술로 꼽히며, 고객경험 개선부터 자산운용에 이르기까지 폭넓게 활용될 것으로 예상된다. 실제로 챗봇 및 가상 비서기술은 은행권에 빠르게 확산되어, 뱅크오브아메리카(BoA)의 Erica와 같은 AI 비서는 이미 2천만 명 이상의 고객이 사용하고 있고 누적 25억 회 이상의 상호작용을 수행하며 금융업무를 돕고 있다. 이러한 AI 비서는 계좌잔액 조회, 송금, 지출 분석, 금융상품 추천 등 다양한 기능을 제공하며 24시간 고객을 지원함으로써 고객 만족도를 높이는 효과를 거두고 있다. 한 보고에 따르면, 실제로 AI를 도입한 금융기업들은 고객 만족도가 평균 25% 향상되었다고 하며, 73%의 소비자는 AI 덕분에 금융 서비스 이용 경험이 개선되었다고 느낀다고 한다.

1.1 금융시장 분석과 AI

인공지능은 금융시장 분석 방식을 근본적으로 변화시키고 있다. 전통적인 분석 방법이 제한된 데이터 세트와 선형 모델에 의존했다면, AI는 비정형 데이터를 포함한 방대한 데이터를 실시간으로 분석할 수 있다.

첫째, 시장 예측에서 딥러닝의 활용이 증가하고 있다. 심층 신경망은 주가 움직임, 거래량, 경제 지표 등 다양한 변수 간의 복잡한 비선형 관계를 모델링할 수 있다. 이러한 모델은 전통적인 시계열 분석보다 더 정확한 시장 예측을 제공할 수 있다.

둘째, 감성 분석이 투자 의사결정에 통합되고 있다. NLP 알고리즘은 뉴스 기사, 소셜 미디어 게시물, 기업 공시 등의 감성을 분석하여 시장 심리를 평가한다. 이는 투자자들에게 시장 방향성에 대한 중요한 통찰력을 제공한다.

셋째, 알고리즘 거래가 고도화되고 있다. AI 기반 거래 알고리즘은 시장 조건 변화에 밀리초 단위로 반응하며, 인간 트레이더보다 더 빠르고 효율적으로 거래 기회를 포착한다. 이는 시장 효율성을 높이지만, 동시에 시스템 리스크와 플래시 크래시 가능성도 증가시킨다.

1.2 재무위험 관리와 AI

AI는 기업의 재무위험 관리 방식을 혁신하고 있다. 더 정확한 리스크 모델링, 조기 경고 시스템, 자동화된 헤징 전략 등이 가능해졌다.

첫째, 신용 리스크 평가가 정교화되고 있다. 머신러닝 알고리즘은 전통적인 신용점수 모델보다 더 다양한 데이터 소스(소셜 미디어 활동, 디지털 발자국 등)를 활용하여 더 정확한 채무불이행 예측을 제공한다. 이는 금융기관이 신용 리스크를 더 효과적으로 관리하고, 이전에는 은행 서비스를 이용할 수 없었던 고객층에 대출을 확대할 수 있게 한다.

둘째, 사기 탐지가 강화되고 있다. AI 시스템은 실시간으로 거래 패턴을 모니터링하고, 이상 징후를 식별하여 잠재적인 사기 활동을 탐지한다. 이러한 시스템은 지속적으로 학습하여 새로운 사기 패턴에 적응한다.

셋째, 시장 리스크 모델링이 고도화되고 있다. 딥러닝 모델은 복잡한 시장 상호작용과 극단적인 이벤트를 더 정확하게 시뮬레이션할 수 있다. 이는 금융기관이 시장 변동성과 시스템적 리스크에 더 잘 대비할 수 있게 한다.

1.3 재무 계획 및 예측과 AI

AI는 기업의 재무 계획 및 예측 능력을 크게 향상시킨다. 정확한 예측은 효과적인 자본 배분과 전략적 의사결정의 기초가 된다.

첫째, 현금흐름 예측이 정교화되고 있다. 머신러닝 알고리즘은 계절성, 거시경제 요인, 산업 트렌드 등을 고려하여 더 정확한 현금흐름 모델을 구축한다. 이는 기업이 유동성을 더 효과적으로 관리하고, 운전자본 요구사항을 최적화할 수 있게 한다.

둘째, 수요 예측이 고도화되고 있다. AI 모델은 과거 판매 데이터, 소셜 미디어 트렌드, 날씨 패턴, 경쟁 활동 등 다양한 변수를 분석하여 정확한 수요 예측을 제공한다. 이는 재고 관리 개선, 수익 증대, 비용 절감으로 이어진다.

셋째, 시나리오 분석과 스트레스 테스트가 강화되고 있다. AI는 다양한 경제 시나리오와 사업 환경 변화에 따른 재무적 영향을 시뮬레이션할 수 있다. 이를 통해 기업은 다양한 상황에 대한 대응 계획을 수립할 수 있다.

1.4 투자 관리와 AI

AI는 투자 관리 분야에 혁신을 가져오고 있다. 로보어드바이저의 등장부터 고급 포트폴리오 최적화까지 다양한 변화가 일어나고 있다.

첫째, 로보어드바이저가 대중화되고 있다. AI 기반 투자 플랫폼은 개인의 위험 성향, 투자 목표, 시간 지평을 고려한 맞춤형 포트폴리오를 구성하고 자동으로 재조정한다. 이러한 서비스는 전통적인 자산 관리보다 낮은 비용으로 접근성 높은 투자 자문을 제공한다.

둘째, 포트폴리오 최적화가 정교화되고 있다. 머신러닝 알고리즘은 전통적인 평균-분산 최적화를 넘어, 비선형 상관관계와 극단적인 이벤트를 고려한 포트폴리오 구성을 가능하게 한다. 이는 더 효과적인 리스크 관리와 수익 잠재력 향상으로 이어진다.

셋째, 대체 데이터의 활용이 증가하고 있다. AI는 위성 이미지, 신용카드 거래 데이터, 웹 트래픽 분석 등 비전통적 데이터 소스에서 투자 통찰력을 추출할 수 있다. 이는 투자자에게 시장 컨센서스를 넘어선 정보 우위를 제공한다.

1.5 기업 가치 평가와 AI

AI는 기업 가치 평가 방법론에도 변화를 가져오고 있다. 전통적인 DCF(**할인현금흐름**) 모델을 넘어, 더 복잡하고 동적인 평가 접근법이 가능해졌다.

첫째, 무형 자산 가치 평가가 정교화되고 있다. AI 알고리즘은 특허 데이터베이스, 소셜 미디어 분석, 인력 이동 패턴 등을 통해 브랜드 가치, 지적 재산, 인적 자본 등 무형 자산의 가치를 더 정확하게 평가할 수 있다.

둘째, 실시간 가치 조정이 가능해지고 있다. AI 시스템은 시장 조건, 업계 발전, 규제 변화 등에 따라 기업 가치 모델을 지속적으로 업데이트할 수 있다. 이는 정적인 평가 모델의 한계를 극복하고, 더 역동적인 가치 평가를 가능하게 한다.

셋째, M&A 대상 식별 및 평가가 고도화되고 있다. AI는 방대한 기업 데이터를 분석하여 잠재적 인수 대상을 식별하고, 시너지 효과와 통합 위험을 평가할 수 있다. 이는 더 성공적인 M&A 전략 수립에 기여한다.

2 AI 활용 사례

재무관리 영역에서 AI 활용은 프론트 오피스부터 백오피스까지 다양하다. 우선 자산운용 및 투자 분야에서는 알고리즘 트레이딩과 퀀트 투자에 AI가 오래전부터 쓰이고 있다. 수많은 헤지펀드와 투자은행들이 머신러닝 모델로 시장 데이터를 분석해 거래 전략을 자동 실행하고 있으며, 인간 트레이더가 분석하기 어려운 복잡한 패턴도 AI가 포착해낸다. 최근에는 딥러닝과 강화학습을 결합한 에이전트가 시시각각 변하는 시세에 맞춰 자율적으로 포트폴리오를 리밸런싱하는 시도도 있지만, 완전한 자율 거래 에이전트는 아직 신중하게 접근되고 있다. 시장 참여자들은 AI의 의사결정 과정이 불투명한 “블랙박스”에 의존하는 것에 대한 우려가 있어, 현재로서는 인간의 검증과 감독하에 AI를 활용하는 것이 일반적이다. 투자 분야 외에 금융 리스크 관리에서도 AI가 활약한다.

사기 탐지(Fraud Detection)의 경우, AI는 실시간 거래 데이터를 이상 징후 패턴을 학습하여 의심 거래를 즉시 차단하거나 경고해줄 수 있다. 대형 카드사나 은행들은 AI 모델로 신용카드 사기 검출 정확도를 크게 높여 부정 사용으로 인한 손실을 줄였다. 또한 신용평가(Credit Scoring)에서도 전통적 신용등급보다 정교한 머신러닝 모델이 도입되어, 대출 신청자의 다양한 데이터를 종합 분석함으로써 연체 가능성을 더 정확히 예측하고 있다. 한 연구에서는 인공신경망(ANN)과 의사결정나무 같은 머신러닝 기법이 전통적 통계기법보다 대출 상환여부 예측 정확도가 높았다는 결과를 보고하기도 했다.

재무 회계 처리에서도 AI가 적용되어 기업 재무관리의 효율성을 높이고 있다. RPA(로보틱 프로세스 자동화)와 AI를 결합한 시스템은 각종 전표 입력, 계정조정, 결산보고서 초안 작성까지 자동으로 수행해주고 있다. 예컨대 EY와 같은 회계법인은 대량의 계약서와 영수증을 AI로 읽어 요점을 요약하고 이상 거래를 식별함으로써 감사 업무의 정확도와 속도를 높였다. AI는 사람보다 훨씬 방대한 금융 데이터를 빠르게 처리할 수 있기 때문에, 사람이 샘플링 검사로 놓칠 수 있는 부분까지 100% 전수 검토하는 것이 가능해진다. 실제로 빅4 회계법인(딜로이트, EY, PwC, KPMG)은 이미 AI 도구를 감사 프로세스에 도입하여 계약서 검토나 장부 분개 분석 등에 활용하고 있으며, 기업 내부 감사팀들도 이를 따라 자체적인 AI 활용을 모색하고 있다. 이러한 기술을 통해 감사인은 과거에는 표본으로 선별했던 거래들을 AI를 통해 전체 데이터에 대한 분석을 수행함으로써 리스크를 한층 더 낮출 수 있게 되었다. 또한 재무예측(Forecasting) 측면에서도 AI는 전통적인 회귀분석을 뛰어넘어 수요예측, 현금흐름 예측 등에 높은 정확도를 보이고 있다. 딥러닝 기반의 예측 모델은 매출 추이나 시장 지표, 거시경제 변수를 동시에 고려해 CFO들이 더 정확한 재무 전망 시나리오를 수립하도록 돕는다.

3 관련 최신 연구 및 동향

국제결제은행(BIS)이나 IMF 등의 기관에서도 AI의 금융영향에 대해 심층 연구를 진행하고 있다. IMF는 2023년 보고에서 "금융업은 데이터 처리 중심 산업이므로 AI 활용의 준비도가 높다"고 분석하며, AI가 백오피스 운영부터 고객 대면 인터페이스, 리서치 및 분석 모델 구축까지 광범위하게 활용될 것으로 전망했다. 특히 거대언어 모델(LLM)의 등장은 투자자들이 비정형 텍스트 데이터(뉴스, 소셜미디어, 기업 공시 등)를 대규모로 분석해 투자 판단에 활용하는 시대를 열고 있다고 평가했다. 예를 들어 채권 계약서나 기업의 실적발표문처럼 복잡한 문서를 AI가 빠르게 읽고 요약해 투자 의사결정에 반영할 수 있으며, 이로써 시장 가격발견 기능이 개선되고 자본시장의 효율성이 높아질 수 있다는 기대이다.

한편, Citigroup은 2024년 AI 금융 보고서에서 "AI가 고객을 더욱 능동적으로 만들고(Job Empowerment), 새로운 일자리를 창출하며 경쟁을 촉진할 것이다. AI는 돈과 고객을 더 똑똑하게 만들어줄 것이며, 미래에는 모든 고객이 주머니 속에 AI 금융비서를 지니고 다니게 될 것"이라고 전망했다. 이와 함께 씨티는 은행업무의 54% 정도가 높은 수준의 자동화 잠재력을 가지고 있어 AI 도입으로 대체될 수 있다고 분석했지만, 동시에 12%의 업무는 AI로 증강되어 인간과 AI가 함께 업무를 수행하는 형태로 바뀔 것으로 내다봤다. 이러한 변화로 글로벌 은행산업의 이익이 향후 5년간 9% 증가하여 2028년에는 2조 달러 규모에 이를 것이라는 전망도 내놓았다. 학술 연구 측면에서는 AI와 금융시장 변동성, 시스템 리스크에 대한 분석이 이루어지고 있다. AI 기반 알고리즘 거래의 확산이 시장 유동성과 가격 효율성에 미치는 영향, 그리고 잠재적으로 Flash Crash와 같은 급변 사태를 증폭시킬 위험이 있는지에 관한 연구들이 진행 중이며, 현재까지는 AI가 전반적으로 시장의 가격 발견을 개선하고 변동성을 완화하는 긍정적 역할을 해왔다는 평가가 많다. 다만 전문가들은 AI 알고리즘 간 예기치 않은 상호작용이 시스템 리스크를 키울 수 있다는 주의점도 제기하며, 이에 대한 감독 당국의 지속적인 모니터링과 새로운 규제 체계의 마련이 필요하다고 본다.

4 실무적 변화와 경영학적 의미

AI 도입으로 재무 관리자와 애널리스트의 역할 변화도 뚜렷하다. 과거 수작업으로 진행되던 데이터 수집과 보고 작업이 자동화되면서, 재무 부서의 인력은 분석과 전략 수립에 더 많은 시간을 할애할 수 있게 되었다. 예를 들어, 한 글로벌 은행 CEO는 AI 기술로 인해 직원들의 근무 주간이 현재의 5일에서 3.5일로 단축될 수 있을 것이라고 전망했는데, 이는 반복 업무 자동화로 인한 업무 효율 증가를 잘 보여준다. 그러나 이는 단순한 일자리 감소로 직결되기보다는 업무 형태의 전환으로 이해해야 한다. 실제 씨티그룹의 보고서는 AI 도입에도 불구하고 전체적인 금융권 인력 규모가 크게 줄지는 않을 것으로 전망했는데, 그 이유는 AI 시스템을 관리하고 감독할 데이터 과학자, AI 모델러, AI 윤리 전문가 등의 새로운 일자리 수요가 발생하기 때문이라고 설명한다.

즉, 은행에 은행원(Teller)이 ATM 도입 이후에도 증가했던 역사적 사례처럼, AI가 단순업무를 대체해도 인간은 더 고차원적이고 부가가치 높은 업무로 이동함으로써 일자리의 질적 변화가 이루어진다는 것이다. 경영학적으로 볼 때, AI는 금융의 효율성과 포용성을 증진시킬 잠재력이 있다. AI 기반 로보어드바이저는 소액 투자자들도 자산관리 서비스를 누릴 수 있게 하고, 대출 심사에서도 정형화된 신용점수에 갇히지 않고 다양한 데이터를 고려함으로써 금융 접근성을 높일 수 있다. 또한 AI는 방대한 규제 규정과 컴플라이언스 요구사항을 자동으로 준수하게 도와주는 RegTech(규제기술) 솔루션으로도 활용되어, 금융기관의 준법감시 비용을 절감하고 정확성을 높이고 있다. 이런 측면에서 AI는 금융기관의 리스크 관리 역량을 강화하고 금융 시스템의 안정성에도 기여할 수 있다. 반면, AI 의존도가 높아질수록 발생할 수 있는 윤리 문제와 책임 소재도 중요하다. 예를 들어 AI의 잘못된 판단으로 인한 오신용평가나 거래 오류에 대해서는 누가 책임을 질 것인지 명확하지 않으며, AI 결정의 설명 가능성(Explainability) 부족은 규제와 신뢰의 장애가 될 수 있다. 따라서 재무관리 분야에서는 투명하고 공정한 AI 알고리즘 개발과 함께, 인간의 통제(Human-in-the-loop)를 유지하여 AI의 결과를 검증하고 최종 판단을 내리는 거버넌스 구조를 확립하는 것이 중요하다.

재무관리(Financial Management)는 기업의 자금 조달과 운용, 투자 의사결정, 위험 관리 등을 다루는 영역이다. 주식 발행, 채권 발행, 은행 차입 등 다양한 경로로 자금을 조달하고, 이를 활용해 자본투자, 현금흐름 관리, 배당 정책 등을 결정한다. AI가 재무 분야에 도입되면서, 예측 모델을 통해 정확한 재무 분석이 가능해지고, 복잡한 금융 상품과 위험 요인을 세밀하게 평가할 수 있게 되었다.

4.1 자본 시장과 AI

(1) 알고리즘 트레이딩(Algorithmic Trading)

과거에는 초단타 매매(HFT, High-Frequency Trading) 알고리즘을 대형 금융사들이 주로 운용했지만, 이제는 딥러닝 기반 모델이 주가, 환율, 상품 가격 등을 예측하는 데 광범위하게 쓰인다. 뉴스 데이터, SNS 감성 분석, 경제 지표 등 비정형 데이터를 결합해 투자 의사결정을 보조한다.

(2) 로보어드바이저(Robo-Advisor)

일반 투자자들을 위한 자동화 자산관리 서비스다. 투자자의 성향(위험 선호도, 기대 수익률), 재무 목표, 시장 전망 등을 종합 분석해 포트폴리오를 구성하고, 시장 변화에 따라 비중을 자동으로 재조정한다. 사용자들은 모바일 앱 등을 통해 간편하게 투자 상황을 확인하고, 별도의 고액 자문료 없이도 전문적인 투자 자문을 받을 수 있다.

(3) 투자 리스크 및 신용위험 평가

기업의 재무제표, 매출 추이, 업계 동향, 거시경제 지표 등을 머신러닝이 분석해 해당 기업의 디폴트(채무 불이행) 가능성을 산출한다. 이를 활용해 채권 투자, 대출 심사, 회사채 발행 등에서 위험 조정 금리를 설정하거나, 투자 의사결정에 참고한다.

4.2 기업 내부 재무관리와 AI

(1) 현금흐름 예측(Cash Flow Forecasting)

AI 모델은 회사의 과거 현금흐름 데이터, 판매 계획, 시장 상황 등을 고려해 향후 현금 유입·유출을 예측한다. 이를 통해 자금 부족 사태를 미리 방지하거나, 불필요한 차입 비용을 줄일 수 있다. 또한 단기 투자 기회가 있을 경우, 정확한 예측을 기반으로 일시적 유휴 자금을 효율적으로 운용한다.

(2) 자본예산(Capital Budgeting)

의사결정회사가 장기 투자 프로젝트(신규 공장 건설, 신사업 진출 등)를 검토할 때, 머신러닝 모델이 유사 사업의 과거 데이터를 학습해 투자 수익률(ROI), 회수 기간, 위험 수준 등을 추정한다. 경영진은 이를 참고하여 복수의 투자안을 평가·비교할 수 있다.

(3) 환 리스크 및 금리 리스크 관리

글로벌 비즈니스를 전개하는 기업은 환율 변동에 대한 노출이 크고, 금리 변화에 따라 차입 비용이 크게 달라진다. AI 예측 모델이 환율, 금리 추세를 시뮬레이션해 파생상품 헤지(Hedge) 전략이나 차입 구조 개편 전략을 제시한다.

(4) 재무 사기(Fraud) 탐지

사이버 공격, 내부자 부정, 거래 상대방의 사기 등은 기업 재무에 직결된 위험이다. AI가 계좌 이체 패턴, 결제 기록, 이메일 등을 실시간으로 모니터링해 이상 징후를 포착하면 즉시 관리자에게 알리고, 일부 활동을 자동으로 차단할 수도 있다.

4.3 AI 재무관리 도입 시 고려 사항

(1) 데이터 품질과 해석

재무 관련 데이터는 회계 기준, 환율 변동, 일시적 이벤트 등 다양한 변수가 뒤섞여 있어서 단순히 모델을 적용하는 것만으로는 오차가 발생할 수 있다. 도메인 전문가와 데이터 사이언티스트가 협업하여, 모델 해석(Explainability)을 충분히 확보해야 한다.

(2) 규제와 리스크

금융 · 재무 영역은 각국의 금융 당국 규제와 긴밀히 연결되어 있다. AI 기반 투자 자문, 신용평가 등에서 알고리즘의 투명성과 공정성이 충분히 검증되어야 하며, 잘못된 모델 예측으로 인한 투자 손실이나 시장 교란을 최소화하기 위한 안전장치도 마련되어야 한다.

(3) 윤리적 문제

AI가 투자 의사결정 전부를 주도하는 경우, 예측 실패 시 책임 소재나 이해상충 이슈가 발생할 수 있다. 또한 고객 정보를 기반으로 초개인화된 투자 전략을 제공하다 보면 프라이버시 침해 우려가 커진다. 기업은 명확한 정책과 동의 절차를 도입해 신뢰도를 높여야 한다.

5 향후 발전 가능성과 예상 변화

향후 재무관리와 금융 분야에서 AI는 더욱 포괄적인 디지털 금융 혁신을 이끌 것으로 예상된다. 개인 맞춤형 금융 조언이 AI를 통해 실시간으로 제공되어, 고객마다 AI 금융비서가 재무건강을 관리해주는 시대가 올 수 있다. 또한 중앙은행 디지털화폐(CBDC)와 같은 새로운 금융 인프라에도 AI가 접목되어, 거래 데이터 분석이나 정책 시뮬레이션에 활용될 것이다. 딥러닝의 발전으로 금융 시장 예측의 정확도는 계속 높아지겠지만, 동시에 모델 리스크(Model Risk) 관리가 중요한 화두로 떠오를 것이다. 규제기관들은 AI 활용 금융에 대한 가이드라인을 마련하고, AI 감사(AI Audit)나 알고리즘 투명성 요구를 강화할 가능성이 크다. 금융소비자 보호 측면에서는 AI 의사결정에 대한 설명 요구 권리, 예컨대 대출 거절 시 AI가 산출한 이유를 알 권리 등이 법제화될 수 있다. 기술적으로는 연합학습(Federated Learning) 등을 통해 금융권끼리 데이터를 직접 공유하지 않으면서 협력하여 더 똑똑한 AI 모델을 만드는 등 프라이버시 보존형 AI도 주목받고 있다. 요약하면, AI는 재무관리 분야에서 효율성 · 예측력, 접근성을 크게 향상시키는 한편, 책임성과 신뢰 확보라는 새로운 과제를 동반할 것이다. 그렇지만 적절한 거버넌스와 윤리적 기준을 마련한다면, AI와 인간 전문가가 조화를 이루어 더 지능적이고 포용적인 금융 시스템을 구축하는 방향으로 발전할 것으로 기대된다.

- **재무 업무의 자동화와 효율화:** 기업의 재무 부서는 매일 대량의 거래 데이터를 처리하고, 재무 보고서 작성이나 예산 편성, 비용 통제와 같은 반복적 작업을 수행한다. AI 도구의 도입으로 이러한 재무 업무 자동화가 급속히 확산되고 있다. 예를 들어 RPA(Robotic Process Automation)와 머신러닝을 결합한 시스템은 각종 전표 입력, 송장 처리, 비용 분류 같은 단순 업무를 사람보다 빠르고 정확하게 처리하여 휴먼 에러를 줄여준다. 또한 AI 기반 보고서 생성 툴은 데이터를 분석해 일일 자금 현황이나 월간 실적 보고서를 자동으로 작성하여, 재무 담당자들이 수작업으로 데이터를 취합하는 시간을 절약해준다. 한 글로벌 컨설팅사의 조사에 따르면 기업들의 70% 이상이 이미 재무 운영에 AI를 어느 정도 활용하고 있을 정도로 자금관리 자동화는 보편화되고 있다. 이러한 자동화 덕분에 재무 인력은 반복 업무에 들이던 시간을 절감하고, 보다 전략적인 분석과 의사결정에 집중할 수 있게 되었다.
- **투자관리와 자산운용의 지능화:** AI는 금융투자 분야에서도 혁신을 일으키고 있다. 헤지펀드와 자산운용사들은 주식, 채권, 파생상품 등 투자 포트폴리오 관리에 AI 알고리즘을 적극 활용하여 시장 변화를 실시간으로 포착하고 있다. 예를 들어 알고리즘 트레이딩시스템은 머신러닝을 통해 시장 데이터를 초단위로 분석하여 매매 시점을 포착하고, 사람보다 훨씬 빠른 속도로 거래를 실행함으로써 수익 기회를 극대화한다. 또한 투자은행에서는 거대 언어 모델(LLM)을 이용해 방대한 금융 리포트와 뉴스를 요약·분석하거나, 신규 주식 상장(IPO) 관련 문서를 자동 작성하는 등 생성형 AI를 업무에 적용하고 있다. 실제로 글로벌 투자은행 골드만삭스는 IPO 설명서 초안을 작성하는 데 생성형 AI를 활용하여 95% 이상의 작업을 자동화하고, 애널리스트들은 핵심 내용 검토와 전략 수립에 집중하는 방식으로 효율을 높이고 있다. 자산운용 업계의 대형 회사들 역시 자체 AI 플랫폼을 구축해 수백만 개의 포트폴리오 시나리오

를 시뮬레이션하고 최적의 투자 전략을 도출하거나, 개별 고객의 성향과 목표에 맞춘 맞춤형 투자자문 서비스를 제공하고 있다. 이러한 AI 기반 투자관리 덕분에 금융 기관들은 더욱 정교한 의사결정을 내리고 변동성 높은 시장에서도 경쟁력을 유지하고 있다.

- **위험관리와 컴플라이언스:** 금융 분야에서 위험관리(Risk Management)는 매우 중요한 부분이며, AI는 이 영역에서도 탁월한 성능을 발휘하고 있다. 은행과 보험사는 고객의 신용 위험을 평가하거나 시장 리스크를 예측하기 위해 AI 모델을 활용하고 있는데, 방대한 금융 거래 데이터와 고객 행태 데이터를 머신러닝이 분석함으로써 신용평가나 부도 위험 예측의 정확도를 높이고 있다. 예를 들어 AI는 대출 신청자의 거래 내역, 소셜 미디어 정보 등 비정형 데이터까지 종합 분석하여 전통적인 신용등급 모델보다 정밀하게 개인별 부실 위험을 산출할 수 있다. 또한 금융 시장의 거시경제 지표와 뉴스를 실시간 모니터링하여 포트폴리오의 시장 리스크를 사전에 경고하고 헤지 전략을 제안하는 등 시장 위험관리에도 AI가 활용된다. 나아가 컴플라이언스(준법감시) 분야에서는 AI가 법규 변화나 회계 기준 업데이트를 자동으로 추적해 기업이 보고 의무나 규제를 준수하도록 돕고 있다. 대형 은행들은 수백 페이지에 달하는 규제 문서를 AI가 요약하고 중요한 변경사항을 추출하도록 하여, 규제 준수 비용을 절감하고 있다. 한편 AI 도입으로 모델 리스크(모형 위험) 관리의 중요성도 커지고 있는데, 잘못 설계된 알고리즘이 오판을 내릴 경우 큰 손실로 이어질 수 있으므로 금융 기관들은 AI 모델의 투명성과 신뢰성을 확보하기 위한 검증 절차를 강화하고 있다. 예를 들어 JPMorgan Chase는 COiN(Contract Intelligence)이라는 AI 모델로 대출 계약서를 검토하여 연간 36만 시간을 절약하면서도 리스크를 관리하고 있으며, McKinsey는 AI 기반 위험관리로 금융 손실을 최대 30% 감소시킬 수 있다고 보고한다.
- **사기 탐지와 금융범죄 예방:** AI는 금융 거래 데이터에서 이상 패턴을 탐지함으로써 금융 사기(Fraud) 방지에도 핵심 도구가 되고 있다. 신용카드 거래나 인터넷 뱅킹에서 발생하는 수상한 패턴을 머신러닝 모델이 실시간으로 식별하여, 도난 카드 사용이나 해킹 징후를 조기에 차단한다. 예를 들어 평소와 다른 국

가에서 갑자기 대규모 현금 인출 시도가 있다면 AI 시스템이 즉시 의심스러운 활동으로 플래그를 세우고 거래를 보류함으로써 고객 자산을 보호한다. 또한 자금세탁 방지(AML)에도 AI가 활용되어, 복잡하게 얽힌 금융 거래 네트워크에서 의심스러운 자금 흐름을 찾아내는 데 기여한다. 최근에는 딥페이크 음성이나 합성 신원으로 대출 사기를 시도하는 등 금융 범죄 수법도 지능화되고 있는데, AI는 음성 패턴이나 로그인 행태 분석을 통해 이러한 새로운 유형의 사기를 잡아낼 수 있다. 글로벌 은행 HSBC는 AI로 거래를 감시하여 연간 수천만 달러 규모의 금융사기 시도를 예방하고 있고, 미국 연방거래위원회(FTC)도 AI를 활용한 신종 사기에 주의를 기울이고 있다. 이처럼 AI는 사람이 발견하기 어려운 사기 신호를 포착하고 금융 시스템의 무결성을 지키는 파수꾼 역할을 수행하고 있다.

- **전략적 재무 의사결정 지원:** AI의 분석력은 기업의 최고재무책임자(CFO)나 재무팀이 내리는 전략적 의사결정에도 점차 활용되고 있다. 기업은 투자 프로젝트의 타당성을 검토하거나 인수합병(M&A) 기회를 평가할 때, AI를 활용한 시나리오 분석과 재무 모델링을 통해 보다 객관적인 판단을 내릴 수 있다. 예를 들어 AI 모델이 거시경제 변수와 산업 동향 데이터를 학습하여 향후 수익 현금흐름을 예측하면, 이를 토대로 투자안별 순현재가치(NPV)나 내부수익률(IRR)을 자동 계산하여 비교할 수 있다. 또한 외환 변동이나 원자재 가격 상승 등 불확실한 요인의 충격을 시뮬레이션하여 최악의 경우 기업 재무 상태를 예측함으로써, 위기 대비 계획을 수립하는 데에도 도움을 준다. 일부 선진 기업들은 AI 기반 재무 대시보드를 구축하여 실시간으로 주요 재무 지표를 모니터링하고 이상치를 경고받는 등 의사결정의 민첩성을 높이고 있다. 앞으로 AI가 더욱 발전함에 따라 재무 분야에서도 인간의 직관과 경험에 의존하던 영역이 데이터에 근거한 모델 중심으로 전환될 것이며, 이는 기업 재무전략의 합리성과 일관성을 향상시키는 방향으로 작용할 것이다.
- **미래 전망:** 금융 및 재무관리 분야에서 AI의 영향력은 계속 확대될 전망이다. 한 보고서에 따르면 전 세계 금융 분야의 AI 시장 규모는 2024년 약 380억 달러에서 2030년에는 1,900억 달러 이상으로 성장할 것으로 예측될 만큼 투자

가 활발하다. AI 도입으로 금융기관들은 더 신속하고 정확한 의사결정을 내릴 수 있게 되었고, 이는 곧 시장 경쟁력으로 이어진다. 물론 금융 분야에서는 AI의 오남용으로 인한 사고를 방지하기 위해 규제 당국의 가이드라인 준수와 윤리적 활용이 중요하다. Generative AI의 등장으로 금융 리서치 보고서 작성이나 고객 응대에서도 AI의 역할이 커지고 있지만, 갈수록 중요해지는 것은 인간과 AI의 협업이다. 궁극적으로 AI를 잘 활용하는 금융 조직은 위험을 효과적으로 관리하면서도 새로운 기회를 포착하는 민첩한 재무 운영이 가능해질 것이며, 이는 주주가치 극대화와 장기적인 성장에 기여할 것으로 기대된다.

참고문헌

Accenture(2023). *AI and Risk-Based Forecasting.*

Bank of America(2023). *ERICA AI Virtual Assistant.*

BIS(2024). *AI and Central Bank Digital Currency Modeling.*

CFA Institute(2024). *Machine Learning in Portfolio Management.*

Deloitte(2024). *Digital Finance Transformation with AI.*

EY(2025). *AI in Treasury and Capital Management.*

Gartner(2024). *Finance AI Maturity Model.*

IBM(2024). *Watson in Financial Reporting.*

IMF(2024). *AI and Systemic Risk.*

Intuit(2023). *QuickBooks AI Applications.*

KPMG(2023). *AI in IFRS and Compliance Tools.*

McKinsey(2024). *AI Use Cases in Corporate Finance.*

Moody's Analytics(2024). *Credit Risk Modeling with AI.*

Morningstar(2024). *AI-Based Equity Analysis.*

NASDAQ(2023). *AI in Fraud Detection Systems.*

OECD(2024). *AI and Fairness in Financial Decisions.*

Oracle(2024). *Fusion ERP with AI Extensions.*

PwC(2024). *AI in Financial Planning and Strategy.*

S&P Global(2024). *Market Surveillance Using AI.*

World Economic Forum(2025). *AI Governance in Banking.*

Xero(2023). *AI-Enabled Cash Flow Projections.*

CHAPTER 10

AI 전환(AX)과 인사 및 조직

인사관리(HR)와 조직관리 분야에서도 AI는 인적자원관리의 혁신과 조직 운영 방식의 변화를 주도하고 있다. 기업의 경쟁력은 사람에서 나오며, 올바른 인재를 뽑고 육성하며 조직문화를 구축하는 것이 경영의 핵심이다. AI는 방대한 인사 데이터를 토대로 인재에 대한 새로운 통찰을 제공하고, 관리자들이 보다 과학적인 의사결정을 내릴 수 있도록 돕고 있다. 동시에 조직 구조와 일하는 방식에도 AI의 영향이 미치면서 사람과 기계가 공존하는 새로운 업무 환경이 나타나고 있다. 다만 사람을 다루는 영역인 만큼, AI 활용 시 기술적 효율성뿐 아니라 인간적인 요소와 윤리적 고려가 균형을 이루는 것이 중요하다.

1 최신 트렌드 및 기술 적용

인적자원관리(HR)와 조직관리 분야에도 AI의 도입이 가속화되며 채용, 평가, 인재 개발, 조직문화 관리 등에 변화를 일으키고 있다. 많은 기업들이 채용 프로세스에 AI를 활용하여 이력서 선별, 적합도 평가, 면접 일정 조율 등을 자동화하고 있다. AI 채용 소프트웨어를 도입하면 채용 비용을 최대 30%까지 절감할 수 있고, 지원자 데이터를 기반으로 예측 분석을 수행하여 입사 후 성과나 조기 이직 확률을 어느 정도 예측할 수 있다는 보고도 있다. 실제로 2024년 현재 44%의 기업이 채용 및 인재 확보에 AI를 사용하고 있으며, 2025년이면 60% 이상의 기업이 채용 프로세스를 종합적으로 AI로 운영할 것으로 전망된다.

또한 AI는 사내 인재 관리 측면에서도 활용되어, 직원들의 업무성과 데이터와 경력 경로를 분석함으로써 이탈 가능성이 높은 직원을 사전에 예측(정확도 87% 수준)하여 유지 전략을 세우는 등 인재 유지에 기여하고 있다. AI 챗봇이 사내 FAQ에 답변하거나 복지 정책을 안내하는 등 HR 서비스 자동화도 이루어져, 24시간 직원 지원 체계를 갖추는 기업도 늘고 있다.

1.1 인사관리의 디지털 전환

인공지능(AI) 기술은 인사관리 분야에 혁명적인 변화를 가져오고 있다. 전통적인 인사관리 시스템이 데이터 입력과 단순 처리에 중점을 두었다면, AI 기반 인사관리는 데이터 분석, 예측 모델링, 자동화된 의사결정 지원에 초점을 맞춘다. 기업들은 인사 데이터를 활용하여 직원 성과, 이직률, 채용 효율성 등을 분석하고 개선하는 데 AI를 활용하고 있다.

첫째, 채용과정에서 AI의 활용이 두드러진다. AI 기반 채용 도구는 수천 개의 이력서를 분석하여 적합한 후보자를 식별하고, 편향을 줄이며, 채용과정의 효율성을 향상시킨다. 예를 들어, 자연어 처리(NLP) 기술을 활용한 AI는 이력서의 핵심 키워드와 경험을 추출하여 직무와의 적합성을 평가한다. 또한 비디오 인터뷰 분석 AI는 후보자의 표정, 음성 톤, 언어 패턴을 분석하여 적합성과 문화적 적합도를 평가한다.

둘째, 직원 성과 관리에서 AI의 역할이 확대되고 있다. AI 시스템은 객관적인 데이터를 기반으로 성과를 평가하고, 실시간 피드백을 제공하며, 개인화된 개발 계획을 수립한다. 또한 머신러닝 알고리즘은 직원의 과거 성과 데이터를 분석하여 미래 성과를 예측하고, 관리자에게 적절한 개입 시점을 알려준다.

셋째, 직원 유지 및 이직 예측에 AI가 활용된다. 머신러닝 모델은 직원 만족도, 급여 수준, 승진 기회, 팀 역학 등 다양한 요소를 분석하여 이직 위험이 높은 직원을 식별한다. 이를 통해 기업은 선제적으로 개입하여 핵심 인재의 이탈을 방지할 수 있다.

1.2 조직 구조와 AI 통합

AI의 도입은 기업의 조직 구조에도 큰 변화를 가져오고 있다. 전통적인 계층적 구조에서 네트워크 기반 조직으로의 전환이 가속화되고 있으며, 이는 AI 시스템의 분산적이고 협업적인 특성을 반영한다.

첫째, AI 중심 조직 구조가 등장하고 있다. 많은 기업들이 AI 전략을 주도할 최고 AI 책임자(CAIO) 또는 최고 데이터 책임자(CDO) 직책을 신설하고 있다. 이러한 역할은 조직 전체의 AI 통합을 감독하고, 데이터 거버넌스 프레임워크를 구축하며, AI 윤리 지침을 수립한다.

둘째, 인간-AI 협업 모델이 발전하고 있다. 효과적인 조직은 AI 시스템과 인간 직원 간의 상호보완적 관계를 구축하여 각자의 강점을 활용한다. 예를 들어, AI는 대량의 데이터 처리와 패턴 인식에 능숙한 반면, 인간은 복잡한 판단, 창의적 사고, 감정 지능에 뛰어나다. 이러한 협업 모델은 새로운 직무 설계와 책임 분담을 필요로 한다.

셋째, 자기 조직화 팀(Self-organizing teams)의 등장이 두드러진다. AI 도구는 실시간 협업, 지식 공유, 의사결정 지원을 통해 자율적인 팀 운영을 가능하게 한다. 이러한 팀은 중앙집중식 통제보다 분산된 의사결정과 빠른 적응성을 특징으로 한다.

1.3 AI 기반 인재 개발

AI는 직원 교육 및 개발에도 혁신을 가져오고 있다. 전통적인 일률적 교육 방식에서 개인화된 학습 경로로의 전환이 이루어지고 있다.

첫째, 적응형 학습 시스템이 확산되고 있다. AI 기반 학습 플랫폼은 직원의 능력, 학습 스타일, 경력 목표를 분석하여 맞춤형 학습 경로를 제공한다. 이러한 시스템은 학습 진행 상황을 지속적으로 모니터링하고, 학습 내용과 난이도를 실시간으로 조정한다.

둘째, 기술 격차 분석이 정교화되고 있다. AI 알고리즘은 산업 트렌드, 조직 목표, 인재의 현재 역량을 분석하여 중요한 기술 격차를 식별한다. 이를 통해 기업은 전략적으로 중요한 역량 개발에 자원을 집중할 수 있다.

셋째, 가상 멘토링 및 코칭이 확대되고 있다. AI 기반 코칭 시스템은 직원에게 실시간 피드백, 개발 제안, 경력 지도를 제공한다. 이러한 시스템은 인간 코치의 접근성 한계를 극복하고, 모든 직원에게 고품질의 멘토링을 제공할 수 있다.

1.4 AI와 조직 문화

AI의 도입은 조직 문화에도 중대한 영향을 미친다. 기술 도입이 성공하려면 지원적인 문화적 환경이 필수적이다.

첫째, 데이터 중심 의사결정 문화가 강화되고 있다. AI 시스템은 방대한 데이터에 기반한 의사결정을 촉진하여, 직관이나 경험에만 의존하는 관행에서 벗어나도록 한다. 이러한 변화는 조직 구성원들이 의사결정 과정에서 데이터를 적극적으로 활용하고 해석하는 능력을 개발해야 함을 의미한다.

둘째, 평생 학습 문화가 필수적이 되었다. AI와 자동화로 인한 직무 변화는 지속적인 재교육과 역량 개발의 필요성을 증가시킨다. 성공적인 조직은 호기심, 실험, 지속적인 성장을 장려하는 문화를 조성한다.

셋째, 윤리적 AI 사용에 대한 인식이 높아지고 있다. 조직은 AI 시스템의 투명성 · 공정성 · 책임성을 보장하는 문화를 발전시켜야 한다. 이는 AI 윤리 지침 수립, 알고리즘 편향 모니터링, 데이터 프라이버시 보호 등을 포함한다.

2 AI 활용 사례

인사 분야의 AI 활용을 몇 가지 사례로 살펴보면 다음과 같다.

- **지원자 소싱 및 평가:** 글로벌 기업 A사는 연간 수만 통의 이력서를 처리하기 위해 AI 기반 이력서 스크리닝시스템을 도입했다. 이 시스템은 지원자의 경력, 기술, 프로젝트 경험 등을 분석하고 직무 기술서와 매칭하여 적합도 점수를 매긴 뒤, 상위 지원자를 선별한다. 이를 통해 인사담당자의 검토 시간을 크게 줄였고, 지원자당 평가 시간은 기존 대비 75% 절약되었다. 또한 영상 면접 AI 분석도구를 활용한 기업도 있다. 지원자가 녹화한 영상 면접 답변을 AI가 표정, 어조, 키워드 등을 분석해 역량을 평가하는 것으로, 일부 기업은 이를 참고자료로 활용하고 있다. 다만 이러한 영상 분석은 공정성 논란이 있어 최종 결정보다는 참고 수준으로 사용하고 있으며, 한국 등 일부 국가에서는 AI 면접의 공정성 가이드라인을 논의 중이다.
- **직원 성과 관리 및 피드백:** AI는 직원들의 업무 성과 데이터를 종합적으로 수집 · 분석하여 성과 예측맞춤 피드백을 제공할 수 있다. 예를 들어 어떤 IT 기업은 개발자들의 코드 산출량, 버그 수정률, 협업 툴 활동 등을 AI로 분석해 각 개인별 강점과 개선점을 추출하고, 그에 맞춘 코칭 팁을 관리자에게 제안

한다. 또한 AI 기반 피드백 분석툴은 직원들로부터 받은 동료 피드백이나 고객 평가 내용을 감성분석기술로 분류해, 조직 내 핵심 이슈나 분위기를 HR 부서가 파악하도록 돕는다. 이를 통해 예전에는 놓치기 쉬웠던 조직 분위기 변화나 팀 내 갈등 징후를 조기에 알아채어 대응할 수 있다.

- **학습 및 개발(L&D)**: AI 튜터와 맞춤형 학습 플랫폼이 등장하여 직원들의 역량 개발을 지원하고 있다. 예를 들어 한 글로벌 컨설팅사는 직원들이 필요로 하는 스킬을 진단하고, 개개인에게 최적화된 온라인 학습 콘텐츠를 추천하는 AI 코치를 도입했다. 이 AI 코치는 직원의 이력과 현재 업무, 목표 커리어를 바탕으로 맞춤형 학습 로드맵을 제시하고, 학습 진도를 추적하며 동기부여 메시지를 보내기도 한다. 그 결과 자기주도적 학습 참여율이 크게 올라, 직원들의 재교육(reskilling)이 촉진되었다는 평가이다.

3 관련 최신 연구 및 동향

HR 분야에서 AI 활용에 대한 연구와 통계도 많이 축적되고 있다. 2024년 SAP의 HR 트렌드 보고서에 따르면, 전 세계 HR 리더들의 81%가 AI 기반 솔루션에 투자할 계획이며 인사 부문에서 AI 활용이 폭발적으로 증가할 것이라 전망했다. 다른 조사에서는 45%의 조직이 이미 HR 업무에 AI를 사용 중이고, 38%는 도입을 계획하고 있어 향후 80% 이상이 HR에 AI를 활용하게 될 것으로 예측되었다. 직원들 역시 AI 도입에 비교적 긍정적이어서, 65%의 노동자가 AI 동료와 협업하는 것에 대해 낙관적이라는 조사 결과가 있다. 이러한 낙관론에는 AI가 반복적 업무를 덜어줌으로써 직원들이 보다 의미 있는 일에 집중할 수 있게 될 것이라는 기대가 반영되어 있다.

반면, 윤리적 우려도 중요하게 대두되었다. HR 리더의 67%는 AI를 윤리적으로 사용하는 것이 최우선 과제라고 답했고, 55%는 AI 활용 시 데이터 프라이버시 이슈를 우려하고 있다. 실제 사례로, 2018년 아마존은 자사가 개발 중이던 AI 채용 도구가 남성 지원자를 선호하는 성 편향을 보이자 해당 프로젝트를 폐기한 바 있다. 당시 이 AI는 과거 10년간 제출된 이력서 데이터로 학습됐는데, IT업계 지원자의 대부분이 남성이었던 탓에 여성 관련 단어(예: "여성 체스 동아리")가 포함된 이력서를 자동으로 낮게 점수화하는 문제가 발생했다. 이 사건은 HR 분야 AI의 편향성과 투명성 문제를 부각시켜, 기업들이 AI 도구를 도입할 때 알고리즘 편향 여부를 면밀히 검증하고 공정성 원칙을 준수해야 할 필요성을 보여주었다.

이러한 필요성 때문에 미국과 EU 등을 중심으로 채용 AI 규제 논의가 활발하며, 한국도 관련 가이드라인을 준비하고 있다. 학계에서는 공정한 AI(Fair AI), 설명가능 AI(XAI)를 HR에 적용하는 연구가 진행 중이다. 예를 들어 AI가 산출한 채용 결과에 대해 "왜 이 지원자가 적합한지" 설명해주는 기법이나, AI의 의사결정에서 차별 요소를 제거하는 알고리즘 개발 등이 다루어지고 있다.

4 실무적 변화와 경영학적 의미

AI의 도입으로 HR 담당자들의 업무에도 변화가 생기고 있다. 반복적인 이력서 검토나 근태 데이터 취합 등은 자동화되고, 인사담당자(HR Manager)들은 보다 전략적인 역할을 맡게 된다. 예컨대, 인사팀은 AI 분석을 토대로 인력 계획을 수립하거나, 조직 전체의 역량 갭을 진단해 필요한 인재를 영입하거나 육성하는 데 집중한다. 이는 HR의 역할이 단순히 채용과 행정을 처리하는 부서에서 인재 전략 파트너로 격상되는 것을 의미한다. 또한, AI가 제시하는 인사이트를 현업 관리자와 함께 해석하고 활용하는 일도 중요해졌다. 조직장들은 AI가 제공하는 팀원들의 데이터(예: 업무성과 대시보드, 이탈 위험도 등)를 참고하여 리더십 결정을 내리며, 필요시 HR 부서와 협의해 적절한 개입을 한다. 이러한 데이터 기반 인사관리(Data-driven HR)는 감에 의존하던 의사결정을 줄이고 객관성을 높임으로써, 성과주의와 공정성을 정착시키는 데 도움을 주고 있다.

그러나 한편으로 인간적인 요소의 가치도 재조명되고 있다. AI가 아무리 발전해도 사람 고유의 판단과 직관, 그리고 감정적 교류가 필요한 영역이 있기 때문이다. 예를 들어, 직원의 사기 저하를 감지하더라도 최종적으로 공감과 격려를 통해 이를 해결하는 것은 관리자의 몫이다. 따라서 기업들은 "하이브리드 HR", 즉 AI

의 강점을 활용하되 인간적 접점을 중시하는 HR전략을 추구하고 있다. 조직문화 측면에서도 AI가 영향을 주고 있다. 사내 의사결정에 AI가 개입하면서, 조직원들은 의사결정의 투명성과 근거를 더 요구하게 되었다. 한 조사에서는 2025년까지 직원의 70%가 AI가 내린 HR 결정에 대한 투명한 설명을 요구할 것이라고 전망한다. 이는 AI 도구가 조직 내에서 신뢰받기 위해서는, 직원들에게 그 작동 원리나 의사결정 기준을 설명하고 이해시키는 노력이 필요함을 의미한다. 결국 AI 시대의 HR은 기술, 데이터 과학, 심리학이 융합된 형태로 발전하고 있으며, HR 전문가는 인공지능 활용 역량과 인간적 통찰력을 동시에 갖춰야 할 것이다.

인사 · 조직(Human Resources & Organizational Behavior)은 기업의 가장 핵심 자원인 '사람'을 다루는 분야로서, 채용 · 평가 · 보상 · 승진 · 교육 · 조직문화 등 다양한 영역을 포함한다. 과거에 인사관리는 상대적으로 정량화가 어려운 분야로 인식되곤 했지만, 디지털 시대를 거치면서 인사 데이터의 정교한 분석과 활용에 대한 요구가 점차 커졌다. 현재는 사람과 조직을 이해하는 경영학적 지식에 빅데이터와 인공지능 기술이 접목되어, '과학적 HR(Scientific HR)' 혹은 'HR 애널리틱스(HR Analytics)'가 주요 트렌드로 부상했다.

4.1 AI가 인사관리(HR Management)에 미치는 영향

(1) 채용(Recruitment) 프로세스 혁신

- **서류 전형 자동화:** AI 기반 텍스트 분석을 통해 수많은 이력서와 자기소개서를 빠르게 분류 · 평가한다. 직무와 관련 없는 지원자를 1차적으로 거르고, 핵심 역량이 드러나는 키워드나 성취 경험이 있는 지원자를 우선 선발함으로써, 인사 담당자의 업무 부담을 크게 줄인다.
- **영상 면접 분석:** 화상 면접을 AI가 녹화 · 분석하면서, 지원자의 표정, 음성 톤, 언어 사용 패턴 등을 토대로 역량과 성향을 예측하려는 시도가 있다. 예를 들어 표정 분석으로 '자신감'이나 '협업 성향'을 추론하거나, 면접 시의 언어 사용을 통해 커뮤니케이션 능력을 평가한다.
- **맞춤형 포지션 추천:** 채용 플랫폼에서 구직자의 경력 · 전공 · 관심사를 바탕으

로 적합한 공고를 추천하고, 역으로 기업 측에도 해당 직무에 적합한 인재를 자동 매칭해주는 서비스가 제공된다.

(2) 성과관리 및 보상

- **성과 예측 모델:** 머신러닝 알고리즘이 직원들의 근무 이력, 직무 수행 데이터, 프로젝트 성과 등을 종합 분석하여 '누가 미래에 높은 성과를 낼 가능성이 있는지', '어떤 역량이 성과와 직결되는지' 예측한다. 이는 승진·보상 결정의 객관성을 높이거나, 교육 훈련 전략을 개선하는 데 활용된다.
- **공정한 평가 지원:** 조직 내 성과평가에서 주관적 편견을 최소화하기 위해, AI가 여러 평가 지표와 다양한 피드백 데이터를 통합 분석해 인사결정에 참고할 수 있다. 다만, 알고리즘 자체에 편향이 내재되지 않도록 지속적인 모니터링이 요구된다.

(3) 교육 및 역량 개발

- **개인 맞춤형 학습 경로:** AI가 직원의 현재 역량 수준, 관심 분야, 목표 역할(직급)을 고려하여 필요한 교육과정을 자동 추천한다. 전사 교육 플랫폼에서 직원별로 맞춤형 학습 콘텐츠를 제공하고, 실시간 학습 진척도와 성취도를 체크해 피드백을 준다.
- **시뮬레이션 학습:** 가상현실(VR), 증강현실(AR) 기술과 결합해, 실제 상황을 모사한 시뮬레이션 훈련을 진행할 수 있다. 예를 들어 서비스 직무 직원에게는 고객 응대 시뮬레이션을, 제조 분야 직원에게는 안전사고 예방 시나리오를 AI가 안내하고 평가해준다.

(4) 조직문화와 직원 만족도 관리

- **감정 분석:** 익명의 설문, 이메일·메신저 대화, 익명 게시판 데이터 등을 AI가 분석해 직원들의 조직 만족도나 스트레스 수준, 갈등 상황 등을 파악한다. 이를 통해 인사부서가 문제 징후를 조기에 발견하고, 직원 친화적 제도나 복지를 마련할 수 있다.

- **이직 예측:** 직원들의 경력 패턴, 성과 추이, 근태 기록, 직무 만족도 조사 결과 등을 종합 분석해 '누가 언제쯤 이직할 가능성이 높은지' 예측한다. 핵심 인재의 이탈을 방지하기 위해 기업은 보상 · 근무 환경 개선 등의 선제적 대응을 할 수 있다.

4.2 조직(Organizational Behavior) 영역에서의 AI 활용과 주의점

(1) 조직 진단 및 구조 설계

AI를 통해 '어떤 부서나 팀 간에 협업이 활성화 · 정체 상태인지', '조직 전체 커뮤니케이션 흐름에 있어 병목이 어디서 발생하는지'를 시각화할 수 있다. 이를 기반으로 조직 구조나 업무 프로세스를 재설계한다. 다만, 구성원의 인간적 · 정서적 측면을 간과하지 않도록 주의해야 한다.

(2) 리더십 및 팀 구성

AI는 개인의 성향과 역량, 대인관계 스타일 등을 분석해 특정 프로젝트에 최적화된 팀 구성안을 제시할 수 있다. 예컨대, 창의적 사고가 뛰어난 A, 분석력이 우수한 B, 갈등 관리에 능한 C를 함께 배치하는 식이다. 조직 리더는 이를 참고하여 팀 편성을 하거나, 구성원 간 호환성(Fit)을 높이는 데 도움을 얻는다.

(3) 조직문화와 윤리적 이슈

- **프라이버시 침해 가능성:** 직원들의 메일이나 메시지, SNS 활동 등을 광범위하게 수집 · 분석하는 과정에서 사생활 침해가 발생할 수 있다. 이를 막기 위해서는 명확한 데이터 활용 지침, 익명성 보장, 당사자 동의 등의 제도적 장치가 필요하다.
- **차별과 편향:** 알고리즘이 과거 데이터를 학습하면서, 특정 인종 · 성별 · 연령대에 불리한 편향이 강화될 수 있다. 인사결정에 AI 모델 결과가 큰 비중을 차지할 때, '의도치 않은 차별'이 발생하지 않도록 알고리즘 감사를 주기적으로 시행해야 한다.

(4) 인간과 AI의 협업

인사 · 조직 분야에서 AI는 어디까지나 '보조적' 역할이 되어야 한다고 보는 시각이 강하다. 사람을 평가 · 선발 · 조직화하는 과정은 가치 판단, 윤리, 감정적 교류 등 정성적 요소가 크게 작용하기 때문이다. 결국 AI는 사실 기반 인사이트와 예측 결과를 제시하고, 최종 결정은 인간 리더가 책임지는 형태가 적절하다는 견해가 많다.

5 향후 발전 가능성과 예상 변화

미래의 인사관리에서는 전사적 인력운영에 AI가 깊숙이 내재될 전망이다. 디지털 인력 관리자 개념으로, 조직의 모든 구성원들이 AI에 의해 스킬 프로파일링되고, 프로젝트 매칭이나 커리어 패스 추천을 받으며 성장하게 될 것이다. 예를 들어, 사내 프로젝트에 인원을 배치할 때 AI가 각 직원의 역량과 현재 업무부하, 경력 희망 등을 고려하여 최적 팀 구성을 제안해줄 수 있다. 또한 채용 시장에서는 지원자가 자신의 AI 프로필(업적, 평판, 역량지표 등)을 제출하고, 기업의 AI 채용담당이 이를 분석해 채용 여부를 즉시 결정하는 등 채용 프로세스가 실시간화될 가능성도 있다. 자연어 처리(NLP) 기술의 발전으로 면접 시 지원자의 답변 내용을 심층 분석하고, 음성 감정 분석으로 문화 적합도를 판단하는 기술도 정교해지고 있다. 조직 개발 측면에서는 조직 네트워크 분석(ONA)에 AI를 활용해 비공식적인 협업망이나 의사소통 흐름을 파악하고, 이를 토대로 조직 구조 개편이나 리더십 개발에 활용할 것이다. 다만 이러한 발전과 함께 반드시 해결해야 할 과제는 프라이버시 보호와 윤리이다. 직원과 지원자들이 제공하는 데이터가 많아질수록 이를 어디까지 활용할지에 대한 사회적 합의가 필요하다. 예를 들어, AI가 직원의 이메일이나 채팅 기록까지 분석해 성향을 파악하는 것은 사생활 침해 논란을 일으킬 수 있다. 따라서 신뢰받는 AI를 구축하기 위한 투명성, 공정성, 프라이버시 원칙이 더욱 중요해질 것이다. 전반적으로, AI와 HR의 결합은 인재관리의 과학화와 개인화를 가져오면서 조직 운영의 효율을 높일 것이지만, HR 본연의 목적은 변함없으며, AI는 이를 보조하는 강력한 도구로 기능하게 될 것이다.

- **채용과 인재 확보의 고도화:** 우수한 인재를 선발하는 일은 모든 기업의 우선순위이며, AI는 채용 프로세스를 더욱 효율적이고 정밀하게 만들어준다. 기업들은 수천 통의 이력서를 AI 기반 소프트웨어로 분석하여, 직무에 가장 적합한 후보를 빠르게 찾아낸다. 예를 들어 머신러닝 알고리즘은 지원자의 학력, 경력, 기술 키워드 등을 학습하여 선발 기준에 부합하는 후보를 목록화하고, 과거 고성과 직원들의 프로필과 대조하여 성공 가능성이 높은 인재를 추천한다. 이를 통해 채용 담당자는 방대한 지원자 풀 속에서 적임자를 놓치지 않고, 선발 과정에 드는 시간을 크게 줄일 수 있다. 또한 일부 기업은 AI 면접관을 도입하여 영상 인터뷰에서 지원자의 언어, 표정, 음성 톤 등을 분석함으로써 직무 역량과 인성 특징을 평가하고 있다. 채용 과정에서 AI 챗봇이 지원자들의 문의에 24시간 응대하여 지원자 경험(candidate experience)을 높이는 사례도 늘고 있다. 다만 AI 채용 도구의 남용은 편향(bias) 문제를 일으킬 수 있어 주의가 필요하다. 실제로 과거 한 대기업은 AI 채용 시스템이 특정 성별을 차별한다는 지적을 받아 알고리즘을 수정한 바 있으며, 이처럼 AI 채용에서의 공정성은 중요한 이슈다. 따라서 기업들은 AI를 활용하되 최종 판단에는 사람의 면밀한 검토를 병행하여 공정성과 다양성을 확보하려 하고 있다.
- **직원 관리와 성과 분석:** 입사 후 인재를 잘 관리하고 개발하는 데에도 AI가 중요한 조력자가 되고 있다. 기업들은 직원들의 근태 기록, 업무 성과 지표, 협업 네트워크 데이터 등을 AI로 분석하여 인재 관리 전략을 세운다. 예를 들어 피플 애널리틱스(People Analytics) 기술은 직원 만족도 조사 결과나 업무 성향 데이터를 분석해 이직 위험이 높은 직원을 사전에 식별하고, 적절한 유지 대책을 마련할 수 있게 해준다. 또 다른 활용 예로, AI는 과거 고성과자들의 경력 경로와 역량 데이터를 토대로 현재 인력 중 차세대 리더 후보군을 추천하거나 어떤 유형의 팀 구성이 높은 성과를 내는지에 대한 인사이트를 제공한다. 일부 기업에서는 조직 내 이메일과 커뮤니케이션 패턴을 익명으로 분석하는 조직망 분석(ONA)을 통해 부서 간 협업 정도나 사일로(silo) 현상을 파악하고, 이를 토대로 조직 구조 개편이나 소통 개선 방안을 도출하기도 한다. AI 기반 성과 분석 시스템은 연말 고과 시 관리자가 방대한 데이터를 종합적으로 고려할

수 있도록 도와주어, 보다 공정하고 객관적인 평가가 이루어지는 데 기여한다. 다만 이러한 직원 모니터링에는 사생활 침해 우려도 있는 만큼, 기업들은 데이터 활용 범위와 익명성 보장 등 윤리적 가이드라인을 정하여 투명하게 운영하고 있다.

- **교육 훈련과 경력 개발:** 빠르게 변화하는 시대에 직원 역량 개발은 조직의 생존과도 직결되어 있으며, AI는 맞춤형 교육(personalized learning)을 통해 직원들의 성장을 지원하고 있다. 전통적인 일괄 교육 대신, 개인별 업무 경험과 성과 데이터를 분석한 AI 시스템은 각 직원에게 필요한 스킬을 진단하고, 적합한 교육 콘텐츠를 추천한다. 예를 들어 신입 영업사원에게는 부족한 제품 지식을 보완할 수 있는 마이크로러닝 콘텐츠를, 관리자로 승진한 직원에게는 리더십 개발과정을 자동으로 제안하는 식이다. 사내 지식 관리 시스템에 AI 챗봇을 도입하여 직원들이 필요한 정보를 묻으면 즉각 답변해주는 디지털 학습 코치 역할을 하기도 한다. 이처럼 AI가 직원 개개인의 학습 니즈를 파악해 경력 개발을 돕기 때문에, 직원들은 스스로 성장 경로를 설계하는 데 도움을 받고 회사에 대한 만족도와 몰입도도 높아지는 경향을 보인다. 한편 기업들은 조직 전체의 재훈련(reskilling) 전략 수립에 AI를 활용하기도 한다. 미래에 중요도가 높아질 기술 역량을 예측하는 AI 분석을 통해, 어떤 직무군을 대상으로 어떤 교육을 제공해야 할지 계획함으로써 인력 구조의 변화에 선제적으로 대비하고 있다. 그러나 한 설문조사에 따르면 실제로 AI 관련 재교육 프로그램을 적극 실시하고 있는 기업은 30%도 채 되지 않는 것으로 나타나, 많은 조직들이 앞으로 인재 육성 투자를 늘려야 할 것으로 지적된다.
- **조직 구조와 의사결정의 변화:** AI는 조직관리 측면에서도 의사결정 방식과 조직 구조를 바꾸어 놓고 있다. 데이터에 기반한 의사결정 문화가 확산되면서, 관리자들은 경험이나 직관만이 아니라 AI의 분석 결과를 중요한 참고자료로 활용한다. 회의에서 과거에는 사람이 준비하던 각종 실적 보고와 예측치를 이제 AI가 자동 생성해 제공하므로, 경영진은 더 풍부한 정보를 바탕으로 토론하고 결정을 내릴 수 있다. 나아가 일부 경영진은 전략 수립 시 시뮬레이션을 돌려보는 의사결정 지원 AI를 옆에 두고 여러 가정을 테스트해보기도 한다. 이런

환경에서 계층적 의사결정보다 수평적이고 열린 의사소통이 중요해지는데, 현장의 데이터와 아이디어가 AI 분석을 통해 경영진에게 바로 전달되는 경우가 많아지기 때문이다. 또한 알고리즘 관리(Algorithmic Management) 개념이 등장하여, 일정 관리나 업무 배정 같은 영역에서 AI가 관리자의 역할 일부를 대신하기 시작했다. 예를 들어 콜센터에서는 AI가 콜량을 예측해 직원 교대근무 일정을 최적화하거나, 물류창고에서는 작업자별 업무 할당을 실시간으로 조정해주는 사례가 있다. 이러한 변화는 관리자의 역할을 단순 지시자에서 코치와 조율자로 변화시키며, 조직 구성원 모두가 데이터와 AI를 활용해 자율적으로 일하는 자기조직화 추세를 강화하고 있다.

- **조직 문화와 직원 경험:** AI는 직원들의 일상 업무 경험과 조직 문화에도 영향을 미치고 있다. 회사 내 HR 챗봇은 연차 휴가 잔여일, 복리후생 정책 문의 등 간단한 질문에 즉각 답변하여 직원들의 편의를 높이고, 익명으로 불만 사항을 접수받아 조직 문화 개선에 활용되기도 한다. 관리자는 AI로 직원들의 익명 피드백을 분석해 팀 분위기나 사기 저하 요인을 조기에 파악하고 조치를 취할 수 있다. 예컨대 AI가 사내 익명 게시판 글의 감성을 분석해 스트레스나 번아웃 징후를 발견하면, HR 부서가 선제적으로 상담이나 휴식을 권유하는 것이다. 이처럼 AI는 직원 개개인의 목소리를 세밀하게 포착하여 직원 경험(Employee Experience)을 향상시키는 방향으로 활용될 수 있다. 다만 지나친 모니터링은 오히려 직원들의 프라이버시 우려를 낳을 수 있으므로, 기업들은 AI 활용 범위에 대해 투명하게 공지하고 신뢰를 구축하는 것이 중요하다.
- **미래 전망:** 인사 및 조직관리에서 AI의 활용도는 앞으로 더욱 높아질 것이며, 이는 일의 미래(Future of Work)와 조직 형태에 큰 변화를 가져올 것이다. AI가 단순하고 정형화된 업무를 담당하면서, 인간 직원들은 보다 창의적이고 전략적인 업무에 집중하게 될 것으로 전망된다. 동시에 새로운 일자리와 역할도 등장하고 있는데, AI 시스템을 관리하고 개선하는 HR 데이터 분석가나 AI 윤리 전문가와 같은 직무가 그 예이다. 일각에서는 AI로 인해 일자리가 감소할 것이라는 우려도 있지만, 과거 기술 혁신 사례를 보면 새로운 기술이 일자리의 형태를 변화시킬 뿐 완전히 소멸시키지는 않았다는 분석이 많다. 다만 이

러한 전환기에 조직은 직원들이 원활하게 적응할 수 있도록 지속적인 학습과 역량 개발을 지원해야 한다. 현실적으로 아직 많은 기업들이 AI 활용에 대한 뚜렷한 전략을 갖추지 못하고 있는데, 한 조사에서 경영진의 92%가 AI 투자를 늘릴 계획이라고 답한 반면 자사에 AI가 충분히 도입·정착되었다고 생각하는 리더는 1%에 불과했다는 결과도 있다. 이는 AI 도입이 단순히 기술의 문제가 아니라 조직 차원의 변화 관리 과제임을 시사한다. 결국 인사/조직 분야에서 AI를 성공적으로 활용하는 기업은 사람과 기술의 조화를 이루어 생산성과 직원 만족도를 동시에 높일 수 있을 것이며, 변화에 유연하게 적응하는 미래지향적 조직 문화를 갖춤으로써 지속적인 혁신을 이어갈 것으로 기대된다.

참고문헌

Accenture(2024). *Ethical AI for Employee Experience.*

ADP(2023). *HR Automation and Predictive Analytics.*

AIHR(2025). *Global HR Trends and AI Adoption.*

Deloitte(2024). *Human Capital AI Trends.*

Gartner(2024). *AI in Performance Evaluation.*

Glassdoor(2024). *Sentiment Analytics in HR.*

Harvard Business Review(2023). *AI and Organizational Design.*

IBM(2023). *AI for Workforce Analytics.*

Josh Bersin(2024). *People Analytics Evolution.*

Korn Ferry(2024). *AI for Executive Assessment.*

LinkedIn(2024). *AI in Recruiting Platforms.*

McKinsey(2025). *Future of HR in AI-Era.*

Mercer(2024). *AI in Employee Retention Strategies.*

Oracle(2024). *HCM Cloud with Embedded AI.*

PwC(2024). *Reinvention of HR with AI.*

SAP SuccessFactors(2024). *AI in Learning & Development.*

SHRM(2024). *AI in Recruitment and Talent Development.*

TalentSoft(2024). *AI for Competency Mapping.*

Workday(2023). *AI Tools for HR Decision Support.*

World Economic Forum(2024). *AI Skills Gap Report.*

ZipRecruiter(2023). *AI-Powered Job Matching Trends.*

CHAPTER

11

AI 전환(AX)과 경영정보시스템(MIS)

경영정보시스템(MIS)은 조직의 정보 자원을 관리하고 경영진의 의사결정을 지원하는 핵심 인프라로서, AI 기술의 도입으로 그 역할이 한층 진화하고 있다. 전통적인 MIS는 데이터의 수집과 저장, 보고에 중점을 두었지만, 이제는 지능형 정보시스템으로 변모하여 방대한 데이터를 스스로 분석하고 유의미한 통찰(insight)을 제공하며, 일부 의사결정은 자동화된 방식으로 수행하고 있다. AI를 내장한 MIS는 기업 내 여러 부문에 흩어진 데이터를 통합하고 분석하여, 경영자가 놓치기 쉬운 패턴과 추세를 밝혀주고 더 나은 결정으로 이끌어준다. 결국 AI와 MIS의 결합은 기업의 디지털 트랜스포메이션을 가속화하고, 정보 활용 측면에서 경쟁 우위를 제공하는 중요한 수단이 되고 있다.

경영정보시스템(Management Information Systems: MIS)은 기업의 의사결정 과정을 지원하기 위해 데이터를 수집·저장·분석하고, 이를 기반으로 필요한 정보를 생성·배포하는 통합적 시스템을 의미한다. 전통적으로 MIS는 회계·인사·구매 등 기능별로 데이터를 관리하는 ERP(전사적 자원관리), 고객 관련 정보를 통합하는 CRM(고객관계관리), 공급망 전 과정을 추적하는 SCM(공급망관리) 등 하위 시스템들을 포함하는 개념으로 발전해왔다.

그러나 디지털 시대에는 단순한 정보 제공을 넘어, 빅데이터 처리 능력과 인공지능 알고리즘을 결합한 '지능형 의사결정 지원 시스템'이 주목받고 있다. AI의 도입은 MIS가 다루는 데이터의 형태와 범위를 폭넓게 확장시키고, 의사결정 자동화·고도화를 가능케 한다.

1 최신 트렌드 및 기술 적용

경영정보시스템(MIS) 분야에서는 AI가 기존 정보 시스템에 지능형 의사결정 지원 기능을 추가하고, 빅데이터 분석역량을 증폭시키면서 발전하고 있다. 기업의 전사적자원관리(ERP), 고객관계관리(CRM) 등 핵심 시스템에 AI를 통합하여 업무 데이터를 자동으로 분석하거나 예측 인사이트를 제공하는 사례가 늘고 있다. 2024년에는 현재, 전체 기업의 72%가 한 가지 이상의 비즈니스 기능에 AI를 통합했다고 보고되고 있는데, 이는 AI가 이제 MIS의 필수 구성 요소로 자리잡아 가고 있음을 보여준다. 특히 데이터 시각화 도구나 비즈니스 인텔리전스(BI) 플랫폼에 AI가 결합되어, 사용자가 자연어로 질문하면 AI가 데이터를 분석해 적절한 차트와 답변을 제시하는 증강 분석(Augmented Analytics) 기능이 대두되고 있다. 예를 들어, 관리자가 "올해 지역별 판매 추이를 알려줘"라고 묻는다면 AI가 실시간으로 ERP 데이터를 조회해 시각화한 대시보드를 생성해주는 식이다. 이는 비전문가도 데이터 기반 의사결정을 내릴 수 있도록 지원하는 한편, 분석에 소요되는 시간을 크게 줄여주고 있다.

1.1 AI 기반 MIS의 특징

(1) 적시성(Timeliness)

방대한 데이터를 실시간으로 수집 · 분석해, 경영진과 실무자에게 시의적절한 인사이트를 제공한다. 이는 시장 변화가 빠른 현대 비즈니스 환경에서 경쟁우위를 확보하는 핵심 요건이다.

(2) 정확성(Accuracy)

기계학습 알고리즘은 과거 데이터에서 규칙과 패턴을 학습하여, 인간이 놓치거나 주관적 편견으로 왜곡하기 쉬운 부분까지 높은 정확도로 예측 · 분석할 수 있다.

(3) 예측 및 시뮬레이션(Predictive & Prescriptive Analytics)

전통적인 MIS는 과거 데이터를 요약 · 시각화하여 현재 상황을 이해하는 '기술적(Descriptive) 분석' 수준에 머무르는 경우가 많았다. AI가 결합되면 미래를 예측(Predictive)하고, 더 나아가 시뮬레이션을 통해 최적 대안을 제시(Prescriptive)하는 수준으로 발전한다.

(4) 의사결정 자동화(Decision Automation)

챗봇, RPA(Robotic Process Automation), 프로세스 마이닝 등을 결합하면, 반복적이고 규칙 기반적인 의사결정 과정을 자동화할 수 있다. 예컨대 승인 절차나 단순 회계 처리 등은 거의 무인(無人)으로 처리가 가능하다.

1.2 AI를 활용한 전사적 자원관리(ERP)

ERP(Enterprise Resource Planning)는 기업 내 재무, 회계, 인사, 생산, 구매 등 여러 업무 영역에서 발생하는 데이터를 통합 관리·분석하고, 프로세스를 일원화하는 정보시스템이다. 최근 ERP 벤더들은 여기에 AI 기능을 탑재해 기업 의사결정 지원 능력을 획기적으로 높이고 있다.

- **재무·회계 업무 자동화:** AI 기반 문서 인식 기술이 도입되어 송장(Invoice)이나 영수증, 계약서를 자동으로 분류·입력한다. 머신러닝 모델은 과거 거래 데이터를 학습하여 오류나 부정 적발(Fraud Detection)에 뛰어난 성능을 발휘한다. 회계 담당자의 반복 업무 부담이 크게 감소하며, 부정 거래나 실수를 조기에 발견해 리스크를 낮출 수 있다.
- **수요·자재 계획(PP, MRP) 최적화:** ERP의 생산 모듈은 이미 MRP(자재 소요 계획), MPS(마스터 생산 계획) 같은 기능을 제공해왔지만, AI가 적용됨으로써 보다 정교한 예측이 가능해졌다. 날씨 정보, 경쟁 환경, 거시경제 지표 등 외부 데이터를 결합해 생산 스케줄을 동적으로 재조정하거나, 부품 재고 수준을 자동으로 관리한다.
- **HR 분석과 인력 관리:** 인사·급여 모듈에 AI를 적용해 직원들의 이직 가능성을 예측하거나, 높은 성과를 내는 구성원에게 어떤 특징이 있는지 분석한다. 이를 바탕으로 인재 채용, 교육, 승진 등 의사결정을 지원하고, 인력 운영 전략을 과학적으로 수립할 수 있다.

2 AI 활용 사례

MIS에서의 AI 활용을 구체적으로 살펴보면 다음과 같다.

- **의사결정 지원시스템(DSS)의 지능화:** 과거의 DSS는 미리 정의된 모델과 규칙에 따라 분석과 보고를 했다면, AI 기반 DSS는 머신러닝을 통해 상황에 맞는 최적의 분석 방법을 스스로 선택하고 결과를 제시할 수 있다. 예컨대, 재고 관리 DSS에 AI를 적용하면, 재고 수준과 주문 데이터를 학습하여 재고 보충 주문 시점을 예측하거나 재고 부족으로 인한 판매 손실을 미연에 감지해낸다. 또한 시나리오별 의사결정 지원이 가능해져, "수요가 10% 증가하면 생산을 얼마나 늘려야 하는가?"와 같은 가정 질문에 대해서도 AI가 시뮬레이션을 통해 답을 내놓을 수 있다. 이러한 지능형 DSS는 경영진의 전략 수립을 도와 경영 의사결정의 질을 향상시킨다.
- **챗봇과 업무 자동화:** 많은 기업들이 사내 정보시스템 접근에 챗봇 인터페이스를 도입하고 있다. 직원들이 일일이 메뉴를 찾거나 보고서를 작성하지 않아도, AI 챗봇에게 질문하면 필요한 정보를 검색해주고 업무도 처리해준다. 예를 들어, "이번 달 팀 예산 집행 내역 보여줘"라고 채팅하면, AI가 회계 시스템에서 데이터를 끌어와 요약표를 제공하고, 필요시 엑셀 보고서까지 생성한다. 마이크로소프트 등은 이러한 Copilot 개념을 사무환경에 도입해, 회의록 정리, 이메일 작성, 일정관리 등의 디지털 비서 역할을 수행하는 AI를 선보였다. 이는 MIS를 사용하는 방식 자체를 바꾸어, 사용자가 시스템을 배우기보다 AI가 사용자를 이해하고 지원하는 사용자 친화적 인터페이스로 전환되고 있다.
- **이상 탐지 및 보안:** 기업 정보시스템의 로그 데이터와 네트워크 활동을 AI가 실시간 분석하여 보안 위협이나 이상 거래를 탐지하는 사례도 늘었다. 예를 들어, 한 금융회사는 AI를 활용한 IT 운영관리(AIOps) 시스템을 구축하여 서버 로그와 트랜잭션 데이터를 분석함으로써, 문제가 생기기 전에 이상 징후를 경고받고 선제 조치를 취한다. 또한 사이버보안 영역에서 AI는 수상한 로그인 패턴이나 데이터 접근을 실시간 식별해 관리자가 즉각 대응하도록 도와주고 있다. 이처럼 MIS의 신뢰성과 안정성을 높이는 데 AI가 기여하고 있다.
- **지식 관리 및 ChatGPT 응용:** 사내 지식관리 시스템(KMS)에 대화형 AI를 연계하여, 직원들이 필요한 정보를 QA 형태로 바로 찾을 수 있게 한 사례도 있다. 예를 들어, 컨설팅 기업인 딜로이트는 사내 방대한 문서와 보고서를 학습한 AI

챗봇을 도입해, 컨설턴트들이 과거 사례나 템플릿을 질문하면 몇 초 내에 관련 내용을 찾아주도록 했다. 이를 통해 신규 직원도 숙련자처럼 지식을 활용할 수 있게 되어 학습곡선을 단축시키는 효과를 얻었다.

3 관련 최신 연구 및 동향

경영정보시스템 분야의 학술 연구에서는 AI와 데이터 거버넌스, AI 도입의 성과 영향 등이 주목받고 있다. 최근 연구에 따르면, AI를 폭넓게 도입한 선도 기업들은 그렇지 않은 기업보다 EBIT의 20% 이상을 AI로부터 창출하고 있어 경쟁 우위를 보이고 있다. McKinsey의 연례 글로벌 AI 조사에서도 AI 상위 도입 기업(High Performer)이 타 기업 대비 더 많은 비즈니스 기능에서 AI를 활용하고, 제품 개발, 리스크 관리, 공급망관리 등에서 앞서 나가고 있음을 확인했다. 이는 AI가 MIS 전반에 스며들어 기업 경쟁력의 중요한 요인이 되고 있음을 시사한다. 그러나 동시에 AI 도입의 장애요인에 대한 조사도 있다. BCG 보고서에 따르면 기업의 74%가 AI 활용에서 뚜렷한 성과를 내지 못하고 있으며, 이는 전략 부재, 적절한 인력 부족, 기술 인프라 한계 등 때문이라고 분석했다. 특히 데이터가 여러 부서에 산재되어 통합이 안 되어 있거나 품질이 낮은 경우 AI 모델이 제대로 기능하지 못하는 문제가 크다. 또한 사일로 조직문화로 부서 간 협력이 부족하면 AI 프로젝트가 실제 현장에 안착되지 못하고 시범단계에서 머무는 경우도 많다. 이러한 문제를 해결하기 위해 많은 조직에서 AI 전담 부서를 신설하거나 데이터 거버넌스 체계를 강화하고 있다. 한편, MIS 분야의 트렌드로 AutoML(자동 머신러닝)과 No-Code AI도 강조된다. 이는 전문 데이터과학자가 아니어도 비즈니스 사용자가 직접 AI 모델을 만들고 활용할 수 있게 하는 도구들로, 미래에는 현업 부서 스스로 AI 모델을 훈련시켜 문제를 해결하는 시티즌 데이터사이언티스트 개념이 확산될 것으로 보인다.

3.1 AI가 가져온 CRM(Customer Relationship Management)의 혁신

CRM 시스템은 고객 접점에서 발생하는 데이터를 통합하여, 고객 만족도와 충성도를 제고하는 데 초점을 맞춘다. 과거에도 구매 이력이나 상호작용 로그는 많이 축적되었으나, 이를 체계적으로 분석·활용하는 데 제약이 있었다. AI 도입으로 CRM은 '고객별 맞춤 경험'을 실시간 제공하는 방향으로 발전하고 있다.

- **개인화 마케팅:** AI 모델이 고객의 웹사이트 방문 기록, 클릭 패턴, 장바구니 이력, SNS 언급 내용 등을 통합 분석해 제품 추천이나 프로모션 제안을 자동으로 생성한다. 이를 CRM에서 바로 실행함으로써 고객 맞춤형 서비스를 제공한다(예: 이메일 캠페인, 앱 푸시 알림 등).
- **고객 이탈 예측:** 고객이 얼마 지나지 않아 서비스를 해지하거나 구매를 중단할 가능성을 미리 파악한다. 고위험군 고객에게는 리텐션(retention) 전략을 우선적으로 적용하여, 이탈 방지 프로그램을 제공하거나 상담 전화를 배정하는 식으로 대응한다.
- **고객 감성 분석:** 콜센터 음성 인식, 채팅 상담 기록, SNS 리뷰 등을 AI가 분석해 고객의 감정 상태를 실시간으로 파악한다. 예컨대 불만이 심해지는 고객에게는 숙련된 상담원을 즉시 연결하고, 자동 응대봇이 처리하기 어려운 복잡한 문제를 빠르게 인간 상담사에게 전가해 CS 품질을 높일 수 있다.

3.2 SCM(공급망관리) 및 물류 시스템의 AI 고도화

앞서 생산운영관리 파트에서 언급했듯이, SCM 역시 MIS의 일부로서 AI 기술 도입이 활발하다. 판매 예측, 재고 최적화, 물류 경로 계획 등 모든 프로세스에서 실시간 데이터와 예측 분석이 수행된다. ERP나 CRM과 연동해, 전사 관점에서 생산·물류·영업·마케팅이 유기적으로 움직이도록 지원하는 것이 현대적 MIS가 지향하는 방향이다.

- **엔드투엔드(End-to-End) 가시성:** 제조 현장, 유통 창고, 운송 차량, 매장 등 각 단계에서 발생하는 정보를 하나의 통합 플랫폼에 수집하고, AI로 분석해 병목 구간이나 지연 위험을 조기에 발견한다. 고객 주문부터 제품 배송까지 전체

프로세스에 대한 투명한 모니터링이 가능해진다.

- **실시간 재계획(Adaptive Planning):** AI 모델이 어느 구간에서 재고가 부족해질지, 또는 운송 차량에 결함이 발생할 가능성이 있는지를 사전에 예측한다. 발생 가능성이 큰 이벤트가 포착되면, 자동으로 대체 경로를 제시하거나 추가 인력을 배치하는 등 '실시간 재계획'을 수행한다.

3.3 비즈니스 인텔리전스(BI)와 AI의 결합

비즈니스 인텔리전스(BI)는 데이터를 수집 · 분석하여 경영자가 쉽게 의사결정을 내릴 수 있도록 대시보드, 보고서 등을 제공하는 시스템이다. 기존 BI 도구들이 시각화(Visualization)나 기본적인 집계 · 통계에 초점을 맞췄다면, 최근에는 AI 알고리즘과 연동하여 보다 '스마트'한 인사이트를 생성 · 배포하는 방향으로 진화하고 있다.

- **자연어 처리 기반 질의응답:** 경영진이 "이번 분기 매출이 전년 동기 대비 얼마나 증가했으며, 주된 원인이 무엇인가?"와 같이 자연어로 질문하면, AI가 데이터 웨어하우스에 질의(Query)를 실행하고 결과를 요약해 대시보드 형태로 제시한다. 이는 빠른 의사결정에 큰 도움이 된다.
- **자동 분석(Automated Analytics):** AI가 매출, 비용, 고객 관련 데이터를 계속 학습하면서, 의미 있는 패턴을 자동으로 찾아 경영진에게 '발견 사항'을 알린다. 예컨대 "특정 지역 매장 매출이 갑자기 상승했는데, 최근 SNS 바이럴 효과와 관련이 높다" 등과 같은 통찰을 능동적으로 보고한다.
- **데이터 거버넌스와 품질 관리:** AI가 여러 출처의 데이터를 지속적으로 검증하며, 중복 · 오류 · 누락 데이터를 식별해 사용자에게 수정 요청을 한다. 궁극적으로 데이터 정합성이 높은 BI 환경을 조성해, 의사결정 정확도를 끌어올린다.

3.4 AI 도입을 둘러싼 MIS의 도전 과제

- **복잡성 증가:** AI를 포함한 차세대 MIS는 기능이 매우 풍부해졌지만, 동시에 시스템 구조가 복잡해져 관리 비용이 늘어날 수 있다. 적절한 아키텍처 설계, 클

라우드 서비스 활용, 보안 강화 등 종합적인 대응이 필요하다.

- **인적 자원과 조직 문화:** 단순 반복 업무를 AI가 대체하면, 기존 인력의 역할이 달라진다. 데이터 분석이나 전략 수립 등 고부가가치 업무에 집중하도록 조직 문화를 전환해야 하며, 이를 지원하기 위한 교육 · 훈련 체계가 필수적이다.
- **윤리 · 프라이버시 이슈:** 고객 및 구성원들의 민감 정보가 한 시스템에 집중되어 있고, AI 모델이 이를 학습하면서 예측 분석을 수행한다. 이때 데이터 활용의 한계를 어떻게 설정할지, 알고리즘 투명성(Explainability)과 편향성(Bias)을 어떻게 점검할지 체계적인 논의가 이뤄져야 한다.
- **변화 관리(Change Management):** MIS의 업그레이드는 조직 전반의 업무 프로세스 변화를 의미한다. 일부 구성원은 새로운 시스템 도입에 거부감을 느끼거나, 기존 방식에 익숙해져 변화를 받아들이기 어려워할 수 있다. 성공적인 AI 도입을 위해서는 명확한 비전 제시, 단계적 구현, 지속적 커뮤니케이션이 필수다.

4 실무적 변화와 경영학적 의미

AI의 접목으로 MIS 부서는 비즈니스 파트너로서의 역할이 강화되고 있다. 전통적으로 IT 부서는 지원 부서로 여겨졌지만, 이제 AI를 활용한 혁신을 주도함으로써 회사의 전략실행에 핵심적 기여를 하는 부서로 부상했다. CIO(Chief Information Officer)나 CDO(Chief Data Officer)들은 경영진과 긴밀히 협력하여 AI 전략을 수립하고, 모든 부서에 걸쳐 AI를 확산시키는 임무를 갖는다. 이에 따라 경영진은 AI 관련 투자에 적극적이며, 향후 3년간 92%의 기업이 AI 투자를 증가시킬 계획이라는 조사도 있다. 또한 MIS 담당자들은 기존에 시스템 개발과 유지 보수에 치중했던 것에서 벗어나, 데이터 활용과 AI 모델 운영에 더 많은 시간을 쓰게 되었다. 이는 그들이 ML옵스(MLOps)나 AI 서비스 관리 등 새로운 스킬을 익혀야 함을 의미한다. 조직 전반에서는 의사결정 과정의 속도와 정확도가 향상되었다. 과거에는 경영진이 보고서를 받기까지 수일이 걸리던 일이 AI 덕분에 실시간 대시보드를 통해 즉각적으로 파악할 수 있게 되고, 근거 기반 결정이 문화로 자리 잡고 있다. 예를 들어, 한 유통기업에서는 매일 아침 AI가 전날의 판매 데이터를 요약하고 이상치를 지적해주므로, 지점장들이 회의에서 그 데이터를 바탕으로 문제점을 토론하고 바로 대응책을 지시하는 문화가 정착되었다. 이처럼 데이터 중심 문화(Data-driven culture)가 강화되는 것은 AI 기반 MIS가 가져온 중요한 조직 문화 변화이다. 다만, 의사결정 자동화에 따른 책임 소재와 통제 문제도 함께 고려되고 있다. AI 시스템이 제안한 의사결정이 항상 옳은 것은 아니며, 의사결정권자가 이를 맹목적으로 따를 경우 오류가 발생할 수 있다. 따라서 기업들은 AI를 의사결정 지원 도구로 활용하되 최종 판단은 인간이 내리는 원칙을 고수하고, AI 제안에 대해 비판적 검토를 거치는 프로세스를 만들고 있다. 또한 중요한 의사결정에는 AI 모델의 설명가능성을 확보해, 왜 그런 권고를 했는지 이해한 후 실행하는 절차도 강조된다.

4.1 AI 기반 의사결정지원시스템의 진화

경영정보시스템(MIS)은 기업의 정보 수집, 처리, 분석을 통해 의사결정을 지원하는 시스템이다. AI 기술의 발전으로 전통적인 의사결정지원시스템(DSS)은 지능형 의사결정지원시스템으로 진화하고 있다.

머신러닝과 딥러닝 알고리즘은 방대한 기업 데이터에서 유의미한 패턴과 통찰을 발견한다. 과거 경영정보시스템이 정해진 규칙과 쿼리에 기반했다면, AI 기반 시스템은 데이터에서 스스로 학습하고 복잡한 의사결정 문제를 해결한다.

비즈니스 인텔리전스(BI) 도구는 AI를 통해 고급 분석 기능을 제공한다. 태블로(Tableau), 파워 BI(Power BI) 등의 플랫폼은 자연어 쿼리, 자동 인사이트 생성, 예측 분석 등 AI 기능을 통합하여 비즈니스 사용자들이 복잡한 데이터에서 가치를 창출할 수 있도록 지원한다.

4.2 데이터 관리와 AI

데이터는 현대 기업의 핵심 자산이며, AI는 데이터 수집, 정제, 통합, 분석 등 데이터 관리 전반에 혁신을 가져오고 있다. 자동화된 데이터 품질 관리(Automated Data Quality Management)는 AI가 데이터의 일관성, 정확성, 완전성을 모니터링하고 개선하는 기술이다. AI 알고리즘은 데이터 품질 문제를 자동으로 감지하고, 누락된 값을 예측하며, 이상치를 식별한다. 이는 데이터 기반 의사결정의 신뢰성을 높이는 데 기여한다.

메타데이터 관리(Metadata Management)에도 AI가 활용된다. AI는 방대한 데이터 자산에 대한 메타데이터를 자동으로 생성하고 관리함으로써, 데이터 거버넌스와 검색성을 향상시킨다. 데이터 카탈로그 툴은 AI를 활용하여 데이터 자산을 자동으로 분류하고, 관련 데이터셋을 추천한다.

4.3 엔터프라이즈 시스템과 AI 통합

ERP(Enterprise Resource Planning), CRM(Customer Relationship Management), SCM(Supply Chain Management) 등 기업의 핵심 시스템에 AI가 통합되면서 업무 프로세스가 지능화되고 있다. SAP, 오라클, 세일즈포스 등 주요 엔터프라이즈 소프트웨어 공급업체들은 자사 제품에 AI 기능을 통합하고 있다. 세일즈포스의 아인슈타인(Einstein)은 CRM 데이터를 분석하여 영업 기회 예측, 리드 스코어링, 고객 이탈 방지 등 다양한 인사이트를 제공한다.

RPA(Robotic Process Automation)와 AI의 결합은 기업 업무 자동화를 한 단계 발전시키고 있다. 단순한 규칙 기반 자동화에서 나아가, AI를 통해 비정형 데이터 처리, 자연어 이해, 판단이 필요한 복잡한 업무까지 자동화할 수 있게 되었다. UiPath, Automation Anywhere 등 주요 RPA 플랫폼은 문서 이해, 감성 분석, 이미지 인식 등 AI 기능을 통합하여 지능형 자동화 솔루션을 제공한다.

4.4 클라우드 컴퓨팅과 AI의 시너지

클라우드 컴퓨팅은 AI 도입과 확산을 가속화하는 핵심 인프라이다. 클라우드 환경은 AI 모델 개발과 배포를 위한 유연한 컴퓨팅 자원, 확장성, 비용 효율성을 제공한다.

AWS, Microsoft Azure, Google Cloud 등 주요 클라우드 서비스 제공업체들은 다양한 AI 서비스를 제공한다. 기업들은 복잡한 AI 인프라를 구축하지 않고도, API

호출만으로 자연어 처리, 이미지 인식, 음성 합성 등 고급 AI 기능을 활용할 수 있다.

MLOps(Machine Learning Operations)는 AI 모델의 개발, 배포, 모니터링, 유지 보수를 위한 체계적인 방법론이다. 클라우드 기반 MLOps 플랫폼은 AI 모델의 라이프사이클 관리를 자동화하여, 기업이 AI 솔루션을 빠르고 안정적으로 구축할 수 있도록 지원한다.

4.5 AI와 정보 보안

AI는 정보 보안 강화와 사이버 위협 대응에도 중요한 역할을 한다. 기존의 규칙 기반 보안 시스템은 알려진 위협에 대응하는 데 한계가 있었지만, AI 기반 보안 시스템은 이상 행동을 감지하고 새로운 유형의 위협에 대응할 수 있다. 행동 기반 분석(Behavioral Analytics)은 사용자와 시스템의 일반적인 행동 패턴을 학습하고, 비정상적인 활동을 탐지하는 AI 기술이다. 다크트레이스(Darktrace)와 같은 AI 보안 기업은 머신러닝을 활용하여 네트워크 트래픽, 사용자 활동, 파일 접근 등을 모니터링하고, 잠재적인 보안 위협을 실시간으로 감지한다.

자동화된 위협 인텔리전스(Automated Threat Intelligence)는 AI가 다양한 소스에서 보안 위협 정보를 수집하고 분석하여, 조직별로 맞춤화된 위협 인텔리전스를 제공하는 기술이다. AI는 소셜 미디어, 다크웹, 보안 블로그 등에서 정보를 수집하고, 조직과 관련성이 높은 위협 정보를 선별하여 제공한다.

AI 기반 보안 오케스트레이션(Security Orchestration)은 보안 도구와 프로세스를 통합하여 자동화된 대응을 가능하게 한다. 보안 인시던트 발생 시, AI는 상황을 분석하고 적절한 대응 조치를 자동으로 실행한다. 이는 보안팀의 업무 부담을 줄이고, 인시던트 대응 시간을 단축하는 데 기여한다.

5 향후 발전 가능성과 예상 변화

미래의 경영정보시스템은 자율적이고 지능적인 시스템으로 진화할 것이다. 기업 자율 시스템(Autonomous Enterprise) 개념이 대두되고 있는데, 이는 일정 범위 내에서 기업의 일상 의사결정을 AI가 자동으로 내리고 실행까지 하는 것을 뜻한다. 예를 들어, 동적 가격 결정 시스템이 AI를 통해 시장 수요와 경쟁가격을 모니터링하여 제품 가격을 실시간으로 조정하고, 자율 공급망 시스템이 주문 데이터를 보고 생산계획과 물류 일정을 자동으로 업데이트하는 식이다. 이러한 시스템들은 인간의 개입 없이도 돌아가지만, 여전히 사람의 감독과 예외 처리 개입이 필요할 것이다.

또한 증강현실(AR)과 사물인터넷(IoT)이 결합된 MIS 환경에서 AI는 물리 세계와 디지털 세계를 연결해주는 두뇌 역할을 할 것이다. 작업자는 AR 글라스를 통해 AI가 분석한 현장 정보를 실시간으로 보고받아 즉각 대응하고, IoT 센서망에서 올라오는 신호를 AI가 통합 분석하여 비즈니스 이벤트를 자동 처리하는 등, 실시간 기업(Real-Time Enterprise)이 실현될 것이다.

한편, 생성형 AI는 향후 MIS 사용자 경험을 크게 바꿔놓을 전망이다. 현재도 ChatGPT와 같은 모델이 코드 자동완성이나 보고서 작성에 쓰이고 있지만, 더 나아가 사용자가 필요한 애플리케이션을 대화로 만들어내는 시대가 올 수 있다. 예를 들어 "신제품 출시 계획을 관리하는 간단한 앱을 만들어줘"라고 하면 AI가 백엔드부터 인터페이스까지 생성하여 제공하는 식이다. 이는 경영 현장의 소프트웨어 개발을 민주화할 것이며, MIS의 유연성을 극대화할 것이다. 물론 이러한 강력한 AI 중심 MIS로의 진화에는 위험 관리도 수반되어야 한다. 시스템이 고도화될수록 사이버 공격에 노출될 표면도 넓어지므로, AI를 악용한 공격에 대비한 보안 AI 역시 함께 발전해야 한다. 또한 AI 오작동시 비즈니스 연속성을 담보하기 위한 비상 매뉴얼과 페일세이프(fail-safe) 장치도 마련되어야 한다. 전반적으로, AI와 MIS의 융합은 기업 운영을 한층 자동화·지능화하여 보다 민첩하고 효율적인 경영을 가능케 할 것이지만, 인간의 현명한 통제와 윤리적 사용이 뒷받침될 때 그 가치가 극대화될 것이다.

- **데이터 분석과 비즈니스 인텔리전스의 혁신:** AI는 MIS의 전통적 기능인 비즈니스 인텔리전스(BI)를 한 단계 도약시켰다. 과거 BI 시스템은 주로 과거 실적에 대한 대시보드와 보고서를 제공했지만, AI 통합 BI는 예측 분석(predictive analytics)과 처방 분석(prescriptive analytics)까지 수행하여 미래를 예견하고 구체적인 행동 지침을 제시한다. 예를 들어 딥러닝 모델이 판매 데이터를 분석하여

다음 분기 제품별 수요를 예측하고, 그 결과를 MIS 대시보드에 표시된 재고 관리 모듈과 연동하여 자동으로 생산 주문을 제안할 수 있다. 또한 증강 분석(augmented analytics) 기술 덕분에 비전문가인 경영자도 자연어로 "이번 달 판매 감소 원인이 무엇인가?"와 같은 질문을 시스템에 던지면, AI가 관련 데이터를 탐색해 원인을 추론하고 설명까지 제공한다. 이렇게 AI가 지원하는 BI는 기업 내부뿐 아니라 소셜 미디어, 경기 지표 등 외부 데이터까지 폭넓게 활용하여 경영환경 변화를 조기에 포착하고 의사결정에 반영하도록 돕는다. 그 결과 경영진은 방대한 데이터의 바다 속에서 중요한 정보를 빠짐없이 얻어내어 근거 기반 의사결정을 내릴 수 있게 되었다. 예를 들어 Salesforce, SAP, Oracle 등 주요 기업용 소프트웨어들은 이미 AI 기반 BI 및 분석 기능을 기본 내장하여 사용자들이 쉽게 활용하도록 하고 있다.

- **의사결정 지원시스템의 지능화:** 경영정보시스템의 궁극적 목적은 올바른 경영 의사결정을 돕는 것이다. AI는 MIS 내 의사결정 지원시스템(DSS)을 보다 지능적으로 진화시켰다. 예컨대 예전에는 과거 데이터를 기반으로 몇 가지 시나리오의 결과만을 제시했던 시스템이, 이제는 시뮬레이션과 강화학습 기법을 활용해 수천 개의 시나리오를 시도해보고 최적의 대안을 추천한다. 공급망 관리에서 AI 기반 DSS는 공급 지연, 원자재 가격 변동 등 여러 변수를 동시에 고려하여 실시간 재조정된 운영 계획을 제안하고, 금융 분야의 MIS는 AI가 시장 상황을 분석해 투자 포트폴리오 조정안을 제시하기도 한다. 또한 의사결정 자동화의 사례로, 일정 한도를 넘어선 주문은 자동으로 승인하거나 비정상적인 지출 요청은 자동 거절하는 등 규칙 기반 결정이 AI에 의해 처리되어 관리자의 부담을 줄인다. 다만 전략적 중요도가 큰 결정은 여전히 인간 경영진의 몫이며, AI DSS는 보조적 역할을 수행한다. 이때 AI가 제시한 근거와 인간의 직관적 판단을 결합하는 것이 최선의 결과를 낳기 때문에, 기업들은 AI의 설명가능성(Explainability)을 높여 의사결정권자가 AI의 출처와 논리를 이해할 수 있도록 하는 데 초점을 맞추고 있다.
- **업무 프로세스 자동화와 효율화:** MIS 영역에서 AI는 업무 프로세스 관리(BPM)와 자동화도 크게 개선하고 있다. 반복적이고 규칙적인 사무 업무는 RPA와 AI

가 결합된 솔루션으로 대체되면서, 기업의 내부 프로세스가 더욱 신속하고 정확하게 수행된다. 예를 들어 AI가 이메일이나 문서의 내용을 파악하여 해당 업무의 진행 단계를 자동으로 판단하고 관련 부서에 전달하거나, 결재 문서의 내용을 이해해 적절한 승인자를 추천하는 등의 기능이 가능해졌다. ERP(전사적 자원관리) 시스템에서도 AI가 수주-생산-출하 프로세스를 모니터링하면서 병목이 발생하면 담당자에게 경고하거나, 인보이스 처리와 결산 작업을 자동화하여 실시간 회계 처리를 구현한다. 이러한 백오피스 자동화는 비용 절감과 속도 향상은 물론, 데이터가 한 곳에 모여 AI가 학습할 수 있게 함으로써 점진적인 프로세스 개선도 이루어진다. 또한 AI는 IT 운영 측면에서도 사용되어, 서버 로그와 네트워크 트래픽 데이터를 분석하여 장애를 예측하고 선제적 조치를 취하는 AIOps(지능형 IT운영)를 가능케 하여 정보시스템의 안정성과 가용성을 높이고 있다.

- **고객 및 대민 정보시스템의 AI 통합:** 경영정보시스템은 기업 내부뿐만 아니라 고객 접점에서도 활용된다. AI가 결합된 CRM(고객관계관리) 시스템은 고객 데이터를 분석해 개인화된 마케팅 전략을 제안하거나, 영업사원에게 다음에 어떤 제품을 추천해야 할지 알려주는 등의 기능을 제공한다. 예컨대 영업 담당자는 CRM 화면에서 AI가 예측한 고객 이탈 가능성지표와 이탈 방지를 위한 최적의 커뮤니케이션 방법을 안내받을 수 있다. 또한 콜센터의 고객 상담 지원시스템에는 실시간 자연어 처리 AI가 도입되어, 통화 내용을 분석하며 상담원에게 필요한 정보를 즉각 제공하거나 답변 초안을 화면에 띄워준다. 이처럼 AI는 고객 서비스 프로세스 전반을 지원함으로써 응대 품질을 향상시키고 대기시간을 단축시켜 궁극적으로 고객 만족도 제고에 기여하고 있다. 정부 부문의 대민 정보시스템에서도 AI 채팅봇이 시민들의 문의에 24시간 대응하거나, 각종 신청 서류 처리를 자동화하는 등 서비스 전달 체계 혁신에 MIS와 AI의 결합이 활용되고 있다.
- **지식 관리와 의사소통:** 조직 내부의 지식 관리(KM) 시스템에도 AI가 접목되어, 기업이 보유한 방대한 문서와 정보에서 필요한 지식을 신속히 찾아내고 공유하는 데 도움이 되고 있다. AI 챗봇이나 질의응답 시스템은 직원들이 회사 규

정, 과거 프로젝트 교훈, 기술 매뉴얼 등을 질문하면 방대한 사내 지식베이스를 검색해 정확한 답변을 제공한다. 이는 특히 대기업이나 글로벌 조직에서 부서나 지사 간에 지식 격차를 줄이고 학습하는 조직(learning organization) 문화를 촉진한다. 또한 AI는 이메일, 회의록 등의 비정형 데이터를 분류하고 요약함으로써, 중요한 정보를 놓치지 않고 구성원 간 커뮤니케이션 효율을 높인다. 예를 들어 회의가 끝난 후 AI가 자동으로 회의록을 작성해 참석자에게 배포하고, 할 일 목록을 추출해 담당자에게 통보하는 기능이 구현되고 있다. 이런 AI 지원 협업 도구는 원격근무 확산으로 더 중요해진 디지털 커뮤니케이션을 한층 원활하게 만들어준다.

- **데이터 거버넌스와 보안:** AI를 통해 더 많은 데이터를 활용하게 될수록, 데이터 거버넌스(data governance)와 보안도 MIS 관리자의 핵심 과제가 된다. AI의 정확도와 공정성은 학습 데이터에 좌우되므로, MIS 부서는 데이터의 품질을 관리하고 편향성을 점검하는 역할을 맡고 있다. 예컨대 AI가 잘못된 데이터로 학습하여 의사결정을 왜곡시키는 일을 막기 위해 마스터 데이터 관리 및 정기적인 모델 평가를 수행한다. 아울러 AI 모델 및 훈련 데이터에 대한 접근 권한을 통제하고 중요 정보의 유출을 방지하기 위한 보안 조치도 병행된다. 사이버 보안 측면에서 AI는 양날의 검인데, 공격자도 AI를 활용한 지능형 위협을 시도하는 만큼 방어 측도 AI로 네트워크 이상 트래픽이나 사용자 행동 패턴의 이상을 탐지하여 대응하고 있다. 이러한 환경에서 MIS 부서는 기술 팀과 협력하여 AI 시스템이 안전하고 윤리적으로 운용되도록 통제와 지원의 역할을 균형 있게 수행해야 한다.
- **미래 전망:** AI와 경영정보시스템의 결합은 기업 경영을 실시간, 지능형, 예측형으로 바꾸어 나가고 있으며, 앞으로 이러한 추세는 더욱 가속화될 것이다. 이미 주요 기업용 소프트웨어들은 AI 기능을 기본 내장하여 고객사들이 특별한 전문 지식 없이도 AI의 혜택을 누릴 수 있게 하고 있다. 미래의 MIS 전문가는 비즈니스 도메인 지식과 함께 AI 및 데이터 과학 역량을 갖춘 융합형 인재가 될 것으로 예상된다. 기업들은 점차 MIS를 단순한 IT 인프라가 아니라 전략적 자산으로 인식하고, AI 기술 투자를 통해 시장 변화에 기민하게 대응하

는 인지적 기업(cognitive enterprise)으로 변모해갈 것이다. 그러나 한편으로는 AI 의존도가 높아질수록 기술 실패나 오작동에 대비한 플랜B도 필요하며, 인간의 판단과 윤리의 중요성은 여전히 남아 있다. 궁극적으로 AI로 강화된 MIS를 잘 활용하는 조직은 정보에 입각한 빠른 의사결정과 프로세스 최적화를 구현하여 경쟁사 대비 민첩하고 통찰력 있는 경영을 실현할 것이며, 이러한 정보경영 혁신은 지속적인 기업 성과 향상으로 이어질 것이다.

참고문헌

Accenture(2024). *MIS Replatforming with AI Edge.*

AWS(2024). *MIS Data Infrastructure and AI Workloads.*

BCG(2024). *AI and ERP Systems Trends.*

Capgemini(2023). *MIS-Centric AI Lifecycle Management.*

Forrester(2023). *MIS Adoption Barriers for AI.*

Gartner(2024). *AI Integration into MIS Architecture.*

IBM(2024). *AI-Driven Knowledge Management.*

IDC(2024). *AI Spending by MIS Department.*

Informatica(2023). *Data Governance and AI Integration.*

McKinsey(2025). *MIS and AI Maturity Curve.*

Microsoft(2024). *Power BI Copilot AI Functionality.*

MIT Sloan(2023). *MIS in the Cognitive Era.*

Oracle(2024). *MIS Decision Automation with AI.*

Salesforce(2024). *MIS-Centric Einstein AI.*

SAP(2025). *Business AI Embedded in S/4HANA.*

SAS Institute(2024). *MIS-Level Predictive Modeling.*

Snowflake(2024). *AI in DataOps for MIS.*

Tableau(2023). *AI-Powered Business Analytics Trends.*

TCS(2024). *AI-Based Decision Management.*

WorkFusion(2024). *Cognitive Automation Platforms.*

Zoho(2023). *AI in CRM/MIS Systems.*

CHAPTER 12

AI 전환(AX)과 회계

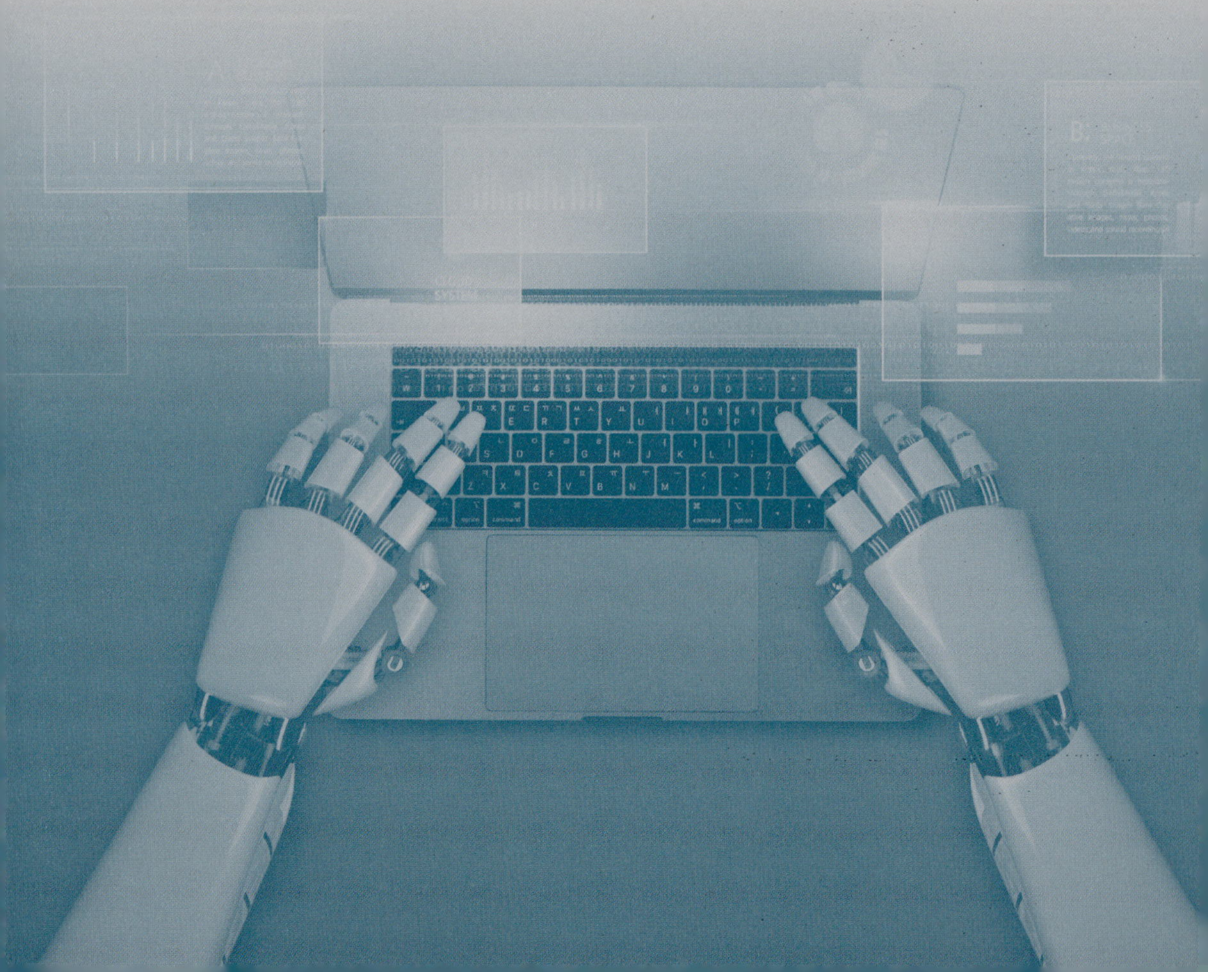

회계 분야는 기업의 재무 거래를 기록하고 재무제표를 작성하며, 재무 건전성과 성과를 투명하게 보고하는 역할을 맡고 있다. AI 기술의 도입으로 회계 업무는 자동화와 지능화를 통해 커다란 변화를 겪고 있다. 전표 처리, 장부 기장과 같은 단순 반복 작업은 AI가 대신 처리하여 효율성을 높이고 오류를 줄여주며, 회계 전문가들은 보다 부가가치가 높은 분석과 자문에 집중할 수 있게 되었다. 결과적으로 AI를 잘 활용하는 조직은 실시간 회계와 상시 감사에 가까운 체계를 구축하여 재무 정보를 더욱 신뢰성 있고 신속하게 활용하고 있다.

회계 분야는 데이터 처리와 분석이 핵심인 만큼 AI 기술의 도입이 활발하게 이루어지고 있다. 전통적인 회계 업무는 방대한 양의 데이터를 처리하고 분석하는 반복적인 작업이 많았으나, AI의 등장으로 이러한 작업들이 자동화되면서 회계사의 역할에도 변화가 나타나고 있다. 빅4 회계법인(Deloitte, PwC, EY, KPMG)을 중심으로 AI 기술을 적극 도입하여 회계 감사와 세무 서비스의 혁신을 이끌고 있다.

AI는 회계 데이터의 패턴을 인식하고 이상치를 감지하는 능력이 뛰어나다. 예를 들어, 머신러닝 알고리즘은 수천 개의 거래 기록에서 부정 거래의 징후를 식별하거나, 감사 과정에서 중점적으로 검토해야 할 영역을 자동으로 추출할 수 있다. 또한 자연어 처리(NLP) 기술은 계약서, 재무제표, 각종 보고서 등의 문서를 자동으로 분석하여 중요 정보를 추출하고 요약하는 데 활용된다.

클라우드 기반 회계 소프트웨어와 AI의 결합은 실시간 재무 정보 제공과 예측 분석을 가능하게 한다. 기업들은 이를 통해 현금 흐름을 정확하게 예측하고, 재무 리스크를 사전에 파악하며, 최적의 의사결정을 내릴 수 있게 되었다. 특히 중소기업들은 고가의 회계 시스템 없이도 AI 기반 클라우드 회계 소프트웨어를 통해 고품질의 재무 관리 서비스를 이용할 수 있게 되었다.

1 최신 트렌드 및 기술 적용

회계(Accounting) 분야에서도 AI는 자동화와 정밀도 향상을 이끌고 있다. 기업의 재무제표 작성, 감사, 세무보고 등에 AI가 활용되어 방대한 재무 데이터를 처리하고 이상 거래를 식별하는 일이 가능해졌다. OCR(광학문자인식)과 NLP 기술의 발전으로, AI가 종이 영수증이나 계약서를 읽어 데이터베이스화하고 회계 시스템에 자동 입력하는 트랜잭션 자동화가 현실화되고 있다. 예를 들어, AI는 수천 페이지에 달하는 은행 명세서나 법률 계약서를 몇 분 만에 읽어 중요한 조항과 숫자를 뽑아낼 수 있으며, 계정 간 금액 불일치 등을 즉각 조정할 수 있다. 또한 기계학습 기반의 이상탐지(anomaly detection) 알고리즘은 회계 트랜잭션 데이터를 실시간 모니터링하여, 정상 패턴에서 벗어나는 의심스러운 거래나 오류 가능성을 자동으로 경고해준다. KPMG, 딜로이트 등의 회계법인은 이러한 AI 도구를 통해 감사 초기 단계에서 감사 위험이 높은 영역을 식별하고, 감사인의 주의를 요하는 항목을 알려주어 효율적인 감사 계획을 수립하고 있다.

회계(Accounting)는 기업의 재무 상태와 경영 성과를 이해관계자(주주, 채권자, 규제기관 등)에게 투명하게 보고하기 위해 재무제표를 작성·공시하고, 내부 관리 활동을 지원하는 과정을 포괄한다. 재무회계(Financial Accounting), 관리회계(Managerial Accounting), 세무회계(Tax Accounting), 감사(Audit) 등 다양한 하위 분야가 있으며, 이는 기업 운영에서 반드시 필요한 기반 업무이자 규제의 대상이기도 하다.

1.1 AI가 바꿔 놓는 회계 업무

(1) 데이터 입력 및 분류 자동화

- **문서 처리 자동화:** 전표, 영수증, 송장(Invoice), 세금계산서 등 대량의 종이 서류를 스캔하고, OCR(광학 문자 인식)과 AI 텍스트 분석을 결합해 자동으로 전산에 입력한다. 분류 작업과 계정 과목 매핑까지 동시에 이루어짐으로써, 회계 담당자의 반복적인 업무 부담이 크게 감소한다.
- **실시간 데이터 통합:** ERP, 은행 계좌, 카드 사용 내역, 온라인 결제 시스템 등에서 발생하는 모든 트랜잭션 데이터를 자동으로 수집·정리해 회계 시스템에 반영한다. 이를 통해 오류를 줄이고, 실시간 재무 상태 파악이 가능해진다.

(2) 재무제표 작성

과거에는 수작업으로 전표를 입력하고 결산 자료를 취합해 재무제표를 작성하는 데 상당한 시간이 소요되었다. AI를 활용한 회계 시스템은 매일매일 발생하는 트랜잭션을 자동 분개 처리하고, 필요한 회계 처리 지침을 데이터에 즉시 적용한다. 결산일이 되면 시스템이 대부분의 재무제표를 자동으로 생성·검증하므로, 회계사는 최종 확인과 예외 처리에 집중할 수 있다.

(3) 부정(Fraud) 및 오류 탐지

- **이상 거래 식별:** 머신 러닝 알고리즘이 평소 패턴과 다른 자금 흐름이나 거래 내역을 감지해, 부정 행위나 오류 가능성이 있는 사례를 '알림' 형태로 보고한다.
- **중복 지출·유령 거래 확인:** 회계 시스템에서 중복으로 청구된 비용이나, 실존하지 않는 거래(유령 거래) 등을 AI가 자동으로 걸러낸다.
- **협업 사기 방지:** 회계 부서 구성원이 내부적으로 결탁해 부정을 저지를 가능성도 AI 모델이 탐지할 수 있다. 예컨대, 담당자 A와 B가 특정 시점에 비정상적으로 높은 비용 청구를 결재했다면, 과거 유사 패턴 등을 비교해 의심 여부를 판단한다.

(4) 관리회계 고도화

관리회계(Managerial Accounting)는 내부 의사결정을 지원하기 위해 비용 분석, 예산 편성, 성과 측정 등을 수행한다. 여기에 AI가 도입되면, 프로젝트별 이익 기여도와 자원 활용도를 실시간으로 모니터링하고, 향후 비용 상승 요인을 예측하는 기능이 강화된다. 예컨대 제품 라인별 원가 구조와 시장 수요 변동을 모두 고려해 최적 가격을 제시하거나, 적자 사업부를 신속히 파악하여 개선안(또는 중단 결정)을 검토할 수 있다.

1.2 AI 감사(Audit)의 부상

(1) 감사의 자동화와 광범위한 샘플링

전통적인 감사는 대규모 데이터 중 일부 표본을 추출해 검사하는 방법에 의존해왔다. 하지만 AI 감사는 전체 트랜잭션 데이터를 빠르게 스캔해 이상 거래를 식별할 수 있다. 즉, 표본 대신 전수 검사를 어느 정도 구현 가능하게 하며, 감사 범위와 효율이 대폭 향상된다.

(2) 위험 평가 및 예측 모델

기업의 내부 통제 수준, 재무 안정성, 산업 환경 등을 고려해 감사 위험을 예측하고, 감사 절차를 유연하게 조정한다. 예컨대, AI 모델이 특정 부문(특정 사업부, 거래처, 계정 과목)에 대한 리스크가 높다고 판단하면, 감사인은 그 영역에 집중적인 검증을 진행한다.

(3) 감사인의 역할 변화

AI가 대다수의 숫자 · 데이터 분석을 신속 · 정밀하게 수행한다면, 감사인은 데이터를 검토하고 최종 판단을 내리는 '감독자'와 '윤리 · 규제 전문가' 역할에 더 집중하게 된다. 즉, 기술적 감사 작업은 자동화하고, 회계 기준 준수 여부나 복잡한 판단 영역(회계 추정치, 손상 처리 등)에 대한 전문성을 발휘하는 방식으로 업무가 재편될 것이다.

1.3 회계 분야 AI 도입 시 도전 과제

- **회계 기준 해석과 복잡성:** 회계 처리에는 국제회계기준(IFRS), 국가별 일반회계원칙(GAAP) 등 다양한 규정과 해석이 따른다. AI가 모든 회계 기준과 예외 조항을 완벽히 반영하기 위해서는 상당한 시간과 노력이 필요하다.
- **데이터 보안과 개인정보 보호:** 회계에는 기업 및 개인의 민감 정보(급여, 거래처, 계약서 등)가 광범위하게 포함된다. AI 분석을 위해 데이터를 중앙화할 경우 보안 리스크가 커지므로, 데이터 암호화, 접근 제어, 모니터링 시스템이 엄격히 적용되어야 한다.
- **윤리와 책임 소재:** AI가 제안하는 회계 처리 방식이나 감사 의견이 잘못되었을 때, 그 책임은 누가 어떻게 질 것인지 명확히 규정해야 한다. 특히 감사 분야는 이해관계자의 신뢰가 절대적으로 중요하므로, 알고리즘 투명성과 검증 프

로세스가 필수다.

- **전문 인력 재교육:** 단순 전표 입력이나 수작업 결산 업무가 줄어들면서, 회계사나 회계 담당자는 데이터 분석, 의사결정 자문, 복합적 판단 영역 등 새로운 역량을 요구받는다. 업계 차원에서 재교육과 역량 개발을 지원해야 한다.

2 AI 활용 사례

2.1 AI 기반 회계 자동화 시스템

AI 기반 회계 자동화 시스템은 데이터 입력부터 재무제표 작성까지 회계 프로세스 전반을 자동화한다. 영수증이나 청구서를 스캔하면 OCR(광학 문자 인식) 기술과 AI가 결합하여 관련 정보를 자동으로 추출하고 적절한 계정 항목으로 분류한다. 이는 데이터 입력 오류를 줄이고 업무 효율성을 크게 향상시킨다.

자동화된 회계 시스템은 또한 반복되는 회계 처리 작업을 수행한다. 월별 마감, 조정 항목 처리, 재무제표 작성 등의 프로세스가 AI에 의해 자동화되어 수행 시간이 단축되고 정확도가 향상된다. 이런 시스템들은 학습 능력을 갖추고 있어 시간이 지날수록 더욱 정확하고 효율적으로 작업을 수행한다.

RPA(로봇 프로세스 자동화)와 AI의 결합은 회계 자동화의 수준을 한 단계 높이고 있다. RPA는 정형화된 규칙 기반 작업을 자동화하는 데 탁월하며, 여기에 AI의 학습 및 추론 능력이 더해지면 복잡한 회계 업무도 자동화할 수 있다. 예를 들어, 다양한 형태의 청구서를 인식하고 처리하거나, 이상 거래를 감지하여 조사 대상으로 표시하는 등의 작업이 가능하다.

2.2 AI를 활용한 회계 감사의 혁신

AI 기술은 회계 감사 분야에 혁명적인 변화를 가져오고 있다. 전통적인 감사 방식은 표본 추출을 통한 검증이 주를 이루었으나, AI를 활용하면 전체 데이터를 분석하여 이상치나 오류를 식별할 수 있다. 이는 감사의 정확성과 신뢰성을 크게 향상시킨다.

머신러닝 알고리즘은 과거 데이터를 학습하여 정상적인 거래 패턴을 파악하고, 이에 벗어나는 비정상적인 거래를 감지한다. 이러한 예측 분석은 감사인이 중점적으로 검토해야 할 영역을 식별하는 데 도움을 준다. 또한 AI는 시간이 지남에 따라 더 많은 데이터를 학습하면서 감사 정확도를 지속적으로 향상시킨다.

자연어 처리 기술은 계약서, 이사회 의사록, 각종 보고서 등의 문서를 분석하여 중요한 정보를 추출하고, 회계 기준 준수 여부를 평가하는 데 활용된다. 이를 통해 감사인은 방대한 문서를 효율적으로 검토할 수 있으며, 중요한 정보를 놓치는 위험을 줄일 수 있다.

블록체인과 AI의 결합은 회계 감사의 미래를 변화시키고 있다. 블록체인은 변경 불가능한 거래 기록을 제공하고, AI는 이러한 데이터를 실시간으로 분석하여 감사의 효율성과 정확성을 높인다. 이러한 기술의 발전은 궁극적으로 연속적 감사(Continuous Auditing)를 가능하게 하여, 전통적인 주기적 감사에서 실시간 감사로의 전환을 이끌고 있다.

2.3 세무 분야에서의 AI 활용

세무 분야에서 AI는 복잡한 세법 해석, 세금 계산, 세무 신고 등 다양한 업무를 지원한다. AI 기반 세무 소프트웨어는 방대한 양의 세법과 판례를 학습하여 특정 상황에 적용할 수 있는 최적의 세무 전략을 제시한다. 이는 세무사들이 고부가가치 자문 업무에 집중할 수 있게 한다.

세금 신고 과정에서 AI는 데이터 수집, 분류, 계산, 신고서 작성 등의 작업을 자동화한다. 특히 자연어 처리 기술을 활용하여 세법 변경 사항을 실시간으로 반영하고, 개별 기업의 상황에 맞는 맞춤형 세무 처리 방안을 제시한다. 이는 세무 신고의 정확성을 높이고 세무 위험을 줄이는 데 기여한다.

국세청 등 세무 당국도 AI를 활용한 세무 조사 시스템을 도입하고 있다. 이러한 시스템은 빅데이터 분석과 머신러닝을 통해 탈세 위험이 높은 납세자를 식별하고, 세무 조사의 효율성을 높인다. 또한 AI는 세금 관련 문의에 자동으로 응답하는 챗봇 서비스를 통해 납세자 지원 업무도 담당하고 있다.

국제 세무 영역에서 AI는 다국적 기업의 복잡한 세무 이슈를 관리하는 데 활용된다. 이전가격, 고정사업장, 세금 조약 적용 등의 복잡한 문제를 AI가 분석하여 최적의 세무 구조를 제시하고, 국가별 세무 규정 준수를 지원한다. 이는 글로벌 기업의 세무 리스크 관리와 세무 비용 최적화에 크게 기여한다.

2.4 재무 분석 및 예측에서의 AI 활용

AI는 재무 데이터 분석과 예측 영역에서 혁신적인 변화를 가져오고 있다. 딥러닝과 머신러닝 알고리즘은 과거 재무 데이터, 시장 동향, 경제 지표 등 다양한 변수를 고려하여 매출, 비용, 수익 등을 높은 정확도로 예측한다. 이러한 예측은 기업의 예산 수립, 투자 결정, 자금 조달 계획 등 전략적 의사결정에 중요한 기반이 된다.

AI 기반 재무 분석 툴은 방대한 재무 데이터를 신속하게 처리하고 시각화하여 경영자가 기업의 재무 상태를 한눈에 파악할 수 있게 한다. 또한 이상치나 패턴 변화를 자동으로 감지하여 재무적 위험을 조기에 발견하고 대응할 수 있게 지원한다.

특히 AI는 현금흐름 예측 분야에서 큰 가치를 창출한다. 정확한 현금흐름 예측은 기업의 유동성 관리와 운전자본 최적화에 필수적이다. AI는 과거 거래 패턴, 계절적 변동, 시장 조건 등을 분석하여 단기 및 장기 현금흐름을 예측하고, 현금 부족 또는 잉여 상황에 선제적으로 대응할 수 있게 한다.

AI를 활용한 투자 포트폴리오 분석 및 최적화도 주목받는 영역이다. AI 알고리즘은 다양한 투자 옵션의 위험과 수익을 분석하고, 기업의 재무 목표와 위험 성향에 맞는 최적의 투자 포트폴리오를 구성한다. 이는 기업의 잉여 자금 운용 효율성을 높이고 투자 수익을 극대화하는 데 기여한다.

회계 업무별로 AI의 활용을 구체적으로 살펴보면 다음과 같다.

- **기장 및 보고 자동화:** 기업 내 재무회계팀에서는 각종 전표 처리와 결산보고에 AI를 도입하고 있다. 예를 들어, Oracle이나 SAP 등의 ERP 시스템에 추가된 AI 모듈은, 거래 내역을 분석하여 적절한 계정과 상대계정으로 자동분개하고, 거래의 성격을 파악해 부가세 처리나 수익인식 회계처리 등을 제안해준다. 또

한 매월 말 결산 시 AI가 주요 재무제표를 미리 작성하고 이상치를 표시해주어 회계사들이 검토하도록 한다. 이러한 자동화 덕분에 어떤 기업은 재무보고 준비 시간을 30% 이상 단축했고, 인적 오류를 크게 줄였다. 재무 담당자들은 AI가 처리한 내용을 검토 및 승인함으로써, 세세한 기록 작업 대신 분석과 판단에 집중할 수 있게 되었다.

- **감사 및 내부 통제:** 법정감사(External Audit) 분야에서 AI 활용이 눈에 띈다. EY는 자체 개발한 AI 감사 도구를 통해 수십만 건의 계약서, 거래명세서를 단기간에 검토하고, 거기서 중요한 문구나 금액 변동 사항을 추출해 감사인이 검증할 리스트를 만들어낸다. 과거에는 표본으로 100건을 뽑아보던 작업을 이제는 전수(全數) 검토할 수 있게 된 것이다. 이는 감사 품질의 향상으로 이어져, 숨겨진 부정이나 오류도 더 잘 잡아낼 수 있다. 내부감사와 내부 통제 측면에서도 AI는 유용하다. 예컨대, AI가 ERP 로그와 거래 데이터를 상시 감시하여 승인되지 않은 사용자가 대량의 데이터를 추출한다거나, 분리되어야 할 업무를 한 사람이 처리하는 등 통제 위반 징후를 찾아내어 경고한다. 이로써 컴플라이언스 준수를 실시간으로 모니터링하는 환경이 구축되고 있다.
- **세무 및 재무 분석:** 세법 해석과 세무신고에도 AI가 쓰이고 있다. 복잡한 세법 규정을 자연어 처리한 AI 어드바이저는 회사 거래에 적용될 조세 조항을 추천해주고, 누락하기 쉬운 공제 항목 등을 알려준다. 또한 다국적 기업의 이전가격 문서화나 BEPS 대응 보고서 작성에도 AI를 활용해 규정에 맞는 초안을 자동 생성하는 시도가 있다. 재무 분석 측면에서는, AI가 과거 재무데이터를 학습하여 경영진단 보고서나 투자자 대상 IR 보고서의 초안을 작성해주기도 한다. AI는 일정한 포맷에 따라 재무 비율 계산, 동종업계 비교, 이상 추세 설명 등을 해주어 애널리스트의 작업 시간을 절약시킨다.

3 관련 최신 연구 및 동향

회계 분야에서의 AI 활용에 관한 연구들은 주로 효율성과 정확성 향상에 초점을 맞추고 있다. Journal of Accountancy는 2024년 특집에서 "AI는 방대한 데이터를 인간보다 훨씬 빠르고 정확하게 처리하여 회계사들이 더 전략적인 역할을 수행하도록 해준다"고 분석했다. 또한 오류 탐지율 측면에서, AI 도입으로 회계 오류나 부정 식별 비율이 얼마나 개선되는지에 대한 실증 연구들도 진행되고 있다. 한 연구는 AI 알고리즘이 전통적인 표본감사보다 3배 이상의 이상 거래를 식별해냈음을 보고하며, 다만 AI가 산출한 경고 중 오탐(false positive) 비율도 일정 부분 있어 이를 걸러내는 회계사의 판단이 여전히 중요하다고 지적했다. 기업 사례 연구에서는 AI 회계 도구 도입이 비용 절감 효과도 강조된다. 예를 들어, 미국의 한 중견기업은 AI 기반 자동 회계 시스템 구축 후 연간 감사 준비 비용을 40% 절감했고, 감사 시간이 단축되어 감사 보수도 낮아졌다고 한다. 그 외에 법규 준수(예: SOX 내부통제 요건) 측면에서 AI가 문서 작성을 돕고 증빙을 자동 수집함으로써 컴플라이언스 비용을 줄여주는 효과도 연구되었다.

최신 동향으로는 감사인과 AI의 협업 모델 개발이 있다. 이는 AI를 "감사인 보조"로 간주해, 반복작업을 AI가 처리하고 감사인은 이를 검증 및 판단에 활용하는 프레임워크를 제시하는 것으로, 규제 기관과 회계 업계가 함께 표준을 마련하려는 움직임이 있다. 예컨대, PCAOB(상장기업회계감독위원회)에서는 AI를 활용한 감사 절차에 대한 가이드라인을 논의 중이다. 또한 회계교육 분야에서도 AI가 포함되고 있다. 많은 회계학 프로그램들이 데이터 분석과 AI 활용을 커리큘럼에 추가하여 미래 회계사들이 AI와 공존하는 업무환경에 대비하도록 하고 있다.

4 실무적 변화와 경영학적 의미

AI 도입으로 회계 담당자들의 일상 업무는 크게 바뀌고 있다. 트랜잭션 처리와 보고서 작성 같은 일들을 AI와 소프트웨어 봇이 대신하게 되면서, 회계 인력은 분석, 통제 및 자문 역할로 이동하고 있다. 회계팀은 숫자를 맞추는 데 급급했던 과거와 달리, 이제 AI가 산출한 정보를 해석하여 경영진에게 의사결정에 유용한 인사이트를 제공하는 비즈니스 파트너로 거듭나고 있다. 이는 회계사가 갖춰야 할 역량에도 변화를 주어, 데이터 사이언스 지식과 IT 스킬이 점점 중요해지고 있다. 실제 기업 채용 공고를 보면, 회계 및 재무 분석 직군에 Python/R 사용 능력, 데이터 시각화 툴 활용 경험 등을 요구하는 사례가 늘었다. AI는 회계 윤리 측면에도 영향을 미치는데, 부정행위 방지에 유용함과 동시에 새로운 윤리 이슈를 일으킬 수도 있다.

예컨대, AI가 추천한 회계처리가 회계기준에는 맞지만 기업의 실질을 제대로 반영하지 못하는 경우, 이를 그대로 적용하면 재무보고의 투명성이 훼손될 우려가 있다. 따라서 회계 전문가들은 AI의 결과를 맹신하지 말고, "실질 우선"이라는 회계 원칙 하에 비판적으로 검토해야 한다. 또한 규제 준수 면에서, AI가 재무보고서를 작성할 경우 최종 책임은 경영진과 회계법인에 있으므로, AI의 계산 오류나 데이터 편향이 없도록 검증하고 내부통제를 마련하는 것이 필요하다. 이런 맥락에서, AI는 회계 실무를 자동화해 생산성을 높이는 도구일 뿐 아니라, 회계정보의 품질 향상에도 기여할 수 있는 든든한 조력자이다. 인간은 방대한 데이터를 모두 살필 수 없지만 AI는 가능하므로, 더 완벽에 가까운 검증을 함으로써 이해관계자들이 재무제표를 신뢰하는 데 도움을 줄 수 있다. 결국, AI 시대의 회계사는 "정보 감독관"으로서 AI가 처리한 정보를 검토·감독하고, "전략 파트너"로서 데이터를 바탕으로 경영 조언을 하는 쪽으로 역할이 바뀌고 있다. 기업 재무관리 측면에서는 AI 도입으로 실시간 재무현황 파악 및 대응이 가능해져 재무 민첩성(financial agility)이 높아지고, 전략적 의사결정의 재무적 기반이 더욱 탄탄해지는 긍정적 효과가 나타난다.

5 향후 발전 가능성과 예상 변화

AI와 회계의 결합은 향후 연중무휴 실시간 회계지능형 감사로 이어질 전망이다. 실시간 회계(Continuous Accounting)란, 거래 발생과 동시에 AI가 분개하고 결산 처리하여 거의 실시간으로 재무제표를 업데이트하는 개념으로, 미래에는 연말 결산을 기다리지 않고도 현재까지의 실적과 재무 상태를 실시간에 가깝게 파악할 수 있게 될 것이다. 이를 위해 AI가 은행, 판매, 생산 등 이질적인 시스템의 데이터를 통합하고 즉각 회계 처리하는 통합 플랫폼이 필요하며, 현재 일부 소프트웨어 업체들이 프로토타입을 개발 중이다.

감사 분야에서는 연속감사(Continuous Audit)체제가 강화되어, 감사인도 연말이 아니라 수시로 AI 대시보드를 통해 기업 거래를 모니터링하고, 위험 징후가 포착되면 필요한 시점에 감사 절차를 수행하는 방식으로 바뀔 수 있다. 또한 블록체인과 AI의 결합으로 트리플 엔트리 회계 개념이 실현되면, 거래 시점에 자동 기록되고 AI가 검증하는 형태로 신뢰성이 혁신적으로 높아질 가능성도 있다. 기술 측면에서는 강화학습 기반 회계 AI가 발전하여, 기업별 특성을 학습함으로써 더 정교한 회계 추론을 수행할 수 있을 것이다. 예컨대, AI가 기업의 사업 모델과 과거 회계 선택을 학습하여 가장 알맞은 회계처리를 추천하거나, 경영진 의사결정에 따른 시나리오별 재무영향을 시뮬레이션해줄 수 있다. 자연어 처리의 발전으로 회계 기준서나 감사 기준을 AI가 완벽히 이해하고 적용하는 것도 가능해져, 기준 변경 시 자동으로 정책을 업데이트하거나 적절한 주석 공시를 생성해줄 수도 있다. 그러나 이러한 발전과 함께 규제와 표준의 진화도 필요하다. AI가 작성한 보고서의 신뢰성을 어떻게 검증할 것인지, AI 알고리즘 감사(algo-audit)를 어떻게 시행할지 등에 대한 감독 체계가 마련되어야 한다. 전문기관들이 AI 산출물에 대해 인증 마크를 부여하는 등의 방안도 논의될 수 있다. 요약하면, AI는 회계 분야에서 자율성과 실시간성, 정확성을 크게 높여줄 것이고 회계의 역할을 재정의하고 있지만, 그 기반에는 변함없이 회계의 투명성과 윤리라는 원칙이 유지되어야 할 것이다. 궁극적으로 인간 회계사와 AI의 조합은 기업 경영에 더욱 신뢰성 있는 정보를 제공하고, 이해관계자의 의사결정을 돕는 고도화된 회계정보 시스템을 구축하게 될 것으로 기대된다.

- **기록 및 보고의 자동화:** AI는 회계 업무 중 가장 기본인 거래 기록과 재무보고 과정을 자동화하여 속도와 정확성을 비약적으로 향상시킨다. 예를 들어 OCR 기술과 머신러닝이 결합된 시스템은 종이 영수증이나 PDF 송장을 자동으로 읽어 계정과목에 맞게 분류하고, ERP 시스템에 분개 처리까지 완료한다. 이를 통해 수작업 데이터 입력 과정에서 발생하던 휴먼 에러를 최소화할 수 있다. 또한 AI 알고리즘은 수천 건의 거래 내역을 몇 초 만에 검토해 시산표(trial balance)를 맞추고, 월말 결산에 필요한 조정분개도 자동 생성할 수 있다. 한 조

사에 따르면 AI 도입으로 재무 보고서 작성이 이전보다 5배 이상 빨라졌다는 결과가 있을 정도로 보고 프로세스가 신속해졌다. 이러한 자동화된 보고는 경영진에게 실시간에 가까운 재무 현황 파악을 가능케 해주며, 투자자나 규제기관에도 더 신속하게 정확한 정보를 제공할 수 있게 한다.

- **AI 감사와 내부 통제:** 회계에서 또 다른 중요한 영역인 감사(Audit)와 내부 통제에도 AI가 혁신을 가져오고 있다. 기존의 감사인은 방대한 거래 중 일부 표본을 추출하여 검증하는 방식으로 감사 의견을 제시했지만, AI를 활용하면 전수 검사에 가까운 수준으로 데이터를 점검할 수 있다. 머신러닝 기반의 이상 탐지(anomaly detection) 모델은 회계 장부의 비정상적 거래나 패턴을 자동으로 식별하여, 잠재적 오류나 부정 행위를 조기에 발견한다. 예를 들어 매출 계정에서 통상적이지 않은 큰 금액의 분개가 발생하거나, 분기 마감 직전에 특정 거래가 급증하는 등 의심 사례를 AI가 즉각 표시해주므로 감사인은 그 부분을 집중적으로 살펴볼 수 있다. 세계적인 회계법인들 역시 AI 툴을 적극 도입하고 있는데, EY의 Helix 플랫폼은 AI로 회계 부정 징후를 탐지하여 내부통제 준수 여부를 신속히 점검하고, Deloitte의 Argus는 복잡한 계약서나 세무 문서를 AI가 분석해 감사 효율을 높여준다. 이처럼 AI 감사기술은 기업이 내부 통제를 강화하고 규정 준수(compliance)를 철저히 하는 데 기여하며, 외부 감사인들도 한정된 시간 내에 더 넓은 범위를 검토할 수 있어 감사 품질이 향상된다.
- **사기 및 오류 탐지:** 회계 데이터는 기업 내·외부 이해관계자들의 신뢰가 걸린 만큼, 오류나 부정을 찾아내는 것이 중요하다. AI는 수많은 거래를 실시간으로 모니터링하면서 이상 징후를 포착함으로써 회계 부정이나 실수를 방지한다. 예를 들어 AI 시스템은 동일한 송장이 중복 지급 처리되는 패턴이나, 허위 매출을 인위적으로 계상하려는 움직임을 과거 데이터 패턴과 비교해 탐지할 수 있다. 또 회사 내부자의 부정 행위로 자금을 유용하는 경우, 평소와 다른 계정 처리나 승인 절차의 비정상적 우회를 AI가 감지하여 경고를 발령한다. 이러한 AI 기반 감시 체계는 전통적인 내부감사 팀이 놓칠 수 있는 부분까지 커버하여 투명한 재무 운영을 돕는다. 금융 기관 등에서는 AI를 활용해 자금세탁 의심 거래나 회계 분식 가능성을 실시간으로 점검하고 있으며, 규제기

관 역시 기업들이 제출한 수많은 보고서를 AI로 분석해 의심 사례를 추려내는 등 광범위하게 활용되고 있다.

- **세무 및 규제 준수:** AI는 세무회계 분야에서도 큰 도움을 준다. 나라별로 복잡하게 얽혀 있는 세법 규정을 AI가 지속적으로 학습하여, 기업이 적용해야 할 세율이나 공제사항을 자동으로 반영함으로써 절세 전략을 수립하거나 신고 오류를 예방한다. 예를 들어 대형 회계법인 PwC는 TaxGPT와 같은 AI 도구를 활용하여 방대한 세법 조문과 판례를 한꺼번에 검토하고 최적의 절세 방안을 기업에게 제시하고 있다. 또 AI 챗봇은 기업 내부에서 세무 관련 문의에 답하거나 증빙 자료 준비 과정을 안내해주는 등 세무팀의 업무를 보조한다. 이러한 AI 활용 덕분에 기업들은 세무 신고 시 누락이나 오류를 줄이고, 세무조사 대응에도 만전을 기할 수 있다. 규제 준수 면에서도, 새로운 회계 기준(IFRS 등)이 발표되면 AI가 그 내용을 요약하고 회사의 재무제표에 미칠 영향을 분석해 알려주는 등, 회계 담당자들이 변화에 신속히 대응하도록 지원한다.
- **관리회계와 의사결정 지원:** 회계는 과거 실적 기록에만 머무르지 않고, 경영 의사결정을 돕는 관리회계 측면에서도 AI와 결합하여 더 큰 가치를 창출하고 있다. AI 모델은 다양한 경영 시나리오에서 재무 성과가 어떻게 변할지 시뮬레이션하여 경영진에게 보여줄 수 있다. 예를 들어 판매가격을 10% 인하하면 매출과 이익이 어떻게 변동할지, 원자재 비용이 상승하면 제품별 마진이 어떻게 달라질지를 AI가 민감도 분석(sensitivity analysis)으로 계산해준다. 이를 통해 경영진은 사전에 재무 영향을 검토한 후 전략을 실행할 수 있어 위험을 낮추고 성과를 극대화할 수 있다. 또한 AI는 각 사업부나 제품 라인의 손익 데이터를 분석하여, 어떤 영역이 고수익 핵심사업인지 혹은 어떤 부분에서 비용 절감 여지가 있는지에 대한 통찰을 제공한다. 이는 기업이 자원을 효율적으로 배분하고 장기적인 수익성을 높이는 데 도움을 주며, 회계 부서는 단순 보고서를 넘어서 비즈니스 파트너로서 경영 전략에 참여하게 된다.
- **회계 전문가의 역할 변화:** AI 도입이 확산됨에 따라 회계 직무의 성격도 변화하고 있다. 전통적으로 많은 시간을 차지하던 전표 입력, 장부 정리, 보고서 작성 등의 일이 자동화되면서, 회계 전문가들은 데이터 분석과 전략 수립 지원

등 고차원 업무에 더 많은 시간을 할애하게 되었다. 이는 회계 담당자들이 기업의 의사결정에 기여하는 폭이 넓어짐을 의미한다. 대신 회계 인력에게는 프로그래밍이나 데이터 과학에 대한 기본 이해, AI 도구 활용 능력이 새로운 요구 역량으로 떠오르고 있다. 많은 대학과 전문기관에서 회계사들을 위해 데이터 분석 및 AI 교육과정을 제공하고 있으며, 현업에서도 평생학습을 통해 기술 변화를 따라잡으려는 노력이 이루어지고 있다. 한편으로 회계 윤리와 전문적 판단의 중요성은 여전히 남아 있어서, AI가 내놓은 결과라도 최종적으로 그것을 채택할지 여부는 회계 담당자의 숙고를 거치게 된다. 예를 들어 회계기준의 해석이 애매한 사안이나, 단순 수치로 표시되지 않는 기업의 평판 및 리스크 요인 등은 인간 전문가의 판단이 필요하다. 궁극적으로 AI는 회계 전문가들의 디지털 동반자(digital assistant)로서 기능하며, 사람과 AI의 협업을 통해 회계의 정확성과 통찰력은 더욱 증진될 것으로 기대된다.

- **미래 전망:** AI 기술은 회계 업무를 보다 실시간(real-time)이고 선제적(proactive)인 기능으로 변화시키고 있다. 미래에는 수작업 마감을 기다리지 않고 실시간으로 거래가 기록되고 재무제표가 자동 업데이트되는 연속감사(continuous auditing) 체계가 가능해질 것으로 보이며, 이에 따라 기업의 투명성은 한층 높아질 것이다. 회계 전문 서비스업 역시 AI를 활용한 컨설팅과 고차원 분석 수요가 증가하여, 회계사의 역할이 단순 장부 검토자에서 기업 가치 창출의 조언자로 변화할 것이다. 물론 AI에 전적으로 의존하는 데 따른 위험(예: 시스템 장애 시 대처, AI 판단의 오류 등)을 관리하기 위해 통제 장치를 마련하고 윤리적 이슈를 지속 검토하는 노력이 병행되어야 한다. 전반적으로 AI와 회계의 결합은 기업 재무정보의 처리 및 활용 방식에 혁신을 가져오고 있으며, 이를 통해 이해관계자들에게 더 큰 신뢰를 주고 경영진에게는 더 나은 의사결정 자료를 제공함으로써, 투명하고 지속가능한 재무 경영에 기여할 것으로 전망된다.

참고문헌

ACCA(2023). *AI & Machine Learning in Financial Reporting.*

AICPA(2023). *Audit Analytics and Automation Tools.*

BDO(2024). *Auditor's AI Toolkit Review.*

Deloitte(2024). *Intelligent Automation in Audit.*

EY(2025). *Future Auditor and AI Collaboration.*

Grant Thornton(2024). *Data Analytics in Modern Auditing.*

Harvard Business Review(2023). *AI in Ethics of Financial Audits.*

IBM(2024). *Watson in Financial Reconciliation.*

ICAEW(2024). *Machine Learning in Audit Sampling.*

IFAC(2024). *AI Ethics in Accounting Standards.*

Intuit(2024). *AI-based Tax Advisor Bots.*

KPMG(2024). *AI in Forensic Accounting.*

NYSSCPA(2023). *AI-Facilitated Risk-Based Audits.*

OECD(2024). *AI and Cross-Border Tax Transparency.*

Oracle Cloud ERP(2024). *AI for Internal Controls.*

PwC(2024). *Continuous Auditing using AI.*

QuickBooks(2024). *Automated Compliance.*

SAP Concur(2024). *AI in Expense Management.*

Thomson Reuters(2024). *AI in Tax Compliance.*

Workiva(2023). *AI in SEC Filing Systems.*

Xero(2024). *AI-Powered SME Accounting Platforms.*

CHAPTER

13

AI 전환(AX)과 물류

물류(Logistics)와 공급망 관리 분야에서도 AI는 효율성과 유연성 향상을 위해 광범위하게 활용되고 있다. 전 세계적인 공급망 불안과 시장 변동성 속에서, 기업들은 AI 기술을 통해 복잡한 물류 네트워크를 최적화하고 외부 충격에 견디는 레질리언스(resilience)를 높이고자 노력하고 있다. AI는 수요 예측부터 재고관리, 경로 최적화, 운송 추적에 이르기까지 물류 가치사슬 전반에 걸쳐 의사결정의 정확도를 높이고 자동화를 구현함으로써, 신속하고 비용 효율적인 물류 운영을 가능케 한다.

1 최신 트렌드 및 기술 적용

물류(Logistics) 분야에서도 AI는 공급망관리(SCM) 전반에 걸쳐 커다란 변화를 일으키고 있다. 원자재 조달에서부터 생산, 창고관리, 배송에 이르는 공급망 각 단계에서 AI의 예측과 최적화 능력이 활용되고 있다. 특히 수요 예측(Demand Forecasting)과 네트워크 최적화는 물류 AI의 핵심 영역이다. 과거에는 과장이나 경험에 의존하던 수요 예측이 이제 AI의 방대한 데이터 분석으로 정확도가 크게 향상되었다. 2022년 맥킨지 조사에 따르면, 응답자들은 AI 활용으로 가장 큰 비용 절감 효과를 본 분야로 공급망관리를 꼽았고, AI는 생산 계획, 재고관리, 제품 분배 등의 공급망 계획에 가치를 더해준다고 밝혔다. 실제 AI 기반 도구를 활용하면 수요 예측 오차를 줄여 재고를 최적화하고, 더불어 물류 경로 및 운송 수단 선택을 자동화하여 비용을 절감할 수 있다. 예컨대, 월마트는 AI로 수백 개 매장의 판매 데이터를 실시간 분석해 각 물류센터에 보낼 상품을 예측함으로써 재고 회전율을 높이고 재고 부족 사태를 감소시켰다고 보고했다. 또 다른 예로, DHL은 AI 기반 경로 최적화 시스템으로 배송 차량의 주행거리를 10% 단축하고 연료비를 절감했다.

2 AI 활용 사례

구체적인 물류 영역별 AI 활용은 다음과 같다.

- **창고 운영 및 재고관리:** 스마트 창고에서는 AI와 로보틱스가 결합되어 거의 자동화된 운영이 가능하다. AI는 상품 입출고 데이터를 분석해 재고 최적 수준을 산출하고, 저장 위치 최적화를 통해 픽킹(picking) 동선을 최소화한다. Kiva 로봇으로 유명한 아마존은 AI를 통해 매 시간별 주문량을 예측하고 그에 따라 로봇이 재고를 선적장 가까이 미리 이동시키도록 하여, 주문 접수 후 배송까지 걸리는 시간을 단축시켰다. 또한 AI 비전 기술은 창고에서 제품 분류 및 패키징 검수에도 사용되어, 바코드 스캔 없이 이미지 인식만으로 상품을 식별하고 포장 상태를 검사한다. 이를 통해 인력 의존도를 낮추고 작업 속도를 높였다.
- **운송 및 배송 최적화:** AI는 운송 경로 최적화에 뛰어난 성과를 보인다. 택배사의 배송 차량 경로를 최적화하는 AI 시스템은 교통 상황, 배송지 밀집도, 차량 적재량 등을 종합 고려하여 운전기사에게 최적 경로를 제시한다. UPS의 ORION 시스템이 대표적인데, 이 알고리즘은 매일 2억 가지 이상의 경로를 평가하여 최선의 경로를 선택함으로써 연간 수백만 리터의 연료를 절약했다. 또한 실시간 차량 재배차에도 AI가 활용되어, 긴급 주문이 들어오면 가까운 차량에 자동 할당하거나, 차량 고장 시 대체 차량을 즉시 편성하는 등의 결정을 내린다. 드론 배송이나 자율주행 배송 로봇에도 AI가 핵심인데, 경로 계획과 환경 인지를 통해 안전하고 효율적인 라스트마일(Last-Mile) 배송을 구현하고 있다.
- **공급망 계획 및 리스크 관리:** 글로벌 공급망에서는 AI가 시나리오 분석과 리스크 모니터링 역할을 한다. AI는 기상정보, 정치적 뉴스, 시장 동향, 소셜미디어 여론 등 다양한 데이터를 실시간으로 모니터링하여, 공급망에 영향을 줄 이벤트(예: 허리케인으로 인한 항만 폐쇄, 팬데믹, 원자재 가격 폭등)를 감지하면 경고하고 대안을 제시한다. 예를 들어, 2021년 미국 서부 항만 지연 사태 때, AI가 트래픽 데이터를 분석해 병목을 예측하고 대체 선적 루트를 추천하는 대시보드가 정부에 의해 활용되었다. 또한 공급망 시각화(mapping)에서도 AI가 활약하고 있다. Altana라는 스타트업은 공공 및 민간 데이터를 결합한 생성형 AI 도구로 기업의 다층 공급망 지도를 자동 작성해주는데, 이를 통해 기존에 파악하지 못했던 2차, 3차 공급업체까지 가시화하여 공급망 투명성을 높였다. 이러한 기술은 리스크 발생 시 어떤 협력사가 영향받을지 빠르게 파악하고 대응하

는 데 필수적이다.

3 관련 최신 연구 및 동향

물류 및 SCM 분야의 연구에 따르면, AI 도입 기업들은 비용 절감과 서비스 개선 측면에서 의미 있는 성과를 보고하고 있다. 한 조사에서는 AI 기반 공급망관리 초기 도입 기업들이 물류 비용을 평균 15% 절감하고, 재고 수준을 35% 향상시켰으며, 고객 서비스 레벨(납기 준수, 완전배송률 등)을 65% 높였다고 한다. 또한 응답 기업의 70%는 AI가 투자 대비 강력한 효과(ROI)를 내고 있다고 인식했다. 이러한 수치들은 AI가 물류에서 운영 효율성과 고객만족을 동시에 끌어올리는 잠재력이 크다는 것을 보여준다.

반면, 데이터 통합과 인프라 구축이 도전이라는 지적도 있다. 물류 데이터는 매우 파편화되어 있고, 여러 파트너 간 공유되어야 가치가 극대화되는데, 아직 많은 기업들이 자체 시스템에 국한된 AI만 활용하고 있어 범용적인 이익을 얻지 못하고 있다. 이를 해결하기 위해 공급망 데이터의 표준화와 협력적 AI(여러 기업이 함께 AI 모델을 개발/활용)가 연구되고 있다. 정책 측면에서도, 미국이나 EU는 공급망 회복력 향상 정책에 AI를 언급하며, 안전하고 신뢰할 수 있는 AI 개발을 지원하고 있다. 예컨대 미국 바이든 행정부는 2023년 10월 AI 안전에 관한 행정명령을 발표하면서, AI 개발자들에게 엄격한 안전 기준을 요구하고 공급망 위험 감지에 AI를 활용하는 계획을 언급했다. 이는 정부도 AI를 국가 공급망 전략에 통합하고 있음을 의미한다. 학계에서는 지능형 공급망(Intelligent Supply Chain)이나 자율 공급망에 대한 개념 연구가 활발하며, 공급망에서 생성형 AI의 활용 가능성(예: 설계 변경에 따른 즉각적 공급망 영향 분석, 대체 부품 추천 등)도 논의되고 있다.

4 실무적 변화와 경영학적 의미

AI 도입으로 물류 현장의 업무 프로세스가 크게 최적화되고 있다. 물류 관리자(Logistics Manager)들은 AI가 제공하는 투명한 데이터와 예측을 바탕으로 보다 빠르고 정확하게 의사결정을 내릴 수 있게 되었다. 예를 들어, 과거에는 수요가 급변해도 데이터 집계와 분석에 며칠이 걸렸다면, 이제는 AI 시스템이 실시간 대시보드로 수요 급증을 알리고 추가 생산/조달을 권고하므로, 즉각적인 대응이 가능하다. 이는 Just-In-Time에서 한 발 더 나아간 Just-In-Case공급망 대응(어떤 상황에도 대비하는 민첩성)을 구현하는 데 도움이 된다. 또한 물류 노동자들의 역할도 바뀌고 있다. 창고에서는 자동화로 단순 피킹 작업자가 줄어드는 대신, 자동화 시스템을 관리하고 예외 상황에 대응하는 운영 인력이 필요해졌다. 배송 현장에서도, AI 추천 경로를 모니터링하고 고객과의 예기치 않은 문제를 해결하는 등, 운전기사가 서비스 매니저에 가까운 역할을 하게 된다. 이에 따라 기업은 물류 인력에게 디지털 도구 활용 교육을 제공하고, AI 제안에 대한 판단력을 기를 수 있도록 훈련하고 있다. AI는 또한 공급업체 관계와 협상에도 영향을 준다. AI가 산출한 성과 데이터에 근거해 공급업체를 공정하게 평가하고, 근거 기반으로 재협상을 진행함으로써 협력 관계의 투명성과 합리성이 증가한다. 경영학적으로 이는 거래비용 감소와 신뢰 구축에 기여하여 공급망 전체의 효율을 높인다. 조직 차원에서, AI 도입은 여러 부서 간 협업을 촉진한다. 판매, 생산, 물류 부서가 동일한 AI 예측을 공유하며 S&OP(Sales and Operations Planning) 조율을 하는 문화가 자리 잡고, 이를 통해 사일로를 허무는 효과도 있다.

한편, 윤리 및 고용 영향 측면에서 물류 AI 도입이 일자리에 미치는 영향도 논의된다. 창고 자동화와 자율주행 트럭의 발전으로 물류 일자리 감소를 우려하는 시각이 있지만, 많은 전문가들은 AI가 인력 대체보다는 인력 지원에 초점을 두고 있다고 본다. 즉, AI가 부족한 인력을 메워주거나, 인간이 하기 힘든 일을 대신함으로써 노동의 생산성을 높이는 방향이라는 것이다. 실제로 물류업계는 만성적인 인력 부족을 겪어왔는데, AI와 로봇이 이를 완화시켜준다면 남은 인력은 보다 부가가치 높은 고객 서비스나 기획 업무로 이동할 수 있다. 다만, 이러한 전환을 위한 재교육 프로그램과 사회 안전망이 동반되어야 할 것이다.

5 향후 발전 가능성과 예상 변화

미래의 물류 분야는 완전 자율화된 공급망에 가까워질 것으로 예상된다. 예측 물류(Predictive Logistics)가 발전하여, AI가 앞으로 일어날 상황을 거의 선제적으로 인지하고 대응하는 체계가 갖춰질 것이다. 예를 들어, AI는 소셜미디어 트렌드와 검색엔진 데이터를 분석해 다음 시즌 히트 상품을 예측하고, 그 상품의 부품 공급을 미리 확보해놓는 식이다. 또한 항공 물류 드론, 자율주행 트럭 군단(platooning) 등도 상용화되어, 인간의 개입 없이도 공장에서 소비자까지 물류가 이어지는 시범 사례들이 등장할 것이다. Hyperloop나 로봇 항공배송 허브 등 신기술에도 AI는 필수로 적용되어 최적의 운영을 도모할 것이다. 한편, 지속가능성 측면에서도 AI의 역할이 커진다. 기업들은 탄소중립 목표를 달성하기 위해 AI로 공급망의 탄소발자국을 추적하고 최적화할 예정이다. AI는 운송 경로를 최적화해 연료 사용을 줄이고, 공동 배송기회를 찾아내 차량 대수를 줄이는 등 친환경 물류를 가능케 한다. 또한 순환 경제(Circular Economy) 지원을 위해 반품 및 재활용 물류를 효율화하는 데도 AI가 쓰일 것이다. 블록체인과 AI의 결합으로 공급망 데이터의 무결성과 투명성이 제고되면, 소비자에게 상품의 전 생애 이력을 보여주는 신뢰형 공급망이 구축될 수도 있다. 예를 들어, 어떤 스마트폰이 어떤 광산의 광물부터 어떤 공장의 조립을 거쳐 왔는지 AI와 블록체인이 추적해 소비자에게 증명하는 것이다. 이러한 미래를 위해 해결해야 할 과제는 표준화와 협력이다. 공급망은 다수 기업이 얽혀 있으므로, AI 혜택을 극대화하려면 산업 전반의 데이터 표준과 상호운용성이 보장되어야 한다. 또한 사이버 공격으로 AI 물류 시스템이 교란될 경우 경제에 큰 파급이 우려되므로, 공급망 보안도 지속적인 관심사가 될 것이다. 전반적으로, AI가 주도하는 미래 물류는 더 예측 가능하고, 자동화되어 있으며, 친환경적인 모습일 것이다. 기업들은 AI를 통해 공급망의 효율성과 복원력(resilience)을 동시에 강화하고, 소비자들은 더 신속하고 투명한 서비스를 누릴 것으로 기대된다.

- **수요 예측과 재고 최적화:** 물류의 출발점인 수요 예측에서 AI의 역할은 지대하다. 전통적인 수요 예측 기법보다 AI 기반 예측 모델은 계절성, 프로모션 효

과, 경제 지표, SNS 트렌드 등 수많은 변수를 종합 분석하여 정확도를 높인다. 이를 통해 과잉 재고나 재고 부족 사태를 최소화할 수 있다. 예를 들어 딥러닝 수요 예측모델은 판매 데이터와 외부 이벤트(날씨, 행사 등)를 함께 고려해 SKU 단위까지 상세한 수요를 예측하고, 그 결과를 토대로 자동으로 재고 보충 주문을 생성한다. 이렇게 AI가 재고관리를 최적화함으로써, 창고에 오래 묵는 재고는 줄이고 인기 상품의 품절을 방지하여 매출 기회를 놓치지 않게 한다. 월마트, 아마존 같은 글로벌 리테일러들은 이미 AI 수요 예측 시스템으로 운용 재고 일수를 단축하고 효율을 극대화하고 있다.

- **공급망 모니터링과 이상 대응:** AI는 공급망 내 위험 감지와 대응 자동화 측면에서도 활약하고 있다. 전 세계 여러 공급업체와 운송 경로로 얽힌 공급망에서는 천재지변, 정치적 리스크, 물류 병목 등 다양한 요인이 문제를 야기할 수 있다. AI는 실시간으로 물류 데이터를 모니터링하면서 이상 상황을 포착해 경고를 보내고, 대체 공급원이나 배송 경로를 추천한다. 예를 들어 World Economic Forum은 2025년에 AI가 공급망관리에서 주요 변화를 이끌 것이라고 전망하면서, AI가 공급망 가시성을 높이고 최적화를 지원한다고 언급했다. 실제로 코로나19 팬데믹이나 기상이변 시기에 AI를 통해 물류 지연을 조기에 감지하고 대안을 마련한 기업들은 피해를 줄일 수 있었다. AI가 이메일, 뉴스, 소셜 미디어를 스크레이핑하여 공급망 이벤트를 추적하는 서플라이 체인 컨트롤 타워시스템도 확산되고 있다.
- **경로 최적화와 운송 효율:** 물류 경로 최적화는 AI 활용의 대표적 분야로, 배송 차량의 이동 경로를 효율화하여 시간과 연료를 절감한다. 세계 최대 물류 기업 UPS는 ORION(On-Road Integrated Optimization and Navigation)이라는 AI 기반 경로 최적화 시스템을 도입하여 연간 1천만 갤런 이상의 연료 절감과 3~4억 달러 비용 절감 효과를 거두었다고 보고했다. ORION은 10년간 축적된 차량 텔레매틱스 데이터를 분석해 최적 루트를 산출하며, UPS는 운전자 한 명당 하루 1마일씩 이동거리를 줄이면 연간 5천만 달러를 절약할 수 있다고 밝혔다. 이처럼 AI 알고리즘은 도로 교통 상황, 배송지 밀집도, 운전자 운행 습관까지 고려하여 경로를 지속적으로 개선하며, 실시간 동적 경로 조정도 가능하다. 물

류 차량뿐 아니라 항공, 선박 경로 최적화에도 AI가 활용되어, 연료비 절감과 온실가스 감축에 기여하고 있다.

- **창고 자동화와 로봇 활용:** 물류 센터 및 창고 운영에서도 AI와 로보틱스의 결합이 혁신을 가져오고 있다. 자동 저장 · 반출 시스템(AS/RS)에 AI를 적용하여 입출고 순서와 위치를 최적화하거나, 물류 로봇(예: Amazon의 Kiva 로봇)이 AI 지휘 아래 창고 내 선반을 이동시켜 피킹(picking) 작업을 수행함으로써 처리량을 크게 높인다. AI 비전 시스템은 상품을 인식하고 분류하여 패키지 분류 작업을 자동화한다. AI 기반 시뮬레이션은 창고 레이아웃과 작업 동선을 최적화하는 데 활용되어, 같은 공간에서 더 많은 물량을 처리하게 한다. 또한 예측적 재고관리로 어느 창고에 어떤 상품을 미리 비축해야 할지 결정함으로써, 고객 주문 시 가장 가까운 창고에서 바로 배송할 수 있게 한다. 이렇듯 AI로 지능화된 창고는 스마트 물류(Smart Logistics)의 핵심 구성요소로 자리매김하고 있다.
- **라스트마일 배송과 고객 서비스:** 고객에게 상품을 최종 전달하는 라스트마일 배송은 물류 비용의 상당 부분을 차지하며, AI는 이 영역에서도 개선을 돕는다. AI는 고객의 위치, 선호 시간대, 교통 패턴 등을 고려하여 배송 일정을 최적화하고, 드론이나 자율주행 로봇과 연계하여 비대면 배송을 구현한다. 일부 도시에서는 AI 내비게이션을 장착한 배달 로봇이 인도로 움직여 음식이나 소포를 전달하고 있으며, 자율주행 트럭이 고속도로 구간을 운행하는 파일럿도 진행 중이다. 고객들은 AI 예측에 기반한 정확한 배송 시간 안내를 받을 수 있어 편의성이 높아지고, 물류사는 성공적 1회 배송률을 높여 재배송 비용을 줄일 수 있다. 또한 AI로 분석한 배송 기사들의 동선과 업무량 데이터를 토대로 공정한 배차와 인센티브 제도를 운영함으로써, 물류 인력 관리에도 효율을 기하고 있다.
- **친환경 물류와 지속가능성:** AI는 물류에서 에너지 효율을 높이고 낭비를 줄여 지속가능성 목표 달성에도 기여한다. 앞서 언급한 경로 최적화로 연료 사용을 절감하는 것 외에도, AI는 적재 용량 최적화(차량에 적재하는 화물의 부피와 중량을 최대화)로 빈 공간 운송을 줄이고, 콜드체인(저온 유통)에서는 AI 센서 제어로 냉각 에너지를 최소화한다. 공급망 전체의 탄소발자국을 분석해 어디서 온실가스

를 감축할 여지가 있는지 AI가 시뮬레이션하고 제안하기도 한다. 지속가능 물류(Green Logistics)는 기업의 중요한 사회적 책임으로 대두되고 있는데, AI 기술은 환경과 비용 두 마리 토끼를 잡는 솔루션으로 각광받고 있다. 특히 전기차 배송, 탄소배출권 거래 등과 연계하여 AI가 최적 전략을 찾는 연구도 진행 중이다.

- **미래 전망:** AI와 물류의 결합은 앞으로도 가속화될 것으로 전망되며, 예측형 공급망(predictive supply chain)이 현실화될 것이다. AI는 전방위 데이터(시장 동향, 기상, 원자재 가격, 정치 상황)를 바탕으로 리스크를 미리 알려주고 대응 전략을 제시하여, 공급망의 중단을 최소화할 것이다. 또한 자율주행 기술의 진전으로 트럭, 선박, 드론 등의 물류 수단이 더욱 지능화되면서 물류의 무인화 수준이 높아질 것이다. 이러한 변화에 따라 물류 전문 인력의 역할도 변모하여, AI 시스템을 관리하고 예외 상황에 대처하는 방향으로 고도화될 것이다. World Economic Forum은 AI가 글로벌 공급망의 미래 핵심 열쇠가 될 것으로 보고 있으며, 실제 사례들도 이를 입증하고 있다. 다만 글로벌 공급망에서 AI 윤리와 표준화 이슈, 사이버 보안 위험 등도 부각되고 있어, 국제적인 협력과 규범 마련이 병행되어야 할 것이다. 결국 AI를 전략적으로 활용하는 기업은 효율적이면서도 탄력적인 물류 역량을 확보하여, 변화무쌍한 경영 환경에서 경쟁우위를 지속할 수 있을 것으로 기대된다.

참고문헌

Accenture(2024). *AI in Last-Mile Logistics.*

Amazon Robotics(2024). *AI-Driven Fulfillment.*

Boston Dynamics(2023). *Warehouse Robotics Use Cases.*

Coupang(2024). *Korea-Based AI Logistics Innovation Report.*

DHL(2024). *AI & Machine Learning in Logistics.*

FedEx(2024). *SenseAware Logistics AI Systems.*

Flexport(2024). *AI in Freight Forwarding Optimization.*

Forrester(2023). *AI in Omni-Channel Fulfillment.*

Gartner(2024). *Smart Logistics Technology Trends.*

IBM Sterling(2023). *Cognitive Supply Chain Applications.*

IBM(2024). *Intelligent Logistics Optimization.*

JD Logistics(2023). *AI in Real-Time Dispatch Systems.*

Maersk(2024). *AI-Powered Marine Route Planning.*

McKinsey(2025). *Autonomous Supply Chains Report.*

Microsoft Azure(2024). *Supply Chain AI Infrastructure.*

MIT CTL(2023). *AI for Supply Chain Visibility.*

Oracle SCM(2024). *AI & Predictive Demand Planning.*

SAP(2024). *Integrated Logistics AI Management.*

UPS(2024). *ORION Route Optimization AI.*

World Economic Forum(2025). *Sustainable Logistics AI Initiatives.*

Zebra Technologies(2023). *Smart Warehousing with AI.*

PART 4

AI 전환(AX) 시대의 서비스 산업 트렌드

AI 전환(AX) 시대의 서비스 랩퍼 전략은 기존 서비스나 시스템을 AI 기능으로 감싸서 새로운 가치를 창출하는 접근법이다. 마치 선물을 포장지로 감싸듯, 기존 서비스에 AI 레이어를 씌워 사용자 경험을 혁신하고 부가가치를 높인다.

주요 랩퍼 전략 유형

○ AI 인터페이스 랩퍼
기존 복잡한 시스템을 자연어 처리나 음성 인식으로 쉽게 접근할 수 있도록 감싸는 방식이다. 예를 들어, 복잡한 데이터베이스 쿼리를 일상 언어로 질문할 수 있게 하는 것이다.

○ 지능형 자동화 랩퍼
반복적인 업무 프로세스에 AI 판단 기능을 추가하여 자동화 수준을 높이는 전략이다. 단순 자동화에서 상황 판단이 가능한 스마트 자동화로 진화시킨다.

○ 개인화 서비스 랩퍼
기존 서비스에 AI 추천 엔진이나 개인화 알고리즘을 적용하여 사용자별 맞춤 경험을 제공하는 방식이다.

AI 전환(AX) 시대의 매우 다양한 서비스 랩퍼(Wrapper) 전략이 필요하겠지만, 본 4부에서는 AI와 비교적 융합이 쉬운 서비스 산업 분야인 문화콘텐츠, K-컬처 그리고 외식 및 관광여행산업과 관련된 서비스 랩퍼(Wrapper) 전략에 대해서 분석해 보고자 한다.

CHAPTER

14

인공지능(AI)과 문화콘텐츠

1 문화콘텐츠 산업의 디지털 전환과 AI의 역할

문화콘텐츠 산업은 디지털 기술의 발전과 함께 급격한 변화를 겪고 있다. 특히 인공지능(AI)의 등장은 콘텐츠 생성, 유통, 소비 방식을 근본적으로 변화시키고 있다. 과거 인간 창작자의 영역으로 여겨졌던 예술과 엔터테인먼트 분야에서도 AI는 새로운 가능성을 열어주고 있다. 이러한 변화는 단순한 기술적 진보를 넘어 콘텐츠 산업의 비즈니스 모델과 가치 창출 방식의 혁신으로 이어지고 있다.

AI 기술이 문화콘텐츠 산업에 미치는 영향은 다차원적이다. 첫째, 콘텐츠 제작 과정에서 AI는 창작자의 도구로서 효율성을 높이고 새로운 표현 방식을 가능하게 한다. 둘째, 콘텐츠 유통 단계에서는 개인화된 추천 시스템을 통해 소비자 경험을 향상시킨다. 셋째, 소비자 행동 분석을 통해 시장 트렌드를 예측하고 전략적 의사결정을 지원한다. 또한 메타버스와 같은 새로운 디지털 환경에서는 AI가 가상 세계의 기반 기술로 작용하고 있다.

이러한 AI 기술의 활용은 문화콘텐츠 기업들에게 새로운 경쟁력을 제공하지만, 동시에 창작자의 역할 변화, 저작권 문제, 콘텐츠 다양성 감소와 같은 도전과제도 제기한다. 따라서 기술적 혁신과 함께 윤리적 · 법적 · 사회적 측면에서의 균형 잡힌 접근이 요구된다.

1.1 생성형 AI와 콘텐츠 제작 혁신

생성형 AI(Generative AI)는 문화콘텐츠 산업에 혁명적 변화를 가져오고 있다. 텍스트, 이미지, 음악, 영상 등 다양한 형태의 콘텐츠를 자동으로 생성할 수 있는 AI 모델들이 등장하면서 창작의 개념이 확장되고 있다. GPT(Generative Pre-trained Transformer)와 같은 대규모 언어 모델은 시나리오, 소설, 시, 광고 카피 등 텍스트 콘텐츠 생성에 활용되고 있으며, DALL-E, Midjourney와 같은 모델은 텍스트 설명만으로 고품질의 이미지를 생성한다. 또한 Jukebox, MuseNet과 같은 AI는 다양한 장르의 음악을 작곡하고, DeepMind의 WaveNet 기술은 자연스러운 음성 합성을 가능하게 한다.

이러한 생성형 AI 기술은 콘텐츠 제작 과정의 효율성을 크게 향상시킨다. 예를 들어, 영화나 게임 제작에서 초기 콘셉트 아트, 배경 음악, 대사 초안 등을 AI가 신속하게 생성함으로써 제작 시간과 비용을 절감할 수 있다. 넷플릭스, 디즈니 등 글로벌 콘텐츠 기업들은 이미 AI를 활용한 콘텐츠 제작 파이프라인을 구축하고 있으며, 이는 제작 효율성 향상뿐만 아니라 창의적 실험의 기회도 확대하고 있다.

특히 AI 기술은 개인 창작자들에게도 전문적인 콘텐츠 제작 도구를 제공함으로써 진입장벽을 낮추고 있다. 과거에는 전문적인 기술과 고가의 장비가 필요했던 영상 편집, 음악 작곡, 그래픽 디자인 등의 영역에서 AI 기반 도구들이 등장하면서 아마추어 창작자들도 양질의 콘텐츠를 제작할 수 있게 되었다. 이는 '크리에이터 이코노미(Creator Economy)'의 성장을 가속화하고, 콘텐츠 생태계의 다양성을 증진시키는 요인이 되고 있다.

그러나 이러한 변화는 창작의 본질과 가치에 대한 근본적인 질문을 제기한다. AI가 생성한 콘텐츠의 창의성과 독창성을 어떻게 평가할 것인가? 인간 창작자와 AI의 협업 모델은 어떻게 발전할 것인가? 특히 AI 모델이 학습한 기존 작품들과의 관계에서 발생하는 저작권 및 윤리적 문제는 산업 전반에 걸친 중요한 과제로 부상하고 있다.

1.2 AI와 미디어 엔터테인먼트 산업의 융합

AI 기술은 영화, 방송, 게임 등 미디어 엔터테인먼트 분야에서 콘텐츠 기획부터 제작, 유통, 마케팅에 이르는 전 단계에 걸쳐 활용되고 있다. 특히 시각효과(VFX)와 컴퓨터 그래픽(CG) 분야에서 AI는 사실적인 디지털 캐릭터와 환경을 생성하는 데 중요한 역할을 한다. 딥러닝 기반의 얼굴 인식 및 모션 캡처 기술은 디지털 휴먼과 가상 캐릭터의 표현력을 획기적으로 향상시켰으며, 이는 '아바타', '정글북' 등 블록버스터 영화에서 이미 널리 활용되고 있다.

방송 분야에서는 AI 기반 자동 편집 도구와 실시간 그래픽 생성 시스템이 제작 효율성을 높이고 있다. 스포츠 중계에서는 AI가 경기 데이터를 실시간으로 분석하여 중요 장면을 하이라이트로 추출하거나, 선수들의 움직임을 추적하여 전술 분석

그래픽을 생성한다. 또한 AI 앵커와 같은 가상 진행자 기술도 일부 뉴스 채널에서 도입되고 있다.

게임 산업에서 AI는 더욱 다양한 역할을 수행한다. 게임 캐릭터에 자연스러운 행동과 반응을 부여하는 NPC(Non-Player Character) AI, 플레이어의 행동 패턴에 맞춰 난이도를 조절하는 동적 밸런싱 시스템, 방대한 게임 세계를 자동으로 생성하는 절차적 콘텐츠 생성(PCG) 등이 대표적이다. 이러한 기술은 게임의 몰입감과 재미를 높일 뿐만 아니라, 개발 시간과 비용을 절감하는 효과도 있다.

또한 AI는 가상현실(VR)과 증강현실(AR) 콘텐츠 제작에도 핵심 기술로 활용된다. 공간 인식, 객체 추적, 상황 인지 등 AI 기술을 통해 현실 세계와 자연스럽게 상호작용하는 몰입형 콘텐츠 경험이 가능해지고 있다. 메타(구 페이스북)와 같은 기업들은 이러한 기술을 기반으로 메타버스 플랫폼을 구축하고 있으며, 이는 미래 엔터테인먼트 산업의 새로운 패러다임으로 주목받고 있다.

1.3 AI 기반 예술 창작과 새로운 미학의 등장

AI 기술의 발전은 시각 예술, 음악, 문학 등 전통적인 예술 분야에서도 새로운 창작 방식과 미학적 가능성을 열어가고 있다. 특히 GAN(Generative Adversarial Network)과 같은 생성 모델은 기존 예술 작품의 패턴을 학습하여 새로운 스타일의 작품을 생성할 수 있게 되었다. 2018년 크리스티 경매에서 약 45만 달러에 낙찰된 'Edmond de Belamy'와 같은 AI 생성 작품은 예술 시장에서도 AI의 창작 능력이 인정받고 있음을 보여준다.

음악 분야에서는 AI 작곡 및 편곡 도구가 창작자들에게 새로운 영감과 효율성을 제공하고 있다. Google의 Magenta 프로젝트, OpenAI의 MuseNet, AIVA 등 다양한 AI 음악 플랫폼들이 등장하면서 창작자들은 AI와의 협업을 통해 새로운 음악적 가능성을 탐구하고 있다. 일례로 독일의 작곡가 홀스트 훈크는 AI와 협업하여 베토벤의 미완성 교향곡을 완성하는 프로젝트를 진행하기도 했다.

문학 분야에서도 AI 기반 텍스트 생성 기술이 활용되고 있다. 일본에서는 AI가 쓴 소설이 문학상 1차 심사를 통과한 사례가 있으며, 저널리즘 분야에서는 AP통신,

로이터 등 주요 언론사들이 기사 자동 생성 시스템을 도입하고 있다. 이러한 AI 창작 도구들은 인간 작가의 창작 과정을 보조하거나, 새로운 표현 방식을 탐구하는 데 활용되고 있다.

이처럼 AI와 예술의 융합은 '누가 창작자인가?', '예술적 가치와 독창성의 본질은 무엇인가?' 등 예술철학적 질문을 제기한다. AI 생성 예술에 대한 평가는 기술적 혁신성, 미학적 가치, 사회문화적 맥락 등 다양한 측면에서 이루어지고 있으며, 이는 예술계의 새로운 담론을 형성하고 있다. 또한 AI 예술가와 인간 창작자 간의 협업 모델도 다양하게 실험되고 있는데, 이는 단순한 도구로서의 AI를 넘어 '공동 창작자'로서의 AI에 대한 인식 변화를 반영한다.

2 AI 기반 콘텐츠 유통 및 소비 혁신

2.1 개인화 추천 시스템과 콘텐츠 소비 경험의 변화

AI 기반 추천 시스템은 OTT 플랫폼, 음악 스트리밍 서비스, 소셜 미디어 등 디지털 콘텐츠 플랫폼의 핵심 경쟁력으로 자리 잡았다. 이러한 시스템은 사용자의 과거 소비 이력, 선호도, 인구통계학적 특성, 행동 패턴 등 다양한 데이터를 분석하여 개인별 맞춤형 콘텐츠를 제안한다. 넷플릭스, 유튜브, 스포티파이 등 주요 콘텐츠 플랫폼들은 각자의 고유한 추천 알고리즘을 개발하여 사용자 경험을 최적화하고 있다.

이러한 개인화 추천 시스템은 콘텐츠 소비 방식을 근본적으로 변화시켰다. 사용자들은 방대한 콘텐츠 카탈로그 속에서 자신의 취향에 맞는 콘텐츠를 효율적으로 발견할 수 있게 되었으며, 이는 콘텐츠 소비의 효율성과 만족도를 높이는 결과로 이어졌다. 넷플릭스의 경우, 추천 시스템을 통한 콘텐츠 발견이 전체 시청의 약 80%를 차지한다고 밝히기도 했다.

개인화 추천 기술은 콘텐츠 소비의 개인화뿐만 아니라 맥락화(contextualization)도 진전시키고 있다. 최신 AI 시스템은 사용자의 현재 상황(시간, 위치, 기분 등)을 고려한 상황 인지형 추천을 제공한다. 예를 들어, 음악 스트리밍 서비스는 사용자의 활동(운동, 작업, 휴식 등)이나 시간대에 따라 적합한 플레이리스트를 추천하며, 뉴스 앱은 사용자의 관심사와 현재 위치의 지역 이슈를 결합한 맞춤형 뉴스 피드를 제공한다.

그러나 이러한 고도의 개인화는 '필터 버블(filter bubble)' 현상이나 콘텐츠 다양성 감소와 같은 우려도 제기한다. 추천 시스템이 사용자의 기존 취향만을 강화하는 방향으로 작동할 경우, 사용자는 제한된 범위의 콘텐츠에만 노출될 가능성이 있다. 이에 따라 최근의 추천 알고리즘들은 정확성(accuracy)과 다양성(diversity), 신선함(serendipity) 사이의 균형을 맞추는 방향으로 발전하고 있다. 넷플릭스의 경우 '장르 확장(genre stretching)' 전략을 통해 사용자의 주요 선호 장르와 연관성이 있으면서도 새로운 경험을 제공할 수 있는 콘텐츠를 추천하고 있다.

2.2 AI와 콘텐츠 마케팅의 혁신

AI 기술은 콘텐츠 마케팅 전략의 수립과 실행 과정에도 혁신을 가져오고 있다. 소셜 미디어 분석, 감성 분석, 트렌드 예측 등 다양한 AI 기술을 활용하여 타깃 오디언스의 선호도와 시장 동향을 정확히 파악하고, 이에 기반한 효과적인 마케팅 캠페인을 전개할 수 있게 되었다.

특히 콘텐츠 마케팅에서는 AI를 활용한 자동화와 개인화가 두드러진다. 챗봇과 같은 대화형 AI는 소비자와의 직접적인 상호작용을 통해 맞춤형 콘텐츠를 제공하고, 구매 결정을 지원한다. 영화 프로모션에서는 AI가 생성한 맞춤형 예고편이 사용되기도 하는데, 20세기 폭스사는 '모건(Morgan)' 영화 마케팅에서 IBM Watson을 활용해 개인별 맞춤 예고편을 제작한 바 있다.

AI는 인플루언서 마케팅에도 변화를 가져오고 있다. AI 기반 인플루언서 분석 도구는 브랜드와 최적의 인플루언서를 매칭하고, 캠페인 성과를 실시간으로 측정한다. 더 나아가 '가상 인플루언서(virtual influencer)'라는 새로운 마케팅 채널도 등장했다. 릴 미켈라(Lil Miquela)와 같은 AI 기반 가상 인플루언서들은 수백만 명의 팔로워를 보유하고 있으며, 프라다, 캘빈클라인 등 유명 브랜드의 마케팅 캠페인에 참여하고 있다.

또한 AI는 콘텐츠 마케팅의 성과 측정과 최적화에도 중요한 역할을 한다. A/B 테스팅을 자동화하고, 실시간으로 콘텐츠 성과를 분석하여 즉각적인 조정이 가능하다. 예를 들어, 넷플릭스는 AI를 활용해 수천 가지 버전의 썸네일 이미지를 테스트하고, 각 사용자별로 클릭율이 높은 이미지를 선별하여 제공한다.

이러한 AI 기반 마케팅 전략은 비용 효율성과 정확한 타기팅을 통해 마케팅 ROI를 향상시키는 효과가 있다. 그러나 동시에 개인정보 보호, 알고리즘 편향성, 과도한 상업화 등의 윤리적 문제도 제기된다. 따라서 효과적인 마케팅 전략 수립과 함께 윤리적 가이드라인 준수도 중요한 과제로 부상하고 있다.

2.3 빅데이터 분석과 콘텐츠 산업 경영

AI와 빅데이터 분석 기술은 문화콘텐츠 산업에서 '데이터 기반 의사결정(data-driven decision making)'을 강화하고 있다. 과거에는 창작자의 직관과 경험에 의존하던 콘텐츠 기획과 제작 의사결정이 이제는 방대한 시장 데이터와 소비자 행동 분석을 기반으로 이루어지고 있다.

대표적인 사례로 넷플릭스의 '하우스 오브 카드(House of Cards)' 제작 결정을 들 수 있다. 넷플릭스는 시청자 데이터 분석을 통해 데이비드 핀처 감독의 작품, 케빈 스페이시 주연 작품, 그리고 영국 정치 드라마에 대한 선호도가 높게 겹치는 것을 발견하고, 이를 바탕으로 대규모 제작 투자를 결정했다. 이러한 데이터 기반 접근법은 콘텐츠 제작의 불확실성과 리스크를 줄이는 효과가 있다.

AI 기반 예측 분석은 콘텐츠 성공 요인을 식별하고 시장 트렌드를 예측하는 데에도 활용된다. 영화 산업에서는 '스크립트 분석 AI'가 각본 내용을 분석하여 상업적 성공 가능성을 예측하며, 음악 산업에서는 '히트곡 예측 알고리즘'이 음악적 특성과 시장 트렌드를 분석하여 성공 가능성이 높은 곡의 패턴을 식별한다.

또한 AI는 콘텐츠 라이프사이클 관리와 수익 최적화에도 기여한다. 스트리밍 플랫폼들은 콘텐츠별 시청 패턴과 구독자 유입/이탈 데이터를 분석하여 콘텐츠의 가치를 평가하고, 이를 라이센싱 및 제작 투자 결정에 반영한다. 디즈니, 워너미디어 등 글로벌 미디어 기업들도 자체 스트리밍 플랫폼을 통해 수집한 직접 소비자 데이터(D2C data)를 활용하여 콘텐츠 전략을 수립하고 있다.

이러한 데이터 기반 예측 경영은 콘텐츠 산업의 비즈니스 모델을 변화시키고 있다. 특히 구독 기반 스트리밍 서비스의 확산은 '콘텐츠 포트폴리오 관리'의 중요성을 높이고 있다. 플랫폼 사업자들은 AI 분석을 통해 구독자 획득, 유지, 이탈 예방을 위한 최적의 콘텐츠 조합을 찾아내고, 이에 따라 제작 및 라이센싱 투자를 배분한다.

이처럼 AI와 빅데이터 분석은 콘텐츠 산업의 비즈니스 인텔리전스를 강화하고, 시장 불확실성을 줄이는 데 기여하고 있다. 그러나 데이터 중심 접근법에 대한 과도한 의존은 창의성과 혁신을 제한할 수 있다는 우려도 제기된다. 따라서 데이터 분석과 창의적 직관 사이의 균형을 찾는 것이 콘텐츠 기업들의 중요한 과제가 되고 있다.

참고문헌

국내방송통신위원회(2022). 방송콘텐츠 산업보고서.

한국저작권위원회(2021). 생성형 AI와 저작권 이슈 연구.

Choi, H.(2020). **인공지능과 예술: 창작의 미래**. 커뮤니케이션북스.

Disney Research Studios.(2021). AI-Based Storytelling for Animation.

Elgammal, A. et al.(2017). CAN: Creative Adversarial Networks.

Gans, J.(2022). *The New Technology of Content Creation*. MIT Press.

Huang, C. et al.(2018). AI-Driven Movie Script Generation.

Kim, H.(2022). **콘텐츠 산업의 AI 활용 트렌드**. 한국콘텐츠진흥원.

Kim, S.(2021). **창작에서 유통까지: 문화콘텐츠 산업의 AI 전환**. 콘텐츠정책연구.

LeCun, Y., Bengio, Y., & Hinton, G.(2015). *Deep learning*. Nature.

Lee, D. & Kim, M.(2021). **Generative AI의 콘텐츠 제작 적용 사례 분석**. 문화산업연구.

Manovich, L.(2013). *Software Takes Command*. Bloomsbury Academic.

McCormack, J., Gifford, T., & Hutchings, P.(2019). Autonomy, Authenticity, Authorship and Intention in Computer Generated Art.

Netflix Technology Blog.(2020). Recommending with ML.

OpenAI.(2020). GPT-3: Language Models are Few-Shot Learners.

OpenAI.(2023). MuseNet Overview.

Park, J.(2022). **AI 기반 미디어 콘텐츠 추천 알고리즘 연구**. 한국미디어학회.

Sohn, Y.(2021). **메타버스와 AI의 결합이 문화산업에 미치는 영향**. 디지털문화연구.

Vondrick, C., et al.(2016). Generating Videos with Scene Dynamics.

YouTube Research.(2019). How Recommendations Work.

Zhou, Y., et al.(2020). Personalized Content Delivery in Streaming Services.

CHAPTER

15

인공지능(AI)과 K-컬처

1 K-POP 산업에서의 AI 활용 현황

K-POP 산업은 2000년대 이후 한국을 넘어 글로벌 시장에서 큰 영향력을 발휘하고 있다. 이러한 K-POP의 세계화 과정에서 인공지능 기술은 핵심적인 역할을 담당하고 있다. 엔터테인먼트 기업들은 AI를 통해 빅데이터를 분석하여 음악 트렌드를 예측하고, 아티스트 발굴 및 육성, 마케팅 전략 수립 등 다양한 영역에서 활용하고 있다.

SM엔터테인먼트, YG엔터테인먼트, HYBE 등 대형 엔터테인먼트 기업들은 AI 기술 개발에 적극적으로 투자하고 있다. 특히 SM엔터테인먼트의 경우 'Culture Technology(CT)'라는 개념을 통해 AI와 엔터테인먼트의 융합을 추구하고 있다. 이 기업은 AI를 활용하여 가상 아이돌을 제작하고, 팬들과의 상호작용을 강화하는 데 초점을 맞추고 있다.

K-POP 산업에서 AI의 활용은 크게 다음과 같은 영역으로 나눌 수 있다.

- **음악 제작 및 작곡:** AI 알고리즘을 통해 히트곡의 패턴을 분석하고 새로운 멜로디와 비트를 생성한다. 이를 통해 제작 시간을 단축하고 다양한 음악적 실험이 가능해진다.
- **아티스트 발굴 및 트레이닝:** 오디션 과정에서 AI를 활용하여 지원자의 재능과 잠재력을 분석한다. 또한 트레이닝 과정에서도 AI 기반 피드백 시스템을 통해 보다 효율적인 연습이 가능하다.
- **마케팅 및 프로모션:** 소셜 미디어 데이터와 팬 반응을 분석하여 효과적인 마케팅 전략을 수립한다. 특히 글로벌 시장에서는 지역별 팬들의 선호도와 트렌드를 AI로 분석하여 맞춤형 프로모션을 진행한다.
- **팬 커뮤니케이션:** AI 챗봇이나 가상 아이돌을 통해 팬들과 24시간 소통이 가능해졌다. 이를 통해 팬 경험을 향상시키고 아티스트와 팬 사이의 거리를 좁히는 효과가 있다.

최근에는 하이브(HYBE)가 '레이블즈'라는 AI 플랫폼을 도입하여 글로벌 팬들의 데이터를 분석하고 아티스트별 맞춤형 마케팅 전략을 수립하는 사례가 주목받고 있다. 이 플랫폼은 소셜 미디어 반응, 스트리밍 데이터, 팬 커뮤니티 활동 등을 종합적으로 분석하여 아티스트와 팬 사이의 연결을 강화하는 데 기여하고 있다.

2 AI 기반 음악 제작 및 추천 시스템

AI 기술은 K-POP을 포함한 음악 산업 전반에 혁신적인 변화를 가져오고 있다. 특히 음악 제작과 추천 시스템에서 AI의 역할이 두드러지게 나타난다.

2.1 AI 작곡 및 음악 생성

AI 작곡 기술은 딥러닝과 생성형 AI 기술의 발전으로 크게 향상되었다. 이 기술은 기존의 수많은 히트곡을 학습하여 패턴을 파악하고, 이를 바탕으로 새로운 멜로디, 코드 진행, 리듬 등을 생성한다. 최근에는 K-POP 장르에 특화된 AI 작곡 프로그램도 등장하고 있다.

주요 AI 작곡 기술 및 사례는 다음과 같다.

- **AIVA(Artificial Intelligence Virtual Artist):** 클래식 음악부터 팝, 록까지 다양한 장르의 음악을 작곡할 수 있는 AI 시스템이다. 최근에는 K-POP 스타일의 작곡도 시도하고 있다.
- **FlowMachines:** 소니 CSL이 개발한 AI 작곡 시스템으로, 다양한 아티스트의 스타일을 학습하여 유사한 곡을 생성할 수 있다.
- **Jukedeck:** 사용자가 원하는 장르, 분위기, 템포 등을 설정하면 그에 맞는 음악을 자동으로 생성해주는 AI 작곡 도구이다.

K-POP 제작사들은 이러한 AI 작곡 도구를 활용하여 초안을 빠르게 생성한 후, 인간 작곡가가 이를 다듬는 협업 방식을 도입하고 있다. 이는 창작 과정의 효율성

을 높이고 새로운 음악적 시도를 가능하게 한다. 예를 들어, SM엔터테인먼트는 AI 작곡 시스템을 통해 초기 멜로디를 생성한 후 프로듀서가 최종 완성하는 방식으로 NCT 127의 일부 곡을 제작했다.

2.2 AI 기반 음악 추천 시스템

음악 스트리밍 서비스에서 AI 추천 시스템은 사용자 경험을 크게 향상시키는 핵심 요소이다. 이 시스템은 사용자의 청취 기록, 선호도, 인구통계학적 정보 등을 분석하여 개인화된 음악을 추천한다.

주요 추천 시스템 알고리즘은 다음과 같다.

- **콘텐츠 기반 필터링(Content-based Filtering):** 곡의 장르, BPM, 멜로디 패턴, 보컬 특성 등 음악적 특성을 분석하여 유사한 곡을 추천한다.
- **협업 필터링(Collaborative Filtering):** 비슷한 취향을 가진 다른 사용자의 청취 패턴을 분석하여 추천한다. "당신과 비슷한 취향의 사용자들이 좋아한 곡" 방식이다.
- **하이브리드 접근법:** 위 두 방식을 결합하여 더 정교한 추천을 제공한다.

K-POP 관련 추천 시스템의 특징은 글로벌 팬덤의 특성을 반영한다는 점이다. 예를 들어, 멜론이나 지니뮤직 같은 한국 스트리밍 서비스는 K-POP 팬들의 청취 패턴과 선호도를 세밀하게 분석하여 맞춤형 추천을 제공한다. 또한 스포티파이나 애플 뮤직 같은 글로벌 플랫폼도 K-POP 전용 알고리즘을 개발하여 지역별로 다른 K-POP 팬들의 취향을 반영한 추천 서비스를 제공하고 있다.

최근에는 감정 인식 기술을 결합한 추천 시스템도 등장하고 있다. 이는 사용자의 현재 감정 상태나 상황을 파악하여 그에 적합한 K-POP 곡을 추천해주는 방식이다. 예를 들어, 카카오 멜론은 '감정별 스테이션' 기능을 통해 사용자의 기분에 맞는 K-POP 플레이리스트를 AI가 자동으로 생성해준다.

3 유튜브와 AI의 결합: 콘텐츠 제작과 유통의 혁신

유튜브는 K-POP을 포함한 다양한 콘텐츠가 전 세계로 유통되는 핵심 플랫폼이다. 유튜브에서 AI의 활용은 콘텐츠 제작, 추천, 분석 등 다양한 영역에서 이루어지고 있다.

3.1 AI 기반 콘텐츠 제작 지원

유튜브 크리에이터들은 AI 기술을 활용하여 콘텐츠 제작 과정을 혁신하고 있다.

- **자동 자막 생성:** AI 음성 인식 기술을 통해 영상의 자막을 자동으로 생성한다. 이는 K-POP 콘텐츠의 글로벌 접근성을 높이는 데 크게 기여한다.
- **AI 편집 도구:** 자동으로 영상의 하이라이트를 추출하거나, 특정 장면을 찾아주는 AI 편집 도구가 등장하고 있다. 이는 K-POP 뮤직비디오나 공연 영상의 편집 효율성을 높인다.
- **썸네일 최적화:** AI가 영상의 내용을 분석하여 클릭률이 높은 썸네일을 자동으로 생성하거나 추천한다.
- **크리에이터 스튜디오의 AI 분석:** 유튜브는 크리에이터 스튜디오를 통해 AI 기반 분석 도구를 제공한다. 이를 통해 K-POP 관련 채널들은 시청자 참여도, 이탈률, 주요 시청 국가 등을 분석하여 콘텐츠 전략을 수립한다.

3.2 유튜브 알고리즘과 K-POP 콘텐츠 확산

유튜브의 추천 알고리즘은 K-POP의 글로벌 확산에 중요한 역할을 담당하고 있다. 이 알고리즘은 사용자의 시청 기록, 검색 패턴, 참여도(좋아요, 댓글, 구독 등) 등을 분석하여 맞춤형 콘텐츠를 추천한다.

K-POP 콘텐츠와 유튜브 알고리즘의 관계는 다음과 같다.

- **초국적 팬덤 형성:** 유튜브 알고리즘은 국경을 넘어 유사한 관심사를 가진 시청자들에게 K-POP 콘텐츠를 노출시킴으로써 글로벌 팬덤 형성에 기여한다.

- **바이럴 마케팅 효과:** 알고리즘이 높은 참여도를 보이는 콘텐츠를 더 많이 노출시키는 특성을 활용하여, K-POP 기획사들은 팬들의 적극적인 참여를 유도하는 전략을 구사한다. 예를 들어, 뮤직비디오 공개 24시간 내 조회수 경쟁, 안무 챌린지 등이 이에 해당한다.
- **데이터 기반 콘텐츠 전략:** 유튜브 분석 도구를 통해 어떤 유형의 콘텐츠가 어떤 지역에서 인기를 끄는지 파악하고, 이를 바탕으로 맞춤형 콘텐츠를 제작한다.

최근 들어 K-POP 기획사들은 유튜브 알고리즘을 고려한 콘텐츠 전략을 더욱 적극적으로 도입하고 있다. 예를 들어, 짧은 하이라이트 영상을 먼저 공개하여 관심을 유도한 후 전체 콘텐츠를 공개하거나, 다양한 언어의 자막을 제공하여 글로벌 접근성을 높이는 방식이다.

3.3 AI 기반 팬 참여 확대

AI 기술은 유튜브에서 K-POP 팬들의 참여를 확대하는 데에도 활용되고 있다.

- **실시간 번역 서비스:** AI 번역 기술을 활용하여 라이브 스트리밍 중 실시간 번역을 제공함으로써 언어 장벽을 낮추고 글로벌 팬들의 참여를 높인다.
- **AI 챗봇 활용:** 유튜브 라이브 방송에서 AI 챗봇을 활용하여 시청자들의 질문에 실시간으로 응답하거나, 아티스트에 관한 정보를 제공한다.
- **커스터마이즈 콘텐츠:** AI가 사용자의 선호도를 분석하여 좋아하는 아티스트의 하이라이트 장면만 모아서 보여주는 등 개인화된 시청 경험을 제공한다.
- **팬 제작 콘텐츠 지원:** AI 편집 도구, 음악 리믹스 도구 등을 제공하여 팬들이 직접 콘텐츠를 제작하고 공유할 수 있도록 지원한다. 이는 K-POP 콘텐츠의 확산과 팬 문화 형성에 기여한다.

K-POP과 유튜브, AI의 결합은 단순한 콘텐츠 소비를 넘어 글로벌 문화 현상을 만들어내는 핵심 동력이 되고 있다. 특히 코로나19 팬데믹 이후 비대면 콘텐츠 소비가 증가하면서 이러한 경향은 더욱 강화되고 있으며, 향후 메타버스와의 결합을

통해 새로운 형태의 K-POP 콘텐츠 경험이 등장할 것으로 예상된다.

4 SNS 마케팅과 AI 분석

K-POP 산업에서 소셜 미디어는 핵심적인 마케팅 채널이자 팬 커뮤니케이션 플랫폼이다. AI 기술은 이러한 SNS 마케팅을 더욱 효과적으로 수행하는 데 기여하고 있다.

4.1 AI 기반 SNS 데이터 분석

K-POP 관련 기업들은 다음과 같은 AI 분석 도구를 활용하여 SNS 전략을 수립한다.

- **감성 분석(Sentiment Analysis):** AI가 SNS에 올라온 댓글, 게시물, 해시태그 등을 분석하여 팬들의 특정 콘텐츠나 아티스트에 대한 감성과 반응을 파악한다. 이를 통해 부정적 이슈에 신속하게 대응하거나 긍정적 반응을 강화하는 전략을 수립할 수 있다.
- **트렌드 예측:** AI 알고리즘이 SNS 데이터를 분석하여 떠오르는 트렌드나 팬들의 관심사를 예측한다. 이는 새로운 콘텐츠 기획이나 마케팅 캠페인 설계에 활용된다.
- **인플루언서 분석:** AI가 K-POP 관련 인플루언서의 영향력, 팬층 특성, 콘텐츠 성과 등을 분석하여 효과적인 협업 파트너를 선정하는 데 도움을 준다.
- **경쟁사 분석:** 경쟁 아티스트나 기획사의 SNS 활동을 AI로 분석하여 시장 동향을 파악하고 차별화 전략을 수립한다.

4.2 AI 기반 SNS 콘텐츠 최적화

AI는 SNS 콘텐츠의 효과를 극대화하는 데에도 활용된다.

- **최적 게시 시간 분석:** AI가 팬들의 SNS 활동 패턴을 분석하여 참여도가 가장 높

은 시간대를 예측하고, 이 시간에 콘텐츠를 게시하도록 추천한다.

- **콘텐츠 성과 예측:** 과거 데이터를 바탕으로 특정 유형의 콘텐츠가 얼마나 많은 참여(좋아요, 공유, 댓글 등)를 이끌어낼지 예측한다.
- **A/B 테스팅 자동화:** 여러 버전의 콘텐츠를 AI가 자동으로 테스트하여 가장 효과적인 버전을 선별한다.
- **자동 해시태그 생성:** AI가 콘텐츠 내용을 분석하여 효과적인 해시태그를 추천하거나 자동으로 생성한다.

HYBE의 위버스(Weverse)나 SM엔터테인먼트의 리슨(Lysn)과 같은 팬 커뮤니티 플랫폼은 AI 기술을 적극적으로 도입하여 글로벌 팬들과의 소통을 강화하고 있다. 이러한 플랫폼에서는 AI 번역 서비스, 콘텐츠 추천 시스템, 팬 활동 분석 등 다양한 AI 기능이 제공된다. K-POP 산업에서 AI 기반 SNS 마케팅은 단순한 홍보 수단을 넘어 팬들과의 관계를 강화하고 글로벌 시장에서의 영향력을 확대하는 핵심 전략으로 자리잡고 있다. 앞으로는 AR/VR과 결합한 SNS 마케팅, AI가 생성한 맞춤형 콘텐츠 등 더욱 혁신적인 방식이 등장할 것으로 예상된다.

5 AI와 엔터테인먼트

인공지능은 음악, 동영상, 소셜 미디어 등 엔터테인먼트 산업 전반에도 폭넓게 적용되고 있다. 특히 전 세계적으로 큰 영향력을 행사하는 K-POP과 유튜브 플랫폼은 AI를 활용해 제작 · 유통 · 소비 과정을 혁신하고 있으며, 팬덤 문화와 결합해 새로운 부가가치를 창출하고 있다.

5.1 AI가 바꾸는 음악 산업: K-POP 사례

(1) AI를 활용한 음악 제작

- **작곡 · 편곡 보조:** 딥러닝 기반 작곡 모델이 특정 장르의 음악 패턴을 학습해,

다양한 아이디어 스케치를 자동으로 생성한다. K-POP 프로듀서들은 이를 참고해 곡을 최종 완성하거나, 곡 구성의 영감을 얻는다. AI 모델은 인간이 놓치기 쉬운 멜로디 진행이나 편곡 기법을 제안할 수도 있다.

- **보컬 합성:** 가상 아이돌(Virtual Idol)의 등장과 함께, AI가 실제 사람의 목소리와 유사한 합성 음원을 생성하는 사례가 늘고 있다. K-POP 분야에서도 특정 가수의 스타일을 모방한 AI 보컬이나 '디지털 휴먼' 캐릭터가 시도되고 있으며, 이는 엔터테인먼트사에게 새로운 비즈니스 가능성을 열어준다.

(2) 팬덤 분석 및 마케팅

- **SNS · 커뮤니티 빅데이터 분석:** K-POP 팬덤은 유튜브, 트위터, 인스타그램, 팬카페 등 다양한 플랫폼에서 활발히 소통한다. AI가 이런 대화와 반응을 분석해 '어떤 콘셉트나 스타일에 팬들이 열광하는지', '투어 일정은 어느 지역에서 수요가 높은지'를 예측한다.
- **개인화 추천 및 굿즈 개발:** 팬 개개인의 선호 멤버, 앨범 수집 취향 등을 파악해 맞춤형 굿즈나 이벤트를 추천하는 AI 기반 마케팅 시스템이 등장했다. 이는 팬 만족도를 높이고, 매출 증대에도 기여한다.

(3) 공연 기획과 확장 현실(XR) 콘서트

- **오프라인 공연 최적화:** 티켓 판매 패턴, SNS 열기, 교통 · 숙박 데이터 등을 AI가 통합 분석해 공연 장소, 일정, MD(머천다이징) 물량 등을 효율적으로 계획한다.
- **AR/VR 콘서트:** 코로나19 이후 온라인 콘서트가 보편화되면서, AI로 제어되는 홀로그램 무대, 가상 공간 퍼포먼스가 실현되고 있다. K-POP 그룹 멤버를 3D로 스캔하고, AI가 실시간 동작을 합성해 팬들이 인터랙티브하게 즐길 수 있는 콘서트를 제공하는 식이다.

5.2 유튜브와 AI

(1) 추천 알고리즘

- **개인 맞춤형 영상 추천:** 유튜브의 핵심 경쟁력은 사용자별 시청 이력, '좋아요'·댓글·공유 패턴, 구독 정보 등을 기반으로 '보고 싶은 영상'을 미리 예측해 제공하는 추천 알고리즘이다. 이 알고리즘은 깊은 신경망(deep neural network)을 활용해 수억 명 사용자의 선호도를 실시간 학습하며, 사용자에게 중독성 있는 경험을 선사한다.
- **콘텐츠 확산과 필터 버블:** 강력한 추천 알고리즘은 특정 유형의 콘텐츠가 빠르게 확산하도록 도와주지만, 동시에 사용자들이 취향이 편향된 '필터 버블(Filter Bubble)'에 갇히는 문제점도 있다. 알고리즘이 관심사에 맞춰 영상을 제안할수록, 반대 의견이나 다양한 시각을 접하기 어렵게 될 수 있기 때문이다.

(2) 콘텐츠 제작 보조

- **자막 생성 · 번역:** 음성 인식과 자연어 처리를 결합한 AI가 영상에 자동으로 자막을 입히고, 여러 언어로 실시간 번역한다. K-POP 등 글로벌 팬층이 있는 채널은 이를 활용해 언어 장벽을 낮추고, 해외 시청자를 늘린다.
- **영상 요약 및 태깅:** AI가 영상 속 주요 장면을 추출 · 요약하거나, 자동 태그(예: "춤", "먹방", "강아지")를 달아 검색 노출을 높인다. 크리에이터는 영상 검색 결과나 추천 노출에서 유리함을 얻을 수 있다.

(3) 광고 및 수익 모델 혁신

- **타깃 광고:** 유튜브는 AI를 통해 광고를 볼 가능성이 높은 시청자에게 특정 광고를 노출하거나, 광고 길이 · 형식을 개인별로 조정한다. 광고주 입장에서는 광고 효율을 극대화할 수 있고, 플랫폼은 수익을 확대한다.
- **크리에이터 수익 배분:** 유튜브의 광고 수익을 크리에이터와 공유할 때, AI가 시청 지속 시간, 참여도(좋아요 · 댓글), 영상 길이 등을 고려해 배분 지표를 산출한다. 다만, 어떤 지표를 중시하느냐에 따라 크리에이터들의 콘텐츠 생산 방향이 달라질 수 있다.

참고문헌

한국콘텐츠진흥원(2023). 엔터테인먼트 기술 트렌드 리포트.

AIVA Technologies(2022). AIVA User Guide.

Baek, E.(2021). K-POP 마케팅을 위한 SNS 분석 모델 연구.

Google AI Blog(2019). Magenta: Making Music with Machine Learning.

Hwang, H.(2022). **가상 아이돌과 엔터테인먼트 산업의 진화**. AI콘텐츠저널.

Hybe Corporation(2023). AI 플랫폼 '레이블즈' 소개 자료.

IBM Watson(2020). Personalized Video Creation.

Instagram & TikTok Analytics Report(2022).

Kakao Entertainment(2023). 멜론 AI 기반 감정별 추천시스템 개발 보고서.

Kim, J.(2021). **글로벌 K-POP 유통 플랫폼 전략**. 문화콘텐츠전략연구.

Korea Creative Content Agency(2022). **K-콘텐츠 산업백서.**

Lee, M.(2022). **K-pop 산업의 인공지능 활용 동향**. 대중음악연구.

Lee, Y.(2023). **인공지능 시대의 팬덤 마케팅**. 한국마케팅학회.

OpenAI.(2019). MuseNet: AI-generated Music.

Park, H.(2020). **AI 음악 창작 도구의 발전과 활용**. 한국음악학회지.

SM Entertainment(2021). Culture Technology CT 4.0 Whitepaper.

Sony CSL.(2018). FlowMachines: Creative AI for Music.

Spotify Research(2020). Machine Learning in Music Recommendation.

Vinnicombe, R.(2021). *Virtual Influencers and AI Marketing in K-Pop.*

YouTube Algorithm Transparency Report(2022).

YouTube Creator Studio Guide(2023).

CHAPTER

16

인공지능(AI)과 외식 및 관광여행 산업

외식산업에서 인공지능(AI)은 효율성과 고객만족도를 크게 증대시키는 핵심 요소가 된다.

첫째, AI는 고객의 주문 및 결제 과정에서 속도와 정확성을 높인다. 키오스크나 AI 기반의 주문 시스템은 인간의 실수를 최소화하고, 빠르고 정확한 서비스로 고객만족도를 향상시킨다. 예를 들어, 얼굴 인식 기술을 활용해 고객의 과거 주문 이력을 분석하고 개인 맞춤형 메뉴를 추천하는 서비스가 이미 등장하고 있다.

둘째, AI는 음식점의 운영 효율성을 높이기 위한 재고 관리 및 물류 시스템에 적극 활용된다. AI 기반 시스템은 식자재의 재고 수준을 자동으로 분석하고, 식품의 신선도와 소비기한을 관리하며, 자동으로 최적의 주문량을 산출한다. 이 과정에서 낭비를 줄이고 비용 절감 효과가 발생한다.

셋째, AI를 기반으로 한 로봇 및 자동화 장비의 활용이다. 최근 서빙 로봇과 조리 로봇 등은 외식업계에서 인력난과 인건비 상승의 문제를 해결하는 주요 대안으로 자리 잡고 있다. 무인 카페나 로봇 식당은 이미 전 세계적으로 확대되고 있으며, AI 기술이 지속적으로 발전함에 따라 외식업계의 표준으로 자리 잡을 가능성이 크다.

넷째, AI 기반 고객 데이터 분석을 통해 고객 맞춤 마케팅 전략이 강화된다. 소셜 미디어와의 연계를 통해 고객의 선호도를 분석하고, 이를 통해 메뉴 구성과 프로모션 전략을 세밀하게 조정할 수 있게 된다. AI는 소비자의 성향과 패턴을 지속적으로 학습하고 이에 기반한 개인화된 마케팅 메시지를 발송함으로써 매출 증대와 고객 충성도 향상을 지원한다.

마지막으로 AI는 위생 및 안전 관리 측면에서도 중요한 역할을 한다. 인공지능 기반의 영상 인식 기술을 통해 주방 내 위생 상태를 실시간으로 모니터링하며, 오염 및 교차오염을 방지하는 시스템이 구축되고 있다. 이는 식품 안전 관리의 효율성을 극대화하고 고객에게 신뢰감을 준다.

외식산업은 앞으로 AI를 통해 더욱 스마트해지고 개인화된 서비스를 제공하게 될 것이다. 이러한 기술의 적극적 도입과 융합이 외식산업의 지속 가능한 발전과 혁신의 핵심이 될 것으로 전망된다.

1 AI와 외식산업

외식산업(Food Service Industry)은 식당, 카페, 패스트푸드 체인, 배달 서비스 등 식음료 관련 서비스 전반을 아우른다. 이 분야는 전 세계적으로 경쟁이 치열하며, 고객의 취향과 트렌드 변화가 빠르게 이루어진다. 최근 디지털 기술과 결합해 배달 플랫폼, 모바일 주문, 무인 매장(키오스크) 등이 보편화되고 있으며, 인공지능(AI)은 외식산업의 운영 효율과 소비자 경험을 혁신하는 데 있어 핵심 동력으로 부상했다.

1.1 AI가 가져온 외식산업의 변화

(1) 수요 예측 및 재고 관리

- **판매량 예측:** 머신러닝 알고리즘이 과거 매출 데이터, 요일 · 시간대별 패턴, 날씨 정보, 행사 · 이벤트 일정 등을 분석해 향후 판매량을 예측한다. 이를 통해 원재료 주문량과 재고 수준을 적절히 조절해, 식재료 낭비와 재고 부족 문제를 동시에 줄일 수 있다.
- **실시간 발주 최적화:** 예측 모델이 일정 수준 이하로 재고가 떨어질 때 자동으로 발주를 넣거나, 특정 재료 가격이 급등할 것으로 예상되는 시점에 사전 구매를 제안하는 식으로 '지능형' 재고관리가 가능해진다.

(2) 개인화 메뉴 추천

- **고객 취향 분석:** 고객의 주문 이력, 선호하는 음식 유형, 알레르기 정보, 영양 제한(예: 저탄수화물, 저염분 식단) 등을 AI가 종합하여 '개인 맞춤형 메뉴'를 추천한다. 이는 배달 앱, 매장 키오스크, 온라인 주문 플랫폼 등에서 구현되어 고객 만족도를 높인다.
- **건강 상태 · 라이프스타일 연계:** 헬스케어 앱이나 웨어러블 기기와 연동해, 현재 고객의 칼로리 섭취량이나 영양 불균형 상태를 AI가 파악하고, 그에 맞는 식단을 자동으로 제안하기도 한다.

(3) 운영 자동화와 효율화

- **스마트 키친(Smart Kitchen):** 조리 시간을 단축하고 일관된 맛을 유지하기 위해, 온도 · 습도 · 조리 시간 등을 자동 제어하는 스마트 기기를 도입하는 식당이 늘고 있다. 일부 패스트푸드 체인은 AI 로봇을 활용해 햄버거 패티를 굽거나 감자튀김을 만드는 작업을 자동화하기도 한다.
- **키오스크 · 챗봇 주문:** 매장이나 배달 앱에서 고객이 AI 챗봇과 대화하듯 주문 내용을 입력하면, 챗봇이 메뉴 추천과 결제 프로세스를 안내한다. 음성 인식 기술이 더 발전하면, 단순히 "오늘은 매운 음식이 땡기는데, 추천해 줘"라고 말하면 주문이 완료될 수도 있다.

(4) 매장 배치와 동선 최적화

- **고객 흐름 분석:** CCTV 영상이나 위치 데이터(블루투스 · Wi-Fi 신호 등)를 AI가 분석해, 어느 구역에 고객이 몰리는지 파악한다. 이 정보를 바탕으로 테이블 재배치, 이동 동선 개선, 대기 공간 확보 등의 매장 운영 전략을 수립할 수 있다.
- **인력 스케줄링:** AI가 방문객 수를 예측해, 각 시간대 · 요일별로 필요한 직원을 자동 편성한다. 이를 통해 과잉 인력 배치나 인력 부족에 따른 서비스 저하를 방지한다.

1.2 배달 플랫폼과 AI

(1) 배달 경로 최적화

배달 앱은 주문이 들어오면 AI가 라이더(배달기사)의 위치, 교통 상황, 예상 소요 시간 등을 종합해 배달 경로를 최적화한다. 이는 고객의 대기 시간을 줄이고, 라이더의 동선을 효율화해 비용을 절감한다.

(2) 실시간 주문 할당

배달 플랫폼은 동시다발적인 주문을 받으면, AI가 주문 우선순위와 라이더 위치를 고려해 가장 적합한 라이더를 자동 배정한다. 거리가 가까운 곳의 주문을 묶어서

한 번에 배달할 수도 있고, 매장 조리 시간을 계산해 라이더 도착 시간과 맞출 수도 있다.

(3) 가격 및 프로모션 전략

일부 배달 플랫폼은 사용자가 특정 지역에서 많이 주문하는 메뉴 유형, 경쟁 업체 가격 동향 등을 실시간 분석해 음식점 사장에게 맞춤형 가격 인상 · 할인 프로모션을 제안하기도 한다. 이는 배달 수수료와 레스토랑 매출을 균형 있게 고려하는 복합 알고리즘을 필요로 한다.

1.3 고객 경험 및 서비스 혁신

(1) 고객 리뷰 분석

외식업체는 SNS, 배달 앱 리뷰, 구글 · 네이버 등 포털 리뷰 등을 AI가 긍정 · 부정 감성을 파악해 매장 서비스나 메뉴에 대한 피드백을 즉시 수집한다. 고객이 자주 언급하는 불만 사항(대기 시간, 포장 상태 등)을 파악해 빠르게 개선할 수 있고, 칭찬이 많은 항목은 마케팅 포인트로 활용한다.

(2) 음식 추천 알고리즘

- **사용 맥락(Context) 고려:** 점심시간에는 간단하고 빠른 메뉴, 저녁시간에는 가족이나 모임에 적합한 메뉴를 AI가 제시하거나, 날씨가 쌀쌀해지면 뜨거운 국물 요리를 추천해주는 식이다.
- **SNS 연동 '소셜 식단':** 친구나 지인이 최근에 맛있게 먹은 메뉴나 식당 정보를 AI가 분석해, 이용자에게 비슷한 선택을 권유하기도 한다. 사람은 가까운 이들의 경험을 신뢰하는 경향이 있기 때문이다.

(3) 무인 매장과 로봇 서비스

- **푸드 로봇:** 일부 레스토랑에서는 로봇이 서빙을 맡아 테이블까지 음식을 배달한다. 로봇은 센서와 AI를 결합해 장애물을 피해 주행하고, 테이블 배치를 학

습해 정확하게 음식을 전달한다.

- **무인 픽업 스테이션:** 고객이 모바일 앱으로 미리 주문 · 결제하고, 매장에 도착하면 음식을 자동 디스펜서에서 수령한다. 이 과정에서 사람과의 대면 접촉이 최소화되며, 대기 시간을 획기적으로 줄일 수 있다.

1.4 AI 도입 시 과제와 전망

- **인력 · 고용 이슈:** 조리 로봇, 무인화가 진행될수록 기존 인력의 일자리가 줄어들 가능성이 있다. 반면, 조리 자동화나 데이터 분석을 담당하는 새로운 형태의 일자리도 창출된다. 결국 업계 전체가 디지털 전환과 인력 재교육에 대한 준비가 필요하다.
- **데이터와 프라이버시 보호:** 고객의 식사 취향, 건강 정보 등은 민감한 개인정보일 수 있다. 이를 안전하게 취급하고, 필요한 범위를 넘어서 활용하지 않도록 주의해야 한다.
- **품질 관리와 표준화:** 음식 준비 과정에 AI가 개입하면, 식당마다 다른 레시피와 조리법을 어떻게 표준화 · 개인화의 균형을 맞출지가 과제다. 고객이 원하는 '인간적 손맛'이 사라지지 않도록, AI 활용 범위와 방식에 대한 고민이 필요하다.
- **지속가능한 성장:** 외식산업은 유행에 민감하고 경쟁이 치열하다. AI가 단기 매출에 집중해 과도한 프로모션이나 할인 경쟁을 유발할 경우, 장기적으로는 산업 생태계가 손상을 입을 수 있다. 따라서 업계는 AI 기술을 이용하면서도, 공정 경쟁과 상생 방안을 함께 모색해야 한다.

전망컨대, AI는 외식산업에서 고객 경험 혁신(개인화 서비스), 운영 효율(재고 · 인력 관리), 무인화 · 자동화(조리 로봇, 무인 매장) 등 다각적인 변화를 이끌 것이다. 식사라는 일상적 행동이 더 편리하고, 더 건강 중심적이면서, 동시에 엔터테인먼트 요소를 가미하는 방향으로 발전할 가능성이 크다.

2 AI와 관광여행

여행 및 관광산업에서도 AI의 활용은 빠르게 확대되고 있으며, 고객 경험의 혁신과 운영 효율화를 이루는 중심축으로 자리 잡고 있다. 먼저, AI를 활용한 개인화된 여행 추천 서비스는 사용자 경험을 획기적으로 향상시킨다. AI는 고객의 이전 여행 기록과 SNS 활동, 선호도를 분석해 개개인에게 최적화된 여행 코스 및 숙박시설을 추천한다. 이를 통해 고객만족도가 증가하고 반복적인 방문을 유도할 수 있게 된다.

다음으로, AI 기반 챗봇과 가상 비서가 여행 및 관광 서비스에 적극 활용된다. 고객의 질문에 실시간으로 응답하고 예약 및 결제 처리를 자동화하며, 24시간 고객 지원을 제공하는 챗봇 시스템은 이미 많은 관광 관련 기업에서 도입하고 있다. 이 시스템은 다국어 지원 및 신속한 응대로 글로벌 관광객의 편의성을 높이는 데 기여한다.

또한, AI는 관광지와 숙박 시설의 수요 예측 및 가격 관리에도 탁월한 능력을 발휘한다. 머신러닝 기반의 예측 모델을 통해 관광 수요와 계절성, 이벤트 영향 등을 정확히 파악하고, 이에 따른 가격 전략을 자동화하여 기업의 수익성을 극대화할 수 있다. 이는 공급자와 소비자 모두에게 합리적인 가격을 제공하는 중요한 요소로 작용한다.

더불어 AI 기술을 활용한 스마트 투어 시스템과 증강현실(AR) 관광 서비스의 등장도 주목할 만하다. 관광객들은 스마트폰을 이용하여 실시간으로 여행지에 대한 상세 정보를 얻거나 역사적 사건을 AR로 체험할 수 있다. 이러한 기술은 관광지의 매력도를 높이고 방문객의 몰입감을 극대화하여 관광산업의 새로운 부가가치를 창출한다.

마지막으로 AI 기반의 안전 및 위기관리 시스템도 관광 산업에서 중요한 역할을 수행한다. AI는 실시간으로 관광지의 안전상황을 분석하고 자연재해, 테러 등 긴급 상황 발생 시 빠른 대응을 가능하게 한다. 특히, AI 기술을 활용한 예측 시스템은 위험 요인을 사전에 탐지하고 예방함으로써 여행자의 안전과 신뢰를 확보한다.

결국 AI 기술은 여행과 관광 산업의 효율성뿐만 아니라 고객의 개인화된 경험까지 혁신하며, 산업의 경쟁력과 지속 가능한 발전을 이끄는 핵심 기술로 자리 잡을 것이다.

2.1 여행사 · 관광 플랫폼에서의 AI 활용

(1) 개인화된 여행 일정 추천

- **사용자 취향 분석:** 여행 플랫폼은 사용자의 과거 여행지 검색 이력, SNS에 업로드한 사진, 호텔 예약 패턴, 선호 활동(액티비티, 쇼핑, 미식 여행 등)을 종합해 '맞춤형 여행 상품'이나 일정을 제안한다.
- **실시간 변화 대응:** 항공편 취소나 기상 악화 등의 예기치 못한 상황이 발생하면, AI가 대체 일정이나 교통편을 신속히 추천해 여행 계획이 중단되지 않도록 돕는다.

(2) 가격 예측 및 동적 패키지

- **항공권 · 숙박 요금 예측:** 여행사나 메타검색 사이트(Skyscanner, Kayak 등)는 과거 운임 데이터, 계절적 요인, 이벤트 등을 머신러닝으로 분석해, 특정 구간 항공권이나 호텔 요금이 언제 오르고 내릴지 예측한다. 이를 통해 사용자에게 '가장 저렴한 시점'을 안내하거나, 동적 패키지 가격을 제안할 수 있다.
- **동적 번들링:** 항공 + 호텔 + 액티비티를 하나로 묶은 여행 패키지는 보통 정해진 상품이지만, AI가 수많은 항공 · 숙박 · 체험 옵션을 실시간으로 조합해 사용자 개개인에게 최적화된 패키지를 생성 · 추천할 수도 있다.

(3) 챗봇 · 가상 비서

여행 플랫폼에서는 고객 문의에 대응하기 위해 AI 챗봇을 도입해, 항공권 취소 · 변경, 환불 요청, 여행지 추천 등에 대한 안내를 자동화한다. 음성 비서 기능이 결합되면, "이번 주말에 서울에서 갈 만한 근교 여행지와 숙박시설 추천해줘" 같이 자연어로 말하면 예약까지 이어지는 체계가 가능해진다.

2.2 관광지 · 현장 서비스에서의 AI

(1) 스마트 투어 가이드

- **AR/VR 콘텐츠:** 관광지에 스마트폰을 갖다 대면, AR로 해당 장소의 역사 · 문화 정보를 시각적으로 안내하거나, 과거 모습과 현재 풍경을 비교 체험할 수 있게 해준다. AI가 사용자의 위치와 방향, 주변 맥락을 인식하여 적절한 정보를 제공한다.
- **음성 가이드와 실시간 번역:** 외국인 관광객을 위해 AI 음성 인식 · 번역 서비스를 제공함으로써, 현지 언어에 대한 장벽을 낮춘다. 예컨대 "이 건물은 언제 지어졌나요?"라고 물으면, AI가 방문 중인 장소를 인식해 관련 정보를 음성으로 답해준다.

(2) 행동 패턴 분석으로 혼잡도 관리

주요 관광지나 유원지, 테마파크 등은 방문객이 한꺼번에 몰리면 대기 시간이 길어지고 만족도가 떨어진다. CCTV · 센서 데이터를 AI가 분석해 어떤 구역에 인파가 몰리는지 파악하고, 안내 방송이나 동선 유도를 통해 분산시키는 전략을 취할 수 있다.

(3) 고객 경험 개선

- **호텔 객실 관리:** AI를 활용해 에너지 소비와 고객 편의를 동시에 높이는 스마트룸(Smart Room)을 운영한다. 조명, 온도, 커튼 등을 체크인 시 고객 선호도에 맞춰 자동 세팅하고, 고객이 방에 없으면 에너지를 절약하는 식이다.
- **개인화 서비스:** 숙박업체가 체크인 이력, 음식 취향, 이전 여행 패턴을 분석해 "이 고객은 2박 3일간 스파 이용을 좋아했으므로, 이번에도 스파 쿠폰을 제공하면 만족도가 높아질 것이다" 같은 전략을 세울 수 있다.

2.3 지역 관광 · 축제 운영에의 AI 적용

(1) 지역 경제 활성화

지방자치단체나 지역 관광청은 AI를 통해 방문객의 국적 · 연령 · 소비 패턴 등을 분석하고, 지역 특산품이나 관광 명소를 홍보하는 맞춤형 마케팅을 전개한다. 예컨대 "와인 축제"를 좋아하는 관광객군에게만 할인 혜택을 알리는 식이다.

(2) 행사 · 축제 기획

축제나 이벤트 기간 동안 얼마나 많은 인파가 몰릴지 예측하고, 날씨나 교통상황에 따른 운영 대안을 세운다. AI가 축제장에서의 인파 흐름을 실시간 모니터링해, 혼잡을 줄이거나 안전사고를 예방하는 역할도 가능하다.

(3) 관광자원 보호와 지속가능성

관광객이 집중되는 '오버투어리즘(Overtourism)'을 방지하고, 자연 유산 · 문화유산을 보호하기 위해 AI가 적정 입장 인원을 계산하거나, 예약 시스템을 운영해 방문객을 분산시킬 수 있다. 이에 따라 지역사회와 환경에 미치는 부정적 영향을 줄이고, 장기적으로 지속가능한 관광을 추진할 수 있다.

2.4 AI 도입 시 고려 사항과 미래 전망

- **프라이버시와 데이터 활용:** 개인 여행 패턴, 위치 정보, 지불 정보 등 민감 데이터를 다루는 만큼, 이용자가 개인정보 활용 범위를 명확히 인지하고 동의할 수 있도록 투명한 절차가 필요하다.
- **기술 의존도와 신뢰:** 항공권이나 숙박 예약 시스템이 AI에 지나치게 의존하면, 예측 실패나 서버 오류 시 대규모 혼란이 발생할 수 있다. 따라서 안정적인 시스템 백업과 고객 지원 프로세스가 필수다.
- **현지 경험과의 조화:** AI가 가이드 역할을 하면서도, 여행의 본질적 매력인 '현지인과의 교류', '즉흥적인 발견', '전통 문화의 체화'를 충분히 살릴 수 있는

가가 관건이다.

- **원격 근무 · 디지털 노마드 증가:** 팬데믹 이후 원격 근무가 확대되면서, 여행하면서도 일하는 '디지털 노마드(Digital Nomad)' 수요가 증가했다. AI 기반 플랫폼이 이들의 작업 환경(코워킹 스페이스, 지역 인터넷 인프라 정보 등)과 관광 정보를 함께 제공하는 신사업 모델이 등장할 가능성도 크다.

여행 · 관광 산업은 서비스 특성상 대면 접점이 많았으나, 디지털 전환과 AI 도입으로 '비대면 · 맞춤형' 형태가 더 커지고 있다. 동시에, 현지에서의 인간적 · 문화적 체험 가치가 재조명되며, AI가 사람 간 소통을 풍부하게 지원할 수도 있다. 향후 여행 · 관광 분야는 고급 개인화 서비스와 대규모 국제 이벤트 운영, 지역 특화 마케팅 등 여러 측면에서 AI가 차별화된 경쟁력을 만드는 열쇠가 될 전망이다.

참고문헌

AI Now Institute(2021). *Privacy and AI in Service Industries.*

Airbnb Engineering Blog(2021). Smart Pricing with AI.

Baek, J.(2021). **외식산업의 무인화 동향과 고객 만족도**. 서비스경영연구.

Booking.com AI Lab.(2022). Personalized Travel Recommendation Engines.

Cho, K.(2022). **코로나19 이후 AI 관광 서비스의 진화**. 관광학연구.

Google AI for Travel & Hospitality(2023).

Hwang, S.(2022). **AI 기반 배달 동선 최적화 알고리즘**. 한국IT서비스학회.

Kim, D.(2022). **스마트 관광도시 구축 사례 연구**. 스마트시티학회.

Kim, S.(2022). **AI 기반 스마트 레스토랑의 미래**. 한국외식산업학회지.

Kim, Y.(2020). **외식산업에서의 챗봇 활용 사례 분석.**

Korea Tourism Organization(2023). **AI 기반 관광마케팅 사례집.**

Lee, J.(2021). **외식산업에서의 인공지능 응용 사례 분석**. 호텔외식경영학연구.

Lim, H.(2020). AI 기반 메뉴 추천 시스템 설계. 푸드테크산업저널.

McKinsey & Company(2021). AI in Hospitality and Tourism.

Microsoft Cloud for Retail Whitepaper(2022).

Naver Labs.(2023). 클로바 AI와 관광 챗봇 서비스 개발 사례.

Park, H.(2023). **관광산업의 AI 트렌드 보고서**. 한국관광학회.

Samsung SDS.(2022). 스마트 외식매장 운영을 위한 AI 서비스 전략.

Uber Eats.(2022). AI Optimization for Food Delivery.

Won, S.(2023). **딥러닝 기반 수요예측을 통한 식자재 발주 시스템.**

Yoo, S.(2023). **스마트 관광 가이드 시스템 연구**. 관광정보학회지.

PART 5

인공지능(AI) 오픈 이노베이션과 소버린 AI

인공지능 오픈 이노베이션과 소버린 AI는 현재 글로벌 기술 경쟁에서 핵심적인 두 축을 형성한다. 이 두 개념은 서로 상반된 접근법을 보이면서도 각각의 고유한 가치와 필요성을 제시한다.

○ AI 오픈 이노베이션의 현황과 특징

AI 오픈 이노베이션은 인공지능 알고리즘의 표준화 및 오픈소스 라이브러리화 작업을 통해 기술 접근성을 높인다. 오픈소스 AI 생태계는 다양한 참여자들이 협력하여 기술을 발전시키는 구조로 발전했다. AI 허브와 같은 플랫폼은 AI 기술 및 제품 · 서비스 개발에 필요한 AI 인프라를 지원하여 누구나 활용하고 참여할 수 있는 통합 플랫폼을 제공한다.

오픈 이노베이션의 핵심은 기술과 지식의 공유를 통한 혁신 가속화에 있다. 대부분의 AI 연구 논문들은 기술과 소스 코드를 공개하며, 이를 통해 전 세계 연구자들이 기존 연구를 기반으로 새로운 돌파구를 마련한다. 오픈이노베이션 플랫폼은 스타트업, 대중견기업, 기관 및 액셀러레이터가 자율적으로 서로의 기업 정보 및 오픈이노베이션 정보를 확인하고 협업할 수 있는 환경을 조성한다.

○ 소버린 AI의 등장과 의미

소버린 AI는 자체 인프라, 데이터, 인력 및 비즈니스 네트워크를 사용하여 AI를 구축하는 국가의 역량을 의미한다. 소버린 AI의 핵심은 외부에 종속되지 않는 AI 개발이다. 이는 단순히 기술적 독립성을 추구하는 것이 아니라, 국가나 지역의 디지털 주권을 확보하려는 전략적 접근이다.

유럽연합의 주요 AI 기업과 연구 기관이 모든 EU 언어를 포함하는 오픈소스 대형언어모델 개발을 위해 협력하고 있으며, 이는 지금까지 등장한 소버린 AI 프로젝트 중 가장 큰 규모로 평가된다. 이처럼 소버린 AI는 지역적 특성과 문화적 맥락을 반영한 AI 시스템 구축을 목표로 한다.

○ 두 접근법의 상호작용과 미래

오픈 이노베이션과 소버린 AI는 상반된 철학을 가진 것처럼 보이지만, 실제로는 상호 보완적인 관계를 형성한다. 기술 논문들이 대부분 기술과 소스 코드를 공개하고, 이런 소스 코드를 이용하고 변형하는 것은 종속이라 하지 않는다. 즉, 오픈소스를 활용한 소버린 AI 개발이 가능하며, 실제로 많은 국가들이 이러한 접근법을 채택하고 있다.

AI 기술의 발전은 협업과 경쟁이 동시에 이루어지는 복합적 생태계를 만들어낸다. 오픈 이노베이션을 통해 기초 기술이 공유되면서 전체적인 기술 수준이 향상되고, 동시에 각 국가나 기업은 자신만의 특화된 솔루션을 개발하여 경쟁력을 확보한다.

미래의 AI 생태계는 오픈 이노베이션과 소버린 AI가 균형을 이루는 방향으로 발전할 것으로 예상된다. 기초 연구와 알고리즘은 오픈소스를 통해 공유되어 전체적인 혁신을 촉진하고, 각 지역과 국가는 자신들의 언어, 문화, 법규에 특화된 AI 시스템을 구축하여 디지털 주권을 확보하는 이중 구조가 정착될 것이다. 이러한 접근법은 기술 발전의 속도를 유지하면서도 각 지역의 고유한 요구사항을 충족할 수 있는 최적의 전략으로 평가된다.

CHAPTER 17

인공지능(AI)과 오픈 이노베이션

1 서론(Introduction)

인공지능(AI) 기술의 발전 속도는 매우 빠르며, 한 조직이나 기업의 내부 역량만으로 최첨단을 유지하기 어려워지고 있다. 이러한 환경에서 개방혁신(Open Innovation) 개념이 주목받고 있다. 개방혁신은 기업이 혁신을 위해 내부뿐만 아니라 외부의 지식과 아이디어를 활용하는 전략을 의미하며, 헨리 체스브로(Chesbrough)가 2003년 제시한 이론적 틀이다. 과거 폐쇄형 혁신 모델에서는 기업 내부 연구소에서 모든 지식재산을 자체 창출했지만, 개방형 혁신 패러다임에서는 외부에서 창출된 혁신을 적극 도입하거나 외부 파트너와 협력하여 신기술을 개발한다. AI 분야는 개방적인 학술 연구 전통과 활발한 오픈소스 커뮤니티 덕분에 개방혁신의 혜택을 크게 보고 있다. 예를 들어 딥러닝 혁명의 토대가 된 알고리즘과 프레임워크(예: 백프로퍼게이션, ImageNet 데이터셋, TensorFlow 등)는 여러 조직과 개인이 공개적으로 공유한 지식과 자산의 산물이다. 본 장에서는 Chesbrough의 개방혁신 이론, Triple Helix 모델(산 · 학 · 관 협력 모델), Innovation Funnel 이론을 살펴보고, AI 분야에서 이들 이론이 어떻게 적용되고 시사점을 주는지 논의하겠다. 또한 Hugging Face, OpenAI, Meta AI 등의 개방형 전략 사례와 Amazon, Google, Microsoft 등 주요 기업들의 AI 개방혁신 사례를 분석할 것이다. 나아가 2023~2025년 최신 연구 동향과 실제 기업 사례를 통해 개방혁신이 AI 발전에 미치는 영향과 향후 전망을 종합적으로 고찰할 것이다. 이를 통해 인공지능 시대에 개방혁신이 갖는 의미와 중요성을 이해하고, 개방형 전략을 활용한 혁신 생태계 구축 방안을 모색해보고자 한다.

2 Chesbrough의 개방혁신 이론과 AI 분야 적용

헨리 체스브로(Henry Chesbrough)가 제안한 개방형 혁신(Open Innovation)이론은 “기업은 혁신을 위해 내부 아이디어뿐만 아니라 외부의 아이디어도 활용하고, 내부의 활용하지 않는 지식은 외부와 공유하여 가치를 창출해야 한다”는 패러다임이다. 이는 전통적인 폐쇄형 혁신 모델과 대비되며, 개방형 혁신에서는 지식과 기술의 흐름이 조직 경계 안팎으로 자유롭게 이동하게 된다. 체스브로는 기업 혁신에 있어 인바운드(open inbound)와 아웃바운드(open outbound) 개방혁신을 모두 강조했다. 인바운드 개방혁신은 외부에서 개발된 기술이나 아이디어를 기업 내부에 도입하는 것이고, 아웃바운드 개방혁신은 기업 내부의 아이디어를 외부에서 활용하도록 개방하는 것이다. 이러한 이론은 혁신 펀널(innovation funnel) 개념에도 변화를 주었는데, 체스브로는 기존 혁신 펀널의 경계를 개방하여 아이디어가 외부에서 유입되고 또 외부로 유출될 수도 있는 "반투과적 퍼널"을 제시했다. 다시 말해 아이디어의 생성부터 상용화까지의 과정에서 외부 협업과 지식 교환이 일어날 수 있게 한 것이다.

AI 분야는 개방혁신 이론이 특히 잘 적용되는 분야로 손꼽힌다. 그 이유는 다음과 같다.

- **개방형 연구 문화:** AI 기술의 핵심 알고리즘과 모델들은 학계와 산업계 연구자들이 학술논문, 오픈소스 코드 등의 형태로 공개해온 것들이다. 예를 들어, Google이 발표한 Transformer 논문이나 오픈소스로 공개된 딥러닝 라이브러리들은 전 세계 연구자들과 기업들이 자유롭게 활용하여 AI 발전을 가속화했다. 구글은 2015년 자사의 딥러닝 엔진 TensorFlow를 오픈소스로 공개하면서 "외부 개발자들이 우리의 기술을 개선해주길 기대한다"는 입장을 보였고, 이러한 개방 조치가 AI 진화를 가속화할 것으로 전망했다. 실제로 TensorFlow 공개 후 수천 명의 외부 개발자가 참여하여 기능 개선과 응용을 추진했고, 이는 구글 자체에도 이득이 되었다. 이처럼 개방형 혁신을 통해 "외부 지식을 적극 수용한 기업이 AI 분야 리더십을 확보할 수 있다"는 점이 증명되고 있다.
- **오픈소스 소프트웨어 및 데이터 공유:** AI 발전에는 막대한 양의 데이터와 강력한 알고리즘이 필요하다. 폐쇄적으로 데이터나 코드를 독점하면 발전 속도가 더딜 수밖에 없다. 오픈소스 운동을 통한 공유는 AI 혁신의 촉매가 되었다. 예를 들어, Facebook(현재 Meta)는 2018년 NLP 분야의 혁신인 BERT 언어 모델을 공개했는데, 이는 구글이 BERT 기법을 오픈소스 형태로 공개하여 전 세계 개발자들이 활용하도록 한 것이다. 그 결과 BERT는 산업계 전반에 급속히 채택되어 다국어 기계번역, 챗봇, 검색 등 다양한 응용에서 성능 향상을 이루었다. 또한 ImageNet과 같은 대규모 공개 데이터셋, COCO 챌린지 등의 공개 경진대회는 외부 인재

들이 AI 문제 해결에 참여하도록 유도하여 혁신의 폭을 넓혔다.

- **외부 아이디어 및 솔루션 도입:** AI를 활용하는 기업들은 문제 해결을 위해 개방형 혁신 방법을 적극 활용하고 있다. 대표적인 예가 크라우드소싱 경진대회이다. 예컨대, 넷플릭스는 추천 알고리즘 고도화를 위해 2006년 "Netflix Prize"라는 공개 대회를 열어 외부 데이터 과학자들의 알고리즘을 모집했고, 최고 알고리즘에 상금을 지급하여 기술을 도입했다. 오늘날에도 Kaggle과 같은 플랫폼에서 수많은 기업들이 자기들의 AI 문제를 공개하고 전 세계 전문가들의 해결책을 받아들이는 오픈 이노베이션을 실천하고 있다. 이러한 외부 아이디어 유입은 기업 내부 인력만으로는 얻기 힘든 창의적인 해결책을 제공하여 혁신 성과를 높인다.
- **내부 기술의 개방과 플랫폼화:** 개방혁신은 외부 지식의 도입뿐 아니라 내부 기술을 전략적으로 개방하여 더 큰 생태계를 형성하는 것도 포함한다. AI 기업들은 자신들의 기술을 오픈 API나 오픈소스로 공개함으로써 플랫폼 전략을 취하기도 한다. 예를 들어, OpenAI는 자체 개발한 최첨단 AI 모델들을 외부 개발자들이 API를 통해 사용할 수 있도록 개방함으로써 수많은 신규 응용이 탄생하도록 했다. OpenAI의 GPT-3/4 모델을 수십만 개발자가 애플리케이션에 활용하면서, OpenAI는 외부 혁신을 자사 플랫폼 위에서 일어나도록 유도했다. 이러한 접근은 개방형 혁신의 아웃바운드 측면으로, 자사 기술을 외부에 공유해 생태계를 키우고 그 혜택을 다시 내부로 흡수하는 전략이다.

정리하면, Chesbrough의 개방혁신 이론은 AI 분야에서 학술 연구의 공개, 오픈소스 소프트웨어와 데이터의 공유, 크라우드소싱 및 외부 파트너십, 기술 플랫폼 개방 등의 형태로 구현되고 있다. 미국 하원 과학위원회에 출석한 Hugging Face의 클레망 델랑주 CEO는 "미국이 AI 선도국가가 된 것은 PyTorch, TensorFlow 같은 오픈소스 덕분"이라며, 개방형 과학과 오픈소스가 수만 개 스타트업을 탄생시키고 AI 혁신을 가속해왔다고 증언했다. 개방혁신을 통한 외부 지식의 활용과 개방형 협업 문화가 없었다면 오늘날과 같은 AI 붐은 불가능했을 것이다. AI 기업들은 개방혁신을 전략적으로 활용하여 혁신의 속도를 높이고 위험을 분산시키며, 궁극적으로 더 풍부한 AI 생태계를 구축하고 있다.

3 Triple Helix 모델의 정의 및 AI 분야에서의 역할

Triple Helix 모델은 대학(학계)-산업-정부의 세 축이 서로 긴밀히 협력하여 국가 혁신을 이끈다는 이론적 모델이다. 1990년대에 헨리 에츠코위츠(Etzkowitz)와 루엣 레이즈도프(Leydesdorff)가 제창한 이 개념은 혁신의 DNA를 이들 세 기관의 상호작용으로 비유한다. 대학은 지식과 인재를 공급하고, 산업은 기술을 개발·상용화하며, 정부는 정책 지원과 자금을 제공하는 각각의 역할을 맡으면서 삼중나선처럼 얽혀서 혁신을 추진한다는 것이다. Triple Helix 모델 하에서 세 주체는 독립적으로 활동하면서도 필요한 지점에서 서로 교차·협력하며, 이 상호작용이 지속적인 혁신 사이클을 만들어낸다. 특히 정부의 정책 방향과 지원, 대학의 기초·응용 연구, 산업계의 시장 지식과 개발 역량이 결합될 때 혁신의 시너지 효과가 극대화된다.

AI 분야에서 Triple Helix 모델의 역할은 두드러진다. AI 기술의 발전 역사를 보면, 학계-산업-정부의 협력이 중요한 전환점마다 존재했다. 예를 들어, 딥러닝 부흥의 신호탄이었던 2012년 ImageNet 경진대회에서는 토론토대학(학계)의 연구팀이 획기적 알고리즘으로 우승했고, 곧 산업계(예: 구글)가 해당 인재와 기술을 적극 영입하여 상용화했으며, 정부 및 공공자금(캐나다, 미국 등)은 이러한 연구에 장기 투자를 해왔다. 이처럼 대학의 연구 성과가 산업에 이전되고, 정부가 이를 뒷받침하는 삼각 협력 구조가 있었기에 AI 혁신이 가속화될 수 있었다. Triple Helix 모델이 AI에 적용되는 모습을 몇 가지 측면에서 살펴보겠다.

- **정부의 전략적 지원과 규제 완화:** AI는 국가 경쟁력의 핵심으로 인식되어 각국 정부가 적극 지원하는 분야이다. 정부는 국가 AI 연구개발 전략을 수립하고 대규모 예산을 투입함으로써 대학과 기업의 AI 연구를 장려한다. 예를 들어, 미국의 DARPA는 '익스트림 AI 프로그램' 등을 통해 오랜 기간 학계와 기업의 AI 연구를 재정 지원해왔고, 유럽연합(EU)은 'AI 연구 혁신 허브'를 구축하여 범유럽 산·학 협력을 촉진하고 있다. 한국 정부 역시 '인공지능 R&D 챌린지' 개최나 대학 AI 연구원 지원, AI 반도체 프로젝트 등으로 산학연 공동체를 활성화하고 있다. 이러한 정부의 역할은 Triple Helix 모델에서 촉매(catalyst) 역할로, 장기 비

전과 자원 공급을 통해 혁신 생태계의 방향성을 잡아준다. 반대로 정부가 지나치게 소극적이거나 규제만 강조하면 혁신의 속도가 떨어질 수 있어, 정부의 균형 잡힌 개입이 중요하다(laissez-faire와 etatist 사이의 균형).

- **대학의 연구 및 인재 양성:** 대학과 연구기관은 AI 분야에서 기초 알고리즘부터 응용 연구까지 새로운 지식을 창출하는 핵심 축이다. 많은 혁신적인 AI 알고리즘(예: CNN, LSTM, 강화학습 알고리즘 등)은 대학 연구실에서 처음 등장했고, 주요 학회에서 공개된 후 산업계가 이를 채택했다. 또한 대학은 AI 인재를 양성하여 산업계로 공급한다. 기업들은 최신 연구 동향을 따라가기 위해 대학과 공동연구를 하거나 산학 협력센터를 설립하고 있다. 예를 들어, MIT-IBM 왓슨 AI 랩이나 서울대-NAVER AI 연구원과 같은 산학협력 기관은 대학의 학문적 역량과 기업의 개발 자원을 결합하여 상호 이득을 얻는 Triple Helix의 사례이다. 이러한 협력은 대학 연구가 실용화로 이어지고, 산업계 문제로부터 새로운 연구 주제가 도출되는 선순환을 만든다.
- **산업계의 기술 개발 및 시장 적용:** 기업은 AI 혁신의 시장 적용과 스케일업(scale-up)을 담당한다. 대학이나 벤처에서 나온 신기술을 인수합병(M&A)하거나 기술이전받아 실제 상용 제품으로 발전시키는 역할을 수행한다. 예를 들어, Google의 AlphaGo는 원래 영국의 DeepMind라는 벤처(학계 출신 연구자들이 창업)가 개발한 기술인데, Google(산업)이 이를 인수하여 인프라를 투입하고 발전시켜 전 세계에 큰 파급효과를 냈다. 또한 산업계는 고객과 시장에 대한 이해를 바탕으로 AI 제품/서비스를 설계하여 실제 사회 문제를 해결한다. 이 과정에서 다시 새로운 연구 과제가 도출되면 대학과 협력하거나 정부 프로젝트로 제안하는 등의 피드백 루프가 형성된다.

Triple Helix 모델에서 중요한 점은 세 주체 간 "개방성과 협력"이다. 실리콘밸리의 성공은 대학(스탠퍼드, UC버클리 등), 산업(HP, 구글 등), 정부(미 국방성 등)의 긴밀한 네트워크 덕분인데, 특히 기관 간 개방된 정보 공유와 인적 교류가 큰 역할을 했다. 반면 과거 미국 보스턴의 Route128 지역은 뛰어난 대학과 기업들이 있었음에도 산업 생태계가 수직적으로 폐쇄적이어서 정보 교류가 적었고, 결국 실리콘밸리에 밀렸다는 분석이 있다.

이 사례는 개방성과 투명성이 지역 혁신 생태계에서도 얼마나 중요한지를 보여준다.

AI 분야에서도 최근 정부-산업-학계가 공동으로 참여하는 컨소시엄이나 공동 연구 센터 설립이 활발하다. 예를 들어, 네덜란드의 "네덜란드 AI 연합(AI Coalition)"은 정부, 기업, 대학이 함께 참여하여 국가 AI 전략을 추진하는 기구로, 네덜란드 AI 발전의 원동력으로 평가받고 있다. 이처럼 AI 시대에는 한 축만의 노력으로는 한계가 있으며, Triple Helix 협력을 통한 개방적이고 거버넌스가 갖춰진 혁신 환경이 필수적이다. 앞으로도 각국은 Triple Helix 모델을 강화하여 AI 분야에서 글로벌 경쟁력을 확보하려 할 것이며, 이는 개방형 혁신 생태계의 구축으로 귀결된다.

4 Innovation Funnel 이론 개요 및 인공지능 분야의 시사점

Innovation Funnel(혁신 깔때기) 이론은 수많은 아이디어 중에서 실현 가능하고 유망한 소수만을 선별하여 제품이나 서비스로 발전시키는 과정을 깔때기에 비유한 개념이다. 이 모델에서는 넓은 깔때기 입구로 다양한 아이디어를 최대한 많이 집어넣고, 단계별 평가와 개발 단계를 거치면서 점차 적은 수의 우수 아이디어만이 깔때기 출구로 나와 구현된다고 설명한다. 기업은 이 과정을 통해 아이디어를 발굴하고 걸러내어 자원을 최적 분배하게 된다. 혁신 펀널 개념은 신제품 개발 프로세스나 연구개발 관리에 널리 적용되어 왔으며, 아이디어 발상(ideation) 단계부터 프로토타입 개발, 시장 테스트, 출시 등에 이르는 여러 단계(Stage-gate 프로세스)를 구조화하는 데 활용된다.

전통적인 혁신 깔때기 모델은 기업 내부에서 아이디어를 창출하고 선별하는 폐쇄형 펀널이었다. 그러나 앞서 언급했듯이 헨리 체스브로는 개방형 혁신 펀널을 주장하여, 깔때기의 입구와 출구 모두 외부와 통할 수 있다고 보았다. 즉, 외부 고객이나 파트너로부터 아이디어를 받아들여 펀널에 투입할 수 있고(입구 개방), 내부에서 나온 아이디어가 자사에서 구현되지 않더라도 외부에 기술이전 또는 스핀오프되어 가치를 창출할 수 있다는 것(출구 개방)이다. 이렇게 펀널을 반투과적으로 만든 것이 개방형 혁신 펀널이며, 현대 기업들은 이를 통해 혁신 효율을 높이고 있다.

AI 분야에서 혁신 펀널 개념은 어떻게 적용될 수 있을까? AI 연구 · 개발의 특성과 혁신 펀널을 연계하면 몇 가지 시사점이 도출된다.

- **아이디어의 대량 생성과 초기 필터링:** AI 분야는 새로운 아이디어와 기법이 쉴 새 없이 쏟아지는 영역이다. 전 세계 연구자들이 매년 수만 편의 AI 논문을 발표하고, 개발자 커뮤니티에서 수많은 프로젝트를 시도한다. 이는 혁신 펀널의 입구에 방대한 아이디어 풀이 존재하는 것과 같다. 기업 입장에서는 외부에서 생성되는 이러한 최신 아이디어를 적극 수용하는 것이 중요하다. 실제로 많은 AI 기업들이 최신 논문을 리뷰하고, 유망한 오픈소스 프로젝트를 모니터링하며, 핵심 인재를 채용함으로써 외부 아이디어를 펀널 상단에 끌어들이고 있다. 예컨대, 구글은 딥러닝 분야 주요 학회들의 논문을 빠르게 구현해보는 "구글 브레인 급진적 실행" 문화를 통해, 전 세계 아이디어를 내부 R&D 펀널에 흡수했다. 또한 Kaggle 경진대회는 펀널 입구를 외부에 완전히 개방한 사례로서, 문제를 공개하면 수백 개의 다양한 접근(아이디어)이 제출되고 상위 솔루션을 기업이 채택하는 크라우드 필터링이 이루어진다. 이처럼 AI 시대에는 펀널 입구를 넓히고 개방하여 다양한 외부 지식을 끌어모으는 것이 경쟁우위로 이어진다.
- **개발 단계에서의 민첩한 실험과 피봇팅(pivot):** AI 혁신 펀널 내부에서는 여러 아이디어의 프로토타입 구현, 실험, 검증이 이루어진다. 소프트웨어 특성상 빠른 실험이 가능하기 때문에, 기업들은 해커톤, 내부 인큐베이션 프로그램 등을 통해 많은 AI 아이디어를 시험해본다. 이 과정에서 성능, 데이터 확보 용이성, 시장성 등의 기준으로 아이디어를 걸러낸다. 특히 AI는 실험 비용이 낮아(클라우드 컴퓨팅과 오픈소스 도구 활용) 다수의 시도를 병렬적으로 할 수 있으므로, 펀널 중간 과정이 매우 역동적이다. 또한 AI 연구 특성상 처음 의도와 다른 방향으로 성과가 나오는 경우도 흔한데, 이를 유연하게 받아들여 아이디어의 피봇팅을 하는 것도 중요하다. 혁신 펀널 관점에서 보면, 아이디어 평가 기준(예: 정확도, 확장성, 윤리성 등)을 명확히 정하고 단계마다 냉정한 평가를 거쳐야 하며, 동시에 새로운 발견에 따라 경로를 수정하는 탄력성도 필요하다.
- **상용화 및 확산 단계에서의 개방 전략:** 펀널의 최종 단계를 통과한 AI 아이디어는

제품이나 서비스로 구현된다. 여기서 개방혁신의 아웃바운드 개념을 적용하면, 자사가 모두 상용화하지 못하는 기술이라도 스핀오프(사내벤처로 분사)하거나 기술 라이선싱을 통해 외부에서 꽃피울 수 있도록 하는 것이 바람직하다. 예를 들어, 어떤 기업 연구소에서 개발한 AI 알고리즘이 자사 사업전략과 맞지 않더라도, 오픈소스로 공개하거나 스타트업을 통해 시장에 나오게 하면 사회 전체의 혁신으로 기여할 수 있고 후에 자사에 도움이 될 수 있다. 실제로 IBM Watson의 일부 기술들이 오픈소스로 전환되어 외부에서 발전을 거듭하거나, 엔비디아가 CUDA를 공개해 GPU 컴퓨팅 생태계를 키운 사례 등은 개방형 전략을 통한 기술 확산의 의미를 보여준다. AI 분야에서는 기술 표준의 선점을 위해서도 개방 전략이 쓰이는데, 구글의 TensorFlow, 페이스북의 PyTorch 공개는 각사가 자기 프레임워크를 사실상의 표준으로 만들면서 산업 영향력을 높인 사례이다. 이는 혁신 펀널의 결과물을 개방함으로써 오히려 더 큰 성공을 거둔 경우라 할 수 있다.

- **AI 혁신 펀널의 사회적 · 윤리적 고려:** AI 아이디어를 평가하고 추진할 때, 정확도나 수익성만이 아니라 윤리성과 사회적 영향도 중요한 필터 기준이 되고 있다. 예를 들어, 얼굴 인식 AI를 개발하는 아이디어가 기술적으로 성공적이라도 프라이버시나 편향 문제가 크다면 상용화 단계에서 보류되거나 조정될 수 있다. 많은 AI 선도기업들이 Responsible AI(책임 있는 AI) 위원회를 두어, 혁신 펀널 과정 중에 AI 윤리 기준을 통과한 아이디어만 시장에 내놓도록 하고 있다. 이처럼 혁신 펀널 이론은 AI 시대에 와서 기술적 타당성 + 사회적 타당성을 모두 고려하는 다차원 필터로 확장되고 있다.

요약하면, Innovation Funnel은 AI 혁신 관리에서 유용한 프레임워크를 제공하지만, AI의 개방적 연구환경과 빠른 변화 속도에 맞게 유연하게 운영되어야 한다. 개방형 혁신 펀널을 구축한 조직은 외부의 수많은 AI 아이디어를 흡수하여 자신의 깔때기 상단을 풍부하게 만들고, 중간 단계에서는 기민한 실험과 평가로 옥석을 가려내며, 최종적으로 채택하지 않은 아이디어까지도 외부에서 활용될 수 있게 함으로써 전체 생태계의 혁신을 증진시킨다. 이러한 접근은 AI 기술의 발전과 확산을 촉진하여 결과적으로 기업과 사회 모두에 이득을 가져다줄 것이다.

5 개방형 전략 사례 분석: Hugging Face, OpenAI, Meta AI

이 절에서는 AI 분야의 대표적인 개방형 전략 사례로 자주 언급되는 세 조직인 Hugging Face, OpenAI, Meta AI를 살펴보겠다. 각 조직이 어떻게 개방혁신 원칙을 활용하여 AI 생태계에서 영향력을 높였는지, 그리고 그 전략의 의의와 한계를 분석한다.

5.1 Hugging Face: 커뮤니티 중심 오픈소스 생태계

Hugging Face는 2016년경 시작된 스타트업으로, 원래는 챗봇 앱을 만들다가 이후 머신러닝 모델을 공유하는 플랫폼으로 방향을 전환하여 폭발적인 성장을 이루었다. 현재 Hugging Face는 "AI 분야의 깃허브(GitHub)"로 불릴 만큼, 수많은 머신러닝 개발자와 연구자들이 모여 모델과 코드를 공유하는 개방형 커뮤니티 생태계의 중심이다. Hugging Face가 구현한 주요 개방 전략과 그 영향은 다음과 같다.

- **오픈소스 라이브러리와 허브 제공:** Hugging Face가 처음 크게 주목받은 것은 Transformer 라이브러리를 오픈소스로 공개하면서부터이다. 이 라이브러리는 BERT, GPT, T5 등 주요 NLP 모델들을 손쉽게 사용할 수 있도록 한 파이썬 패키지로, 공개되자마자 전 세계 연구자들이 애용하게 되었다. 또한 Hugging Face는 모델 허브(Hugging Face Model Hub)를 구축하여, 누구나 자신이 학습시킨 AI 모델(언어 모델, 이미지 모델 등)을 업로드하고 내려받을 수 있게 했다. 현재 허브에는 백만 개 이상의 공개 AI 모델이 올라와 있으며, 일종의 모델 앱스토어처럼 기능하고 있다. 이러한 플랫폼 개방 전략 덕분에, 작은 연구실이나 개인 개발자의 혁신적인 모델도 허브를 통해 전 세계에 공유되고 재사용되면서 혁신의 전파 속도를 높이고 있다.
- **커뮤니티와 협업 중심 문화:** Hugging Face는 기업이면서도 개발자 커뮤니티 문화를 매우 중시한다. 사용자가 모델을 공유하고 토론 포럼에서 의견을 나누며, 함께 오픈소스 프로젝트(BigScience 등)를 주도하도록 장려한다. 예를 들어,

Hugging Face는 2021년에 프랑스 정부 연구기관 및 각국 연구자들과 협력하여 "BigScience 프로젝트"를 진행, 1,000명 이상의 과학자가 참여한 열린 연구를 통해 대규모 언어 모델 BLOOM을 개발했다. 이렇게 전 세계 인재들이 공동으로 AI 모델을 만드는 크라우드소싱형 연구는 개방혁신의 새로운 가능성을 보여준 사례로 평가받는다. Hugging Face는 이 프로젝트를 조율하며 오픈사이언스 방식으로 첨단 AI를 개발할 수 있음을 입증했다. 그 결과 탄생한 BLOOM 모델은 다국어 거대 언어 모델로 공개되어, 연구 커뮤니티에서 대안으로 활용되고 있다.

- **메이저 테크 기업들과의 협력 및 개방 생태계 조성:** Hugging Face의 개방 전략은 대형 기술기업들과의 협업으로도 이어졌다. 2023년 Hugging Face는 Amazon Web Services(AWS)와 전략적 파트너십을 맺어, AWS 클라우드 사용자들이 Hugging Face의 모델과 도구를 쉽게 활용할 수 있도록 통합하였다. 이로써 대기업의 클라우드 인프라와 Hugging Face의 오픈소스 생태계가 결합하여 개방형 혁신의 저변을 더욱 넓혔다. 또한 Google, NVIDIA 등 유수 기업들이 Hugging Face에 대규모 투자를 하여(기업 가치 약 45억 달러) 이 오픈 생태계의 성장을 지원했다. Hugging Face는 메가테크 기업도 합류하는 개방형 플랫폼으로 자리매김함으로써, 산업 전반에 개방형 AI 개발 문화가 퍼지도록 하는 핵심 허브 역할을 하고 있다. 특히 2024년 Hugging Face는 AWS, 구글 등과 협력하여 "Hugging Face for GenAI Services(HUGS)"라는 상용 서비스도 출시했는데, 이는 오픈소스 모델을 기업들이 쉽게 활용하도록 지원하는 유료 서비스로, OpenAI의 닫힌 API에 대응하는 개방형 대안으로 주목받았다. Hugging Face 제품 책임자 제프 보우디에에 따르면 "기업들이 더 이상 블랙박스 AI에 의존하지 않고, 최고의 오픈모델을 이용해 자신만의 AI를 구축할 수 있게 돕는 것"이 목표라고 한다.
- **정책 및 윤리적 목소리:** Hugging Face는 기술 플랫폼을 넘어서 개방형 AI의 철학적 옹호자로도 활동한다. 2023년 클레망 델랑주 CEO는 미국 의회 청문회에서 "오픈소스 AI는 미국의 이익과 가치에 부합하며, AI 발전을 안전하고 투명하게 만든다"고 강조했다. 그는 만약 PyTorch, TensorFlow 같은 미국발 오픈소스가 없었다면 미국이 AI 선두에 서지 못했을 것이라고까지 언급하며, 개방과 투명성

이 AI 안전과 경쟁력 모두에 중요함을 역설했다. 또한 Hugging Face는 AI 모델 공개 시 윤리적인 접근을 취해, 모델카드 등 문서화, 이용 약관(gating), 커뮤니티 모니터링 등을 통해 "윤리적 개방(Ethical openness)"을 지향하고 있다. 이러한 노력은 개방형 혁신이 가져올 수 있는 위험(편향된 모델 남용 등)을 줄이고 신뢰성 있는 개방 생태계를 만들기 위한 것이다.

Hugging Face 사례의 의의를 정리하면, 개방형 혁신의 힘으로 작은 스타트업이 거대한 AI 생태계의 중심지로 성장했다는 점이다. 플랫폼을 개방하고 커뮤니티를 포용함으로써 수많은 외부 혁신을 끌어들였고, 이를 통해 기업 가치와 사회적 가치를 동시에 높였다. Hugging Face가 보여준 모델은 향후 다른 분야에서도 커뮤니티 기반 개방혁신의 가능성을 시사한다. 다만, Hugging Face가 처한 도전도 있다. 개방 생태계를 유지하면서 수익 창출 모델을 마련해야 하고(OpenAI 등 폐쇄형 모델과의 경쟁 속에서), 공개 모델들이 야기할 윤리적 문제(잘못된 정보 생성 등)를 관리해야 한다. 그럼에도 Hugging Face는 "개방, 협업, 공유"의 기치 아래 AI 발전을 민주화하고 있고, 2025년 현재도 그 영향력은 계속 커지고 있다.

5.2 OpenAI API: 플랫폼 개방과 폐쇄의 혼재된 전략

OpenAI는 2015년 일론 머스크, 샘 알트만 등이 설립한 비영리 연구소로 출발하여, "모든 인류에게 이로운 안전한 인공지능"을 목표로 내걸었다. 설립 당시 OpenAI는 연구 성과와 코드, 특허를 공유하는 완전 개방형 노선을 지향했으나, 2019년 GPT-2 모델 공개를 부분 제한한 이후로 점차 상업적 · 폐쇄적 경로를 걷고 있다. 그럼에도 OpenAI는 이름에 'Open'이 들어가듯이, 외부 개발자나 기업이 자사 기술을 활용해 혁신을 일으키도록 하는 플랫폼 전략을 통해 AI 생태계에 큰 영향을 미치고 있다. OpenAI의 개방형 전략(및 그 한계)을 살펴보면 다음과 같다.

- **API를 통한 모델 개방:** OpenAI가 세계적 관심을 끈 GPT-3(2020)와 GPT-4(2023)는 모델 파라미터나 가중치를 공개하지 않는 대신 외부에서 API로 접근할 수 있게 한 형태의 개방이다. 이는 전통적인 오픈소스 개방과는 다르지만, 외부 개발

자들은 OpenAI의 강력한 모델을 활용해 자신들의 애플리케이션을 만들 수 있게 되었다. 이 전략을 통해 OpenAI는 플랫폼 제공자로서 수많은 파트너와 고객을 모았다. 예를 들어, 스타트업들은 더 이상 자체 AI 모델을 훈련하지 않고 OpenAI API를 호출하여 챗봇, 콘텐츠 생성, 코딩 도우미 등 다양한 서비스를 출시했다. 2022~2023년에 ChatGPT 열풍이 일자 OpenAI는 이를 API화하여 기업들이 자사 애플리케이션에 쉽게 통합하도록 했고, 그 결과 수천 개의 응용 서비스들이 출현했다. 이러한 API 개방 전략은 OpenAI의 기술력을 외부 혁신으로 연결시켰다. 한 분석에 따르면, OpenAI는 개발자 에코시스템을 키움으로써 자사 모델의 영향력과 수익을 극대화하는 플랫폼 모델을 취하고 있으며, 이는 개방혁신의 관점에서 외부 혁신을 자사 플랫폼으로 끌어들여 상호 이익을 얻는 구조로 볼 수 있다. OpenAI API를 활용하는 개발자가 많아질수록 모델의 피드백 데이터가 늘어 OpenAI의 모델 발전에도 기여하고, OpenAI는 API 사용료 수익을 통해 연구개발에 재투자하는 선순환을 만들었다.

- **선택적 개방과 오픈소스 프로젝트:** OpenAI는 핵심 모델은 비공개로 두고 있으나, 몇몇 기술은 오픈소스로 공개해왔다. 예를 들어, OpenAI Gym(강화학습 실험환경), CLIP(멀티모달 모델), Whisper(음성인식 모델)는 소스코드와 가중치를 공개하여 누구나 사용할 수 있게 했다. Whisper의 경우 2022년에 완전 공개되었고, 많은 개발자들이 이를 활용해 음성인식 서비스를 개발하고 있다. 이러한 오픈소스 공개는 OpenAI가 생태계에 기여하며 신뢰를 쌓는 역할을 했다. 다만 거대 언어 모델(LLM)이나 이미지 생성 모델(DALL-E 등)은 공개하지 않아, 커뮤니티 일부에서는 OpenAI가 "Open(열린)"이라는 이름과 달리 폐쇄적인 방향으로 갔다는 비판이 나왔다. 특히 2023년 경쟁사 Meta가 LLaMA 2 모델을 오픈소스로 공개하자, OpenAI의 폐쇄 전략이 도마에 올랐다. 이에 대해 샘 알트만 OpenAI CEO도 완전 폐쇄 전략에 한계가 있으며, 향후 좀 더 오픈소스에 가까운 방향을 고려 중이라고 인정하기도 했다. 이 발언은 오픈소스 커뮤니티의 급성장에 대응하여 OpenAI도 균형을 모색하고 있음을 보여준다.
- **마이크로소프트와의 파트너십 – 외부 혁신의 흡수:** OpenAI는 2019년부터 거대 IT 기업 마이크로소프트와 전략적 제휴를 맺었다. 마이크로소프트는 OpenAI에

총 수십억 달러를 투자하고 Azure 클라우드 인프라를 제공하였으며, 그 대가로 OpenAI의 첨단 모델을 자사 플랫폼(Azure OpenAI 서비스)에 독점적으로 제공받았다. 이 파트너십을 통해 OpenAI는 연구개발을 가속화할 자원을 얻고, 마이크로소프트는 외부 혁신(OpenAI의 기술)을 자사 제품에 통합하는 성과를 거두었다. 예를 들어, 마이크로소프트는 OpenAI의 GPT-4를 빙(Bing) 검색엔진과 Office 코파일럿 등에 내재화하여 자사 제품의 혁신을 이루었다. 이는 대기업이 외부 스타트업의 혁신을 흡수하여 활용한 개방혁신의 사례로 볼 수 있다. 또한 마이크로소프트는 OpenAI 기술을 Azure 클라우드 고객들이 사용할 수 있도록 Azure OpenAI API를 공개하여, 기업 고객들이 ChatGPT, DALL-E 등을 자체 애플리케이션에 접목할 수 있게 했다. 이 역시 기술의 개방적 확산을 도운 것이며, OpenAI로서는 마이크로소프트를 통해 전 세계 기업 시장에 진출하는 효과를 얻었다. 다만 한편으로 OpenAI는 마이크로소프트 의존이 커지고, 특정 클라우드에 종속됨으로써 완전한 개방성과는 거리가 멀어졌다는 지적도 있다.

- **생태계 구축 노력:** OpenAI는 API 제공 외에도 개발자 지원 프로그램(OpenAI Startup Fund), 플러그인 생태계 조성 등 외부 혁신을 장려하는 활동을 하고 있다. 2023년 ChatGPT용 플러그인 개발을 외부에 개방하여, 수많은 서비스들이 ChatGPT 플랫폼에 연결되도록 했다. 이는 타사 서비스들이 OpenAI 모델 위에서 혁신하도록 하는 개방형 플랫폼 전략이라 볼 수 있다. 또한 스타트업 펀드를 통해 오픈소스 AI 프로젝트나 OpenAI API 활용 제품을 만드는 팀에 투자를 하며 생태계 육성에 힘쓰고 있다. 이러한 행보는 OpenAI가 자사 생태계를 중심으로 한 개방형 혁신망을 구축하려는 의도로 해석된다.

OpenAI 사례의 특징은 "기술 자체는 비공개로 두되, 활용은 광범위하게 개방"하는 전략이라는 점이다. 이를 통해 OpenAI는 단기간에 막대한 시장 영향력과 데이터 피드백을 확보했고, 2023년 기준으로 가장 유명한 AI 기업이 되었다. 그러나 완전한 개방오픈소스 철학과는 거리가 있어, Hugging Face나 Meta의 오픈소스 진영과 대비되는 행보를 보인다. 개방혁신 측면에서 보면, OpenAI는 외부 아이디어를 직접 수혈받기보다는 자사 기술 플랫폼을 열어 외부가 활용하게 함으로써 간접적으로 혁신을 공유하는 모델이라 할 수 있다. 이 모델은 상업적 성과를 내는 데 성공했지만, AI 기술 투명성이나 공동 연구 문화에는 기여가 부족하다는 평가도 있다. 향후 OpenAI가 커뮤니티와 어떻게 조화를 이루며 개방 전략을 조정해갈지 주목된다. 특히 오픈소스 AI의 약진에 대응하여 OpenAI도 일정 부분 코드나 가중치 공개 등 개방성 확대 압력을 받고 있어, 2024~2025년에 전략 변화 가능성이 있다.

요약하면, OpenAI는 개방과 폐쇄의 중간 지점에서 플랫폼 개방 전략을 통해 외부 혁신을 촉진한 사례이다. API 경제를 통한 개방혁신이라는 새로운 모델을 제시했지만, 동시에 완전한 기술 개방의 부재로 인한 한계와 논쟁도 수반한다.

5.3 Meta AI: 오픈소스 주도 전략으로 혁신 가속

Meta(구 Facebook)는 AI 연구에 막대한 투자를 해온 기업으로, "개방형 AI 연구"의 기치를 내걸고 여러 오픈소스 프로젝트와 공개 행보를 보여왔다. Meta의 AI 연구 조직(FAIR)은 초창기부터 연구 결과와 코드를 공개하는 문화를 강조했고, 이는 다른 빅테크와 차별화되는 전략으로 이어졌다. 특히 2023년 Meta는 거대 언어 모델 LLaMA를 공개하여 업계를 놀라게 했고, 이후 개방형 AI의 대표 주자로 부상했다. Meta AI의 개방 전략과 그 효과를 살펴보겠다.

- **핵심 AI 프레임워크 오픈소스화:** Meta는 2016년 딥러닝 프레임워크 PyTorch를 공개하며 AI 오픈소스 생태계의 판도를 바꿔놓았다. PyTorch는 페이스북 AI 연구진이 개발한 내부 툴이었으나, Apache 2.0 라이선스로 공개된 후 빠르게 인기를 얻어 TensorFlow와 양대산맥을 이루는 딥러닝 프레임워크가 되었다. Meta는 2022년 PyTorch를 별도 재단(PyTorch Foundation) 산하로 이전하여 중립적인 오픈소스 프로젝트로 성장하도록 했다. 이 결정은 플랫폼을 개방하여 업계 표준으로 자리 잡게 하려는 전략으로, Meta는 PyTorch를 통해 AI 연구자 커뮤니티와 긴밀히 연결되고 업계 영향력을 확보했다. 또한 Meta는 Open Compute Project 등을 통해 AI 하드웨어 설계도 일부 공개하는 등 플랫폼 레벨에서의 개방형 혁신을 추구했다. Meta CEO 마크 저커버그는 "다음 시대의 컴퓨팅 플랫폼

(AI, VR 등)은 개방형 생태계로 가야 한다"며, 모바일 시대에 iOS/안드로이드 같은 폐쇄 생태계에 종속된 경험을 반복하지 않겠다는 의지를 표명했다. 즉, Meta 입장에서는 개방형 기술 스택을 키워야 자신들도 경쟁사(특히 구글, 애플)에 종속되지 않고 자유롭게 혁신할 수 있다고 본 것이다.

- **AI 모델 및 연구의 공개:** Meta AI는 주요 연구 성과를 논문과 함께 코드, 모델 가중치 등을 공개하는 전통을 유지해왔다. 예를 들어, 2018년 자연어추론 모델 InferSent, 2019년 대화형 AI 모델 BlenderBot, 2020년 이미지인식 모델 DETR, 2021년 분자 생성 AI 모델 AlphaFold2 개선판(OpenFold) 등의 프로젝트를 깃허브에 공개했다. 이러한 행보는 학계와 산업계 연구자들이 Meta의 연구를 이어서 발전시키도록 해, Meta의 한정된 연구인력이 아닌 전 세계 집단지성의 힘을 활용하는 효과를 냈다. 특히 2023년 초 공개한 LLaMA 1 모델은 사건으로 회자된다. LLaMA는 GPT-3 수준의 성능을 낼 수 있는 650억~130억 매개변수 LLM으로, Meta가 연구용으로 배포하자마자 유출되어 사실상 인터넷에 퍼졌다. 이를 계기로 전 세계 개발자들이 LLaMA를 기반으로 한 튜닝 모델들을 쏟아냈고, GPT-4가 나오기 전까지 오픈소스 LLM 혁신의 폭발적인 증가를 가져왔다. Meta는 이러한 흐름을 포용하여, 2023년 7월에는 아예 LLaMA 2를 상업적 이용까지 허용하는 형태로 오픈소스를 공개하였다. LLaMA 2는 700억 파라미터 규모 모델로서, 모델 가중치와 학습 코드가 모두 공개되어 누구나 활용·개선할 수 있게 되었다. Meta는 LLaMA 2를 AWS, Azure, 얀드렉스(러시아), 후가오 등 여러 클라우드에서 사용할 수 있도록 협력하여 개방형 확산을 장려했고, "Llama를 AI 업계의 표준 플랫폼으로 만들겠다"는 포부를 밝혔다. 이러한 모델 공개 전략은 Meta가 주도권을 잡으려는 영역에서 오픈소스 정책을 활용하는 전형적인 개방혁신 사례이다. 즉, 경쟁사(OpenAI, Google)의 폐쇄형 모델에 맞서기 위해, 자사의 모델을 공개하여 업계 표준으로 자리 잡게 하는 전략이다. Meta 내부 분석에 따르면, 개방형 전략은 경쟁자의 해자를 줄이고(OpenAI의 우위 감소) 동시에 오픈 커뮤니티의 개선 속도를 빌려오는 효과가 있어 결과적으로 Meta에 이득이라고 판단했다.
- **개방형 AI의 이점에 대한 강조:** Meta 경영진은 개방형 전략이 단지 이상론이 아

니라 실용적 이점이 크다고 지속적으로 강조한다. 2024년 7월 Meta의 수석 과학자는 "오픈소스 AI야말로 개발자들에게 최적의 환경"이라며, 모델을 자유롭게 수정 · 배포할 수 있어 각 조직의 특수한 요구에 맞는 AI를 만들 수 있고, 특정 벤더에 종속되지 않는 자율성을 준다고 밝혔다. 또한 "기업들이 민감한 데이터를 외부 폐쇄 모델에 맡기지 않고 자체 운용할 수 있어 안전하고, 여러 회사가 호환되는 도구 체인을 가지므로 생태계 이동성도 높다"고 언급했다. 이는 개방형 혁신의 보안/프라이버시 측면, 벤더 락인 방지 측면에서의 장점을 부각한 것입니다. 실제로 많은 기업들이 고객 데이터 보호 이슈로 ChatGPT API 같은 외부 클라우드를 쓰기 어렵지만, LLaMA 2 같은 오픈 모델은 사내 서버에서 운용 가능하므로 수용 가능하다는 평가가 있다. Meta는 이런 시장 수요(개방형 대안에 대한 수요)를 읽고 선제적으로 움직인 것이다. 저커버그는 또한 "AI 발전 속도가 오픈소스 진영이 더 빠르다"는 점도 언급했다. 최근 실제로 대형 폐쇄모델들이 몇 달 주기로 나오는 사이, 공개된 LLM들은 커뮤니티에서 며칠 만에 개선(예: 압축, 튜닝)되어 등장하는 현상이 관측되었다. Meta는 이러한 개방형 혁신의 속도를 믿고, 장기적으로 개방 생태계가 승리할 것으로 보고 있다.

- **안전과 책임 있는 개방:** Meta는 모델 공개와 함께 Acceptable Use Policy를 부여하고, 카드류보고서(model card)를 통해 모델의 한계와 사용 시 주의사항을 명시한다. 또한 Meta는 "오픈소스 모델이 폐쇄형보다 안전하다"고 주장하는데, 그 이유는 투명하게 공개되므로 많은 사람이 문제를 찾아내고 고치는 데 참여할 수 있기 때문이라고 한다. 다만 일각에서는 Meta의 LLaMA 공개가 오용 위험을 높인다고 비판했고, 미국 상원의원들이 우려 서한을 보내기도 했다. Meta는 이에 대해 개방을 통한 이점(투명성, 검증 가능성)이 위험 대비 크다는 입장을 유지하며, "오픈소스가 AI 발전을 위해 반드시 필요하며 이는 사회적 이익"이라는 논리를 펴고 있다. 이는 Hugging Face 등과 맥락을 같이하는 주장으로, AI의 책임 있는 개방을 업계 표준으로 만들려는 움직임으로 볼 수 있다.

Meta의 개방형 전략 사례는 빅테크 기업이 개방혁신을 전략적 무기로 사용하는 법을 보여준다. Meta는 오픈소스 커뮤니티의 파급력을 활용하여 자체적으로는 어려웠을 혁신 속도를 달성하고, 경쟁 구도를 유리하게 끌고 갔다. 특히 2023년 LLaMA 2 공개로, OpenAI와 구글이 독점하던 최첨단 AI 주도권 경쟁에 균열을 일으키며 오픈 진영의 부상을 이끌었다는 평가를 받는다. Meta의 사례는 또한 개방형 혁신이 단지 중소 조직만의 전략이 아니라, 거대기업도 적극 활용할 수 있음을 보여준다. 물론 개방 전략에도 리스크는 있다. 공개한 기술로 경쟁사가 이득을 볼 수 있고(예: LLaMA 2를 기반으로 한 상업 제품을 타사가 출시하는 경우), 공개모델이 잘못 사용되어 여론의 비판을 받을 우려도 있다. Meta는 이러한 위험을 인지하면서도 "폐쇄보다 개방이 우리가 경쟁에서 이기는 길"이라는 신념을 갖고 전략을 추진 중이다. 향후 Meta의 행보는 개방형 AI 생태계의 지속 가능성을 가늠하는 중요한 시험대가 될 것이다.

참고문헌

시사경제용어사전(2020). **개방형 혁신(Open Innovation)**. 대한민국 기획재정부.

AWS Machine Learning Blog.(2023). *AWS and Hugging Face collaborate to make generative AI more accessible*(Feb 21, 2023).

Chesbrough, H.(2003). *Open Innovation: The New Imperative for Creating and Profiting from Technology*. Harvard Business School Press.

Chesbrough, H., & Bogers, M.(2014). Explicating Open Innovation: Clarifying an Emerging Paradigm for Understanding Innovation. In H. Chesbrough et al. (Eds.), *New Frontiers in Open Innovation.* (For theoretical background).

Etzkowitz, H., & Leydesdorff, L.(2000). The Dynamics of Innovation: From National Systems and "Mode 2" to a Triple Helix of University–Industry–Government Relations. *Research Policy, 29*(2). (Triple Helix original concept).

GitHub – microsoft/CNTK.(2019). *README*(Microsoft Cognitive Toolkit open source page).

Holgersson, M., Dahlander, L., Chesbrough, H., & Bogers, M.(2024). Open Innovation in the Age of AI. *California Management Review, 67*(1). (Abstract and insights available)

Medium(Miguel Jesus Correa)(2023). *Linear or Platform: Unraveling the OpenAI Business Model.*

Meta AI.(2024). *Open Source AI is the Path Forward*(July 18, 2024). [Meta VP of Engineering blog post].

Nasscom Community.(2021). *Triple Helix Model of Innovation – An overview.* (Online article).

OpenAI.(2018). *OpenAI Charter.* (Policy document outlining OpenAI's mission and openness principles).

Reuters.(2024). *Startup Hugging Face aims to cut AI costs with open source offering*(Oct 23, 2024).

Richter, L.(2024). How AI is reshaping open innovation. *Tech Xplore*(Dec 10, 2024).

The Economist.(2023). *What does a leaked Google memo reveal about the future of*

AI?(May 2023). (Referenced via LinuxFoundation blog)

Toolshero.(2025). *Innovation Funnel – Definition and Benefits.* (Online management resource, updated April 13, 2025).

Tutorials Dojo.(2023). *Hugging Face: Empowering the Future of AI for Everyone*(Blog article).

VentureBeat.(2018). *Google open-sources BERT, a state-of-the-art pretraining technique for NLP*(Nov 2, 2018).

VentureBeat.(2023). *Hugging Face CEO tells US House open-source AI is "extremely aligned" with American interests*(July 2023).

Wired.(2015). *Google Just Open Sourced TensorFlow, Its Artificial Intelligence Engine*(Nov 9, 2015).

Zemlin, J.(2025). "We Have No Moat": Open Source AI's Breakneck Innovation. *Linux Foundation Blog*(Feb 11, 2025).

CHAPTER

18

소버린 AI(Sovereign AI)

1 소버린 AI의 개념과 특징

인공지능(AI)은 현대 사회에서 국가 경쟁력을 좌우하는 핵심 기술이 되었다. 각국 정부와 기업은 AI 역량을 확보하기 위해 치열하게 노력하고 있다. 이 가운데 소버린 AI(Sovereign AI) 개념이 부상하고 있다. 소버린(Sovereign)은 '주권이 있는' 혹은 '자주적인'이라는 뜻으로, 소버린 AI란 한 국가나 지역이 자체 인프라, 데이터, 인력을 활용하여 외부 간섭 없이 독립적으로 AI 기술을 개발·운영하는 것을 의미한다. 쉽게 말해, 자국의 주권과 통제를 유지하면서 AI를 구축하고 활용하는 전략이다.

소버린 AI의 개념은 단순한 기술 용어를 넘어 정치·경제·사회적인 함의를 담고 있다. 배경에는 디지털 주권(digital sovereignty)에 대한 관심이 자리 잡고 있다. 디지털 주권이란 한 국가가 데이터와 기술 인프라에 대한 통제를 통해 자국의 이익을 지키는 능력을 뜻한다. AI는 방대한 데이터를 다루고 사회 여러 분야에 영향을 미치므로, AI 분야에서의 디지털 주권 확보가 곧 소버린 AI의 목표가 된다. 예컨대 자국의 언어, 문화, 법규에 맞는 AI를 직접 개발하면 외국의 AI 서비스에 의존하지 않고도 국내 수요를 충족할 수 있다. 이는 한편으로 해외 기술 종속에서 벗어나려는 움직임이며, 동시에 국내 산업과 기술을 보호·육성하려는 전략이다.

소버린 AI의 주요 특징을 몇 가지로 정리할 수 있다. 첫째, 데이터 주권이다. 소버린 AI에서는 자국 내에서 생성되거나 수집된 데이터를 국내에 저장·관리하며 AI를 학습시킨다. 이를 통해 민감한 정보가 외국으로 유출되는 것을 막고 개인정보를 보호할 수 있다. 둘째, 기술 자립성이다. 핵심 AI 기술(예: 대규모 언어 모델, 추천 알고리즘 등)을 자체적으로 개발하거나 국내 기업을 통해 확보함으로써, 특정 외국 기업이나 국가에 의존하지 않는 것이다. 셋째, 규제 자율성이다. AI 윤리와 규제 기준을 자국 상황에 맞게 설정하고 적용하는 것을 뜻한다. 예를 들어 인공지능의 투명성, 안전성, 개인정보 보호 등에 관한 기준을 자체적으로 정하고 집행한다. 넷째, 문화·언어적 적합성이다. 해당 국가나 지역의 고유한 언어, 문화, 가치관을 깊이 이해하고 반영하는 AI 시스템을 구축하는 것이 목표다. 이러한 AI는 현지 사용자에게 더 친숙하고 유용하며, 외국에서 개발된 AI에서 발생할 수 있는 문화적 편향을 줄여준다.

이처럼 소버린 AI는 경제적 · 안보적 필요와 문화적 정체성의 고려에서 출발한 개념이다. 소버린 AI가 왜 중요한지 살펴보면, 먼저 경제적 측면에서 국내 AI 산업을 육성하여 새로운 일자리와 부가가치를 창출할 수 있다. 글로벌 빅테크에 지급하던 비용을 줄이고, 자국 기업들이 AI 시장에서 경쟁력을 확보하는 계기가 된다. 또한 AI 기술력 자체가 국가 경쟁력의 핵심으로 부상하고 있어, 이를 자국이 보유하는 것은 미래 산업 주도권과 직결된다. 국가 안보 측면에서도 소버린 AI는 중요하다. AI 기술이 군사 및 안보 분야에 활용되면서, 외국 기술에 의존할 경우 생길 수 있는 보안 취약점이나 공급망 위험을 줄여야 할 필요성이 커졌다. 자국이 통제하는 AI 인프라와 모델을 갖추면, 해외 스파이 활동이나 알고리즘 조작으로부터 민감한 정보를 지킬 수 있다. 실제로 AI는 사이버 안보, 감시정찰, 무인체계 등 군사 영역에서 활용이 늘고 있는데, 이 분야에서 독자적인 AI 역량은 주권과 직결된다.

문화 · 사회적 측면에서도 소버린 AI의 중요성이 드러난다. 언어와 문화가 다른 해외에서 만들어진 AI를 국내에서 사용할 때, 그 AI가 현지의 가치관이나 맥락을 제대로 이해하지 못해 생기는 문제가 발생할 수 있다. 예를 들어 서구에서 훈련된 대화형 AI가 한국의 역사나 관용어를 잘못 해석하는 경우가 이에 해당한다. 소버린 AI를 통해 자국의 문화적 맥락을 반영한 AI를 만들면 이러한 문화적 충돌을 줄이고 사용자 경험을 향상시킬 수 있다. 또한 국내 여론 형성이나 정보 유통에 외국 기업의 알고리즘이 과도한 영향력을 갖는 상황을 견제할 수 있다는 점도 사회적으로 중요하다.

다만, 소버린 AI에 대한 접근방식에는 다양한 견해와 논의가 있다. 어떤 이들은 국가가 완전히 독립적인 AI 플랫폼과 서비스를 구축해야 한다고 강조하지만, 다른 관점에서는 AI 기술의 글로벌 특성상 지나친 자급자족만으로는 혁신 속도를 따라가기 어렵다는 지적도 나온다. 모든 국가가 똑같이 소버린 AI를 추구할 수 있는 것은 아니며, 각 나라의 기술력, 자원, 산업 구조에 맞는 현실적인 전략이 필요하다는 것이다. 예컨대, 인구가 적거나 자원이 부족한 국가는 거대 AI 모델을 혼자 개발 · 운영하기 어려울 수 있다. 또한 글로벌 협력이 단절되고 각자도생만 추구하면 오히려 AI 발전이 전체적으로 지체될 수 있다는 우려도 있다. 따라서 소버린 AI는 외부 의존도를 낮추면서도 완전한 고립을 지향하는 것은 아니며, 필요에 따라 국제 협력을 병행하는 "전략적 자율성"의 개념으로 이해된다. 실제로 여러 국가들은 자국 내 AI 역량을 키우면서도, 동맹국이나 파트너와는 표준 제정이나 연구개발 협력을 이어가는 균형 전략을 모색하고 있다. 결국 소버린 AI는 자기 주권을 지키는 수단인 동시에, 글로벌 AI 생태계에서 주도권을 얻기 위한 움직임으로 볼 수 있다. 다음 절에서는 이러한 소버린 AI를 구현하는 주요 접근 방식에는 어떤 것들이 있는지 살펴보겠다.

2 소버린 AI의 주요 유형

소버린 AI를 실현하는 방식은 주도 주체와 구현 형태에 따라 여러 유형으로 나뉜다. 크게 살펴보면 ① 국가 주도형 소버린 AI, ② 민간 독립형 소버린 AI, ③ 블록체인 기반 분산형 소버린 AI의 세 가지로 구분해 볼 수 있다. 각 유형마다 추진 방식과 장단점에 차이가 있으며, 실제로는 이들이 혼합되어 나타나기도 한다.

2.1 국가 주도형 소버린 AI

국가 주도형은 말 그대로 정부가 중심이 되어 추진하는 소버린 AI이다. 정부 주도로 거대한 예산을 투자하고, 국가 전략 차원에서 AI 인프라와 프로젝트를 이끄는 형태다. 많은 나라에서 이 방식을 취하고 있는데, 국가 AI 전략을 수립하고 전용 예산을 편성하여 초거대 AI 모델 개발, 슈퍼컴퓨터 구축, 인재 양성 프로그램 등을 진행한다. 예를 들어, 유럽 연합(EU)은 "디지털 주권" 확보를 목표로 대규모 AI 투자를 진행하고 있다. 프랑스, 독일, 이탈리아 등 유럽 각국 정부는 유럽 자체의 AI 인프라(예: 유럽형 AI 슈퍼컴퓨터)와 범유럽 AI 연구소 설립을 추진 중이다. 실제로 프랑스는 2023년 세계 상위권 성능의 AI 슈퍼컴퓨터를 구축했고, 이 슈퍼컴퓨터를 활용해 프랑스어를 비롯한 자국 언어 특화 AI 모델 개발에 나서고 있다. 이탈리아 정부는 공공 행정을 위한 이탈리아어 대형 언어 모델 개발 프로젝트를 발표하고, 이를 지원할 AI 데이터센터(일명 "AI 팩토리")를 구축했다. 싱가포르 역시 정부 차원에서 국가 AI 전략 2.0을 발표하며 "자국어와 동남아 문화권에 맞는 대규모 언어 모델" 개발 계획을 내놓았다. 인도는 2023년 12억 달러 규모의 AI 육성 예산을 책정하고, 다양한 인도 지역 언어들을 포괄하는 거대 언어 모델을 국가 차원에서 만들겠다고 밝혔다. 이러한 국가들은 정부 주도 투자와 정책을 통해 국가 차원의 AI 역량을 끌어올리는 데 집중하고 있다.

국가 주도형 소버린 AI의 장점은 명확하다. 국가 안보나 공공 이익에 부합하는 방향으로 AI 개발을 통제할 수 있고, 대규모 자원 동원이 가능하다. 민간에서 하기 어려운 초고성능 인프라 투자나 장기간의 기초 연구 개발도 국가적 의지로 추진할 수 있다. 또한 국가가 보증하는 신뢰성을 부여하여, 예를 들어 공공 서비스 분야에서 AI 도입에 대한 국민 신뢰를 높이는 효과도 기대된다. 그러나 단점과 과제도 있다. 막대한 비용이 소요되기 때문에 투자 대비 효율성이 문제가 될 수 있고, 정부 사업 특유의 관료주의나 경직성이 혁신의 속도를 늦출 우려가 있다. 또한 정부가 모든 것을 주도하면 민간의 창의성과 참여를 저해할 수도 있다. 그럼에도 불구하고 안보와 산업 측면의 전략적 가치 때문에 많은 나라들이 국가 주도형 접근을 시도하고 있다.

흥미로운 점은, 일부 국가 주도형 소버린 AI는 국제 협력과 병행된다는 것이다. 예컨대 네덜란드 정부는 자체 오픈소스 LLM 프로젝트 GPT-NL을 지원하면서도, EU 차원의 슈퍼컴퓨터 및 연구 협력에 참여하고 있다. 대만 정부는 중국의 AI 영향력에 대응하기 위해 '신뢰 가능한 AI 대화 엔진(TAIDE)'이라는 자체 모델을 개발 중인데, 오픈소스 모델인 LLaMA 2를 기반으로 국내 데이터로 튜닝하는 전략을 택했다. 이는 중국산 AI 봇(예: 바이두의 어니(Ernie) 등)의 정치적 편향에 대응하기 위한 것으로, 정부 주도로 이루어지지만 오픈소스와 국제 기술을 적절히 활용하는 사례다. 요컨대, 국가 주도형이라고 해서 완전히 고립적인 개발만 의미하는 것은 아니며, 전략적 자율성을 확보하는 범위 내에서 민간 및 국제 파트너와 협력하는 유연성이 필요하다.

2.2 민간 독립형 소버린 AI

두 번째 유형은 민간 독립형 소버린 AI이다. 이는 정부가 아닌 민간기업이나 민간 주체들이 주도하여, 외부 거대 기업에 의존하지 않는 독자적 AI를 개발·운영하는 경우를 말한다. 국내 빅테크 기업, 스타트업, 연구 기관, 오픈소스 커뮤니티 등이 중심이 되어 소버린 AI를 구현하는 형태다. 이러한 민간 독립형 모델은 국가 차원에서 보더라도 중요한 의미를 가진다. 국내 민간기업이 자체 AI 기술을 확보하면, 국가 전체로 보면 소버린 AI 생태계의 한 축이 형성되는 것이기 때문이다. 특히 전 세계적으로 미국이나 중국의 소수 기업들이 AI 기술을 선도하고 있는 상황에서, 타국의 민간기업들이 독립적으로 맞설 수 있는 AI 역량을 갖추려는 움직임이 활발하다.

몇 가지 예를 들어보자. 대한민국에서는 네이버, 카카오, LG, SKT 등 주요 기업들이 수조 원을 투자하여 한국어 초거대 AI 모델을 개발해 왔다. 그중 네이버의 하이퍼클로바(HyperCLOVA)는 한국어에 최적화된 거대 언어 모델로, 수백억~수천억 개의 매개변수를 가진 자체 모델을 구축하여 자사 검색 서비스와 클라우드 플랫폼 등에 적용하고 있다. 이는 해외의 GPT-3나 GPT-4 등 영어 위주 모델에 의존하지 않고 한국어에 특화된 AI 서비스를 제공하기 위한 전략이다. 네이버는 이러한 소버린 AI 개념을 적극 주장하며, "한국적인 AI"의 필요성을 역설하고 있다. 또한 프랑스의 스타트업 미스트랄 AI(Mistral AI)도 주목할 만한 사례다. 이 기업은 프랑스 정부와 투자사들의 지원을 받아 설립되었으며, 2023년 매개변수 70억 규모의 자체 언어 모델을 공개 오픈소스로 발표했다. 미스트랄 AI의 목표는 유럽에서도 미국에 의존하지 않는 독자 AI 모델을 가지는 것으로, 프랑스 내 민간이 주도하지만 국가의 전략과 맞물려 있다. 독일의 Aleph Alpha라는 스타트업도 다국어 AI 모델인 "루미너스(Luminous)"를 개발하여 유럽 기업과 정부를 위한 주권형 AI 플랫폼을 제공하고 있다.

오픈소스 AI 커뮤니티도 민간 독립형 소버린 AI에서 중요한 역할을 한다. 미국의 일류더AI(EleutherAI)나 LAION같은 오픈 연구단체는 빅테크의 폐쇄형 모델에 대응하여 대형 AI 모델을 공개 개발해왔다. 그 결과 나온 GPT-NeoX, Stable Diffusion 등의 모델은 전 세계 개발자들이 활용할 수 있게 되었고, 각국에서 이를 토대로 현지화된 AI 응용을 만드는 일이 쉬워졌다. 예를 들어, 전 세계 연구자들이 협력해 만든 BLOOM 모델은 50여 개 언어에 대해 훈련된 오픈소스 거대 언어 모델인데, 여러 유럽 언어와 한국어를 포함한 다국어 데이터를 사용하여 만들어졌다. 프랑스 국립컴퓨터과학연구소 등 공공기관도 참여한 이 프로젝트로 만들어진 BLOOM은 유럽이 주도한 개방형 AI 모델로 평가받는다. 이렇게 공개된 모델을 각 나라의 연구자들이 가져다가 자신들의 언어와 도메인에 맞게 재훈련하면서, 민간 차원의 소버린 AI

구축이 가속화되고 있다.

민간 독립형 접근의 장점은 시장 경쟁을 통한 혁신 속도가 빠르고 실용적인 솔루션에 집중할 수 있다는 점이다. 기업 입장에서는 자사 제품과 서비스에 특화된 AI를 자체 개발함으로써 데이터와 기술 주권을 확보하게 된다. 또한 오픈소스 커뮤니티의 경우 전 세계 지식을 집약해 누구나 활용할 수 있는 AI 자산을 만들어낸다는 이점이 있다. 이는 특정 국가나 기업에 종속되지 않는 AI 생태계를 조성하는 힘이 된다. 그러나 단점으로는, 민간이 주도하다 보니 국가 전체를 아우르는 거시적 투자나 장기 전략은 부족할 수 있다. 또한 민간 기업의 AI는 어디까지나 상업적 이익에 따라 좌우되기 때문에, 국가적 필요와 일치하지 않을 가능성도 있다. 예를 들어, 수익성이 낮지만 공공복지에 중요한 AI 분야(저개발 언어 지원 등)는 민간이 홀로 투자하기 어렵다. 이럴 때는 정부의 지원과 정책적 유도가 필요하며, 민간 독립형과 국가 주도형의 협력 모델이 요구된다. 실제로 많은 나라에서 정부가 민간 기업들과 컨소시엄을 이루어 AI 연구 프로젝트를 공동 수행하거나, 민간이 개발한 AI 솔루션을 공공 분야에 도입하는 식으로 두 접근을 결합하고 있다.

2.3 블록체인 기반 분산형 소버린 AI

세 번째 유형은 블록체인 기반 분산형 소버린 AI이다. 이는 중앙집중적인 통제 주체를 두지 않고, 블록체인 기술과 분산 네트워크를 활용하여 다수의 참여자가 공동으로 AI를 개발하고 운영하는 형태를 말한다. 일종의 탈중앙화된 AI 생태계로, 특정 국가나 기업이 아닌 네트워크에 참여하는 모두가 주권을 나누어 갖는 모델이라고 볼 수 있다. 이러한 접근은 아직 초기 단계이지만, 데이터 주권과 AI 서비스 제공권을 개인이나 개별 조직이 스스로 가질 수 있도록 하자는 철학에서 출발한다.

블록체인 기반 AI의 핵심 아이디어는 신뢰성과 투명성이다. 블록체인은 분산 원장기술을 통해 거래나 데이터의 기록을 투명하게 공유하고 임의로 변경할 수 없도록 한다. 이를 AI에 적용하면, AI 모델의 개발 과정, 데이터 사용 이력 등을 블록체인에 기록하여 투명하게 추적할 수 있다. 예를 들어, 어떤 AI 시스템이 중요한 결정을 내렸다면, 그 결정에 사용된 데이터의 출처와 처리 과정(데이터 라인AGE)을 블록체인 상에 남겨 검증할 수 있다. 이는 AI의 책임성과 신뢰성을 높이는 효과가 있다. 특히 여러 국가나 기관이 데이터를 연합학습(Federated Learning) 방식으로 공유할 때, 블록체인이 서로 신뢰할 수 없는 참여자들 간의 조정자 역할을 할 수 있다. 각 참여자는 자국 데이터를 외부로 직접 제공하지 않고 로컬 AI 모델을 학습시키고, 그 모델 파라미터만 블록체인 네트워크를 통해 공유하여 전체 AI를 개선할 수 있다. 이렇게 하면 데이터는 각자의 주권 영역에 남긴 채 공동의 AI 성능 향상이 가능해진다. 의료 분야를 예로 들면, 여러 나라의 병원이 환자 개인정보를 내보내지 않고 블록체인 네트워크 상에서 암 진단 AI를 함께 훈련시키는 시나리오를 상상해볼 수 있다. 이때 각 병원은 환자 데이터 주권을 지키면서도 글로벌한 AI 모델 개발에 기여하고 혜택을 얻는다.

또한 블록체인이 보장하는 탈중앙화 특성은 AI 서비스의 접근권을 보다 민주화하는 데 기여할 수 있다. 현재의 AI는 소수의 거대 기업 서버에서 구동되는 경우가 많은데, 블록체인 기반 분산 AI에서는 AI 모델이 여러 노드에 분산되어 돌아가거나, AI 서비스 이용 권한을 토큰화하여 관리하기도 한다. 예컨대, 싱귤래리티넷(SingularityNET)과 같이 AI 알고리즘 마켓플레이스를 블록체인으로 구현하려는 시도도 있다. 이 모델에서는 누구나 자신이 만든 AI 서비스를 등록하고, 이용자는 토큰을 지불하여 다양한 분산 AI 서비스를 사용할 수 있다. 이런 분산형 AI 네트워크에서는 특정 중앙 업체가 모든 데이터를 통제하지 않으므로, 사용자들이 자기 데이터와 AI 활용에 대한 더 큰 자율권을 가질 수 있다. 나아가 전 세계 여러 주체가 검열이나 통제 없이 AI 기술에 접근할 수 있는 환경을 지향한다는 점에서, 이것도 하나의 소버린 AI 모델로 볼 수 있다. 개인과 커뮤니티 차원의 AI 주권 확립이라 할 수 있다.

블록체인 기반 분산형 접근의 잠재적 장점은, 신뢰할 수 없는 다자 사이에 협력적 AI 개발이 가능하고, 데이터와 모델 관리의 투명성을 높여준다는 것이다. 예를 들어 앞서 언급한 데이터 라인AGE(데이터 계보) 추적을 통해 AI 결과에 대한 설명가능성과 책임성을 확보할 수 있다. 그리고 특정 국가의 규제나 검열이 있더라도 네트워크가 분산되어 있기 때문에 서비스가 계속 운영될 수 있다는 검열 저항성도 특징이다. 이는 예컨대 어떤 국가에서 해외 AI 서비스를 차단하더라도, 분산 네트워크로 운영되는 AI는 완전히 막기 어렵다는 의미다. 이런 이유로, 블록체인과 AI의 결합은 미래에 주목해야 할 흐름으로 거론되고 있다.

하지만 현재로서는 기술적 한계와 과제도 뚜렷하다. 블록체인 특성상 속도가 느리고 비용(예: 노드 운영비, 에너지 소모)이 많이 드는 문제가 있다. 초거대 AI 모델을 분산환경에서 돌리는 것은 아직 현실적으로 쉽지 않으며, 효율성 면에서 중앙화된 시스템에 비해 불리할 수 있다. 또한 분산 자율 조직(DAO) 형태로 AI 개발을 관리하는 경우 의사결정 구조가 복잡해질 수 있고, 책임 소재도 모호해질 수 있다. 보안 측면에서도, 블록체인 자체는 안전하더라도 AI 모델의 파라미터 업데이트 과정에서 공격이나 정보노출 위험을 관리해야 한다. 이렇듯 분산형 소버린 AI는 아직 실험적인 단계이며, 국가 주도형이나 민간 독립형에 비해 당장 주류로 채택되진 않았다. 그럼에도 불구하고 일부 기업과 연구기관이 블록체인 기반 AI 거버넌스와 데이터 공유 모델을 적극 개발하고 있다. 이는 향후 다국적 연합의 AI 개발이나 개인 주권 강화 AI 플랫폼 등 새로운 소버린 AI 형태로 발전할 가능성이 있다.

정리하면, 소버린 AI의 실현 방식은 국가가 주도하는 방식, 민간이 독자적으로 추진하는 방식, 그리고 탈중앙 기술을 활용하는 방식으로 다양화되고 있다. 현실에서는 이 중 하나만 쓰이기보다는 서로 보완적으로 결합되는 경우가 많다. 예를 들어 정부가 인프라를 깔아주고 민간이 그 위에서 모델을 개발하는 식으로 국가 주도형과 민간 독립형이 융합되기도 하고, 민간 기업이 오픈소스 커뮤니티와 협력하면서 독립형과 분산형의 성격을 함께 띠기도 한다. 중요한 것은 자국 또는 자율적인 영역에서 AI를 통제·활용할 수 있는 주도권을 확보한다는 큰 목표이며, 각국의 상황과 기술 발전에 따라 그 접근법은 다르게 전개되고 있다. 다음으로, 이렇게 소버린 AI를 구축하기 위해 어떤 핵심 구성요소들이 필요한지 살펴보겠다.

3 소버린 AI의 구성요소

소버린 AI를 현실화하려면 다양한 요소들이 조화를 이루어야 한다. 단순히 AI 모델 하나 개발한다고 되는 것이 아니라, 데이터에서부터 인프라, 인재, 제도에 이르기까지 포괄적인 준비와 관리가 필요하다. 본 절에서는 소버린 AI를 구성하는 5가지 핵심 요소로 ① 데이터, ② 컴퓨팅 인프라, ③ AI 모델 개발(및 인력), ④ 거버넌스 체계, ⑤ 정책 및 제도를 살펴보겠다.

3.1 데이터

데이터는 AI의 연료이자 원재료다. AI 모델을 학습시키고 운용하려면 방대한 양의 데이터가 필수적이다. 소버린 AI에서 데이터 측면의 핵심은 데이터 주권과 데이터 품질 2가지로 요약된다. 데이터 주권이란 자국 또는 조직이 데이터에 대한 통제권을 확실히 갖는 것을 뜻한다. 이를 위해 많은 국가는 데이터 지역화 정책을 도입하고 있다. 예를 들어, 유럽 연합(EU)은 GDPR 등의 법령을 통해 유럽 시민의 개인정보를 엄격히 관리하며, 민감 데이터가 국외로 반출되는 것을 제한한다. 중국도 데이터 보안법을 통해 대량의 중국 내 데이터가 해외로 유출되지 못하도록 통제한다. 우리나라를 비롯한 여러 나라들이 공공 데이터나 중요 산업 데이터의 국외 저장 금지 혹은 제한 규정을 두어, 데이터를 국내 서버에 두도록 의무화하고 있다. 이러한 데이터 주권 확보 노력이 바로 소버린 AI의 토대다. 데이터가 자국에 있어야 그 위에 구축되는 AI도 자국 통제 하에 둘 수 있기 때문이다.

데이터 품질과 다양성도 빼놓을 수 없다. 소버린 AI를 구축하려면 해당 국가나 분야의 특성을 잘 반영하는 양질의 데이터가 필요하다. 예컨대 한국어 소버린 AI를 만든다면, 표준어부터 방언, 옛 문헌, 최신 인터넷 신조어까지 폭넓게 포함된 한국어 텍스트 데이터가 많이 있어야 한다. 또한 문화적 맥락이 담긴 영상, 음성, 숫자 데이터 등 여러 형태의 데이터도 필요하다. 단순히 양만 많은 것이 아니라 편향을 줄이고 사실성을 담보한 정제된 데이터를 확보하는 것이 관건이다. 이를 위해 정부와 기업은 데이터 댐, 오픈 데이터 플랫폼 등을 구축하여 AI 학습용 데이터를 모으고 정제하는 사업을 벌이고 있다. 예시로, 캐나다, 호주 등은 자국민 억양의 영어 음성 데이터를 대량으로 모아 음성인식 AI를 개선했고, 한국도 한국어 청와대 연설문, 소설, 신문 말뭉치 등을 AI 허브 등을 통해 공개하여 국내 자연어 처리 기술의 기반을 닦았다.

소버린 AI 구축 과정에서 데이터 거버넌스 프레임워크도 중요하다. 대량의 데이터를 수집하고 활용하다 보면 개인정보 보호, 데이터 사용 윤리, 라이선스 관리 등의 이슈가 발생한다. 어떤 데이터를 어떻게 사용해도 되는지에 대한 명확한 지침과 관리체계가 필요하다. 예를 들어 AI 모델 학습에 국민들의 의료정보를 활용하려 한다면, 동의를 구하는 절차, 익명화 조치, 사후 활용제한 등을 규정해야 한다. 각국 정부는 이러한 AI 시대의 데이터 거버넌스 구축에 나서고 있다. 미국은 연방 차원에서 AI 훈련 데이터의 표준과 가이드라인을 논의하고 있고, EU는 AI Act에서 고위험 AI 시스템의 훈련 데이터 요구사항을 담고 있다. 요컨대 데이터 측면에서는 ① 국내 데이터를 최대한 확보하여 AI를 학습시키고, ② 그 데이터를 안전하고 책임 있게 관리하는 체계를 마련하는 것이 소버린 AI의 필수 구성요소다.

3.2 컴퓨팅 인프라

AI 시대의 컴퓨팅 인프라는 곧 미래의 공장에 비유된다. 실제로 최근 AI 팩토리(AI 공장)라는 용어까지 등장했는데, 이는 데이터를 투입하면 인공지능 모델과 서비스가 생산되어 나오는 차세대 데이터센터를 뜻한다. 소버린 AI를 구현하려면 강력한 컴퓨팅 인프라를 국내에 보유해야 한다. AI 모델 훈련에는 수많은 GPU(그래픽 처리 장치)와 TPU(텐서 처리 장치) 등 특수 가속기, 대용량 메모리, 초고속 네트워크를 갖춘 고성능 컴퓨팅 클러스터가 필요하다. 세계 최고 수준의 AI 모델을 만들려면 초당 수백조 회 이상의 연산을 처리할 수 있는 슈퍼컴퓨터급 인프라가 요구된다. 이런 인프라를 어디에, 누구의 기술로 구축하느냐가 소버린 AI의 성패를 가른다고 해도 과언이 아니다.

많은 나라들이 국가 AI 데이터센터 구축에 나서고 있다. 예를 들어, 덴마크는 2024년 자국 역사상 가장 강력한 슈퍼컴퓨터를 가동하여 생명과학, 기후, AI 연구에 활용하기 시작했다. 이탈리아는 2023년 초 "Leonardo"라는 명칭의 AI 슈퍼컴퓨터 기반 팩토리를 출범시켜 이탈리아어 모델을 비롯한 공공 분야 AI 개발을 지원하고 있다. 스웨덴은 기존 국립 슈퍼컴퓨터 시설을 AI 연구 친화적으로 업그레이드하여 해외 AI 인재들이 찾아올 수 있는 환경을 조성했다. 이러한 투자의 목적은 공통적으로 AI 시대의 기반 인프라를 국내에 확보하겠다는 것이다. UAE(아랍에미리트)도 중동 지역을 대표하여 "팰컨(Falcon)"이라는 거대 모델을 훈련할 수 있는 자체 슈퍼컴퓨터 인프라를 마련했고, 이를 통해 2023년에 Falcon 40B라는 대형 언어 모델을 공개하기도 했다.

클라우드 컴퓨팅 역시 중요한 요소다. AI 개발과 서비스는 꼭 국가기관 슈퍼컴퓨터에서만 이루어지는 게 아니라, 클라우드 상에서 유연하게 실행된다. 여기서 소버린 클라우드(Sovereign Cloud) 개념이 등장하는데, 해외 빅테크의 글로벌 클라우드가 아닌, 데이터가 국내에 머무르고 국내 법규를 준수하는 형태로 운영되는 클라우드 플랫폼을 의미한다. 예를 들어 독일과 프랑스는 "가이아-X(Gaia-X)" 프로젝트를 통해 유럽 공공·민간 데이터를 유럽 내에서 안전하게 호스팅하는 클라우드 생태계를 만들고 있다. 국내에서도 금융권 전용 클라우드나 공공기관 전용 정부 클라우드처럼 폐쇄망 형태의 클라우드 인프라가 구축되어 데이터 주권을 지키면서 AI를 활용할 수 있도록 하고 있다. 소버린 AI를 위한 컴퓨팅 인프라란 단순히 하드웨어 성능뿐만 아니라, 해당 인프라가 누구 통제 하에 있고 어떤 규칙으로 운영되는지까지 포함하는 개념인 것이다.

한편, 컴퓨팅 인프라 구성요소에서 빼놓을 수 없는 것이 에너지와 냉각, 운영기술이다. 대규모 AI 연산에는 어마어마한 전력이 소모되고 발열이 발생한다. 전기료와 안정적 전력 공급은 AI 인프라 확장의 주요 제약이 되고 있다. 예컨대, 유럽은 높은 전기요금과 에너지 규제로 인해 미국 대비 AI 데이터센터 운영 비용이 크다는 지적이 있어 왔다. 그래서 북유럽 국가들은 상대적으로 저렴하고 친환경적인 수력 발전 전력을 이용해 데이터센터를 유치하기도 한다. 또한 AI 전용 반도체에 대한 접근성도 관건이다. 최근 미국이 첨단 GPU의 중국 수출을 규제하면서, 자국 내 AI 칩 생산과 확보가 중요한 이슈로 떠올랐다. 중국은 이에 대응해 국산 AI 반도체 개발에 박차를 가하고 있고, 러시아도 제재 속에서 자체 AI 칩을 만들려는 노력을 기울이고 있다. 이처럼 소버린 AI의 컴퓨팅 인프라 구성요소에는 데이터센터 설계, 전력 인프라, 반도체 공급망까지 포괄된다. 결론적으로, 국내에서 충분한 AI 연산 능력을 갖추는 것, 이것이 소버린 AI의 물리적 기반이라 할 수 있다.

3.3 AI 모델 개발과 인력

소버린 AI를 이루는 두뇌격인 AI 모델 자체와, 그것을 만들어 내는 인력(사람) 역시 핵심 구성요소다. AI 모델 개발은 최첨단 연구성과와 풍부한 경험이 요구되는 작업이다. 여기에는 기초 알고리즘 연구, 데이터 준비와 가공, 모델 훈련, 평가와 튜닝, 배포까지 여러 단계가 있다. 소버린 AI를 목표로 하는 나라들은 국내에서 이 전체 사이클을 수행할 역량을 키우는 것에 주력한다.

먼저 인재 양성이 선결 과제다. AI 연구자, 머신러닝 엔지니어, 데이터 과학자, 윤리전문가 등 다양한 전문인력이 충분히 있어야 독립적인 AI 개발이 가능하다. 교육 제도 개편과 훈련 프로그램을 통해 AI 인력을 키우는 움직임이 활발하다. 영국은 일찍부터 여러 대학에 AI 석박사 과정을 신설하고 해외 석학을 유치했으며, 프랑스도 국가 AI 계획에서 수천 명 규모의 AI 인력 배출 목표를 세웠다. 한국 역시 AI 대학원 프로그램을 도입하여 대학마다 AI 전문대학원을 설립하고 있다. 또한 민간 차원에서도 온라인 AI 교육, 부트캠프, 기업 내 재교육 등을 통해 실무 인재를 늘리고 있다. 이런 인재 파이프라인 구축은 단기간에 성과가 나오지는 않지만 장기적으로 소버린 AI의 지속가능성을 담보하는 핵심 토대다.

연구개발(R&D) 환경 조성도 중요하다. 세계적인 AI 모델을 개발하려면 최첨단 연구에 꾸준히 투자해야 한다. 이를 위해 정부는 연구비 지원, 연구센터 설립, 산학협력 장려 등의 정책을 편다. 캐나다는 벡터 연구소 등 AI 선도 연구기관을 지원해왔고, 일본은 AIST와 NII를 중심으로 대규모 언어 모델 연구 프로젝트(예: LLM JapAN 프로젝트)를 시작했다. 한국도 과학기술정보통신부를 통해 초거대 AI 연구 허브 구축과 오픈소스 모델 개발 지원에 나선 바 있다. 이러한 R&D 투자로 모델 아키텍처 혁신, 학습효율 향상, 특화 AI 기술 등이 국내에서 창출되면, 소버린 AI의 수준이 한층 높아질 수 있다.

AI 모델 자체의 확보와 운영도 핵심 요소다. 현재 대표적인 AI 분야 성과인 거대 언어 모델(LLM)이나 이미지 생성 모델 등을 각국이 자국 버전으로 가지려 하고 있다. 그 이유는 기존 글로벌 모델이 영어 등 일부 언어와 문화권에 편중되어 있고, 라이선스가 제한적이어서 자유로운 활용에 제약이 있기 때문이다. 소버린 AI 추진국들은 자국어에 최적화된 대형 언어 모델을 만들거나, 오픈소스 형태로 누구나 쓸 수 있는 AI 모델을 공개하려는 목표를 세운다. 앞서 사례로 든 네덜란드의 GPT-NL, 한국의 HyperCLOVA, EU의 BLOOM, UAE의 Falcon 등이 모두 각자의 언어·목적에 맞춘 초대형 모델들이다. 이러한 모델을 개발하고 유지하려면 계속적인 데이터 업데이트와 성능 개선 작업이 필요하다. 또한 AI 모델이 완성된 후에도 제품화 및 서비스화 과정에서 다양한 도메인 전문가와의 협업이 요구된다. 예를 들어 의료 AI 모델이라면 의사와 의료기관의 검증이 필요하고, 교육용 AI라면 교사와 교육학자의 의견이 반영되어야 할 것이다. AI 모델 개발은 결국 기술 인력, 도메인 인력, 사용자 집단이 함께 만들어가는 과정이라고 할 수 있다.

마지막으로, 국내 AI 생태계의 협업 네트워크 구축이 중요하다. 한 기업이나 기관만으로 모든 AI 개발을 감당하기 어려운 만큼, 스타트업, 대학, 연구소, 대기업이 활발히 교류하는 에코시스템이 필요하다. 정부는 이런 협력을 촉진하기 위해 컨소시엄 과제, 테스트베드 제공, 데이터 공유 플랫폼 구축 등의 역할을 한다. 미국의 경우, 비록 소버린 AI라는 용어를 사용하지는 않지만 오픈AI, 대학 연구실, 클라우드 기업이 삼각 협력하여 GPT-4 같은 모델을 만들어낸 바 있다. 중견국인 핀란드는 자국 언어 AI를 위해 정부 기관, IT 기업, 대학이 힘을 합쳐 "핀란드어 GPT"를 개발하기도 했다. 이런 사례들처럼 협력적 연구개발 환경은 소버린 AI 모델의 성공 확률을 높여준다. 요컨대, 우수한 인재들이 충분히 모여서, 풍부한 데이터와 컴퓨팅 자원을 활용하여, 효율적으로 AI 모델을 연구·개발할 수 있는 환경을 갖추는 것이 소버린 AI의 핵심 구성요소라 하겠다.

3.4 거버넌스와 윤리

거버넌스는 소버린 AI가 제대로 작동하도록 지탱해주는 규칙과 관리 체계를 의미한다. AI 기술은 강력한 힘을 지니는 만큼, 이를 어떻게 통제하고 책임 있게 사용할지에 대한 장치가 필수적이다. 소버린 AI의 거버넌스 요소로는 법·제도적 규제, 윤리 가이드라인, 조직 구조, 감독·감사 메커니즘 등이 포함된다.

먼저 법과 규제 측면에서, 각 나라들은 AI에 대한 포괄적인 규범 체계를 마련 중이다. 소버린 AI를 추진하는 국가는 특히 자국 상황에 맞는 AI 규제와 표준을 정립하려고 한다. 예를 들어, 유럽 연합은 "AI법(AI Act)" 제정을 통해 AI 시스템을 위험도에 따라 분류하고, 고위험 AI에 엄격한 요구사항을 부과하는 방안을 추진하고 있다. 여기에는 투명성, 인권 침해 방지, 안전성 검증 등이 포함된다. 일본은 AI 활용을 장려하면서도 사회적 신뢰를 확보하기 위해 "AI 윤리 가이드라인"을 발표하여 기업들이 자율 준수토록 하고 있다. 한국도 2022년 "AI 윤리기준"을 마련하였고, 이후 AI 윤리 교육, 공공부문 AI 가이드라인 등을 통해 거버넌스 기반을 다지고 있다. 이러한 규제 · 윤리 프레임워크는 소버린 AI에서 이용자들의 신뢰를 얻고 부작용을 최소화하는 역할을 한다. 만약 이런 체계 없이 기술 개발에만 몰두한다면, 프라이버시 침해나 알고리즘 차별, 안전사고 등의 문제가 터졌을 때 적절히 대응하기 어려울 것이다.

조직적 거버넌스도 고려해야 한다. 국가 차원에서는 AI 정책을 총괄하는 위원회나 전담기구를 두어 거시적 관점에서 조율한다. 예컨대 미국은 백악관 산하에 AI 국가안보위원회, 상무부 산하에 국가 AI자문위원회 등을 두어 정부 부처 간 AI 정책을 조정하고 있다. 한국도 대통령 직속 "국가 AI 위원회" 발족을 준비하고 있다. 이러한 기구들은 소버린 AI 추진을 위한 예산 배분, 법제 개선, 민관 협력 조정 등 거버넌스 중심축 역할을 한다. 한편 기업이나 기관 내부적으로도 AI 거버넌스 체계가 필요하다. AI 개발 과정에 대한 내부 윤리검토위원회 운영, AI 시스템 출시 전의 검증 프로세스, 사용자 피드백 수렴창구 등이 그것이다. 예를 들어 어떤 은행이 자체 AI 신용평가 시스템을 개발했다면, 전담팀을 두어 해당 AI의 편향 여부를 점검하고, 규제 당국과 협의하며, 결과에 이의를 제기하는 고객을 위한 절차를 마련해야 할 것이다. 이러한 내부 거버넌스 노력들이 쌓여야 전체 소버린 AI의 신뢰성이 확보된다.

윤리적 고려는 거버넌스의 핵심축이다. AI 윤리 원칙에는 보통 공정성, 책임성, 투명성, 인간존엄 존중, 프라이버시 보호 등이 포함된다. 각 나라는 자국의 가치관과 문화에 맞게 이러한 원칙을 강조한다. 예를 들면 유럽은 인간중심성과 개인정보 보호를 특히 중시하고, 일부 권위주의 국가들은 AI를 사회 질서 유지나 국가 통제 수단으로 활용하면서 안보적 윤리를 내세우기도 한다. 소버린 AI에서는 "자국의 윤리 기준에 부합하는 AI 개발"이 중요한 요소로 간주된다. 이는 글로벌 AI 윤리 기준과 배치될 수 있다는 위험도 있지만, 궁극적으로 현지 사회가 AI를 수용하고 신뢰할 수 있게 만드는 방향으로 가야 한다. 예를 들어, AI 면접관이 지원자를 평가하는 시스템을 한 나라에서 도입한다면, 그 사회가 용인하는 공정성 기준을 충족해야 한다. 연령, 성별 등에 차별이 없어야 함은 물론이고, 그 사회의 법 · 관습에 반하는 요소가 없어야 한다. 이러한 점검 없이 외국산 AI 면접 솔루션을 그대로 들여왔다가 논란이 생긴 사례들도 있는데, 소버린 AI를 지향한다면 처음부터 국내 윤리 기준에 맞춰 설계해야 할 것이다.

끝으로, 감독과 국제협력 측면에서도 거버넌스 요소가 있다. AI는 국경을 넘나드는 기술이기 때문에, 한 국가만의 노력으로 완전한 거버넌스를 구축하기 어렵다. 국제적인 기준과 협약을 함께 마련해 나갈 필요가 있다. 최근 논의되는 “글로벌 AI 협약”이나 각국 규제기관 간 협력 등이 그런 예다. 소버린 AI를 추진하는 국가들도 한편으로는 다른 나라들과 AI 안전 및 윤리 기준을 맞추고, 상호 신뢰를 쌓는 노력을 병행하고 있다. 예컨대 유럽과 일본, 캐나다 등은 AI 거버넌스에 관한 공동 성명을 발표하며, OECD 차원에서 AI 권고안을 만들기도 했다. 이러한 국제 협력은 소버린 AI가 자칫 “각자도생”으로 빠져 글로벌 기술 분열을 일으키는 사태를 예방하는 데 중요하다. 요컨대 거버넌스와 윤리는 소버린 AI의 지속 가능성과 신뢰 확보를 위한 필수 구성요소이며, 국내적 장치와 국제적 협력이 모두 요구되는 부분이다.

3.5 정책 및 지원

소버린 AI를 뒷받침하는 정책적 지원과 제도 역시 주요 구성요소이다. 정부의 정책 방향에 따라 소버린 AI의 추진 속도와 방향이 결정되므로, 정책 수립과 이행은 전략적이어야 한다. 앞서 언급한 거버넌스가 규범과 관리라면, 여기서의 정책은 육성과 지원에 초점을 둔다.

우선 국가 AI 전략 수립이 첫걸음이다. 많은 나라들이 AI 강국 도약을 표방하는 국가 차원의 비전을 내놓았다. 예를 들어, 한국은 “AI 5대 강국” 비전을 선언하며 분야별 추진계획을 발표한 바 있고, 영국은 “국가 AI 전략”을 통해 연구 투자, 인재 양성, 산업화 지원 등의 청사진을 제시했다. 이런 최상위 전략 문서에는 소버린 AI와 관련된 자체 역량 강화, 데이터 주권, 글로벌 협력 방안 등이 담긴다. 전략이 나왔다면, 이를 실행하기 위한 액션플랜과 예산 투입이 뒤따른다. 특화 분야 R&D 공모, AI 인프라 구축 사업, 스타트업 지원 프로그램, 인력 양성 장학금 등 다양한 정책 도구가 동원된다. 정책 측면에서 중요한 것은 산업계 전반에 적용 가능한 범용성과 응용 가능성을 고려하는 일이다. 특정 소수 대기업이나 연구소만 혜택을 보는 것이 아니라, 중소기업, 전통산업, 지역사회까지 AI 혜택이 퍼지도록 정책을 설계해야 한다. 예를 들어 정부가 무료 또는 저렴한 비용으로 중소기업 대상 AI 클라우드 연산 자원 제공, AI 컨설팅 서비스 등을 마련하면 산업 전반의 AI 활용 능력이 올라간다. 이것이 결국 소버린 AI의 저변을 넓히는 일이다.

재정적 지원은 현실적인 핵심 정책이다. AI 연구와 인프라에는 거대한 투자가 필요하므로 정부의 자금 지원 없이는 추진이 어렵다. 직접 투자로는 정부 연구개발 예산을 통해 대형 프로젝트에 자금을 투입하는 방식이 있다. 미국은 국가과학재단(NSF) 등을 통해 대학 AI 연구센터에 수백만 달러씩 지원하고, 중국은 정부 주도의 반도체 · AI 굴기 정책으로 국영기업에 대규모 자금을 쏟고 있다. 세제 혜택과 융자 지원도 간접지원 방식으로 쓰인다. AI 분야 기업들에게 세액공제, 감가상각 특례, 저리 대출등을 제공하여 민간 투자를 유도한다. 인력 양성 장려금이나 해외 우수인력 유치 보조금 등도 장기적 관점에서 인재 확보를 위한 정책 지원 사례다.

또 하나 중요한 정책 도구는 공공 부문의 선도적 활용이다. 정부와 공공기관이 AI 기술의 첫 번째 큰 손 사용자가 되어주는 전략이다. 예를 들어, 행정 업무 자동화, 국방 AI, 스마트 시티, 공공 의료 등에 정부가 국산 AI 솔루션을 도입하면 초기 시장을 형성하고 신뢰도를 검증하는 효과가 있다. 프랑스는 공공조달을 통해 프랑스 기업의 AI 솔루션을 우선 구매하고, 일본은 행정 분야 AI PoC(개념검증)을 다수 진행하여 국내 AI 스타트업에 기회를 주고 있다. 우리나라도 범정부 차원에서 "인공지능 정부" 계획을 세워 각 부처가 AI 기술 도입을 확대하고 있는데, 이때 국내에서 개발된 AI 제품과 서비스를 적극 활용하도록 유도하고 있다. 이러한 공공 수요 창출 정책은 민간의 기술 개발 의욕을 높이고 투자 회수 가능성을 높여주는 마중물이 된다.

표준화와 인증 제도도 정책에서 다뤄야 할 부분이다. AI 성능과 안전에 대한 평가 기준, 데이터 품질 인증, AI 제품의 신뢰성 검증 체계 등을 정부에서 마련하면 산업에 예측 가능성과 신뢰를 부여할 수 있다. 예를 들어, 자율주행 AI에 대한 등급 분류와 시험인증 절차가 정립되어 있다면, 국내 기업들이 이에 맞춰 개발을 하고 소비자는 안심하고 탈 수 있다. 국방 분야 AI라면 아예 국방부 산하에 별도 테스트베드를 운영하여 보안성 · 성능을 검증하고 인증하기도 한다. 이러한 제도적 장치들은 소버린 AI 생태계의 질서를 세우고 글로벌 경쟁에서 신뢰받는 품질을 확보하는 데 필수적이다.

마지막으로, 정치 · 사회적 공감대 형성도 정책 운영의 중요한 요소다. 아무리 기술과 산업 측면에서 훌륭한 계획이 있어도, 국민 다수가 AI에 거부감을 느끼거나 이해 부족으로 오해하면 추진이 어렵다. 따라서 정책 커뮤니케이션을 통해 소버린 AI의 필요성과 이점을 국민에게 알리고, 윤리 · 일자리 문제에 대한 정부의 대비책을 투명하게 공개해야 한다. 예컨대 "AI가 일자리를 뺏는 것이 아니냐"는 우려에는 새로운 일자리 창출과 전환 교육 계획을 제시하고, "국가가 AI로 감시 · 통제하는 것 아니냐"는 의혹에는 투명한 윤리 규범과 견제 장치를 설명하는 식이다. 이러한 사회적 대화와 합의 과정이 뒷받침될 때 비로소 소버린 AI 정책이 안정적으로 지속 가능해진다.

지금까지 소버린 AI 구현을 위한 데이터, 인프라, 인재와 모델, 거버넌스, 정책 측면을 살펴보았다. 다음으로는, 이렇게 구축된 소버린 AI가 어떤 분야에 활용되어 가치를 발휘할 수 있는지 구체적인 응용 분야별로 알아보겠다.

4 소버린 AI의 활용 분야

소버린 AI는 국가와 사회 전반의 다양한 분야에서 활용될 수 있으며, 공공부문부터 산업계 전반에 걸쳐 광범위한 응용 가능성을 지닌다. 여기서는 공공 서비스, 보건의료, 국방, 교육, 제조업, 금융의 6가지 대표 분야를 중심으로 소버린 AI의 활용 사례와 기대효과를 살펴본다(그 외에도 에너지, 농업, 물류, 환경 등 여러 분야에 적용 가능하다).

4.1 공공 서비스 분야

공공 서비스는 정부와 지자체가 국민에게 제공하는 행정 서비스 전반을 말한다. 이 영역에서 소버린 AI는 정부의 디지털 전환을 촉진하고 국민 편의를 크게 높일 수 있는 도구로 주목받고 있다. 예를 들어 민원 처리에 AI 챗봇을 도입하면, 국민들은 24시간 궁금한 행정절차를 문의하고 답변을 얻을 수 있다. 실제로 에스토니아를 비롯한 몇몇 전자정부 선도국들은 가상의 디지털 공무원 개념을 실험하고 있다. 국민이 AI 비서에게 질문하면 여러 부처의 데이터베이스를 조회해 필요한 서류 발급이나 절차 안내를 수행하는 식이다. 이러한 AI 민원 비서가 제대로 기능하려면 해당 국가의 언어와 행정 체계를 정확히 이해하는 모델이 필요한데, 이는 소버린 AI의 전형적인 활용 사례다. 우리나라에서도 정부24, 세금신고 시스템 등에 ChatGPT와 같은 외국 모델을 바로 쓰기보다는, 한국 행정용어와 국민정서를 반영한 한국형 AI를 적용하려는 논의가 있다. 그렇게 해야 정책 질의에 대한 편향 없는 답변이나 지역별 맞춤 정보 제공등이 가능하기 때문이다.

또 다른 공공 서비스 활용은 치안과 재난 대응 영역이다. 치안 분야에서는 AI로 CCTV 영상을 분석해 범죄 징후를 탐지하거나, 경찰 업무에 필요한 언어 · 영상 데이터를 통합 분석하여 수사 단서를 찾는 데 활용된다. 여기서 국내 개인정보 보호기준에 맞게 설계된 AI 시스템이어야 한다는 점이 중요하다. 외국산 얼굴인식 AI를 그대로 가져와 쓸 경우, 국내 기준에 맞지 않는 개인정보 활용이나 오인식 문제로 논란이 될 수 있다. 소버린 AI 접근이라면 애초에 국내 법규를 준수하는 알고리즘과 데이터로 모델을 개발하여 이러한 문제를 최소화한다. 재난 대응 측면에서도, AI는 기상 데이터 분석, 지진 · 홍수 등의 예측, 재난 시뮬레이션 등에 쓰인다. 각 나라의 지형, 기후 특성, 건축 환경 등이 다르므로, 자국 환경에 최적화된 AI 예측 모델을 갖추는 것이 중요하다. 예를 들어 일본은 지진 분야에서 방대한 국내 지진 데이터를 활용한 AI 예측 연구를 하고 있고, 한국도 기상청 중심으로 한반도 기상 패턴에 특화된 AI 예보 모델을 개발하고 있다. 이런 공공재 성격의 AI 모델을 해외 의존 없이 보유한다는 것은 국민 안전과 직결된 의미 있는 일이다.

전자정부 서비스 전반의 혁신도 기대할 수 있다. AI OCR 기술로 주민이 제출한 각종 서류를 자동 분류 · 입력하고, AI 자연어 처리로 규정 심판례를 찾아내는 등 행정 자동화가 가능하다. 정부 내부에서도 대규모 언어 모델을 활용해 정책 보고서 초안을 작성하거나 법령이나 과거 사례를 신속히 검색하는 등 공무원의 생산성을 높일 수 있다. 이러한 “행정 AI 비서”는 이미 일부 국가에서 파일럿으로 도입되고 있다. 핀란드에서는 정부 부처 공무원들이 시범적으로 AI 도구를 써 보고 피드백을 주는 프로젝트를 진행하기도 했다. 다만 공공 분야에 AI를 활용할 때는 결과의 책임 소재와 오류 발생시 대처 등이 중요하므로, 정부가 스스로 통제할 수 있는 소버린 AI 시스템을 쓰는 것이 바람직하다.

요약하면 공공 서비스에서 소버린 AI는 국민과 행정의 소통을 돕고, 치안과 안전을 강화하며, 행정 효율을 높이는 방향으로 활용된다. 이때 자국어에 특화되고 국내법 · 윤리를 준수하는 AI를 사용함으로써, 국민들은 안심하고 서비스를 이용하고 정부는 신뢰성을 유지할 수 있다.

4.2 보건의료 분야

보건의료 영역에서도 소버린 AI의 역할이 크다. 의료 데이터는 개인정보 중에서도 가장 민감한 정보에 속하며, 동시에 공익을 위해 활용 가치가 높은 데이터다. 각 나라의 의료 체계와 질병 양상, 유전적 특성 등이 다르기 때문에, 자국의 의료 데이터를 활용한 AI 분석은 보건 분야 혁신의 핵심이다.

가장 직접적인 활용은 질병 진단과 예후 예측 AI이다. 예를 들어 영상 판독 AI는 X선 사진이나 MRI 영상을 보고 종양 여부를 판정하는데, 해당 국가 사람들의 데이터로 학습된 모델일수록 정확도와 신뢰도가 높다. 한국인 환자의 의료영상을 충분히 학습한 AI는 한국인 특유의 체형이나 질병 특성을 더 잘 반영할 수 있다. 반면 서구인 데이터로만 훈련된 AI를 바로 들여오면 편차가 생길 수 있다. 일본이 자국 내 여러 병원 연합을 통해 일본인 대상 암 진단 AI를 개발하거나, 인도가 인도인 유전체 데이터를 분석하는 AI 프로젝트에 투자하는 것은 모두 그런 이유에서다. 소버린 AI 접근이 의료 분야에서 필요한 이유다. 또한 의료 분야 AI는 환자 개인정보 보호가 무엇보다 중요하므로, 데이터가 국외로 유출되지 않는 환경에서 AI를 개발 · 운영해야 한다. 일부 국가에서는 환자 데이터의 국외 클라우드 저장을 금지하기도 한다. 이런 상황에서 국내 의료 클라우드와 AI 인프라를 갖추고, 국내 연구진이 알고리즘을 개발하는 것이 의료 AI 추진의 올바른 방향으로 여겨진다.

의료 행정과 서비스 개선 측면에서도 AI 활용이 크다. 예컨대 병원 예약 시스템에 AI 챗봇을 도입해 환자의 증상을 간략히 상담하고 적절한 진료과를 안내한다면 환자 편의가 높아진다. 영어 기반 글로벌 챗봇을 쓰는 것보다, 한국어 의료 전문용어와 국내 의료체계를 잘 아는 챗봇이 정확한 안내를 할 것이다. 또 의료보험 청구나 심사과정에서 AI를 활용하면 부정수급을 잡아내거나 절차를 신속히 할 수 있다. 실제 영국 NHS 등은 의료관리 행정에 AI 자동화를 도입하려는 시도를 하고 있다. 이때도 중요한 건 국내 정책과 규정을 완벽히 이해하는 AI여야 한다. 그래야 보험 지급 기준을 정확히 적용하고 환자에게 불리한 오류를 줄일 수 있다.

신약 개발과 임상연구 분야에서도 각국은 자국의 AI 역량을 동원하려 한다. AI를 통해 신약 후보물질을 발굴하거나 임상시험 데이터를 분석할 때, 국가적 지원 하에 국립 연구기관과 제약사가 협력하는 모델이 많다. 미국은 NIH 주도로 거대 바이오메디컬 데이터세트를 구축해 공개하고, 한국도 AI 신약개발 플랫폼 구축 사업을 통해 국내 기업들이 활용할 수 있는 데이터를 마련하고 있다. 이러한 공공-민간 협력 체계가 소버린 AI 맥락에서 중요한데, 국가가 전략적으로 중요한 바이오 AI 기술을 확보하도록 지원하는 것이다. 향후 나타날 수 있는 팬데믹(세계적 전염병) 상황에서도, 자국민의 의료 데이터를 분석해 맞춤 대응책을 세울 수 있는 AI 시스템을 미리 갖춰 두는 것이 국가 안보와도 연결된다. 코로나19 팬데믹 때 각국이 데이터 확보와 AI 활용 면에서 겪었던 시행착오를 돌아볼 때, 보건 주권 측면에서도 소버린 AI는 필수임을 알 수 있다.

정리하면, 의료 분야에서 소버린 AI는 진단 · 치료 혁신, 의료 행정 효율화, 국민 건강 증진의 열쇠다. 민감한 의료데이터를 안전하게 활용하면서도 국내 현실에 꼭 맞는 의료 AI 솔루션을 개발 · 적용할 때, 궁극적으로 국민건강과 생명을 지키는 데 큰 역할을 할 수 있다.

4.3 국방 분야

국방과 안보는 소버린 AI의 필요성이 가장 직접적으로 대두되는 분야 중 하나다. 군사적 우위와 국가안보 확보를 위해 AI 기술을 주권 하에 두는 것은 많은 나라들이 중시하는 전략이다. AI는 현대전에서 정찰, 사이버전, 무인무기, 병참, 전략 수립 등 다양한 역할을 수행하고 있으며, 향후 그 비중이 더욱 커질 전망이다.

정보 수집 · 분석 분야를 보면, AI는 위성사진이나 드론 영상에서 목표물을 탐지하거나 적군의 무선 통신 내용을 해독하는 데 활용된다. 이런 AI 시스템은 국가기밀 데이터를 다루기 때문에 외부에 의존할 수 없다. 예를 들어 적 함선 식별 AI를 개발한다고 가정하면, 우리 군의 작전 영상과 기밀정보로 학습시켜야 하는데 이를 해외 클라우드나 외국업체와 공유할 수 없는 노릇이다. 소버린 AI 관점에서 당연히 국방 AI는 자국 내 개발 · 운용되어야 한다. 미국은 방대한 군사위성 자료와 신호정보(시긴트)를 분석하는 AI들을 국방부 산하 연구소와 계약업체들이 자체 개발하고 있다. 중국도 첨단 AI를 군에 접목하는 데 국가적 역량을 집중하고 있으며, 절대 외부에 의존하지 않는다. 이처럼 국방 AI는 그 나라의 주권과 직결된다.

무기체계와 지휘통제 측면에서도 AI의 역할이 증대하고 있다. 자율비행 드론, 무인잠수함, 자동 표적 탐지 시스템 등은 이미 일부 실전에 투입되거나 시범 운영 중이다. 이런 AI 기반 무기들은 실시간으로 상황을 인지하고 판단해야 하므로, 고도로 특화된 AI 모델과 신뢰성 검증이 필요하다. 또한 윤리적 · 법적으로 예민한 분야이기도 하여, 인공지능 무기의 사용 원칙과 통제 장치가 국가별로 논의되고 있다. 예를 들어 "치명적 자율무기(Lethal Autonomous Weapon)"를 금지하자는 국제 논의도 있는 상황이다. 이런 맥락에서, 자국의 군사교리와 국제법 준수 방침에 따라 AI 무기를 개발 · 운용하는 것도 소버린 AI의 한 측면이라 할 수 있다. 한국은 아직 치명적 자율무기까지 개발하지는 않았지만, 무인 감시체계, AI 전투실험 등을 추진하고 있으며, 이에 필요한 AI 기술은 국방과학연구소 등 국내 기관이 자체 연구하고 있다.

사이버 안보 영역에서도 소버린 AI는 필수적이다. AI를 활용한 사이버 공격과 방어 기술이 고도화되면서, 사이버 공간의 주권 개념도 부각된다. 예를 들어, AI가 자동으로 악성코드 패턴을 찾아 차단하거나 해커의 침입 흔적을 추적하는데, 이런 사이버 보안 AI는 나라별로 자체 운용해야 한다. 이스라엘같이 사이버 보안 강국들은 AI 기술을 적극 활용하여 국가 인프라를 방어하고 있는데, 모든 핵심 알고리즘을 자국 인력으로 개발한다. 또한 적대적 AI 공격에 대응하는 기술도 중요하다. 적이 우리 AI 군사시스템에 교란 데이터를 주입하거나 해킹하려 할 때, 이를 탐지하고 막아낼 수 있는 AI 면역체계를 구축해야 한다. 이 역시 국방 내부의 소버린 AI 과제다.

국방 분야의 AI 활용은 민감한 만큼, 일반 국민들에게 공개되지 않은 기밀 프로젝트들이 많다. 다만 공개 정보만 보더라도 각국이 "AI 군비경쟁"에 돌입했다는 것을 알 수 있다. 러시아는 AI를 "군사혁신의 핵심"으로 선언하고 드론전 및 정보전에 활용 중이며, 미국은 합동인공지능센터(JAIC) 등을 설립해 국방 AI를 통합 관리하고 있다. 한국도 "국방 AI센터" 설립, AI 과학훈련체계 도입 등을 추진하고 있다. 이러한 노력이 성공하려면 국방 분야에서 활용할 AI 알고리즘, 데이터, 플랫폼을 완전히 우리 통제 하에 두는 소버린 AI 구현이 전제되어야 한다. 그리고 다른 분야와 달리 국방 AI는 성능이 곧 생명과 직결되므로, 최고 수준의 기술을 확보하는 것이 중요하다. 동맹국과의 정보 공유나 공동개발이 이루어지기도 하지만, 결국 핵심 알고리즘과 사용권은 자국이 쥐고 있어야 비상시에 흔들리지 않는다. 정리하면, 국방 분야는 소버린 AI의 필요성이 가장 극명하게 드러나는 영역이고, AI 시대의 군사력은 그 나라의 AI 주권 확보 수준에 크게 좌우될 것으로 전망된다.

4.4 교육 분야

교육 분야에서도 AI는 혁신을 일으킬 기술로 각광받고 있으며, 이에 대한 소버린 AI 적용 역시 중요한 의미가 있다. 교육은 한 나라의 미래 세대에게 지식을 전수하고 사회적 가치를 함양하는 과정이기 때문에, 교육용 AI의 내용과 방향이 그 나라의 문화·정책과 부합하는 것이 중요하다.

AI 튜터와 학습보조 분야를 먼저 생각해보자. 요즘 학생들에게 맞춤형 학습경험을 제공하는 AI 기반 교육 앱들이 속속 등장하고 있다. 예를 들어 학생이 이해하지 못한 개념을 다른 방식으로 설명해주거나, 개별 수준에 맞춰 문제를 출제해주는 AI 튜터가 있다. 이러한 AI 튜터가 글로벌 플랫폼으로 제공될 때, 그 콘텐츠는 주로 영어 중심이거나 해당 기업의 교육철학을 반영한다. 그런데 각 나라에는 고유의 교육과정(curriculum)과 언어, 역사, 문화 교육 목표가 있다. 소버린 AI 접근이라면, 국가 교육과정에 맞춘 AI 학습도우미를 자체적으로 개발하거나 통제하게 된다. 예를 들어, 한국의 교육과정에 맞춰 수학 문제를 출제하고 풀이하는 AI, 한국 역사나 한문 교육을 위한 AI 선생님 등을 국내에서 만들 수 있다. 이는 학생들이 왜곡되거나 편향된 정보에 노출되지 않도록 하고, 학교 수업과 연계된 학습 지원이 가능하게 한다. 실제로 중국은 자국 역사와 사회주의 이념 교육에 부합하는 교육 AI를 개발하여 학교에 도입하는 움직임이 있다. 프랑스나 독일도 공교육 내 AI 활용 가이드라인을 만들 때, 자국어와 문화교육 측면을 고려해 어떤 AI 도구를 허용할지 검토하고 있다.

언어 교육에서도 비슷한 맥락이 있다. 요즘 많은 이들이 영어 등 외국어 학습을 위해 AI 회화봇이나 번역기를 쓰는데, 정작 모국어 학습이나 소수언어 보존에는 AI 기술이 상대적으로 덜 쓰이고 있다. 소버린 AI 전략을 펴는 나라들은 자국어와 소수언어를 AI로 지키고 발전시키는 데 관심을 가진다. 예를 들어 캐나다는 영어·프랑스어 외에 소수 원주민 언어를 AI 음성인식과 합성 기술로 복원하는 프로젝트를 진행 중이다. 인도는 수십 개 지역어를 학교 교육에서 다루는데, 이를 위한 다언어 AI 번역·학습 시스템을 국가 차원에서 개발하고 있다. AI를 활용해 교과서 내용을 여러 언어로 변환하거나 학생이 모국어로 질문하면 자국어로 답하는 학습비서 등을 구현하는 것이다. 이런 사례들은 모두 교육에서의 언어·문화 주권을 AI로 뒷받침하는 것으로 볼 수 있다.

또, 교육행정과 평가에도 AI가 쓰일 수 있다. 채점 AI나 에세이 평가지원 AI 등이 이미 개발되어 있는데, 만약 이 기술이 상용화되면 국내 대학입시나 국가고시 등의 평가에 AI 활용 여부를 고민하게 될 것이다. 여기서 평가의 공정성과 형평성을 보장하려면, AI의 평가 기준과 알고리즘을 투명하게 통제해야 한다. 해외 기업이 만든 폐쇄형 AI 평가 시스템을 들여와 사용하면, 그 알고리즘이 어떤 기준으로 채점하는지 알기 어렵고 국내 기준과 어긋날 위험이 있다. 소버린 AI로 자체 평가 알고리즘을 개발하거나 최소한 원리를 파악하고 수정할 수 있는 오픈모델을 쓰는 것이 바람직하다. 예컨대 한국어 논술을 AI가 채점한다면, 한국의 논술 평가기준(논리 구성, 문법, 창의성 등)에 맞춰 튜닝되어야 한다. 이것 없이 영어 논술 채점 AI를 그대로 쓰면 엉뚱한 결과가 나올 수 있다. 따라서 교육평가 분야의 AI 도입에도 소버린 AI적 사고가 필요하다.

마지막으로 교육 콘텐츠 생산 측면에서, AI는 무궁무진한 자료와 문제를 생성해 낼 수 있다. 교사들은 AI를 활용해 수업 자료를 빠르게 준비하거나 학생별 맞춤 과제를 낼 수 있다. 그러나 콘텐츠 생성 AI가 편향된 역사관이나 불완전한 지식을 내놓지 않도록 하는 장치가 중요하다. 이것은 거버넌스와도 연관되지만, 콘텐츠의 성격상 나라별 교육 철학과 검열 기준을 따라야 한다. 소버린 AI 맥락에서 각국 교육부는 AI 생성 콘텐츠에 대한 검증 도구를 자체 개발하거나, AI가 만든 자료를 교사가 손쉽게 감수할 수 있는 지원 시스템을 마련하려 할 것이다. 가령 AI가 만든 한국사 요약본이 있다면, 국내 전문가들이 그 정확성을 평가하고 수정사항을 피드백할 수 있는 국내 플랫폼이 필요하다.

결론적으로, 교육 분야에서 소버린 AI는 AI 기술을 교육 현장에 접목하되, 국가의 교육 주권과 가치관을 지키는 균형을 뜻한다. 학생들이 믿을 수 있는 AI 선생님, 교사가 안심하고 쓰는 AI 도구, 우리 아이들이 우리의 문화와 언어를 더 잘 배우게 도와주는 AI. 이러한 모습을 구현하는 것이 목표라 할 수 있다.

4.5 제조업 분야

제조업은 AI 기술의 실용적 도입이 활발한 분야이며, 소버린 AI를 통해 국가 산업 경쟁력을 높일 수 있는 영역이다. 제조 강국들은 생산 현장에 AI를 접목하여 스마트 공장화, 품질 향상, 비용 절감을 추진하고 있는데, 이 과정에서 핵심 제조 노하우와 데이터의 주권을 지키는 것이 중요하게 떠오르고 있다.

스마트 공장(Smart Factory)의 핵심은 IoT 센서와 AI 분석을 통해 공정 상황을 실시간 모니터링하고 최적화하는 것이다. 예를 들어 AI 예지 보전(predictive maintenance) 기술은 설비에 부착된 센서 데이터(진동, 온도, 소음 등)를 분석해 기계 고장을 미리 예측하고 예방 정비 시점을 알려준다. 만약 이 기술을 외국 클라우드에 의존하면, 공장의 중요한 데이터(생산량, 제품결함 정보 등)가 외부로 흘러나가게 된다. 소버린 AI 전략을 취하는 제조사는 자체 데이터센터나 신뢰할 수 있는 국내 클라우드에 AI 솔루션을 구축하여 운영하려 한다. 독일의 지멘스나 일본의 도요타 등은 자사 공장용 AI 플랫폼을 자체 개발·운용하며, 생산 데이터가 외부로 나가는 것을 최소화한다. 한국의 대기업들 역시 생산라인에 AI를 도입할 때 국내에서 개발한 AI 모델을 활용하거나, 해외 솔루션을 쓰더라도 데이터는 내부에 저장하는 방식을 택하고 있다. 이는 제조 현장의 기밀과 노하우를 보호하기 위한 조치로, 제조업 분야의 소버린 AI 실천이라 볼 수 있다.

품질 검사와 설계 최적화에서도 AI 활용이 커지고 있다. 카메라와 AI 비전기술을 이용해 생산된 제품의 결함을 자동 검출하거나, AI가 제품 설계안을 생성하고 시뮬레이션해보는 것이다. 예를 들어 반도체 웨이퍼 결함 검사 AI는 사람보다 미세한 결함도 잡아낼 수 있고, 자동차 부품 설계에서 AI가 강도와 경량화를 모두 만족하는 구조를 제안하기도 한다. 이런 고도화된 제조 AI의 알고리즘과 데이터 역시 자산이다. 만약 한 나라가 자체적으로 이러한 AI 기술을 확보하지 못하면, 외국 기술에 의존하게 되고 부품 결함률이나 설계 경쟁력에서 뒤처질 수 있다. 그래서 제조 선도국들은 국가 연구개발 사업으로 제조 AI 관련 기술(예: AI 재료 개발, AI 설계 자동화, 로봇 제어 AI)을 지원하고, 국내 산업계에 이전시키고 있다. 소버린 AI 관점에서 이는 산업 주권을 수성하는 방안이다. 특히 공급망 불안정이 이슈화되는 상황에서, AI로 부품을 국산화하거나 대체재를 찾는 연구도 각국에서 이루어지고 있다. AI가 방대한 재료 조성 데이터에서 특정 합금의 특성을 예측해주면, 수입에 의존하던 특수 소재를 국내에서 만들 수 있는 식이다.

노동 및 작업환경 개선 측면에서도 AI는 기여한다. 제조 공정의 위험 요소를 AI가 감지하여 경고하거나, 중노동 공정을 로봇 + AI로 자동화하여 근로자의 부담을 줄일 수 있다. 예를 들어 AI가 실시간으로 크레인 동작과 작업자 위치를 파악해 충돌 위험 시 기계를 멈추게 할 수 있고, 용접 같은 작업을 로봇이 대신하면서 AI가 품질을 확인하게 할 수도 있다. 이런 기술을 도입할 때 중요한 것은 현장의 맥락을 잘 이해하는 AI다. 국내 작업 환경, 안전 수칙, 언어 등을 모르면 현장 적용이 어렵다. 따라서 국내 연구진과 기업들이 직접 개발하거나, 최소한 국내 사정에 맞게 기술을 커스터마이징해야 한다. 이것도 일종의 소버린 AI 구현으로 볼 수 있다.

또한 제조업 데이터 플랫폼 구축도 화두다. 여러 기업의 공정 데이터를 모아 AI

모델을 공동 개발하면 중소기업도 혜택을 볼 수 있다. 그러나 기업 입장에서는 데이터 유출 우려가 크기 때문에 선뜻 참여하기 어렵다. 이를 해결하기 위해 각 기업 데이터는 보호하면서 협력 학습이 가능한 연합학습, 블록체인 기술 등이 논의된다 (앞서 2.3절에서 다룬 내용과 연결된다). 정부가 중립적 플랫폼을 제공하고 AI 모델 결과를 공유하는 식으로 산업 데이터 주권을 지키며 상생하는 방안을 추구하는 것이다. 예를 들어 독일 "인더스트리 4.0"에서는 제조 데이터 표준을 정하고 기업들이 안전하게 데이터 교환을 할 수 있는 체계를 만들고 있다. 한국도 제조 데이터 공유 시범사업 등을 통해 신뢰성 있는 협업 모델을 찾고 있다. 이는 소버린 AI의 산업 적용 모델로서 의미가 크다. 데이터와 기술 주권을 유지하면서도 국내 산업 전체가 AI로 발전하도록 하는 것이다.

결론적으로, 제조업에서 소버린 AI 활용은 스마트하고 자율적인 생산 체계를 갖추되, 그 지능의 핵심을 외부에 빼앗기지 않는 것으로 요약된다. 우리 공장, 우리의 AI로, 우리의 제품을 더 잘 만들고 관리하는 것이 곧 국가 제조 경쟁력이며, 이 경쟁력을 지키는 것이 소버린 AI의 목표라고 할 수 있다.

4.6 금융 분야

금융 분야 역시 AI 도입이 빠르게 진행되는 산업 중 하나이며, 데이터 보안과 규제가 엄격하여 소버린 AI 접근이 특히 요구되는 영역이다. 금융산업에서는 방대한 거래 데이터와 실시간 시장 정보를 AI가 분석하여 위험관리, 고객응대, 투자판단 등에 활용한다. 여기서 신뢰성과 보안, 규제 준수가 관건이므로, 국내 금융회사들이 자체적으로 AI 역량을 갖추는 것이 중요하다.

대표적 활용 사례로 이상거래 탐지(FDS)를 들 수 있다. 신용카드사나 은행은 AI를 통해 수천만 건의 거래를 실시간 모니터링하면서 사기나 부정사용 패턴을 탐지한다. 예컨대 평소와 다른 해외결제가 갑자기 발생하면 AI가 잡아내서 승인을 보류하는 식이다. 이러한 시스템은 각 금융사 내부의 민감한 거래 데이터를 학습하여 만들어지는데, 이를 외부 업체에 맡길 수는 없다. 소버린 AI 차원에서 금융권은 가능하면 내재화된 AI 솔루션을 갖추려 한다. 실제로 국내 주요 은행들은 외부 솔루션을 쓰더라도 데이터는 은행 내 전산망에서 처리하도록 요구하고 있다. 또한 AI 모델을 구매하기보다 직원과 협업하여 자체 모델을 개발하거나, 오픈소스 AI를 활용해 커스터마이즈하는 경우도 늘고 있다. 이렇게 하면 고객 데이터 주권을 지키고, 자사 업무에 특화된 AI를 만들 수 있기 때문이다.

챗봇이나 콜센터 AI도 금융권에서 흔해지고 있다. 고객이 챗봇에 계좌 잔액 조회나 대출금리를 물으면 AI가 답하고, 콜센터에서는 AI가 기본 문의를 응대한 후 복잡한 건만 상담원에게 연결한다. 이때 고객의 음성, 계좌정보 등이 실시간으로 AI에 전달되는데, 만약 이 과정이 외부 클라우드에서 이뤄지면 개인정보 유출 위험이 생긴다. 그래서 금융당국은 민감 금융정보는 원칙적으로 국내 서버에 저장토록 규정하고 있다. 금융 소버린 AI는 결국 이런 제약 하에서 구현된다. 국내 규제에 부합하는 환경에서 AI를 돌려야 하므로, 금융 특화 클라우드나 온프레미스(내부 구축) AI 솔루션 수요가 높다. 국내 스타트업들도 이러한 시장을 공략하여 금융보안인증을 받은 챗봇 AI 등을 공급하고 있다. 한편, 단순 문의응답 외에도 AI 자산관리(로보어드바이저)나 AI 신용평가 등 고도화된 서비스도 등장했는데, 이 역시 국내 금융환경과 법규에 맞춰진 AI 모델이어야 한다. 예를 들어 AI 투자자문 서비스는 국내 주식시장 데이터를 제대로 반영해야 하며, AI 대출신용평가는 국내 법이 금지하는 차별 요소(예: 성별, 연령만을 이유로 한 대출차별)를 사용하지 않도록 설계되어야 한다. 이런 부분은 해외 AI를 바로 들여오면 맞추기 어려울 수 있고, 국내 데이터로 재학습 및 기준 조정이 필요하다.

금융 당국 측면에서도 AI 활용이 있다. AI를 이용한 자금세탁 탐지나 주가조작 패턴 분석 등을 감독기관에서 수행한다. 이러한 시스템은 국가 경제 질서를 지키는 데 핵심이므로, 자국 기관이 독자 개발한 AI를 사용한다. 예컨대 우리 금융감독원은 자체 FDS를 운영하며, 미국 SEC도 시장 데이터 분석에 AI 기법을 도입하고 있는데 모두 내부 개발자와 국내 기업의 협력으로 이뤄진다. 소버린 AI는 이처럼 국가 금융 시스템의 무결성을 지키는 도구로도 쓰인다.

암호화폐나 디지털자산 분야도 언급할 만하다. 이쪽은 글로벌한 영역이지만, 각국이 자국 투자자 보호와 시장 안정을 위해 AI를 동원하고 있다. 거래소의 이상 징후를 AI로 감시하거나 디지털자산의 가치 변동을 예측하는 등이다. 정부 입장에서는 크립토 거래 데이터를 국내에 확보하고 분석하는 것이 중요하기에, 관련 AI 기술을 외부에 맡기지 않으려 한다. 이러한 경향도 일종의 금융 데이터 주권 확보라 할 수 있다.

종합하면, 금융 분야에서 소버린 AI는 고객과 거래정보라는 민감 데이터를 보호하면서 AI 혁신을 수용하기 위한 전략이다. 금융사는 국내 규제 환경에 맞는 AI 기술을 자체 흡수하고, 금융 당국은 국가 금융안정을 위해 AI를 활용한다. 이를 통해 금융권 전반의 신뢰성과 경쟁력을 높이면서도, 핵심 데이터와 의사결정권을 외부에 넘기지 않는 것이 금융 소버린 AI의 목표라고 정리할 수 있다.

5 현재까지 주목할 만한 소버린 AI 모델 및 사례

소버린 AI 개념이 주목받게 된 최근 몇 년 동안, 세계 각지에서 다양한 AI 모델과 프로젝트들이 그 방향성을 보여주는 사례로 등장했다. 이번 장에서는 국가 주도형과 민간 독립형 사례를 아우르며, 특징적인 소버린 AI 모델들과 추진 사례들을 살펴본다. 이를 통해 소버린 AI의 구체적 진전을 이해하고, 향후 발전 방향을 가늠해보고자 한다.

5.1 국가별 대규모 AI 모델 개발 사례

먼저 국가 주도로 개발된 초거대 AI 모델 사례들이다. 대규모 언어 모델(LLM)이 대표적인데, 여러 나라들이 자국의 언어와 용도에 맞는 LLM을 발표하고 있다.

- **영국:** 영국 정부는 2023년 1억 파운드 이상의 예산을 투입해 자체 대형 언어 모델 개발을 위한 태스크포스(Taskforce)를 출범시켰다. 이는 영국판 ChatGPT를 만들겠다는 의도로 해석되며, 주로 국방과 공공 서비스에 활용할 안전하고 신뢰할 수 있는 모델을 목표로 한다. 아직 결과물이 공개되진 않았지만, 영국이 국가 주도로 LLM 개발에 나선 상징적 사례다.

- **유럽 연합:** EU 차원에서는 통합 모델보다는 인프라와 협력을 강조하고 있지만, 네덜란드가 개발한 GPT-NL이 눈에 띈다. 네덜란드 정부 지원으로 만들어진 GPT-NL은 네덜란드어에 특화된 오픈소스 LLM으로, 2024년 초에 초기 버전이 공개되었다. 또한 덴마크는 자국 슈퍼컴퓨터로 덴마크어 모델을, 스웨덴도 AI 센터를 통해 스웨덴어 GPT를 연구 중이다. 프랑스에서는 국방부 산하 기관이 프랑스어 LLM 프로젝트 "CAMEMBERT"를 진행해왔고, 정부가 스타트업 미스트랄 AI에 투자한 것도 프랑스형 LLM 확보를 위한 전략이다.
- **아시아 지역:** 일본은 2023년 국립정보학연구소(NII)가 주축이 되어 일본어 특화 LLM(파라미터 1700억 개 수준)을 개발하고 오픈소스로 공개하는 성과를 거뒀다. 이 모델은 공개된 것 중 상당히 큰 규모로, GPT-3.5에 필적하는 일본어 이해 성능을 보였다고 알려졌다. 또한 일본 후지쯔와 리켄 연구소는 세계 최상위 슈퍼컴퓨터 후가쿠(Fugaku)를 활용해 "후가쿠-LLM"이라는 모델을 훈련시키는 중이다. 한국에서도 2023년 정보통신기획평가원 등이 한국어 초거대 모델 개발 사업을 지원하여, 여러 AI 기업들이 100억~700억 매개변수급 한국어 모델을 개발해 공개하였다. 예를 들어 KT의 "믿음" 모델, 네이버의 HyperCLOVA-X 업그레이드, 카카오의 KoGPT-2 등이 그런 사례다. 중국은 수십 개가 넘는 거대 모델이 춘추전국처럼 경쟁하는데, 그중 바이두의 ERNIE, 알리바바의 Tongyi Qianwen, 텐센트의 혼위안(Hunyuan) 등이 대표적이다. 중국은 워낙 국가 차원 투자와 민간 추진이 결합되어 특수한 환경이지만, 기본적으로 중국어권을 커버하는 자체 모델을 다수 확보한 상태다.
- **기타 국가:** 인도는 2023년 NVIDIA와 협력하여 다국어 인도용 LLM 개발계획을 발표했다. 약 10억 달러 규모 투자로 알려졌는데, 20여 개 이상의 인도 지역 언어를 지원하는 모델을 목표로 한다. 싱가포르정부도 싱가포르 영문/중문 혼용어 특징을 살린 LLM연구를 대학들과 진행 중이다. 대만은 앞서 언급한 TAIDE프로젝트로, 2024년까지 중국의 검열을 우회하는 정치중립 성격의 중국어 대화형 AI를 만들 계획이다. 아랍에미리트(UAE)의 Falcon모델은 특기할 만하다. UAE 기술연구소 TII가 개발한 Falcon은 2023년 공개 당시 OpenAI GPT-3 등을 능가하는 성능을 내며 전 세계 오픈소스 AI 커뮤니티의 주목을

받았다. UAE는 이 모델을 전격 공개하면서 "AI 분야에서 지식공유를 주도하겠다"고 발표했다. 작은 국가이지만 풍부한 자본과 의지로 AI 분야에서 주권을 과시한 사례다.

이러한 모델들은 각국이 자국 언어·데이터로 AI 주도권을 잡으려는 노력의 산물이다. 과거에는 AI 선도모델이 거의 미국 등에서 나왔지만, 이제는 다양한 나라에서 자신들의 GPT를 가지는 시대로 가고 있다.

5.2 국제 협력 및 특이 사례

소버린 AI와 관련하여 국제 협력으로 등장한 사례나 특수한 목적을 띤 프로젝트도 있다.

- 라틴아메리카 협력 모델: 2025년 초에 발표된 "Latam-GPT" 프로젝트는 라틴아메리카 12개국이 공동 참여하는 대형 언어 모델 개발 계획이다. 칠레의 국립 AI센터(CENIA)가 주도하고 여러 국가 기관이 힘을 합쳐 스페인어를 비롯해 라틴아메리카의 다양한 문화와 언어를 반영한 오픈소스 LLM을 만든다는 목표다. 이를 통해 미주 지역의 AI 격차를 줄이고, 스페인어 포르투갈어로 된 고품질 AI 서비스를 제공하려 하고 있다. 이처럼 복수의 국가가 지역 차원에서 협력해 주권형 AI를 개발하는 건 이례적인데, 데이터와 컴퓨팅 자원을 공유하고 결과를 모두에게 개방하는 상생 모델로 주목받고 있다. Latam-GPT는 일종의 지역 주권 AI 사례라 할 수 있다.
- **오픈소스 커뮤니티:** 앞서 언급한 BLOOM모델은 2022년에 공개되어, 다국어 지원 오픈 LLM으로 큰 반향을 일으켰다. 이 프로젝트에는 전세계 수백 명의 연구자가 참여했고 프랑스 정부기관과 미국 뉴욕대 등이 협력했다. 참여자들이 1년간 공동 작업해 1760억 파라미터 모델을 완성한 것으로, AI 개발의 민주화를 보여준 사건이다. BLOOM은 상업적 제약 없이 누구나 쓸 수 있어 여러 국가와 기업들이 이를 기반으로 소버린 AI 응용을 개발했다. 예를 들어 아

프리카의 AI 연구자 그룹 "Masakhane"는 BLOOM을 활용해 아프리카 여러 토착 언어에 특화된 번역 모델을 실험했다. 이런 흐름은 글로벌 협력을 통한 소버린 AI 역량 향상의 한 모습으로 평가할 수 있다. 각 나라가 반드시 단독으로 하기보다, 오픈소스라는 공통 기반 위에서 자기 몫을 챙기는 방식이다.

- **대기업과 소버린 AI:** 소버린 AI는 국가 주권 맥락이 강하지만, 글로벌 빅테크 기업들도 이에 반응하고 있다. 엔비디아(NVIDIA)는 자사 기술로 각국이 AI 인프라를 구축하도록 지원하는 "AI Nations" 이니셔티브를 운영 중이다. 유럽, 아시아의 여러 정부와 협약을 맺고 슈퍼컴퓨터 구축, 인력 양성 프로그램에 참여하고 있다. 이는 엔비디아가 자사 GPU 판로를 넓히는 전략이지만, 동시에 각국에 AI 자립 능력을 부여하는 측면도 있다. 오라클(Oracle) 등 클라우드 업체는 EU 등지에 "소버린 클라우드" 데이터센터를 세워, 데이터가 미국 본토 법의 영향 없이 지역 내에 머물도록 하는 서비스를 내놓았다. 이처럼 글로벌 기업들이 각국의 주권 요구에 발맞춰 솔루션을 제공하는 동향도 소버린 AI 시대의 특징적인 현상이다. 이를 통해 완전 자급이 어려운 국가들은 외국 기업의 기술을 이용하되, 통제권과 데이터 주권을 확보하는 절충안을 취하기도 한다.
- **한국의 사례:** 한국은 민관이 함께 소버린 AI 개념을 논의하며 전략을 모색하는 나라 중 하나다. 2023~2024년 사이에 여러 세미나와 언론기고에서 "소버린 AI"가 화두로 떠올랐다. 국내 대표 포털 기업인 네이버가 이를 선도적으로 주장하여, 한국형 초거대 AI를 국가가 지원해야 한다는 목소리를 냈다. 이에 따라 정부도 국가 AI 데이터센터 구축 지원, 기업들에 GPU 인프라 지원 검토 등의 행보를 보였다. 네이버 HyperCLOVA X는 2023년 말 공개되며 한국어 및 한국 문화 맥락 처리 능력을 강화했다고 알려졌다. 또 한국 정부는 대통령 직속 AI위원회 출범을 계획하며, 국산 AI 인프라 확충과 오픈소스 공개 등을 논의 중이다. 예컨대 국가 전략사업으로 선정된 K-클라우드 프로젝트에서는 국내 기업들이 참여하는 초거대 AI 개발 및 공개가 포함되어 있다. 한국의 경우 민간이 빠르게 기술을 개발하고 정부가 후방 지원하며, 학계와 산업계가 함께 윤리·거버넌스 논의를 병행하는 형태로 소버린 AI가 추진되는 특징이 있다. 이는 어느 한쪽 주체가 아니라 국가 전체 역량을 모아 AI 주권을 확보하려는

노력으로 평가된다.

- **러시아의 사례:** 러시아는 제재로 인해 서방 AI 기술 접근이 차단되면서, 자체 AI 생태계를 키우려 하고 있다. 러시아 최대 은행이자 빅테크 기업인 스베르뱅크(Sberbank)는 2023년 대형 언어 모델 "GigaChat"을 개발해 러시아어 AI 챗봇을 선보였다. 또한 이미지 생성 AI "루다(Кудя)", 번역 AI 등을 연이어 발표하며 러시아판 AI 스택을 구축 중이다. 러시아 정부도 "소버린 인터넷" 정책처럼, AI 분야에서도 외부와 단절된 독자 노선을 추구하는 모습을 보인다. 다만 반도체 수급난 등으로 어려움이 있어, 중국과의 협력을 통해 이를 보완하려는 움직임도 있다. 이는 지정학적 환경이 소버린 AI에 직접 영향을 미치는 사례라 할 수 있다.

5.3 소버린 AI의 성과와 과제

위에 열거한 모델들과 사례들은 소버린 AI의 초기 성과를 보여준다. 많은 나라들이 고유한 AI 역량을 갖추는 데 일정 부분 성공했고, 여러 오픈모델과 국가별 모델이 등장하여 글로벌 AI 생태계의 다원화가 진행되고 있다. 이는 한두 국가나 기업에 집중되었던 AI 혁신이 분산되고 있다는 긍정적 징후다. 사용자들로서도, 영어권 외에 다양한 언어와 문화권에 맞는 AI를 접할 기회가 늘어나고 있다.

그러나 동시에 몇 가지 과제와 한계도 드러난다. 우선 자원과 기술 격차문제가 있다. 초거대 AI 개발은 막대한 비용과 인프라를 요하며, 모든 국가가 이를 감당하기 어렵다. 상기 예에서는 그래도 선진국이나 큰 기업들이 주로 성과를 냈다. 개발도상국이나 소규모 언어권은 여전히 독자 AI 개발이 힘겨워 보이며, 오픈소스에 기대는 형국이다. 이로 인해 AI 분야의 글로벌 불균형이 완전히 해소되진 않았다.

둘째, 품질과 지속성의 과제다. 국가 주도 모델들이 나왔지만, OpenAI나 구글 모델 대비 성능이 떨어지거나 최신 트렌드를 쫓아가기 버거워하는 모습도 있다. 예컨대 일부 국가 모델은 파라미터 수는 많으나 학습 데이터 질과 튜닝기술에서 밀려 실제 응용에 한계를 보인다는 평가가 있다. AI 기술은 빠르게 발전하는데, 한번 만든 모델을 지속적으로 개선할 역량이 뒤따라야 진정한 자립이라 할 수 있다.

셋째, 국제 협력과 표준의 문제다. 각국이 자기 모델을 만들다 보면 AI 기술 규격이 파편화될 수 있다. 플랫폼이 달라 호환이 안 된다거나, 윤리 기준이 달라 충돌하는 상황이 생길 수 있다. 이미 미국-유럽-중국 간 규제 시각차가 뚜렷하고, 모델 검열 기준도 다르다. 이것이 심화되면 AI의 글로벌 협업이 어려워질 수 있다. 이를 풀기 위해선 앞서 논의된 글로벌 AI 거버넌스 대화가 절실하다. 각국이 자율성을 가지되 공동선을 추구하는 균형이 필요하다.

넷째, 경제성이다. 국가가 투자해서 만든 모델이 실제 산업과 공공에 폭넓게 쓰여야 성과인데, 그렇지 못하면 세금 낭비 논란이 될 수 있다. 민간 독립형 모델도 지속 가능한 비즈니스 모델을 찾지 못하면 프로젝트가 중단될 위험이 있다. 예를 들어 오픈소스로 공개된 모델들은 수익이 없으니, 이후 버전업이 커뮤니티 호응에 달려 있다. 안정적 투자와 성과 창출의 선순환 구조를 만드는 게 앞으로 중요하다.

마지막으로, 정치·사회적 맥락이다. 소버린 AI 담론이 때로 기술 민족주의로 비칠 위험도 있다. "우리 것이 최고"식의 접근은 자칫 비효율적 중복 투자와 고립을 낳을 수 있다. 또, 권위주의 국가들에서는 이를 명분 삼아 정보 통제나 프로파간다 AI 개발로 나갈 우려도 제기된다. 결국 소버린 AI를 추구하는 궁극적 목적이 무엇인가를 돌아봐야 한다. 그것은 국익과 국민의 이익이어야지 정권 이익이어선 안 될 것이고, 글로벌 기술 경쟁 속 자생력 확보이어야지 배타적 고립이어선 안 될 것이다. 이 방향성을 잘 잡는 것이 사회적 과제로 남는다.

참고문헌

로이터 통신(2025). 글렙 브랸스키 외, *"Russia's Sberbank plans to unveil LLM with reasoning capacity"*(2025년 6월 18일). [러시아 스베르뱅크의 GigaChat 대형언어모델 개발 소식 보도]

로이터 통신(2025). 수판타 무케르지, *"Nvidia's pitch for sovereign AI resonates with EU leaders"*(2025년 6월 16일). [엔비디아의 유럽 순방과 EU의 AI 인프라 투자 움직임 보도]

로이터 통신(2025). 파비안 캄베로, *"Latin American countries to launch own AI model in September"*(2025년 6월 17일). [라틴아메리카 12개국의 공동 LLM 개발 계획에 대한 기사]

브런치 스토리(2024). 정지흥, "소버린 AI에 대한 이해"(2024년 8월 2일). [소버린 AI 개념, 구성 요소, 중요성과 도전 과제를 정리한 블로그 글]

세계경제포럼(WEF)(2024). *"Sovereign AI: What it is, and 6 strategic pillars for achieving it"*(2024년 4월 25일). [소버린 AI의 중요성과 국가 전략을 설명한 기사]

세계경제포럼(WEF)(2024). *"What is 'sovereign AI' and why is the concept so appealing (and fraught)?"*(2024년 11월 13일). [덴마크 등 사례와 소버린 AI의 함의를 다룬 분석 기사]

실리콘앵글(SiliconANGLE)(2024). 파블로 차베즈, *"The rising tide of sovereign AI"*(2024년 2월 10일). [엔비디아 젠슨 황 등의 언급과 인도, 대만 등의 사례를 소개한 칼럼]

인터비전(InterVision) 블로그(2024). 브렌트 라자렌코, *"AI Sovereignty, Data Lineage, and Blockchain"*(2024년 9월 18일). [기업 관점에서 AI 주권과 블록체인 활용을 설명한 글]

주간동아(2024). *"인공지능 경쟁력이 곧 국가 경쟁력, '소버린 AI'가 뜬다"*(2024년 9월 6일자). [국내 시사 주간지의 소버린 AI 개념 소개 및 중요성 해설 기사]

NVIDIA 블로그(2024). "What Is Sovereign AI?"(2024년 2월 28일). [엔비디아가 정의한 소버린 AI 개념과 국가별 사례 소개 블로그 글]

ZDNet 코리아(2024). 김미정 외, "'소버린 AI' 어떻게 봐야 할까…전문가 좌담회"(2024년 11월 25일). [학계·업계 전문가들이 소버린 AI의 정의와 한국의 대응을 논의한 좌담 기사]

ZDNet 코리아(2024). 방은주, "하정우 소버린AI 인터뷰"(2024년 9월 16일). [네이버 하정우 센터장의 소버린 AI에 대한 견해와 한국 전략 제언 인터뷰]

인공지능(AI) 경영과 ESG
AI 전환(AX) 시대의 경영과 ESG & 지속가능한 비즈니스 모델

김승욱

1판 1쇄 인쇄 2025년 7월 15일
1판 1쇄 발행 2025년 7월 20일

발행인 회장 박 철 용
대표 박 세 원

발행처 **학현사**
우. 10881 경기도 파주시 직지길 522 파주출판도시
전 화 031) 955-8700(대표)
팩 스 031) 955-8705
메 일 yswgroup@naver.com
hhspub@daum.net
http://www.hakhyunsa.com

출판등록 1992년 6월 20일
등록번호 제 406-2004-000033호
I S B N 978-89-5853-608-6
정 가 23,000원

이 저서는 2024학년도 평택대학교 학술연구비의 지원에 의하여 연구되었음.
This book was supported by the Research Fund, 2024, Pyeongtaek University in Korea.